社会科学研究生教材

中国传统法律文化概论

程维荣 胡译之 等 编著

上海社会科学院出版社
SHANGHAI ACADEMY OF SOCIAL SCIENCES PRESS

编 委 会

主 编

程维荣 胡译之

编 委

曲永海 徐建国 袁奇钧

其他参与者

马瑜浠 李淑雅 郭晓娜 袁 慧

目　　录

绪　论

“文化”与“中国传统法律文化”的词汇，具有其特定的、明确的含义。近代以来在西方学术影响下，我国曾经出现文化学热潮，有一些学术大家研究了中国文化史，或者从文化史的角度研究中国历史，提出不少真知灼见，成就斐然。而中国传统法律文化，则是随着新时期法律学科的建设而出现的一门新兴学科，其概念与一般理论，还需要不断讨论与逐步完善。

一、文化的含义与特征

文化的“文”字，原指彩色交错。《易・系辞下》：“物相杂，故曰文。”《礼记・乐记》：“五色成文而不乱。”转指文字、文章，进而称文治、文事、文德，与武相对。《尚书・武成》：“偃武修文。”《荀子・不苟》：“夫是之谓至文。”“化”字，意为人心风俗的教化。《易经・乾》：“德博而化。”《吕氏春秋・大乐》：“万物安宁，皆化其上。”

概言之，所谓“文化”的原意，就是使用文治、文德的教育、感化。现在“文化”一词有时也指人们创造的物质财富和精神财富的总和，特指精神财富。

我们也可以从以下四个层面来理解“文化”一词的含义。

第一个层面，学习自然科学与社会科学基础知识等活动的对象，如识字被称为“学文化”。这是现代社会中人们认识自然和社会、进行社会交往的初始阶段。

第二个层面，指文学、艺术学习与创作等精神活动的对象，通常包括文学、音乐、舞蹈、曲艺、戏剧、美术、摄影、民间艺术等的知识与设施。在我国，从中央到地方政府机关有文化部、文化厅、文化局，社会上有文化馆等组织、管理或指导这一领域的活动。这个层面的“文化”职能部门，与教育、科技、影视、新闻出版，乃至体育、宗教、文物等部门并列，各成体系。在有些国家，后面提到的这些部门也属于文化部门管理。

第三个层面，指精神、科技等领域的总和，即除了第二个层面所包含的文学艺术外，还包括教育、科技、新闻出版等方面的知识与设施。这个层次的文化，常与政治、军事、经济、外交并列。例如我们经常说的国家的“政治、经济、文化”等领域。由于其范围很广，已经没有一个政府的职能部门可以涵盖其全部范围。

第四个层面，通常是在考古学意义上规定的，指人类历史发展的一定时期、一定区域内所创造的一切文明遗迹的总和，它体现了人类在这一时期、这一区域的整体发展水平。例如我们经常提到的仰韶文化、河姆渡文化、龙山文化，以及国外的玛雅文化、古印度文化、古希腊文化等。在这个层面上，某种文化实际上就是某种文明的总称，因此也可以用文明一词代替文化一词。

以上四个不同层面的文化一词，意义从具体到抽象，体现出人们对文化的认识程度和概括能力的提高。

因此，文化一词，既可以指教育、科学、文学、艺术、新闻、出版、卫生、体育、宗教、文物等方面的知识、设施与活动，又可以指人类在社会实践中获得的物质、精神的生产能力和创造的物质、精神财富的总和（当然主要是精神方面的）。所谓文化，从本质上说，也可以认为是社会的创造活动。相对于一般的物质生产领域，文化显然是一种高度概括的较高层面的创造活动。

二、文化与法律文化

五四时期以来，一些学者为了研究社会与人类活动的整体规律，突破传统的历史观念，分别对“文化”与“文化史”的概念提出了见解。

梁启超于20世纪20年代提出“新史学”，意在突破以记述王朝政治为主体的旧史框架，提出关于文化史的宏阔设计。他在《中国历史研究法》中，分“今日所须之史”为“专门史”与“普遍史”，认为一般之文化史属于“普遍史”。所谓普遍史者，“并非由专门史丛集而成”，而是“超出各专门事项之外，而贯穴乎其间”。文化史就是这样一种贯通各专门史的学科。梁启超曾经对中国文化史有过比较系统的论述。他说：“文化是包含人类物质精神两面的业种业果（意即反复播种不断生长的成果）而言。”他在中国文化史下专列社会组织篇，包括婚姻、宗法、姓氏、阶级等。[1]

1923年，胡适在《国学季刊·发刊宣言》一文中，主张在民族史、语言文字史、经济史、政治史、国际交通史、制度史等专史研究的基础上完成中国文化史。也是把文化史看成超越于一般专门史的。[2]

民国时期，受到西方文化学的影响，有一些中日学者分别撰写了《中国文化史》及相关著作。较早的有顾伯康的《中国文化史》（泰东书局1925年版）、日本高桑驹吉的《中国文化史》（李继煌译述，商务印书馆1926年版）等。稍后，更是有一批名家致力于中国文化史的研究。其中如：

柳诒徵的《中国文化史》（中山书局1932年版、中正书局1937年版），采用西方传统历史分期的划分，包括上古（“自远古至两汉，为吾国民族创造力，由部落而建设

[1] 梁启超：《梁启超论中国文化史》，商务印书馆2012年版，第7、29页。梁启超（1873—1929），字卓如，号任公、饮冰室主人，广东新会人，清光绪举人。随其师康有为参与戊戌维新，失败后流亡海外。民国初年参政，倡导文体改良的“诗界革命”与“小说界革命”，影响广泛。有《饮冰室合集》。

[2] 《胡适文存》，首都经济贸易大学出版社2013年版，第二册，第12页。胡适（1891—1962），字适之，安徽绩溪人。早年留学美国，五四时期鼓吹文学改良与白话文，倡导自由主义。后任国民政府驻美国大使、北京大学校长。20世纪50年代至台湾任“中央研究院”院长。有《中国哲学史大纲》（上）、《白话文学史》等。

国家之时期”）、中古（“自东汉至明末，是为印度文化输入吾国，与吾国固有文化由抵牾而融合时期”）、近世（“明末迄今，西洋文化传入时期”）三编，侧重于对人种起源、制度、学术、教育、科技等的论述，而尤其强调外来文化与本土文化的关系问题。该书所谓文化，显然属于上述第三层次的文化，即精神与科技活动的总和。其中也包含有一些与文化似乎没有直接关系的内容，如清代之开拓、内治之腐败与白莲发捻之乱等章，应属一般政治史的范畴。[1]

陈登原的《中国文化史》（世界书局 1937 年版）的体例，以历史演变为经，以具体领域为纬，分为叙意、上古、中古、近古、近世等卷，各包括民族、农业、制度、学术、文学、艺术等部分，实际上几乎包含了古代文明的主要内容。陈登原剖析了“文化”一词的含义，认为“文”表示痕迹、表象、明敏，“化”有创化、变化、进化之意，因此，“所谓文化，乃系创造而变通，变通而进步，彰明昭著之美迹焉”。该书重点揭示王朝的治乱兴衰与文化整体的分裂融合，突出文化的历史演化进步。[2]

吕思勉的《中国文化史》，撰写于 1939 年前后的上海孤岛时期，其认为：“何谓文化？向来狭义的解释，只指学术技艺而言，其为不当，自无待论。说得广的，又把一切人为的事都包括于文化之中。”该书体例严谨，结构宏阔，包括婚姻、族制、政体、阶级、财产、官制、选举、赋役、兵制、刑法、实业、货币、衣食、住行、教育、语文、学术、宗教 18 章。显然，作者所说的文化，是物质文明与精神文明总和意义的文化，使人感觉是某一史籍诸“志”部分的汇编，范围十分宽广。[3]

钱穆的《中国文化史导论》著于 1943—1944 年，部分内容曾在杂志刊出，是作者讨论中国文化史兼论中西文化异同的著作，1948 年版，后又在台湾修订出版，包括中国文化之地理、民族、观念、学术、政府、经济、宗教、文艺、中西交流等部分。作者认为，“文明”“文化”二词应该有所区别，虽然皆指人类群体生活，但是“文明偏在外，属物质方面；文化偏在内，属精神方面。故文明可以向外传播与接受，文化则必由其群体内部精神累积而产生”。研究文化史，应该“明白文化之复杂性，不要单独着眼在枝节上，应放宽胸怀，通视其大体”；还应明白“文化之完整性”“文化之发展性”。[4]

柳诒徵、陈登原等人的著作，大体反映了那一时期学界对文化史的研究水平，二者皆列入“大学丛书”，成为高等学校教材。1949 年以后，文化史基本绝迹于国内大学课

[1] 柳诒徵（1880—1956），字翼谋，江苏镇江人，清末优贡，从事中国历史与古文献研究，先后任教于江南高等学堂、东南大学，中华人民共和国成立后为上海市文物管理委员会委员。有《国史要义》《中国版本概说》等。

[2] 陈登原（1900—1975），浙江慈溪人。东南大学历史系毕业，从事历史研究。中华人民共和国成立后任西北大学教授、历史系主任、校图书馆馆长。有《国史旧闻》《中国土地制度》等。

[3] 吕思勉：《中国文化史》，新世界出版社 2016 年版，“自序”。吕思勉（1884—1957），字诚之，江苏武进人，中华人民共和国成立后任华东师范大学教授。从事中国古代史研究，有《白话本国史》，并著多部断代史。

[4] 钱穆：《中国文化史导论》，九州出版社 2011 年版，“弁言”。钱穆（1895—1990），历史学家。字宾四，江苏无锡人，曾任燕京大学、北京大学教授。1949 年去香港，后至台湾，任教于中国文化书院（今文化大学）。有《中国近三百年学术史》《国史大纲》等。

程，直至80年代初，随着思想解放运动的推进和研究禁区的破除，国内文化讨论热潮重新兴起，文化学与文化史，以及文化史各专门领域的研究成果丰硕，冠名“文化史”的教材、著作纷纷出版。与此同时，也有海外学者致力于中国文化史研究。

冯天瑜等所著《中国文化史》在新时期出版，认为“中华文化史，是中华民族在中国创造文化的历史”，其中“中国文化与外域文化的交互关系，也是题中应有之义”。至于“文化”一词，“由‘文’与‘化’组合而成，是‘人文化成’‘文治教化’的省称”。[1] 该书重视文化发展阶段特征，综述史的进程兼及横述各主要文化部类、反映新的学术进展，主要从各类文化的并存、交流、融合与定型为线索加以阐述。冯天瑜还有一部《中国文化史断想》，认为“文化史是在文化研究兴起之际，史学向一个宽阔的新领域展拓的产物。它以人类文化发生、发展的总体过程为对象，从而与作为社会知识系统某一分支发展史的学科（如文学史、科学史、思想史）相区别；它在研究人类文化发生、发展的总体过程时，尤其以人类创造文化时的主体意识的演变历史为对象，从而又与研究客观的社会经济形态的经济史和社会状貌的社会史相区别”。[2]

旅美学者余英时的《中国文化史通释》，收有作者的10余篇论文，分别在21世纪初期撰写，从儒学、医学、宗教、科举、民间文化等角度论述了中国文化史。作者以中西文化比较与融合的独特视角进行研究，曾自称“我是带着寻找文化特色的问题进入中国史研究的领域的”；“我虽断定中国文化自成一独特系统，但并不认为它是不可改变或不受外来文化影响的。我强调中国文化的特色更不等于否认普世价值的存在”；“一切文化是大同的，这是普世价值的终极根据；每一文化都有小异，因此文化多元是必然的归趋”。[3]

由上海师范大学古籍整理研究所编、杨金鼎主编的《中国文化史词典》（浙江古籍出版社1987年版），举凡史前文化、民族、朝代、历史地理、名胜古迹、宗法、礼俗、节庆、服饰、饮食、宫室、器用、交通、田制、盐制、工商、赋役、货币、经济、科学技术、天文历法、历代兵制、兵器战具、职官、科举、教育、法律、哲学、经学、宗教、文学、戏曲、音乐、舞蹈、美术、书法、篆刻、文字、音韵、训诂、版本校勘、史学体裁、体育武术博戏、姓名字号避讳、中外交通、中外文化交流等方面，几乎无所不包，实际上就是一部中国的古代文明工具书。

有关文化的研究成果，不仅有综述文化史性质的，最近一些年也出现了不少专业文化性质的。其中如：

行政文化，是指“由行政主体和行政相对人以及其他社会成员在长期的行政实践过程中积淀而成的行政习惯、行政制度、行政规则、行政意识、行政价值、行政态度、行

---

[1] 冯天瑜：《中国文化史》，高等教育出版社2005年版，“导论”。冯天瑜，1942年生，湖北红安人，武汉大学历史系教授，致力于中国传统文化研究。有《明清文化史散论》《中国文化史断想》等。

[2] 冯天瑜：《中国文化史断想》（第二版），华中理工大学出版社1998年版，第2—3页。

[3] 余英时：《中国文化通释》，生活·读书·新知三联书店2012年版，“后记”。余英时（1930—2018），历史学家。原籍安徽潜山，生于天津。就读于香港新亚书院，师从钱穆。后赴美哈佛大学就读，获博士学位，在美国多所大学任教授。有《士与中国文化》《朱熹的历史世界》等。

政动机、行政信念和行政情感等”；“中国传统行政文化是指在中国漫长的历史过程中（从商周时期到第一次鸦片战争时期），通过行政社会文化所形成、积累下来的行政思想、行政心理的总和。作为当代中国行政文化的一部分，它有稳定或变革行政体系，规范、引导行政行为的功能”。[1]

警察文化，是指“由处于一定的社会环境中的警察群体，在警政建设和警务实践的历史发展过程中，所共同创造、积累和发展起来的具有警察职业特色的物质成果、精神财富及其警政、警务行为方式的复合体”。应当注意，“警察文化”通常不指警察作为主体所进行的职业或业余文化创作活动，而是指与警察职业相关的文化现象，其外延包括警察物质文化、警察行为文化、警察制度文化、警察精神文化、警察文化关系论等。[2]

军事文化，是指“人们在军事实践中所形成的军事创新能力、军事活动方式以及创造的精神成果（包括武器装备等物质或军中的精神因素）”，按照形态可以分为军事观念文化、军事制度文化、军事行为文化、军事语言文化等。[3]

社区文化，具有地域性、群众性、实用性的特点，“是在一定的区域范围内，在一定的社会历史条件下，社区成员在社区社会实践中共同创造的具有本社区特色的精神财富及其物质形态。社区是这种文化的生存地、生产地和传播地”。[4]

此外还有农村文化、企业文化、法院文化、校园文化，等等。

随着新时期社会主义法制建设的加强、法律学科与法学理论的建设发展，在上述文化研究的基础上，20 世纪 90 年代以来，对中国历史上各种法律及其文化现象的研究逐步拓展，开始出现中国法律文化学科，其研究成果层出不穷，可以分为若干类型。

第一类探讨学科体系的性质与设计构建。汤唯等的《当代中国法律文化本土资源的法理透视》（人民出版社 2010 年版）阐述了当代中国法文化的本体论、价值论、样态论、体系论、继承论、移植论、成因论、转型论等。武树臣的《中国法律文化大写意》（北京大学出版社 2011 年版），阐述法律文化的概念、起源、时代、特征、演变等。胡旭晟的《解释性的法史学——以中国传统法律文化的研究为侧重点》（中国政法大学出版社 2015 年版）从类型与方法、制度与变迁、思想、学说与教育、法文化精神等方面展开。张晋藩的《中国传统法律文化十二讲》（高等教育出版社 2018 年版）在揭示中国传统法律文化整体特征（如以民为本、礼法结合、德法共治等）的基础上，分别论述了中国传统法律文化中的公法、私法、司法、律学、监察法等几个侧面。怀效锋等的《传统法律文化与当代法治研究》（中国政法大学出版社 2020 年版），从本土法律文化论及宪法与行政法、民商法与经济法、环境法、刑法、诉讼法等法学各领域，揭示了传

---

[1] 洪威雷等:《行政文化学概论》（高等学校公共管理青年系列教材），武汉大学出版社 2009 年版，第 99 页。

[2] 张兆瑞:《警察文化学》（第四版），中国人民公安大学出版社 2016 年版，第 50—51 页。

[3] 徐长安等:《军事文化学》，解放军出版社 2009 年版，第 3 页。

[4] 王雷:《社区文化建设理论与实践》，中国文联出版社 2019 年版，第 3—5 页。

统法律文化与当代法治之间的内在联系。

第二类侧重于研究成果与法学家的介绍及评价。徐忠明的《思考与批评：解读中国法律文化》（法律出版社 2000 年版）以专题评述的形式，介绍与评议相关著作，阐述中国传统法制与法律文化问题。丁洁琳的《近现代中国法学家与中国法律文化》（中国政法大学出版社 2013 年版）阐述了中国近现代法学家群体与法律文化之间的有机联系。

第三类专注于历史典故、文字、制度与人物的拾遗漫说。刘星的《古律寻义——中国法律文化漫笔》（中国法制出版社 2000 年版）以随笔的形式阐述法治、家族、审案等。罗大东主编的《中国法律文化萃编》（山东人民出版社 2014 年版）主要为满足当前法院文化建设的需要而编写，包括司法理念、司法机构、法律典籍，立法、司法、论法人物、审判案例、典故佳话、法律名言等部分。李清桓的《〈说文解字〉法律语域词语与中国古代法律文化》（上海古籍出版社 2017 年版），从古代词汇学角度说明传统法律文化。

第四类侧重于法律文化的当代价值与继承、借鉴意义。梁凤荣等人所著《中国法律文化传统传承研究》（郑州大学出版社 2015 年版），从传统法律观念理念包括"天人合一""民本主义""团体本位""先教后刑""慎刑""吏治""息讼"等与现代理念之间的继承关系展开。马治选主编的《法律文化法律价值与当代中国法治》（法律出版社 2017 年版）为西北政法大学《法律科学》的"法律文化与法律价值"栏目论文集，亦属此类。

还有一类强调中西方法律文化之间的比较研究。张中秋所著《中西法律文化比较研究》（南京大学出版社 1999 年版），从比较法的角度研究了法的形成、法的本位、法的文化属性、法与宗教伦理、法的体系、法的学术、法的精神等方面。德国何意志著、李中华译《法治的东方经验：中国法律文化导论》（北京大学出版社 2010 年版），以一种历史和区域学的视角，展示形成中国法律文化的各种要素及其相互关系，解释中国传统法律渊源的特点与司法的制度性架构。李强的《法律文化研究的方法论问题——兼评马克斯·韦伯的法律社会学》（法律出版社 2018 年版），试图说明中西学者的共同点：迄今都在基本的层面上缺乏一种理论上的自觉，即缺乏对法律文化概念和研究过程的整体性反思。

三、中国传统法律文化概述

法律文化，是与法律现象相关的精神活动及其产品，也可指相关知识与设施，或者说法律领域的创造活动。[1]

本书所谓中国传统法律文化，是中国至晚清为止历代法律及其相关文化形态的产

[1] 刘砺《法律职业共同体视角下的中西法律文化要览》（四川大学出版社 2018 年版）称，法律文化是一种集历史与现实、宏观与微观、静态与动态、观念与制度在内的宏观的整体性文化（第 2 页）。张志京等《法律文化纲要》（复旦大学出版社 2020 年版）倾向于认为法律文化是社会上层建筑中有关法律、法律思想、法律制度、法律设施等一系列法律活动及其成果的总称（编写说明）。这些说法，与本书关于法律文化的观点较为接近。

生、发展与演变。晚清至民国时期法律文化处于转型期，与传统文化存在密切的渊源与衔接关系，本书也将其部分内容归入传统法律文化的范畴。

作为一门交叉学科，中国传统法律文化是中国法律学的一个分支，也是中国传统文化的有机构成。

本书参考上引中国文化史与专门文化史各部著作的体例，在阐述中国法律文化基本概念与理论的同时，着重研究传统法律文化的若干侧面。

本书将中国古代至近代历史上的法律思想、法律制度以及相关的起源与初步发展、考古资料、典籍文献、文学艺术、宗族制度、社会管控、秘密社会等专题（其中有的迄今尚未被纳入中国传统法律文化学科）置于一个综合的体系中进行介绍，以期读者对中国古代法律文明有一个完整的、宏观的认识。之所以列入上述这些专题，是因为这些专题具有从不同角度构成中国传统法律文化的重要性，学界多年来已经对其分别进行了或多或少的探讨，具有相当的研究基础；本书作者也曾经较长时间浸润于这些专题，相对驾轻就熟。上述专题是本书的主要特色所在。

中国是一个文明古国，曾经创造了历史悠久的法律文化，可以分成以下几个发展阶段：

古代法律文化的起源与初步发展的阶段，大体相当于马克思主义社会发展史中的奴隶社会阶段，本书指夏、商、周包括春秋战国时期。这一时期的法律文化，以刑法为主，建立了初步的中央官僚体制以及司法制度，出现了宗法制度。在思想领域，从春秋晚期到战国时期，呈现出诸子竞出、百家争鸣的景象，是中国思想领域的第一个学术高峰。

古代法律文化的发展阶段，指封建社会前期，即秦朝统一与两汉、三国两晋南北朝，直到隋唐五代时期，经历了长期的从统一到战乱、分裂，经过短期统一再次陷入分裂，最后南北再次统一的过程。立法在两汉至南北朝时期成果迭出，并且建立起司法制度的各个环节，多有创造。尤其是以与唐朝国力强盛相适应的《唐律疏议》为代表，形成了比较完备的封建法律制度。在思想领域，由于法家专制主义理论的破产，经过短暂的黄老之治，统治者定儒学为一尊，形成儒学为主的封建主流法律思想，对法律制度居于指导地位。但是其他各种反主流的甚至异端的法律思想也不时闪现。秦汉简牍的发现，为我们认识与研究这一阶段的法律制度提供了大量原始资料。

古代法律文化的延续阶段，指封建社会后期。宋代基本延续了唐代法律制度的格局，并且为学习汉族中央王朝制度的若干少数民族政权与以后的明清王朝所继承。这一时期的主体状况是统一国家与高度专制集权，朝代延续时间长，法律制度完整而严密。在思想领域，宋代逐步形成作为儒学精致化的理学思想体系，且为明清统治者所尊崇。宗族制度日趋严密，成为整个社会的基础。统治者注意从各个方面加强对社会的控制。与法律相关的文学艺术，包括唐宋的散文，明清的小说、戏曲，以及民间艺术等呈现繁荣的局面，发挥着对民众施以教化的功能。在清代，秘密社会开始出现，成为封建体制外的社会力量。

古代法律文化的没落阶段，指半殖民地半封建社会时期，即清朝后期到 1949 年中华人民共和国成立。这一时期由于列强迫使中国签订不平等条约，西方制度与文化开始传入中国，中西文化之间发生了剧烈碰撞与融合。在通商口岸的租界内，实行具有殖民地色彩的领事裁判权，建立起会审公廨。中国一批先进思想家积极探索强国之策，提出学习西方实行改革。20 世纪初，面对深重的民族危机，清朝统治者被迫实行“新政”，实行“预备立宪”，并推行法律制度的改革。辛亥革命结束了封建制度，民国时期进一步推动了建立近代化法律制度的进程。在整个这一阶段，随着社会的震荡与变革，出现了新的思想潮流和文化成果，传统法律文化整体没落。

作为一门学科，中国传统法律文化具有其显著特点。

第一，它是中国传统法律与传统文化的结合。中国传统法律，是从原始社会末期开始萌芽，进入夏商周时期得到初步发展，并在秦汉及其以后有显著发展。到唐代，以《唐律疏议》为代表，臻于比较完备的形态，并且影响于中国周边国家，在宋元特别是明清，传统法律继续得到发展。而中国传统文化，则是贯穿于法律制度之中或者围绕着法律制度而展开的文化体系，包括传统的礼制、宗族与婚姻家庭制度、思想体系、文学艺术、社会关系等。中国传统法律文化就是法律制度与相关文化的交叉学科或者说有机结合的融合体。

第二，它是一种产生、发展、演变的综合性学科，是静态与动态的互渗。法律制度本身，由国家法律通过成文形式加以制定颁布，是一种静态；但是实施法律制度，以及创造一种有利于实施法律制度的社会文化氛围，却是一种运动的过程。只有静态，法律制度只是文字规定；只有将其置于文化的环境之中，落实于社会成员的观念、意识与生活中，进而加以或者自觉地或者被动地遵守，法律制度才成为一种活的具有生命力的社会因素，而不再是机械的、僵死的条文。中国传统法律文化，正是从这一角度探究中国古代法制的演变发展的。

第三，它是一门比较宏观、侧重于探究宏观现象及其内在规律的学科。中国传统法律的规定，依靠形式的多样与条文的烦琐，往往显得相当细密。秦代法网严密，汉律有 60 篇，隋唐开始大多为 12 篇 500 条或者 400 余条，但还有数量更多的敕令、格、式、例等的规定。研究其具体条文或者具体案例，固然是一种方法，但只限于其中，容易流于琐细，一叶障目、不见泰山。而中国传统法律文化，不仅关注具体内容，而且要求以比较开阔的视野，着重于文化与社会发展的宏观，探究一个时代的法制整体运动情况，并且发掘法律制度的内在发展规律。

第四，它是一门比较新兴、涉及领域广泛的学科，既有古老的内容，也体现了新的发现、整理与研究的成果。如前所述，近代以来在西方影响下，一些著名学者分别运用文化研究的科学方法研究了中国的社会历史发展，有的则直接著有《中国文化史》。20 世纪 90 年代以来，还有一些学者从传统文化的角度研究中国法律，编写了一些有关中国法律文化的论著，标志着中国传统法律文化作为一门学科的开始形成。

四、中国传统法律文化的学习

本书由绪论阐述中国法律文化的一般理论及本书的结构安排与学习目的。就本书的主体部分而言，以各主要领域为经，以时代发展为纬加以展开。除了传统法律的起源与初步发展外，其主要领域包括：历代法律思想、历代法律制度，这两个领域是一般中国法律思想史、中国法制史教材内容的浓缩，此外还有与传统法律相关的简牍、典籍、文学艺术、宗族制度、社会管控，以及近代秘密社会等。本书在参考前辈学者文化史著作体例的同时，根据传统法律文化（特别是在制度、思想、社会、典籍、文学艺术等方面）出现与发展的特殊性，力图拓展法律文化的范围，向读者提供尽可能宽广的知识面；同时考虑到各个专题之间的内在有机联系，突出重点。

作为法律专业的学生，毕业以后大多数都要从事法律实际工作，通过中国传统法律文化概论课程，不但能够掌握中国传统法律的基本知识，而且能够具有较为开阔的视野与比较扎实的认识问题、把握问题本质的能力，对于接触社会并从事部门法的实际工作是非常有益的。对于今后从事教学与理论研究的毕业生来说，中国传统法律文化当然更是其知识结构中不可或缺的环节。因此，在研究生学习阶段，中国传统法律文化概论是法学专业的一门专业基础课。

本课程的设置，考虑到了法律专业研究生在本科阶段一般都已经学过《中国法制史》，但大多没有读过《中国法律思想史》和其他相关课程；其他专业本科生考进法史专业的，可能没有系统学习过这两门课程，以及其他相关内容，因此总体上还存在了解和掌握程度不一的具体情况。

法律专业研究生（特别是法史、法理等专业）学习中国传统法律文化概论的目的在于：

第一，增长中国传统法律的知识，并且加深对其的认识。

其中包括从纵向角度了解现在的法制是怎么来的，了解历代法律文化发展变化的情况，了解古代有哪些规定，与现在有哪些不同。了解历代统治者怎样进行立法和司法活动，具有哪些主要的法律观点，怎样调控社会关系。

第二，吸取历史上的经验教训，为今后从事法律工作或其他工作服务。

古代法律文化包含一些积极内容，例如：(1) 重视立法。每个朝代建立之初，皇帝都要召集全国优秀人才，集中制定法律并加以颁布，同时进行法律的解释与宣传工作。(2) 建立严格的司法制度。包括慎刑恤杀、防止冤滥的各种制度，如起诉、侦查、羁押、审讯、判决、复审、上诉等制度。(3) 涌现出一批严于执法的著名人物。如商鞅、张释之、董宣、魏征、狄仁杰、包拯、况钟、海瑞、于成龙等，他们在历史上留下了清正廉洁、刚正不阿、不畏权势、执法如山的宝贵财富。(4) 重视基层建设。如强化宗族制度，加强血缘纽带关系，强调民间调解，减少讼累；向百姓灌输以爱国守法为基本价值取向的法律观念，如明代的申明亭和加强基层防范、防范盗贼等各类犯罪的举措。

同时，历史上的法律文化也显示了其消极方面。例如，(1) 高度君主专制。皇帝口含天宪，是最高的立法者与实际上控制司法的人。(2) 行政干预立法司法。地方上由各级行政主管直接审理案件，也可以由皇帝指定行政官员参与甚至直接处理案件。虽然在中央与地方上都有司法官或者法吏，往往形同虚设，一般必须服从行政官员。(3) 等级制度。由于以礼入律，法律体现明显的等级性，包括十恶、八议、官当等规定，在一个家庭或者家族内部，尊长对于卑幼则享有法定或者法外特权，适用法律不平等。(4) 实行酷刑。即使以儒家思想为主的封建主流法律思想确立以后，一方面鼓吹仁政、约法省刑，另一方面却往往在司法实践中滥用重刑、酷刑，造成大量冤案，则是常态。

因为中国传统法律文化讲历史上的东西，比较宏观而抽象，需要有一定的逻辑思维能力，这有助于提高我们的抽象思维能力和理论水平。例如中国法律思想史中的各家理论及其互辩与沿革关系，尤其需要采用抽象思维的方式加以理解。这种思维能力，无论对于今后从事实际工作还是教学或者理论工作的毕业生来说，都是不可缺少的。

阅读书目

1. 柳诒徵:《中国文化史》，中国文史出版社 2015 年版。
2. 钱穆:《中国历史研究法》，九州出版社 2011 年版。
3. 徐忠明:《思考与批评：解读中国法律文化》，法律出版社 2000 年版。
4. [德] 何意志:《中国法律文化导论：法治的东方经验》，李中华译，北京大学出版社 2010 年版。

思考题

1. 什么是中国传统法律文化?
2. 中国传统法律文化作为一门学科有什么特征?
3. 近代以来，主要有哪些学者对于中国文化史有过论述?
4. 我们今天为什么要学习中国传统法律文化课程?

第一章　法律的起源与初步发展

根据马克思主义国家与法起源的观点、历史传说与记载以及考古发掘成果，法律不是从来就有的，国家和法律是人类社会发展到一定阶段的产物，经历了一个漫长的发展过程。马克思、恩格斯所揭示的国家与法律产生的规律，同样适用于中国早期社会。传统的文献资料与近代以来考古发掘成果，证明了中国历史上国家与法律起源的大体轨迹。

第一节　法 律 的 起 源

一、远古法律的萌芽

人类最早的历史时期是原始社会，包括原始群、母系氏族社会、父系氏族社会三个阶段。

中国最早的古代文明，主要产生在中原地区。在氏族公社的大部分时期，古人基本上处于自然状态。生产力水平和认识自身的能力极其有限，决定了人们的劳动仅仅能够维持最起码的生存需要，没有什么剩余产品，因此不存在产生剥削的条件。没有婚姻的限制，也没有阶级、国家和法律，当然更谈不上司法制度。调整人与人之间关系的，是长期自发形成的氏族习惯与规则。这种习惯与规则的维持，有赖于氏族首领的威望和全体氏族成员的自觉遵守，即所谓“神农无制令而民从”[1]；“刑政不用而治，甲兵不起而王”[2]，偶尔才会有人因违背氏族习惯或规则而受到处罚。据说这种处罚只是“象形”，即给罪犯穿上具有象征意义的特质服装或者在其服装上绘以特殊的符号而已，即所谓“画衣冠异章服以为戮”。[3]

在母系氏族社会，经济生活主要是采集与狩猎，出现了初步的农业，例如仰韶文化、河姆渡文化等。氏族由女性占主要地位，担任氏族首领。当时仍然没有法律，只有原始习惯。

在父系氏族社会，随着农业的发展，需要强壮的劳动力，男性的地位上升，开始形

---

[1]《淮南子》卷十三《泛论训》。
[2]《商君书》卷四《画策》。
[3]《汉书》卷二十三《刑法志》。

成一夫一妻的小家庭。随着社会生产的发展，尤其是原始农业的进步和商业、手工业的出现，社会分工逐渐明显，物质资料的交换日渐频繁。部分氏族首领在交换中利用自己的地位和职权，把氏族公共财产占为私有财产，并通过放债，将日益贫困、还不起债的氏族成员沦为奴隶，强迫他们为自己劳动。同时，由于部落间掠夺战争的进行，出现了大量的战俘，他们不再像过去那样作为祭祀中的牺牲品被杀掉，而是受到奴役，为氏族贵族无偿劳动。氏族首领（或者部落与部落联盟首领，如传说中的黄帝、炎帝）自己就成了奴隶主。这样就逐步产生了奴隶和奴隶主两大阶级。由于两大阶级的社会地位和物质利益存在尖锐的对立，加上社会道德的沦丧，“强者凌弱”“智者诈愚”“真正之心乱”“劫夺之涂开”，[1] 各种纷争层出不穷，社会秩序已经无法依靠旧的氏族规范来维持，转而必须依靠强制性的手段，部落联盟首领于是逐步建立起最初的军队、法庭与监狱，出现了法律的雏形。

根据后来儒家的说法，氏族首领或部落联盟首领都是推举产生的。前一任首领年老的时候，可以宣布自己不再担任，而推荐一位有品行与才能的人继承自己。如尧传给舜，舜传位于禹，都不是传给自己的儿子。这叫“禅让”，表明“天下为公”。不过法家持另一种观点，认为尧年老时，舜羽翼已丰，通过暴力囚禁尧，自己夺取了权力；舜年老时，禹也如法炮制。不管怎样，传统的部落首领承袭制度到禹时已经接近落幕。在此过程中，部落内部出现了一些专门的职位。相传舜的时候，就有“八恺”管教化，契管人民，皋陶作刑等，共置九官。而禹，拥有更大的权势，“禹朝诸侯之君会稽之上，防风之君后至，而禹斩之”，[2] 俨然成为专制君主。禹死以后，启打败竞争对手，自己继承了父亲的位置，以后又传给自己的儿子。于是，禅让制变成了世袭制，“公天下”变成了“家天下”，第一个奴隶制王朝夏朝出现了。

原始社会后期，神明裁判即以生命作赌注，借助于鬼神的力量判决争讼两造的曲折是非，是普遍存在的现象。例如把违反族规的成员驱逐出氏族，任凭风雨雷电或者野兽的侵袭，以其是否存活判断犯罪与否。中国上古的“法”字作“灋”，也蕴含着一种被称为“廌”的秉持正直公平的神兽。相传如果两造争讼不决，审判者可以借助于廌，它用角触而去之者即为罪犯。这种原始迷信的神明裁判习惯后来被统治者引申，成为所谓“天罚”“神判”的理论依据。到后世，神明裁判的遗迹在某些地区与宗族间继续存在，比较常见的有捞油锅、沉潭等形式。

二、夏商刑法

夏，是我国历史上第一个王朝，地处黄河中游一带。夏朝的国家机器带有早期奴隶制的特征，审判制度也仅仅是初步的。《左传·昭公六年》所说“夏有乱政，而作禹刑”，应该是当时的不成文法。夏朝还沿用苗人的“五虐之刑”，并制定出“夏刑三千

---

[1]《抱朴子》卷四十八《诘鲍》。
[2]《韩非子》卷五《饰邪》。

条”。三千条指“大辟二百，膑辟三百，宫辟五百，劓、墨各千”。[1] 夏朝的司法官有士、理、大理等名称。据说在司法实践中，夏人实施一些具体原则，如“昏、墨、贼、杀”“罪莫大于不孝”“与其杀不辜，宁失不经”等。[2] 夏朝还设有监狱，如夏台、圜土之类。

商朝地域较为广阔。它以王族为主体，以大大小小的贵族为骨干，建立起比较发达的奴隶制度与法律制度。《左传·昭公六年》说“商有乱政，而作汤刑”，汤刑是商朝法律的总称。此外，商王的命令，如誓、训、诰都是法律。当然，上述法律都是不成文的。

为什么早期是不成文法？第一，当时的社会关系、各种犯罪还比较简单，用不成文法已经可以规范；第二，当时虽然有了甲骨文，但字数比较少，还不能完全表述法律内容；第三，统治者有意不公布，使百姓不知道犯了什么罪要判什么刑，而统治者自己可以随心所欲地垄断法律，将罪犯判刑，造成一种恐怖气氛。

相传商朝刑法资料较多，可供借鉴，所以后人说“刑名从商”。[3] 作为专制君主，商王以“天帝”的代表自居，可以裁决一切重大案件。朝廷设有大司寇，其下设正、史等官吏。诸侯在其封地内有最高审判权。商王直接统辖地区重要案件的司法程序大体为：案件先由吏审判，然后报告正，正复审后报告大司寇，大司寇复审后报告商王，由商王命大臣复审，最后经商王判定刑罚。当然，如此繁琐的程序，实际上是很难实施的。

夏商时期，一方面由于生产力与科学技术落后，同时也由于统治者的有意利用，从氏族的神明裁判发展而来，制造了一个至上神，叫做“天”“天帝”或者“上帝”。他是人间的主宰，赋予统治者实施征讨与刑罚的权力，从而形成了“天罚”“神判”的神权法思想。夏朝已经有“天命”“天罚”的说法，即“有夏服天命”。夏朝统治者自称“用天之罚”，“恭行天之罚”。[4] 商王以天帝的代表自居，可以裁决一切重大案件。商朝特别信鬼神，“殷人尊神，率民以事神”[5]，动辄占卜。商朝的刑罚也与天命神权思想结合在一起，“敬鬼神”是为了使民“畏法令”，因此把施行刑罚说成是上帝的旨意。如商汤伐桀时说，桀罪恶多段，“有夏多罪，天命殛之”，我“致天之罚”。[6] 统治者用这种天命神判说，为其刑法披上一层神圣的外衣。为此，商王专门豢养了一批向上帝请示、沟通人神的巫师，叫做“卜”“巫”“祝”，他们在商王进行占卜时，假装传达上帝的旨意，实际上是尽量按照商王的意图解释占卜结果。现存甲骨文，就是商王占卜的记录。

在这种神权法的外衣下，商朝动不动就使用酷刑杀戮。例如，贪财好色、沉湎于酒

---

[1] 《周礼·司刑》注。
[2] 《左传》引《尚书·夏书》《孝经·五刑》。
[3] 《荀子·正名》。
[4] 《尚书》之《召诰》《甘誓》。
[5] 《礼记·表记》。
[6] 《尚书·汤誓》。

等被称为“三风十愆”，须严加制裁。如果图谋不轨，“不吉不迪，颠越不恭，暂遇奸宄”，则“劓、殄灭之，无遗育”。[1] 如果“析言破律，乱名改作，执左道以乱政，杀；作淫声异服、奇技奇器以疑众，杀；行伪而坚，言伪而辩，学而非博，顺非而泽以疑众，杀；假于鬼神、时日、卜筮以疑众，杀”。[2]

商朝沿用夏朝已经存在的大辟（死刑）、宫、刖（又叫剕、膑）、劓、墨等五刑，是剥夺人的生命的死刑与残害人的肢体、破坏人的生理机能的肉刑。死刑有醢、脯、焚、剖心、刳、剔等酷刑，又有斩尽杀绝的奴戮与族刑。死刑经常执行于市，表示与众弃之。商朝还有殉葬制度，十分残暴。监狱也称圜土或圉，囚犯须带枷或拲。

第二节　周代法律制度

一、周礼与宗法制

商朝末年，周武王领导各部族起义，推翻了纣王。西周建立后，统治者继续利用神权，但一般不称“帝”而称“天”：“时唯天命”；“予亦致天之罚于尔躬”。[3]

与此同时，以周公为首的周初统治集团总结了商朝灭亡的教训。商朝不是说“致天之罚”代表天意吗？有天与神的护佑，强大的商朝为什么一下子就灭亡了呢？其中的教训引起了周公的深思。他说，“我不可不监（鉴）于夏，亦不可不监于有殷”。[4] 周初总结的教训是：

第一，天命固然不可缺少，但并非固定不变，不一定靠得住，“惟命不于常”。[5]

第二，只有有德者才可以秉承天命，“皇天无亲，唯德是辅”。[6] 商朝的先祖有德，“克配上帝”，取得了天下，“受天命，唯有历年”。后来商朝“不敬厥德”，失去德而灭亡。周朝有德，天命归周，“大命文王”。因此，周初在继续宣传天命的同时又提出“以德配天”，要求通过天的保佑加上人的德的配合，维护西周统治。这是与夏商完全不同的。

第三，统治者要做到“明德慎罚”。针对纣王沉湎酒色、荒淫无耻而导致亡国的状况，周公强调“明德”，就是统治者必须注重个人品行，严于律己，勤于政事。要“无逸”，要“知稼穑之艰难”，[7] 不可骄奢纵欲。“慎罚”，就是法律轻缓，用刑慎重，不可滥施酷虐。

在这样的原则下，西周对刑罚加以一定的限制，集中反映在强调判决要有犯罪事实

---

[1] 《尚书·盘庚中》。
[2] 《礼记·王制》。
[3] 《诗经·周颂·昊天有成命》、《尚书·多士》。
[4] 《尚书·召诰》。
[5] 《尚书·康诰》。
[6] 《左传·僖公五年》。
[7] 《尚书·无逸》。

依据、区分犯罪的具体情节、审理案件要慎重。

西周法制的重要内容是实行礼治。礼，原来是原始社会以来人们祭祀祖先时的祭品，转指祭祀仪式，扩展至人们必须遵循的等级规范。周公对礼进行改造，使其系统化，形成了周礼，在整个西周都发生作用。由于用礼统治国家，所以叫礼治。记载周礼的资料，主要有《周礼》《仪礼》《礼记》等书。

周礼的内容，旧说有五礼，即吉（祭祀）、嘉（婚姻）、宾（接待）、军、凶（丧葬），实际上规范了政治生活、社会生活的各个方面，规定了做事行礼的程序、形式，大体相当于习俗、行政法和婚姻家庭法的综合。从本质上说，周礼作为贵族社会中严格的长幼、尊卑、贵贱的等级制度，确认了每个人在一定的场合下必须遵循的一定的等级地位和行为准则，用以规范社会秩序、维护统治阶级利益，具有国家强制性，必须遵守。但是它本身没有惩罚性规定，违背了周礼要受到刑罚的处罚，所以说"出礼则入刑"。因此它和刑法是互相补充的。就其适用说，周礼主要适用于士以上阶层，所谓有身份有地位的人；一般庶民为温饱而挣扎，生活往来因陋就简，无暇顾及繁琐礼仪；奴隶阶级作为行为客体，更谈不上遵守礼。这就是所谓"礼不下庶人，刑不上大夫"。[1]

西周建立了严密的礼制，号称礼治社会，从而减少了刑罚的适用范围。后来，受到新兴阶级力量的冲击，周礼到东周逐步瓦解。但是礼治的那一套，等级制度的那一套一直传下来，在整个封建社会产生了重大影响，封建社会的法律就是等级制度的法律。礼即使到今天也有影响，我们在日常生活与人际交往中也少不了遵循礼节。

周礼的一个重要领域，是周代实行严格的宗法制度。宗法，即宗族之法，是由共同祖先的子孙后代若干家庭或者家族所组成的一个集合体的规范，有时也称宗族制度，其宗旨是祭祀祖先、延续宗族、凝聚族人。宗族由族长统率，他通常是这个宗族上一代族长的嫡长子，号称大宗；其他的儿子（余子）无论是嫡子还是庶子，相对于大宗都是小宗。嫡长子到后来也必须立接班人，就是他自己的嫡长子。如果嫡长子没有了，则立嫡长孙，再没有，则依礼立其他嫡子，没有嫡子再立庶子。嫡长子的地位特别重要。这种制度叫嫡长继承制，是古代宗法制度的核心。

西周时把宗法制度推用于政治制度。周天子立自己的嫡长子为王位继承人，他在周朝统治者的宗族中是大宗，也是整个天下的大宗；周天子的其他儿子都是小宗，都分封到各地做小国家的君主，叫诸侯。在诸侯国内部，国君也让他的嫡长子做继承人，是大宗，国君的其他儿子是小宗，封为卿或者大夫，有一块自己的地方叫采邑；在采邑里面，卿、大夫选择自己的嫡长子为接班人，是大宗，其他儿子则成了士，就是统治阶级内部最低的等级。这样，除了周天子及其嫡长子是天下大宗以外，宗法制度下的大宗、小宗都是相对而言的，通过大宗、小宗层层分封，把宗法制度贯穿到政治领域，以维护周天子天下大宗的统治地位。

秦代以后，宗法制度的原则仍然保留下来。在民间，宗法制度则一直存在。

---

[1] 《礼记·曲礼上》。

周礼还对婚姻家庭制度作了规定。

父系氏族社会以后，就实行一夫一妻多妾制，以造成多子祭祀男家的祖先。否则，祖先没有子孙贡献祭品，就会变成饿鬼，这样是极大的不孝。所以古人认为“不孝有三，无后为大”。婚姻原则有：(1) 包办婚姻。婚姻不是男女当事人双方自己的事情，而是为延续男家的宗族，延续香火。所以婚姻是家庭与宗族的事情。要有父母（如果父母已亡，则由其他尊亲属或者族长）决定，即包办婚姻。男女不可自己决定。(2) 买卖婚姻。(3) 等级婚姻。讲究门当户对，大族人家与大族人家婚娶、平民与平民婚娶。

聘娶的程序，西周规定六礼：(1) 纳采，男方向女方提亲；(2) 问名，男方问女方名字和生辰八卦，避免不吉利；(3) 纳吉，在算命吉利以后，男方与女方确定缔结婚姻；(4) 纳征，男方送女方聘财；(5) 请期，男方征询女家意见，确定迎娶日期；(6) 亲迎，新郎到女家迎娶新娘。

夫妻离异（这里的意思是丈夫休妻）必须遵守一定的条件：(1) 七出，又叫七弃。妻子有以下情况之一，丈夫有权休妻：无子；淫逸；不事舅姑；盗窃；嫉妒；口舌；恶疾。(2) 三不去，丈夫休妻受到三不去的限制，即有所娶无所归不去，与更三年丧不去，前贫贱后富贵不去。(3) 七出是丈夫可以休妻，并不是必须休妻；而义绝则是法律规定夫妻必须离异的严重情况，主要是指夫妻互相侵犯，甚至杀害对方的父母。在这样的情况下，已经没有什么夫妻情分可言，必须分开。不离异就是不孝、违法。

总之，古代离婚的主要情况是丈夫休妻。法律重点保护丈夫休妻的权利，目的是保护丈夫的宗族利益，体现了男女不平等，对后代有很深刻的影响。

二、周代的刑法

相传西周建立后，为适应其统治下广袤地区的不同治乱程度，颁布了轻中重不同的法律：“一曰刑新国用轻典，二曰新平国用中典，三曰刑乱国用重典。”这反映出统治者灵活务实的立法原则。

周王是最高统治者，他的命令包括誓、诰、命等，是当时重要的法律形式，具有最高的法律效力，诸侯和大臣都必须执行。“弃君之命”“干大命”都是重罪，大盂鼎铭文记载，周王告诫臣下“勿废朕命”。已经去世的周王命令也可以称为遗训：“赋事行刑，必问于遗训。”[1] 它同样是执法的依据。

在司法制度方面。周王是最高统治者，也是重大案件的最高法官。其下各级诸侯、官员也都有审判权。专门的审判官员有司寇，以及士师、司刑等。《礼记·曲礼下》说，周天子有五个主要大臣，司寇是其中之一。《周礼·司寇》载，司寇“帅其属而掌邦禁，以佐王刑邦国”。司寇又分为大司寇与小司寇。大司寇一人，位列于卿，掌轻中重三典，以五刑纠万民，听断诉讼，处理上诉，执行刑罚，并向周王报告案狱判决情况；小司寇二人，位列中大夫，协助大司寇审讯和判决案件。春秋时的一些诸侯国也置

[1]《国语·周语上》。

有司寇职，如宋国，“向为人为大司寇，鳞朱为少（小）司寇”；[1] 齐国，“庆佐为司寇”。[2]

周王名义上在全国范围内，诸侯和卿大夫在其封地内，拥有最高审判权。下级贵族间的争讼，上级贵族有权裁断。曶鼎铭文便记载有贵族曶与限发生纠纷，由大贵族井叔审理。到战国，郡县制问世，郡守和县令（或县尹）在其统治区域内可以审判一般案件。这是早期官僚行政机构对司法的干预。

周代初步区分了民事案件与刑事案件，民事叫“讼”，刑事叫“诉”。或者说“争财曰讼”“争罪曰狱”。判决必须依照法律（包括刑、法、律及王命），不能随意滥判。

从西周开始，特别是到东周，社会各阶级、阶层和政治集团之间存在尖锐的矛盾冲突，新旧经济关系、政治体制之间剧烈碰撞，违法犯罪现象层出不穷。对此，各时期的统治者利用所掌握的司法权加以惩治，并形成了判决的一些原则。

首先是严厉惩罚各类犯罪的原则。

刑律打击的重点，首先是所谓盗、贼。这表明，它把保护私有制、惩治侵犯私有财产的行为作为自己的神圣职责。《尚书·费誓》称，凡胆敢“寇攘，逾垣墙，窃马牛，诱臣妾”的，应施以“常刑”。《周礼·掌戮》称要“刑盗于市”。战国初年李悝所制定的《法经》，头两篇就是盗、贼。其中规定“大盗，戍为卒，重则诛”，甚至“窥宫者膑，拾遗者刖”，仅仅是因为有“盗心”。由此看来，先秦有时候是可以只凭主观状态判罪的。战国晚期，荀子又明确下了定义：“窃货曰盗”，“害良曰贼”。[3] 虽然各时期对“盗”“贼”两字含义的认识不尽相同，法律在严厉制裁侵犯财产罪方面却是一脉相承的。

当时还规定，对弑君者应该“残之”。[4] 对“大放王命”“造民大誉”“不率大戛”“乃别播敷”[5] 的行为，对“群饮”“湎于酒”[6] 的行为，对“男女不以义交”“触犯君命，革舆服制度”[7] 的行为，以及“夫有二妻”“妻有二夫”“议国法令”“越城”“博戏”的行为，也在所不赦。春秋战国时期，兼并战争连年不断，违犯军纪危害很大，各诸侯国都有严厉制裁这类犯罪的例子。如扰乱军阵者，处死；期而后至者，斩；军令“已明而不如法者”，亦斩。[8] 将军领兵作战失利，家属须“随坐”等。

其次是反对滥施酷刑的原则。

例如，规定判决要有依据，不能随便“刑人杀人”“劓、刵人”。《礼记·王制》

---

[1] 《左传·成公十五年》。
[2] 《左传·成公十八年》。
[3] 《荀子·修身》。
[4] 《周礼·大司马》。
[5] 《尚书·康诰》。
[6] 《尚书·酒诰》。
[7] 《尚书大传·甫刑》。
[8] 《史记》卷六十五《孙子吴起列传》。

说："有旨无简不听"，意为有犯意无事实的案件，不予受理；又说"邮罚丽于事"，赏罚必须依据事实。周公告诫成王："乱罚无罪，杀无辜，怨有同，是丛于厥身。"[1] 乱罚无辜，祸必及己。因此，判决必须根据罪状，以"常典"即法律作为准绳。

审判中应该区分故意和过失、一贯和偶犯。周公强调说："人有小罪，非眚（眚，过失），乃惟终，自作不典，式尔！有厥罪小，乃不可不杀；乃有大罪，非终，乃惟眚灾，适尔，既道极厥辜，时乃不可杀。"[2] 罪虽小，只要是故意的、一贯的，就不可不杀；罪虽大，如果出于偶然或者过失，则可以不杀。这个观点，表明统治者已经注意到区别罪犯的主观状态，分别予以轻重不同的处罚。

反对株连。针对商朝"罪人以族"、滥肆牵连的现象，周公强调"父子兄弟，罪不相及"，[3] 只惩罚罪犯本人，不随便株连无辜者。

疑狱从轻。根据周代制度，"五刑之疑有赦，五罚之疑有赦"。[4] 这里的"五罚"，指相应于五刑的罚金（即赎刑）。换言之，遇到疑案，可以采取从轻处断的原则，通常是使用赎刑，以避免无辜者受到冤屈。

西周反对滥施酷刑的原则，对于减少或者防止司法冤滥，应该说有一定的积极意义。可是从西周到春秋战国时期，严厉惩治犯罪的现象普遍存在，特别是对奴隶和下层平民等所谓小人，是谈不上德治和恤刑的。到法家出现以后，为建立和巩固君主专制，推行富国强兵，更是赤裸裸地推行"以刑止刑，以杀止杀"的重刑。

当时主要的刑罚，是在大辟、宫、刖、劓、墨五刑的基础上再加流、赎、鞭、扑，共九刑，所谓"周有乱政，而作九刑"。[5]

死刑的执行方式很多，大多极为残酷。如有斩、枭首、鞭杀、镮、车裂、腰斩、弃市、磔、活埋、焚、辜、罄等。西周到春秋战国，肉刑盛行。据说西周"墨罚之属千，劓罚之属千，剕罚之属五百，宫罚之属三百"，[6] 已经十分严格细密。迁、徙、放逐等，都是将罪犯发遣到边远地区，"投诸四裔，以御魑魅"，属于流刑。徒刑，是剥夺犯人人身自由的刑罚，常与肉刑并施，犯人须戴械具，"桎梏而坐诸嘉石"（嘉石，西周监狱名），而且必须在官府服役，役期从三月至一年不等。

民间轻微案件，可以口头向地方官吏提出。如果案情较为严重，须控告到上级官府直至主管诸侯国审判的官员。至于诸侯或者贵族间的诉讼，则须控告至周王或较大的诸侯、贵族，请求裁断。公元前 586 年，许灵公向楚王控告了郑伯，郑悼公至楚国应诉。[7] 随着周朝的衰落，有时连周王室都需向诸侯控告。公元前 580 年，晋国的郤至与周王室争夺一块鄇邑的土地，周王派大夫刘康公、单襄公到晋国去打官司，最后由晋

[1]《尚书·无逸》。
[2]《尚书·康诰》。
[3]《左传·昭公二十年》引《康诰》。
[4]《尚书·吕刑》。
[5]《左传·成公十一年》。
[6]《尚书·吕刑》。
[7]《左传·成公五年》。

侯作了裁决。[1]

1975 年陕西岐山董家村出土的西周礼器——䑪匜上有一段铭文，记载说小吏牧牛违背忠于上司的誓言，诬告了上司，被周王重臣伯阳父判决有罪，依律处以鞭打一千和黜（免职）。牧牛在此案中既是下告上，又是诬告，犯了法律之大忌，所以受到重处。

审讯的目的是要获取口供。周代强调必须讯问原、被告双方，"两造具备，师听五辞"；"听狱之两辞"，而不轻信"单辞"。[2]《周礼·小司寇》提出"以五声听狱讼，求民情"，即采用五听的方法审讯。听的意思是审理案件，五听，指辞听（"观其出言，不直则烦"）、色听（"观其颜色，不直则赧然"）、气听（"观其气息，不直则喘"）、耳听（"观其听聆，不直则惑"）、目听（"观其眸子，不直则眊然"）。五听是通过观察被讯人的精神状态，分析其心理活动，从而判定其犯罪与否的审讯方式。它主要取决于司法官个人的感觉，忽略了证据的作用，显然具有局限性，但又是官府长期审判经验的总结。比起主观滥判来，五听包含一定的合理成分。

贵族间的诉讼，情况比较复杂。"命夫命妇，不躬坐狱讼"，[3] 原告、被告特别是被告本人不一定出庭。为维护贵族的尊严，他们有免予出庭的特权。不管他们本人是否出庭，都有一些诉讼代理人在法庭上替他们扮演一定的角色。这是传统司法特权的体现。

《尚书·吕刑》说："五刑之疑有赦，五罚之疑有赦，其审克之。"意为判处五刑而有疑问的，便减等按照五罚处罚；按五罚处理仍有疑问的，可进一步减轻处罚，但一定要认真审核，"简孚有众，唯貌有稽；无简不听，具严天威"，即使最细小的犯罪情节也要与民众核对。没有事实根据的，便不要论罪。处理时也不能一味从轻，要能够保持上天的威严。

在正式判决前要广泛征求对判决的意见；判决后，要向罪犯宣读判决书。判决还要考虑到给符合条件的人一定的宽恕。这就是由司刺掌握的三刺、三宥、三赦之法。所谓三刺，即分三步询问意见："壹刺曰讯群臣，再刺曰讯群吏，三刺曰讯万民"；所谓三宥，即对无故意犯罪主观状态的人的宽恕："壹赦曰幼弱，再赦曰老髦，三赦曰蠢愚。"除此以外，还有"八辟"之法，就是后世"八议"判刑原则的由来。

读鞫、乞鞫制度。鞫就是审判。读鞫就是在案件审理以后，审判官要向犯人及其家属宣读判决书。乞鞫就是犯人及其家属听到判决以后，如果不服，可以请求上一级司法机关重审。据《周礼·大司寇》载，当上诉到朝廷（大司寇或三公）时，原被告双方都要到庭接受审讯，并缴纳保证金。民间案件须缴纳"束矢"（一百支箭），刑事案件须缴纳"钧金"（三十斤铜）。凡是不缴纳"束矢"或者"钧金"的，就认为是败诉。至于贫苦孤独的老幼有冤情需要上诉的，可以立于肺石之上。所谓肺石，相传是置于朝

[1]《左传·成公十一年》。
[2]《尚书·吕刑》。
[3]《周礼·司寇》。

廷门外的大石头，因其色赤如肺而得名。法律规定，老幼在此肺石上站立三天，官员必须出来受理上诉。这是一种体恤孤贫的特别的上诉与复审程序。

法官枉法滥判的，必须承担相应的责任，西周以来对此一直很明确。《尚书·吕刑》提出，遇到疑案，运用五刑、五罚都不适应的，可以按照“五过”即各种过失的规定予以宽恕。但在适用“五过”时一定要防止偏差即所谓“五过之疵”，指惟官、惟反、惟内、惟货、惟来等五种受贿枉法行为。如果司法官犯了“五过之疵”，“其罪惟均”，应当受到和犯人一样的惩处。

以上传说中西周各种审慎判决的司法制度，显然带有理想色彩。

三、春秋战国的法律改革

无论是礼还是法，在春秋以前，都是不成文或者不公开的。其中的原因，固然是由于当时文字还不发达，无法充分表达法律的内容；公布法律的载体如鼎之类也不太合适于刊刻较多的文字。同时，更由于上述只有少数贵族官员掌握法律的现象，有利于统治者根据随时的需要任意判决，造成一种神秘恐怖的氛围。古人所谓“先王议事以制，不为刑辟”，“刑不可知，则威不可测”，[1] 正反映出少数人垄断法律的秘密法传统的特色。

进入春秋时期，“高山为谷，深谷为陵”，社会发生了巨大震荡。具有革新思想的新兴政治集团要推行其改革主张，就必须打破旧贵族对法律的垄断，掌握立法权和司法权，建立保障新的社会政治形态的法律秩序。

春秋战国时期，一般平民之间的纠纷也能够请人代理了。曾经编定竹刑的郑国人邓析，对诉讼就很有研究。据说他特别会辩论，“操两可之说，设无穷之辞”，“以非为是，以是为非”，“不法先王，不是礼义，而好治怪说，玩绮辞”，滔滔不绝，巧舌如簧，然而“其持之有故，其言之成理”。[2] 他很有些离经叛道的样子，而又能借助辩才自圆其说，别人无法抓到破绽。大约是邓析的名气很响，当时就有很多人来向他讨教法律和辩论的事情。《吕氏春秋·离谓》说，邓析“与民之有狱者约，大狱一衣，小狱襦袴。民之献衣、襦袴而学讼者，不可胜数”。实际上，到邓析的时候，法庭辩论才从贵族的专利变成了一部分平民也可以享有的技巧，也就是说，诉讼才开始具有更广泛的社会基础。战国时公孙龙子和惠施等人，专门研究名形关系，擅长辩论，对诉讼的发展也有一定的作用。

应该指出，邓析身处经济文化在当时都算先进的中原，而且是在有着公布成文法背景的郑国。从多数诸侯国看，平民在法庭上运用专门知识进行辩论的现象并不普遍。这是因为：第一，由于西周以来的宗法制与礼治传统，一般人都比较重视礼对社会秩序的调整作用，而抱“无讼”的心态，认为打官司、受审判总是一件不那么光彩的事情，

---

[1] 《左传·昭公六年》。

[2] 《荀子·非十二子》。

也不奢望在法庭上通过辩论驳倒对方；第二，由于受教育是贵族和少数平民的专利，除了一部分温饱或小富阶层以外，平民连衣食都难以保证，更谈不上获得法律和辩论的知识，当然也很难寻求专门人才帮助；第三，法庭实行司法官主导制，在一般案件中，法官高高在上，由他依照五听原则讯问甚至实行拷掠，当事人只能被动地接受讯问，辩论的空间不大，不像贵族案件中，法官的职务或地位不一定高于原被告，他不能轻率地审讯判决，代理和辩论的作用就特别明显。

春秋战国时期，各国情况不尽相同，但适应于富国强兵的要求，大多强调明法守法，依法判刑，即“以刑佐民”[1]。楚国理想中的法官形象，是“守法之臣”[2]，是“柔而不挠，刚而不折”的“直士”。特别是一些受法家理论影响的国家如秦国等，实行严刑峻法，一般也就不存在西周那种烦琐的判决程序了。

随着社会关系的日趋复杂以及文字的进步，特别是为了打破旧贵族对法律的垄断，为改革服务，新贵族特别需要制定新的法律，并公布成文法。

公元前536年，郑国执政子产将刑书铸于鼎。《左传·昭公六年》：“郑人铸刑书。”这是已知最早公布的成文法。后来，郑国的邓析另行起草刑法，刻于竹简公布，被称为“竹刑”。公元前513年，晋国国卿赵鞅、荀寅“铸刑鼎”，将范宣子制作的法令铸刻在鼎上，公之于众。这些最早公布成文法的举动引起许多人的议论。孔子曾怀着维护旧礼法的思想，对铸刑鼎持激烈批评的态度。但是，公布成文法毕竟意味着审判有了明确具体的依据，是法律上的一种进步，在各国引起巨大的震动。具有革新思想的政治人物，纷纷推行变法，提出“事断于法”“刑无等级”“燔诗书而明法令”的观点，强调公布法令，明法守法，一断于法，以建立新的法律秩序。

战国时期，公布成文法的步伐日渐加快。战国初年李悝在魏国变法时制定并公布的《法经》，包括盗、贼、囚、捕、杂、具六篇。《法经》把刑与法区别开来，确立了中国古代法典以刑为主、兼及行政、程序法的传统结构。《法经》第一次把主要罪名、刑名概括成一篇“具法”，起到统辖全法的提纲挈领的作用，说明人们对法律规定的本质与规律的认识水平有所提高。同时，《法经》一改过去分开列举罪、刑的传统，把罪、刑紧密联系起来，明确规定犯什么罪，判什么刑，有利于判决的进行。《法经》实际上成为各国立法的典范。其后，各国又先后公布成文法，如韩国有《刑符》，楚国有《宪令》、魏国有《魏宪》、齐国有《七法》、赵国有《国律》。

战国中期，卫国公孙鞅少好刑名之学，早年在魏国为贵族门客，后携《法经》入秦，在秦孝公支持下实行变法，因功封商地，人称商鞅。在改革中，商鞅把《法经》各篇之“法”改为秦律各篇之“律”。“法”字的原意是公平、正直。《说文》：“灋（即法），刑也，平之如水，从水。”如前所述，廌是传说中上古神明裁判的痕迹。“律”字，原为象形字，有如手握调整音律高低的笛子。这种音律，是乐队演奏时的准则，引

---

[1]《左传·襄公三年》。
[2]《韩非子》卷十三《外储说右上》。

申为人人必须加以遵守。《说文》："律，均布也。"《国语·周语下》："律，所以立均出度也。""均布"和"出度"等字，显示出"律"具有比"法"更明显的公开性和规范性。以成文法代替秘密法，并强调人人必须遵守，意味着打破了旧贵族的特权地位，为新贵族及地主阶级先后执政扫清了法律障碍。

阅读书目

1. 恩格斯:《家庭、私有制和国家的起源》，载《马克思恩格斯选集》第四卷，人民出版社 1995 年版。
2. 金景芳:《中国奴隶社会史》，上海人民出版社 1983 年版。
3. 童书业:《春秋史》，上海古籍出版社 2010 年版。
4. 杨宽:《战国史》，上海人民出版社 2003 年版。

思考题

1. 中国历史上的法律制度是怎样起源的?
2. 夏商法律有什么特点?
3. 周初统治者为什么提出"以德配天"?
4. 周代司法制度的哪些内容对后世有影响?
5. 春秋战国时期的法律改革有什么意义?

第二章　中国法律思想史（上）

法律思想，包括法律意识、法律观念、法律理论等，是对法律现象进行思考与研究的成果，也是法律文化的重要组成部分。中国传统法律思想，萌芽于西周初年周公等人对商亡教训的总结与关于“以德配天”的论述。春秋末期到战国，思想界呈现百家争鸣的局面，法律思想得到了很大的发展，人们对法律的来源、实质、作用，与其他社会现象的关系等的思考逐渐深化。西汉，开始确立封建主流法律思想，影响深远。

第一节　儒家法律思想

一、孔子与儒家的创立

儒家是由春秋末期孔子所创立的讲究德与礼的学派。儒字的意思原来指专门从事教育和执掌礼仪的人。由于孔子长期从事教育和礼仪，所以他创立的学派被称作儒家。在春秋时代，奴隶制已经趋向瓦解，新贵族（封建贵族）登上政治舞台。在各诸侯国主要是封建贵族剥削、压迫农奴。儒家代表封建贵族的利益，积极为统治者出谋划策，教育人民安分守己，同时维护宗法等级秩序。儒家继承发展了西周以来的礼治和明德慎罚思想，提出了一整套旨在维护礼治、德治和人治的法律理论。儒家影响中国社会极其深刻，可以说直到今天，中国人的一言一行，都不难看到儒家的影响。

孔子（前551—前479），名丘，字仲尼，出身于宋国贵族，生活于春秋晚期。宋国，在今河南东部商丘一带，是周武王灭商朝后，封商朝贵族微子启（纣王庶兄，名启，谏纣降周）所在。因此孔子的祖先与商朝有关。孔子自称：“而丘也，殷人也。”[1] 孔子的先祖孔父嘉是宋国宗室，被人所杀。孔父嘉的后代因为怕再被人暗算，就逃到鲁国，再过三代就是孔子了，所以孔子算鲁国人。

孔子所处的春秋晚期，是天下大乱的时代，社会剧烈震荡，奴隶主及旧贵族统治摇摇欲坠，周天子早已丧失往日的威风，各诸侯国没有理睬他的，只顾互相之间连年混战。礼崩乐坏，新的生产关系和阶级力量登上政治舞台，在有的国家，诸侯也威风不

[1]《礼记·檀弓》。

再，由“陪臣执国命”[1]，纷纷开展了变法。鲁国是周公的儿子伯禽封地，有周礼传统，所谓“周礼尽在鲁矣”，相当保守，但也有变化。鲁宣公十五年（前594）开始实行“初税亩”，把奴隶制的国有土地变成新贵族的私有土地，承认了土地私有制的合法性，由国家征收赋税。鲁国国君下孟孙、叔孙、季孙三个卿“三分公室而各有其一”，正虎视眈眈，准备寻找机会瓜分国土。

孔子虽然祖先是贵族，但因为是逃难到鲁国的，地位早已经衰落。孔子的父亲叔梁纥曾经做过小官。他娶鲁国人施氏为妻，生了九个女儿，没有儿子。这从宗族继承制度的观点来看是很成问题的。于是叔梁纥又娶了一个妾，倒生了一个儿子，却是残疾人。叔梁纥认为他还是不能继承，又向颜家求婚，据说颜家有三个女儿都没有出嫁，只有最小的一个叫颜徵在的愿意嫁给年纪已经比较大的叔梁纥。《史记》说“纥与颜氏女野合而生孔子”。[2]

孔子身材魁梧。《史记》说他身高9尺6寸，大约相当于今天的1.90米。古代一般是“七尺男儿”，所以人称孔子为“长人”，“异之”；又说他头顶中凹而四周隆起，叫圩顶。有两颗大门牙，叫骈齿。表现他有灵异之相，非寻常人。

由于父亲在生下孔子以后不久就死去，家里的日子十分艰难。孔子不得不给人家干一些低贱的活养家糊口，曾做过给人家办丧事的吹鼓手，所以孔子说：“吾少也贱。”成人以后还做过鲁国贵族季孙氏的家臣，当过管理仓库（委吏）和牛羊的小官（乘田），牛羊养得很肥。

孔子由于专心学礼，30岁左右便以通晓礼仪著称。孔子以前学在官府，孔子开始私人办学招收弟子。他前后四次出国，周游列国。第一次是前往齐国、宋国、卫国，一度被困于陈（淮阳）蔡（新蔡）之间，然后返回鲁国。第二次，他去周朝首都洛邑，向老子请教。再次返回鲁国后，弟子数量逐渐增加了。第三次出国，他又到了齐国，听到齐国的韶乐，“三月不知肉味”。齐景公问政，孔子对以“君君、臣臣、父父、子子”。景公说，太对了，假如君不君臣不臣父不父子不子，我连吃饭也不能安心。[3] 景公要重用孔子，遭晏婴反对而只好放下。齐国有人图谋加害孔子，孔子逃回鲁国。在此期间，齐国客卿田氏经过多年准备，到田常（即陈恒）时杀了简公，夺取了政权。孔子知道后，斋戒三天去见鲁哀公，请求出兵攻打齐国，被拒绝。51岁时，孔子任中都宰（县令），不久任司空，又当过短时期的大司寇，还摄行相事3个月，杀了蛊惑人心的少正卯。齐国人害怕孔子执政而鲁国称霸，就使美人计，送了80个美女给鲁国国君。鲁君果然沉湎于色，荒于国政，孔子很失望，就又带着弟子们出国了。

此时孔子日渐衰老，这是他最后一次出国。他先来到卫国，看到人口稠密，市场繁荣。弟子问该怎样治理这么多人口的国家，孔子回答“富之”，又说“教之”。[4] 接着

---

[1]《论语·季氏》。

[2]《史记》卷四十七《孔子世家》。

[3]《论语·颜渊》。

[4]《论语·子路》。

来到陈国，在匡这个地方，人们误以为孔子是曾经虐待过匡人的阳虎，都来复仇，把孔子及其学生团团围住。孔子故作镇静，对学生说："文王既没，文不在兹乎。天之将丧斯文也，后死者不得与于斯文也；天之未丧斯文也，匡人其如予何!"[1] 他与学生被围了5天，依然弦歌奏乐，演习礼仪。后来有人来救，总算解了围。

孔子于是又返回卫国。卫灵公夫人南子要见孔子。南子名声不好，古代女人又不能随便与外来男人见面。孔子身不由己，去见了南子。孔子稽首叩头，南子在帷帐后接见，孔子只听见她身上佩带的玉环首饰发出叮叮当当的响声。学生子路对此事很不高兴，认为孔子平时教导学生非礼勿视，他自己怎么能去见这么一个女人。孔子赌咒道，我假如做得不对，"天厌之！天厌之!"

后来，孔子又来到陈国，又厄于陈蔡，七日断炊。子路看到不少人病倒起不来了，就气呼呼地问孔子："君子亦有穷乎?"孔子答："君子固穷，小人穷斯滥矣。"

这一次，孔子一共经过14年才返回鲁国，但仍然在鲁国遭受冷遇。他甚至说："道不行，乘桴浮于海。"但他依然满怀热情，努力工作。他形容自己："其为人也，发愤忘食，乐以忘忧，不知老之将至云尔。"

据说孔子学问很广博，无所不知，主要就是靠学习。"子入太庙，每事问"；他自称："十室之邑，必有忠信如丘者焉，不如丘之好学也。"作为教育家，他打破了学在官府的垄断，开始私人办学，并提出"有教无类",[2] 按照现在的说法，就是教育平等，人人享有接受教育的权利。他说，只要交给他束脩的学费，他就收为学生。他以儒家经典教育学生，自称诲人不倦，能够因材施教。晚年他在鲁国主要进行文化整理与教育。据说孔子先后修订了《尚书》《春秋》《诗经》《周易》等经典。

孔子身上带有明显的贵族色彩。他轻视普通的生产劳动。学生樊迟问他怎样种庄稼，他回答"吾不如老农"；怎样种菜，他回答"吾不如老圃"。[3] 樊迟走后孔子就当着其他学生的面批评樊迟是小人，意为君子应该以治理天下为己任，怎么能去学这些小人干的事情。同时，孔子对女性也怀有明显的轻视态度。

孔门有三千弟子，其中贤人七十二。最有名的如颜渊，孔子称赞他好学，颜渊死了，孔子就说没有好学的人了。此外有名的还有曾参、子贡、宰我，等等。

孔子创立了儒家学派，其思想主要表现在由其学生所编辑的他的言行录《论语》一书中。这是教人进行品格修养、为人处世的，今天读来仍有价值。

孔子思想的来源，首先是他的生活环境，无论是其家庭传统还是鲁国环境，都有周礼的渊源，使他受到礼的熏陶。其次是复杂的生活经历，使他对社会有比较深刻的了解，特别是他几次周游列国，在当时的思想家中是很少见的。再次是好学，他说自己"信而好古"，曾经系统学习周礼。他亲眼目睹了当时礼崩乐坏的局面，感到痛心。他的政治理想，就是要结束春秋时期天下混乱的局面，恢复东周的政治与社会秩序。他

---

[1] 《论语·子罕》。
[2] 《论语·卫灵公》。
[3] 《论语·子路》。

说："郁郁乎文哉，吾从周。"周公是他的理想人物，他自称经常梦见周公，要"克己复礼"。[1] 孔子是很有政治抱负的，他曾说："如有用我者，吾其为东周乎！""苟有用我者，期月而已可也，三年有成。"当然，这是不可能实现的。

二、孟子与荀子的贡献

孔子创立的儒家，到战国中期与晚期，主要经过了孟子与荀子的发展。

孟子名轲（前390—前305），山东邹（今邹县）人。邹当时为邹国，也有说是属于鲁国的地方，所以说山东是孔孟之乡。孟子生活于战国中期，比孔子晚了一百几十年。祖先也是贵族，是孟孙氏后裔。但是到孟子这一辈时，早已经破落。

据说孟子母亲非常重视对孟子的教育，著名的孟母三迁的故事，是讲重视选择环境对小孩的影响的。孟母断织的故事，则反映了孟母对幼年孟子教育的严格。后来，孟子拜孔子之孙子思的学生为师，"治儒术之道"。他大肆吹捧孔子，说"自生民以来，未有孔子也"。又自负不浅，认为"五百年必有王者兴，其间必有名世者"；"如欲平治天下，当今之世，舍我其谁也"。[2]

孟子面对的天下，是各诸侯国正在进行变法、兼并战争的规模日益扩大的形势。他的历史任务，似乎应该是设法平息战乱，尽可能按照自己的政治理想，在天下恢复礼治，实行仁政。但是在当时的条件下，作为破落贵族代表的孟子既不可能凭借现有力量，公开发展自己的势力，再度跻身于贵族行列，也不可能转化为新兴地主阶级的代表，直接打进封建统治集团。而长期以来对文化知识的掌握，却使他有可能成为一个学派的代表人物。于是他开始像孔子那样招收学生讲学。35岁时，他学道有成，开始游学，几次出国，先到齐国，以后又到魏国、宋国等，鼓吹儒术。他曾经被齐宣王任命为卿，社会地位颇高，"后车数十乘，从者数百人"。那气势也够大的了，但到别国大多碰壁。

晚年回乡著述，《孟子》一书即为其记录，文笔十分犀利。

孟子思想的特征：（1）主张"法先王"，遵先王之法，行仁政，恢复井田，恢复王道，反对暴政。这种思想，是针对战国中期剧烈兼并的时代提出的，似乎完全脱离当时的社会现实，不过是一种呓语，但多少回应了当时一部分人的理想，也多少反映了饱受战乱祸害的民众的呻吟。（2）提出性善说。孔子认为性相近、习相远，[3] 重视后天的教育作用，并未说人性到底如何。孟子提出性善论，认为人生来就有为善的天性，即仁义礼智的本性，具体表现为四心，即恻隐、羞恶、恭敬、是非之心，与生俱来。只是由于个人主观努力不同，学习的程度不同，"庶民去之，君子存之"，小人丢掉了仁义礼智，君子保留了仁义礼智，从而形成了君子与小人的区别。（3）推崇礼教。既然人的本

[1]《论语·颜渊》。
[2]《孟子·公孙丑》。
[3]《论语·阳货》。

性是仁义礼智，现在当然要通过仁义礼智发挥或者恢复人的本性，因此要大力推行礼教，强调忠君孝悌。可见孟子提出性善论的目的，是要证明推行礼教的必然性。进而言之，只有通过努力保留性善，才有可能在天下推行礼教，实现仁政。（4）如何推行礼教呢？孔子已经提出要通过学习，提高修养，掌握礼教，同时也提出了要自省。孔子说，吾日三省吾身。孟子在性善论的基础上进一步发挥了孔子的这种反省思想，强调个人修养要通过自我反省，追求内心的善心，即“尽心”“知性”“寡欲”。孟子提出的这种静心养性的自我反省的修养方式，对中国禅宗的影响很大。（5）提出“民为贵，社稷次之，君为轻”。这其中包含民本、限制君权等积极因素。这个思想，对后世民主思潮有积极启发。

《盐铁论》说孟子“守旧术，不知世务”，既保留了没落贵族的意识，也表现出当时一部分士人企图改造儒学、适应诸侯混战却又始终适应不了的心态。由于孟子对儒学的贡献，被称为“亚圣”。

荀子（前313—前238），字卿，赵国（今山西临猗）人，是儒学的后起之秀，早年游学齐国稷下学宫十余年，完成了学业。因闵王荒诞，荀子失望而离开齐国，两年后齐国几乎被燕国灭掉。到田单恢复齐国后，荀子又回到齐国。这时荀子已是壮年。此时过去稷下有名望的学者都已经去世，荀子成了威望最高的学者。他的主要任务，已经不是观摩学习，而是对各种学说进行糅合改造。于是他长期在稷下学宫讲学，曾经三次担任祭酒，并一度入秦国考察，对秦国法治颇多赞扬。后来齐王建即位，大权落于王后手中，荀子就再次离开齐国，先后到楚国、赵国，曾经受春申君邀请担任兰陵令。春申君死后，荀子摒弃一切世务，潜心学术，著书立说，终成《荀子》。

在荀子所处的战国后期，新兴封建制度已经诞生，天下统一的趋势已经确定。综观荀子的一生，是倾注精力于讲道论学又密切关心时运的一生，是为当时的统一大业提供理论依据而奋斗不息的一生。他贯通上下古今之变，在《荀子·非十二子》等篇中，对于自然、社会和政治领域都进行了理性的思考，对当时所有学术流派都进行了精心的剖析，批判地吸收其有益成分，融会于自己的理论。荀子对孔子思想采取了批判继承的态度，而与孟子存在明显的对立。他不像孟子那样死守仁、礼，排斥法家。

荀子思想特征：（1）具有朴素唯物主义因素，提出“天行有常”，认为自然界有客观规律，与商周“天命”思想、道家消极无为思想均对立，要求“明于天人之分”，把天与人区别开来，提出了“人定胜天”“制天命而用之”的光辉命题。[1] 当然在发挥主观能动作用的同时，我们也应该尊重自然，不可片面强调改造自然、战胜自然。（2）在人性问题上，反对孟子的性善论，提出性恶说。荀子认为人生来有“目好色，耳好声，口好味，心好利”和“不知足”的欲望，生来就有妒忌心、虚荣心、权力欲，使社会混乱不止，所以要对人性进行改造，即“化性起伪”（发挥人的能动作用，改造人性），规范人的行为。（3）从性恶论出发，荀子提出“隆礼重法”，《荀子·天论》说

[1]《荀子·天论》。

“明礼义以化之，起法正以治之，重刑罚以禁之”[1]。这样就论证了礼法的必然性。孟子说性善，说要以礼义仁智恢复或者发挥人的善的本性，是为推行礼教提供依据。而荀子说性恶，是要用礼法约束与改造人的恶的本性，从而为他的隆礼重法说提供依据。因此他们两人从不同的人性观点上，得出了不同的结果，一个强调恢复与发挥本性，走向礼义；另一个强调改造本性，走向礼法。

荀子的思想，显然是儒家与法家的折中，从主张隆礼来说，他属于儒家；但他又对儒家进行了改造，特别是强调礼的规范性，强调重法，使礼治带上了法的因素。因此，荀子已经多少偏离了原来的儒家阵营，而居于儒法之间。这与他长期在稷下学习、融合各家是分不开的。他的学说，为天下统一提供了依据。他培养的两个学生韩非、李斯，就是著名的法家人物。后世的政治制度、法律制度，更多的是从荀子“隆礼重法”学说发展而来。

三、儒家的礼治思想

礼治，是儒家学说的主要内容，来源于孔子所吸收改造的周礼，主要是强调在宗法伦理基础上的等级关系。

春秋战国时期，社会秩序大乱，诸侯互相征伐，臣弑君、子杀父事件层出不穷。过去是“礼乐征伐自天子出”，后来是“自大夫出”“陪臣执国命”。针对这种现象，儒家强调按照周礼的要求确立名分，就是明确每一个人在家庭中、在社会上的等级地位，不能僭越名分，禁止超越自己等级地位现象的发生。这种等级地位，主要就是君臣、父子、兄弟、夫妻、师生、朋友之间的等级关系，要求“父慈、子孝、兄良、弟悌、夫义、妇听、长惠、幼顺、君仁、臣忠”,[2] 就是“君君臣臣父父子子”，不能违背等级身份。伦常关系是社会秩序的基础，人人必须严格遵循。儒家认为正名分对于维护社会秩序意义重大。孔子说，“名不正则言不顺，言不顺则事不成，事不成则礼乐不兴，礼乐不兴则刑罚不中”；又说遵循礼，“犯上作乱未之有也”。鲁国季孙氏使用乐舞“八佾”（64 人），这是天子规格，超过了他的卿的等级。孔子听说后，大骂“是可忍也，孰不可忍也”[3]。他反对铸刑鼎，原因之一在于，鼎是周天子或者诸侯才能掌握和铸造的，对晋国来说，只能遵循周王授给唐叔的法度，怎么能由卿大夫刻鼎公布成文法?

这是以家庭为本位，从宗族制度出发的礼治的核心内容。在以分散的小农经济为基础的宗法社会里，家是最基本的生产和生活单位。西周的宗法制度，是与礼治紧密联系的国家制度的重要内容。儒家一方面继续维护宗法制在政治生活中的作用；另一方面，把宗法制从统治阶级内部扩大到社会日常生活中，要求普通社会成员在家庭、家族中也要贯彻宗法制度。表现在：首先，一个人在家里要做到孝。所谓孝的内涵包括：（1）要

---

[1] 《荀子·性恶》。
[2] 《礼记·礼运》。
[3] 《论语·八佾》。

供养父母。(2) 要顺从父母，取悦父母，不违背父母的意志，取得父母的欢心。孔子说："今之孝者，是谓能养。至于犬马，皆能有养。不敬，何以别乎?" 又说："色难。"[1] (3) 要继承父亲的志向，"三年无改于父之道"。[2] (4) 要有后代继承家族，所谓"不孝有三，无后为大"。[3]（另二是"阿意曲从，陷亲于不义"；"家穷亲老，不为禄仕"）

孟子思想在孔子礼教的思想的基础上有所发展，具有战国中期的特征。孟子提出性善论，认为人生来就有为善的天性，即仁义礼智的本性，具体表现为四心，即恻隐、羞恶、恭敬、是非之心，与生俱来。只是由于个人主观努力不同，学习的程度不同，"庶民去之，君子存之"，小人丢掉了仁义礼智，君子保留了仁义礼智，从而形成了君子与小人的区别。因此要通过仁义礼智发挥或者恢复人的本性，要大力推行礼教，实行忠君孝悌。可见孟子提出性善论的目的，是要证明推行礼教的必然性。

荀子思想与孔孟既有一致也有对立。荀子提出"天行有常"，自然界有客观规律，与商周"天命"思想、道家消极无为思想均对立，要求"明于天人之分"，把没有主观意志的天与人之间加以严格区别，提出了"人定胜天""制天命而用之"的命题。在人性问题上，荀子反对孟子的性善论，提出性恶说。荀子认为人生来有"目好色，耳好声，口好味，心好利"和"不知足"的欲望，生来就有妒忌心、虚荣心、权力欲，使社会混乱不止，所以要对人性进行改造，即通过"化性起伪"（发挥人的能动作用，改造人性)，规范人的行为。[4] 从性恶论出发，荀子提出"隆礼重法"，要求对人性"明礼义以化之，起法正以治之，重刑罚以禁之"。[5] 这样就论证了礼法的必然性。

关于儒家的礼，还有两个显著特征。

一是礼有一定的条件。例如忠孝，成为历代基本的行为规范。应该指出，先秦儒家在说到忠君时，强调是有条件、双向的。孔子要求"君使臣以礼，臣事君以忠"，[6] 前一句就是条件。孟子有类似的话："君之视臣如手足，则臣视君如腹心。君之视君如犬马，则臣视君如国人。君之视君如土芥，则臣视君如寇仇。"[7] 说到孝，也是有条件的，要求对父母的过错有所规劝，而不是盲从。因此先秦的忠孝与后世无条件的愚孝愚忠不同。例如后代鼓吹"父要子死，子不得不死"；流传的二十四孝故事，其中的一些就反映了愚孝观念。

二是礼并非一成不变，而是要根据具体条件有所变化。孔子曾经讲礼的变化："齐

---

[1]《论语·为政》。
[2]《论语·学而》。
[3]《孟子·离娄上》。
[4]《荀子·性恶》。
[5]《荀子·性恶》。
[6]《论语·八佾》。
[7]《孟子·离娄上》。

一变，至于鲁；鲁一变，至于道。”[1] 有人问孟子：“男女授受不亲，礼与?”孟子回答：“礼也。”问：“嫂溺，则援之以手乎?”曰：“嫂溺不援，是豺狼也。男女授受不亲，礼也。嫂溺，援之以手者，权也。”[2] 这与后世僵硬的礼教规范也是判然有别的。

四、儒家的德治学说

儒家德治思想，来源于西周的以德配天、明德慎罚思想。根据儒家学说，德指统治者与士大夫以上阶层成员的品行修养，德治指依据德的要求实施统治，强调统治政策与法律制度的宽厚，侧重感化与诚信，与刑相对。孔子认为春秋时代德的观念越来越沦丧，统治者横征暴敛，任用重刑，民不聊生，带来统治危机。因此必须改变统治策略，强调德治，争取人民的拥戴，以德服人：“为政以德，譬如北辰居其所而众星拱之。”[3] 德治的内容是多方面的。

首先是德主刑辅。孔子认为，刑罚固然可以使人民不敢犯罪，却不能真正使人民心悦诚服，“导之以政，齐之以刑，民免而无耻；导之以德，齐之以礼，有耻且格。”[4] 因此德是第一位的。当然，这并不是不要刑，必须德刑兼用，既要“怀德”，又要“怀刑”，做到宽猛相济，只不过以德为主。与德相联系，孔子鼓吹的仁，也是统治者宽厚待人、宽厚施政的表示。

其次是先教后刑。儒家要求对人民灌输伦理等级观念。孔子说：“性相近，习相远。”人们先天的本性是差不多的，但人们的习惯、品行却是后天造成的，因此要对人民“教之”，加以教育劝导感化，使人民的后天习惯、品行日趋完善。要经过教化，然后才可以对犯罪者施加刑罚：“不教而杀谓之虐。”如实行“子为父隐，父为子隐”，最终“胜残去杀”，实现无讼。这个思想影响很深，所以中国人传统观念一般注重教化与调解，不大愿意打官司。

第三是恤刑慎杀。针对各诸侯国滥用刑罚的现状，孔子强调对人民要宽厚，“威而不猛”，对犯小罪的要从宽处理。孔子关于恤刑的思想是与他的仁的理论相联系的。孔子认为，仁就是具有一切美好品德，如孝、悌、忠、信、恭、宽、敏、惠、智、勇。同时，“仁者爱人”，仁就是对别人施加爱护、爱戴。表现在刑事政策上，就是主张用刑尽量慎重、轻缓，反对动辄屠戮、残民以逞。

针对战国时期诸侯横征暴敛、战乱频仍，给人民带来无尽灾难的局面，孟子把孔子的德治与仁的思想具化为“仁政”思想。鼓吹仁政，反对“以力服人”，主张以德服人，要求统治者把仁推广到社会全体成员。孟子说：“仁者无敌于天下。”[5] 所谓仁政，就是采取恢复井田制，分给人民土地，使其有“恒产”，“省刑罚，薄赋敛”，

---

[1] 《论语·雍也》。
[2] 《孟子·离娄上》。
[3] 《论语·为政》。
[4] 《论语·为政》。
[5] 《孟子·梁惠王上》。

使人民老幼有所养，能够安居乐业的统治政策。仁政，就是看到人民的重要性，以民为本。孟子提出“民为贵，社稷次之，君为轻”，其中包含民本，限制君权等积极因素。

五、儒家的人治理论

与古代一般情况一样，儒家多强调圣贤个人对于治理国家的作用，相对不重视法律的作用。因此，儒家主张的是人治，不是法治。

儒家认为，圣贤决定礼法。决定国家兴衰治乱的，是像尧、舜、禹、汤、文、武、周公那样的圣人，他们的一言一行，都可以决定国家的兴废：一言可以“兴邦”，一言可以“丧邦”。[1] 孔子所谓的“导之以德，齐之以礼”，都是统治者个人的作用。鲁哀公问政，孔子回答：“其人存，则其政举；其人亡，则其政息”；“故为政在人。”[2] 因此他强调举贤才，选拔贤能的人，并把国家的治乱兴衰托付于这样的人。

孔子说，“身正则令行”。孔子强调修身，要求统治者个人成为表率，成为感化人民的力量。有人问如何为政，子曰：“政者，正也。子率以正，孰敢不正”；“其身不正，虽令不从”。[3] 孔子把有道德的人叫做君子，是人生品行的标准。《论语》里有不少孔子关于人的修养准则的论述。

儒家强调法先王，就是效法先王的制度，“祖述尧舜，宪章文武”。孔子推崇三代，崇拜周公，说：“周之德，其可谓至德也。”[4] 孟子大力鼓吹法先王，更加明确地提出“舜为法于天下，可传于后世”。[5] 到荀子，在新的形势下举起了“法后王”的旗帜，为他主张的变法提供历史依据。但他所说的后王，实际上还是指周公。

如何看待儒家的人治理论？首先应该说，孔子人治思想中身正则令行的观点，是有一定的积极意义的，值得今天借鉴，它强调了个人修养与政治运作的关系。特别是对于今天的领导者而言，提高素质、严于律己，是值得肯定的。今天，我们不但强调以法治国，而且提出以德治国，要求各级领导干部严于律己，当好表率。其次，这种人治，应该以法治为前提，做到制度不以领导人个人意志的转移而转移，不以领导人的变更而变更。否则的话，单纯强调人治，把国家的治乱兴衰寄托于个别统治者身上，是靠不住的。历史上的经验教训反复证明了这一点。再次，孟子行仁政、恢复井田、恢复王道、反对暴政的思想，是在战国中期剧烈兼并的背景下提出的，虽然完全脱离当时的社会现实，但多少反映了当时一部分人的理想，也多少反映了饱受战乱祸害的民众的渴求。同时应该看到，孔子、孟子关于法先王的议论，主要是出于反对政治变革的需求，表现了儒家思想中保守的一面。

---

[1] 《论语·子路》。
[2] 《礼记·中庸》。
[3] 《论语·子路》。
[4] 《论语·述而》。
[5] 《孟子·离娄下》。

第二节　墨家与道家法律思想

一、墨子与墨家法律观

墨家是以战国时期的墨翟为创始人、反映小生产者利益和要求的学派。

墨翟即墨子（前480—前420），祖籍宋国，出生在鲁国，这一点与孔子有些相似。早年从事手工业，做过木匠，很有手艺，与鲁班齐名，都是当时的能工巧匠。据说墨子能叫木鸢飞动，会制造重五十斤的车辖，还顷刻之间能削三寸之木，制造一辆载重六百斤的车子。但墨子认为这些都不算什么“巧”，只有“利于人”的工作，才能算“巧”。[1]

传说公输班即鲁班到楚国，为楚国制造了钩、镶两种武器，大败越国人。于是公输班在墨子面前夸耀自己。墨子回答说：“我义之钩、镶，贤于子舟战之钩、镶。”[2] 后来，墨子听说楚国要攻打宋国，急忙只身赴险赶到楚国。先以道理劝说楚王不要攻打宋国，当时公输班在楚国，墨子就与公输班进行攻防演习。公输班用完了他所发明的所有攻城器械，墨子守城的器械却还有多。墨子又事先将他自己的300个弟子安排在宋国城墙上迎战楚军，楚王见自己的软硬二手都被墨子封死，只好打消了攻宋的念头。

墨子后来成为士大夫，招收门徒。他曾经学习儒学，“学儒者之业，受孔子之术”。[3] 但是墨子对儒家不满，是因为儒家的礼仪制度过于繁琐，而且厚葬重孝。他开始批判儒家，与儒学分道扬镳而博采众说，创立了墨家。因此墨家来源于儒家而有所发展，主要为公平正义而呐喊。在当时，墨家是唯一能够与儒家分庭抗礼的学派，韩非将其并称为显学。

墨家成员坚持朴素生活。墨子自己与学生一样穿粗布衣服与草鞋。墨子主张靠自己的劳动生活，主张“赖其力者生，不赖其力者不生”；[4]“不与其劳”的，就不能“获其实”。[5] 墨家还是一个有严密组织与严格纪律的学派，其普通成员（墨者）必须服从上层首领（巨子），甚至不惜“赴火蹈刃”，[6] 很有些为理想而甘愿献身的味道。墨子有时推荐学生出外做官，有个叫胜绰的学生，被送到齐国。后来齐国伐鲁，胜绰参加了三次，墨子认为他违背了墨家的非战宗旨，一怒之下，就把他召回，不让继续做官了。

墨子学派的代表性著作有《墨子》，由墨家后学整理汇编，现存53篇。清代孙诒让为其撰有《墨子闲诂》。

---

[1]《墨子》卷十三《鲁问》。
[2]《墨子》卷十三《鲁问》。
[3]《淮南子》卷二十一《要略训》。
[4]《墨子》卷八《非乐上》。
[5]《墨子》卷七《天志下》。
[6]《淮南子》卷二十《泰族训》。

关于法律的本质，墨子认为是“天志”。墨子说：“我有天志，譬若轮人之有规，匠人之有矩。”[1] 他提出，治理天下“莫若法天”“以天为法”。因为“天之行广而无私，其施厚而不德，其明久而不衰，故圣王法之”。[2] 这与道家理论有些相似。墨子又认为天具有主宰人间赏罚的最高权威：“顺天之意得天赏”，“反天之意得天罚”。这个思想带有迷信色彩，显然与西周的天罚神判有关系。不过，与道家理论不同的是，墨子并没有停留在天意、天罚这一点上，而是强调天志是指法律的公平与正义，君主治理国家，应该效法天志制定法令与政策，用天志作为衡量是非善恶的标准。因此，天志是墨子的理想法。墨子的天志说，一方面反映了他对法律本质的客观唯心的看法，受到上古天罚说的羁绊；另一方面，他借用天志概念，强调法律应该公平、正义，具有理想主义色彩。

墨家认为，法律的核心是“兼爱”。孔子强调礼，说仁者爱人，但又说亲亲尊尊，主要是爱君子，讲究礼的等级观念，实际上是等级越高被爱得越多。与此不同。墨子认为无论做工务农，还是治国治天下，都必须有“法度”可遵循。而法度的准则是“兼爱”，其内容为：广泛地爱，爱一切人；而且，被爱的人是平等的，没有等级之分。墨子提出这个思想的背景是，战国时代战祸连绵，富人欺压穷人，人民“饥者不得食，寒者不得衣，劳者不得息”，墨子认为这是因为人们“不相爱”。墨子痛恨这种现象，提出“兼相爱，交相利”、“强不执弱，众不劫寡，富不侮贫，贵不傲贱，诈不欺愚”的理想社会形态。[3] 在这个社会里，人人“视人国若其国”，“视人家若其家”，“视人身若其身”，[4] 反对战争、暴力、“交相贼”。墨子的这个理想社会，与儒家理想中的“天下为公”的大同世界有几分相似。但是儒家主张亲亲尊尊，有严格等级，墨家主张普遍平等的爱。这一点上，两者截然不同。

墨家反对礼治的等级特权，“今天下无大小国，皆天之邑也；人无幼长、贵贱，皆天之臣也”[5]，要求人人遵守法律。相传墨家巨子腹䵍住在秦国，很受秦王尊重。他的独生儿子在和别人争吵中失手杀了人，腹䵍坚持“杀人者死，伤人者刑”的墨家信条，说“王法虽可免，墨者之法不可免”，拒绝了别人的劝阻和秦王的宽恕。在他的坚持下，其儿子被秦国依法处死。墨子主张对犯杀人罪的“王公大人”也要绳之以法。这一点，有法治的味道。以此类推，对发动战争的统治者也应该加以惩罚。

对于犯罪者，墨家主张“刑当其罪”。不过，墨子的侧重点还是在慎刑。他说：“善用刑者以活民，不善用刑者以为五杀。”[6] 因此要慎重，“赏当贤，罚当暴，不杀不辜，不失有”，做到“赏罚之当，刑正之不过失”[7]。这是体现天志的公平、针对当

---

[1]《墨子》卷七《天志上》。
[2]《墨子》卷一《法仪》。
[3]《墨子》卷四《兼爱》之上、中。
[4]《墨子》卷四《兼爱上》。
[5]《墨子》卷一《法仪》。
[6]《墨子》卷三《尚同中》。
[7]《墨子》卷五《非攻中》。

时的统治者滥用刑罚而提出来的。

墨子提出的一些法律观点，反映了中下层民众的呼声，但欠具体深入，而且带有迷信色彩。由于把矛头对准统治阶级，自然不能被其所采纳。正由于如此，墨家在秦汉以后被统治者打入冷宫。但其思想中兼爱、平等的观念，在战国时独树一帜，影响很大。

二、老子、庄子及其著作

道家是春秋战国时由老子创立，由庄子与黄老学派所发展，提出“道”的概念与“道法自然”的命题，与儒家、法家相对立的思想学派。

在春秋战国时期的社会大变革中，贵族世袭制度遭到破坏，许多中小贵族被历史的大潮流冲刷下来，没落为庶人，成为隐士。他们一方面感到悲观失望而隐居山林，拒绝与新的统治者合作，另一方面又怀着对现实的不满，利用自己掌握的文化知识，揭露时弊，反对压迫与束缚。道家就是由这些隐士所创立，其理论反映了从春秋末期到战国时期对社会急剧变化无可奈何、对现实悲观不满的隐士的消极颓废思想。道家思想的基本特点，就是以道为基本理论依据，对统治者采取不合作的立场，对社会现实消极抵制，对儒、法等学派采取批判的态度。

关于老子这个人，与有关孔子的比较清晰、连贯的记载不同，历史上的记载（主要是《史记》的记载）相当隐晦，虚玄缥缈，导致产生了各种对老子这个人与这部书的不同猜测。《史记》说，老子姓李名耳，字聃，楚国苦县（今河南鹿邑）人，做过东周的“守藏室之史”（中央负责管理图书的官员）。孔子曾经专程前往东周首都向老子求教礼，老子讲了一通高深莫测的话作为回复。老子在东周任职久了，认为周朝气数已尽，就骑着青牛入秦国。过函谷关的时候，守关的官员尹喜听说老子过关，认为机会难得，要他留下著作才放行，于是老子写下了《老子》这部 81 章、5 000 字的书，后不知所终。[1]

《史记》又说老子是个隐君子，活了 160 岁，又说有人说老子活了 200 岁，显然都是无稽之谈。《史记》还记载有老莱子、太史儋等人的名字，有的学者认为他们与老子实际上是同一个人。

传统的老子研究，主要是依据已有的《史记》《老子》以及其他相关文献资料。现存《老子》一书，又名《道德经》，是一部凝聚了高度智慧的著作，相传为老子所作。从其内容看，实际成书时间可能在战国中期。历代研究老子的人很多，特别是 20 世纪，出版了难以计数的关于老子研究的著作、论文，海外也有世界各国的老子译本几十种，日本有关老子的著作有 260 余种。

现代学术界关于老子生活的年代，归纳起来有以下三派意见：(1) 认为老子此人即老聃，比孔子稍早，即春秋后期，孔子曾经向其求教。持此说的有胡适、马叙伦、唐

[1] 《史记》卷六十三《老子韩非列传》。

兰、郭沫若、吕振羽、高亨、任继愈等，主要依据是《史记》上的记载，但他们大多认为老子一书出现的年代较晚一些。（2）认为老子是战国时代人，《老子》一书也在战国，持此说者有梁启超、冯友兰、范文澜、侯外庐等，依据是《论语》中没有提到老子，墨、孟也都没有提到老子；《老子》书中有一些话似乎是针对儒、法等，而且提到的战争规模巨大，"伏尸百万"，也是战国才有的现象。（3）认为《老子》成书在秦汉之间，主张者有顾颉刚等。

应该说，中华人民共和国成立后对老子其人其书研究很多，成就很大，但意见仍然不统一，而且在很长一段时间内往往局限于其所谓阶级性、唯物论还是唯心论之类。关于老子所代表的思想倾向，主流观点认为他代表了没落贵族，如范文澜认为他是春秋后期社会震荡中没落而隐居的贵族代表；另一种观点认为他代表农民思想。

最近40多年来，由于不少考古成果的出现，给老子研究开辟了一条新的途径。

1973年在长沙马王堆三号汉墓出土了一批帛书，包括当时各种著作10多万字，其中有帛书《老子》，这是20世纪老子研究中的一件大事。该帛书包括两种写本，分别称为《老子》甲本与乙本，写于汉高祖到吕后时期，与今本《老子》有一定出入。例如今本《老子》又叫《道德经》，包括道经、德经两部分；而帛书《老子》顺序是德经在前，道经在后；在文字上也有一些不同。

1993年10月，在湖北省荆州市郭店楚墓中发掘出800余枚竹简，其中有71枚是抄录《老子》的，总字数1 741字，相当于今本老子的1/3。与马王堆汉墓《老子》帛书一样，郭店竹简《老子》同样引起海内外学者关注，出现了许多研究成果。由于其抄写年代比马王堆还早100多年，在战国后期，更加接近于《老子》的本来面目。

这类考古成果，极大地丰富了老子研究的资料。

一般认为老子是道家创始人，其思想可以称为早期道家，包括消极无为与积极有为两个部分。以后，道家学说分化成两个大的支派，一是庄子派，沿着老子学说中否定礼法的消极方向发展；二是黄老派，沿着老子学说中积极有为的方向发展。

庄子名周，宋国蒙（今河南商丘）人，约公元前369—前286年。其先辈是宋国公族支裔，在一次内部斗争中遭受失败，被排斥在权势之外，过着相当狼狈的日子。到战国中期，这个家族进一步没落，糊口也发生了困难。庄子的年代大约比孟子稍晚，正当宋国灭亡前夕。他短期曾做过当地的漆园吏，有时穷得没饭吃，经常向别人借钱。他接触的大体是渔人、船夫、工匠、屠夫和农人。《史记》说庄子"其学无所不窥"，[1] 名声很大，也有明显的厌世隐居思想。

《庄子·秋水》说，庄子钓于濮水，楚王派二大夫来请，"以境内累之。庄子持竿不顾，曰：'吾闻楚有神龟，死已三千岁矣。王巾笥而藏之庙堂之上。此龟者，宁其死为留骨而为贵乎，宁其生而曳尾于涂中乎？'二大夫曰：'宁生而曳尾涂中'。庄子说：'往矣，吾将曳尾于涂中。'"《史记·孟子荀卿列传》说，楚王听说庄子很有学问，就

[1]《史记》卷六十三《老子韩非列传》。

派人带着千金前去请他，说要给他一个国相的职务。庄子笑着对使者说："千金，重利；卿相，尊位也。子独不见郊祭之牺牛乎？养食之数岁，衣以文绣，以入大庙。当是之时，虽欲为孤豚，岂可得乎？子亟去，无污我。我宁游戏污渎之中自快，无为有国者所羁，终身不仕，以快吾志焉。"

庄子很穷，也有妻子儿女。具体情况我们不清楚。《庄子·至乐》说："庄子妻死，惠子吊之，庄子则方箕踞鼓盆而歌。惠子曰：'与人居，长子老身，死不哭亦足矣，又鼓盆而歌，不亦甚乎！'庄子答：'察其始而本无生；非徒无生也，而本无形；非徒无形也，而本无气；今又变而之死，是相与为春秋夏冬四时行也。人且偃然寝于巨室，而我嗷嗷然随而哭之，自以为不通乎命，故止也。'"

一贫如洗的庄子眼看宋国沉沦，朝不保夕。他不可能像孔孟墨那样从容聚徒游历讲学，只好自己在家里论著，驰骋于梦呓般的狂想中过隐居生活，从事讲学与著述。

现存《庄子》33 篇，分内篇 7，外篇 15，杂篇 11。一般认为内篇 7 的思想、文风比较一致，是庄子自著，外篇、杂篇则掺杂进了庄子后学的著作，也讲了一些礼法，当然也不是与庄子没有联系。其中《天下篇》是后学的著作，先对战国各家分别进行一番评论，然后就大肆吹捧庄子"上与造物者游，而下与外死生、无终始者为友"，"寂寞无形，变化无常"，"弘大而辟，深闳而肆"，"独与天地精神往来"，完美无缺，超越各家，是学术高峰。

总之，《庄子》一书是以庄子思想为主体，从战国中至秦汉间庄子学派的总集，上承《老子》、下接《淮南子》。纵横驰骋的想象力，浓厚的浪漫主义色彩，恣肆汪洋的思维，以及创造性的寓言故事、辛辣的讽刺笔墨、生动逼真的描绘，灵活多样的句式与词汇，在中国古代散文中是罕见的。

庄子一书特别善于运用寓言说明观点。

如《逍遥游》中的鲲鹏展翅，说"北溟有鱼，其名为鲲。鲲之大，不知其几千里。化而为鸟，其名为鹏，鹏之背，不知其几千里。怒而飞，其翼若垂天之云。扶摇羊角直上。蜩与学鸠嘲笑之"。《齐物论》中的庄子梦蝶，说庄子梦为蝴蝶，飞来飞去，好不自在。后来庄子醒来，怅然若有所失，"不知周之梦为蝴蝶与？蝴蝶之梦为周与？"《秋水》中，庄子与惠子游于濠梁（在凤阳）之上。庄子说："儵鱼出游从容，是鱼之乐也。"惠子说："子非鱼，安知鱼之乐。"庄子说："子非我，安知我不知鱼之乐？"惠子说："我非子，固不知子矣；子固非鱼，子之不知鱼之乐，显而易见。"庄子差不多要被驳倒了，就狡辩说："你已经知道我是知道鱼之乐的，只不过问我是从哪里知道的。那我告诉你，我就是在这濠梁之上知道的。"原来，惠子问的"安知"是怎么知道，庄子偷换概念，解释为在哪里知道。惠子无言以对。

三、道家法律思想

首先，道家提出崇尚自然的道。

老子的道是宇宙本体，产生世界万物的本原，所谓道生一，一生二，二生三，三生万物，相当于黑格尔的绝对精神。道的特征有：（1）道神秘莫测。从形象上说，恍惚模糊，捉摸不定。《老子》曰："道之为物，唯恍唯惚。惚兮恍兮，其中有像。恍兮惚兮，其中有物。"[1] 从名称上说，无法称呼："道可道，非常道；名可名，非常名。"[2] 道如果可以被说出是什么东西，就不是永恒的道；道的名称如果可以被叫得出，也就不是永恒的名，因为"道常无名"。（2）道充满于天地："天网恢恢，疏而不漏。"（3）道博大而无私："天道无亲，常与善人"；"生而不有，为而不恃，长而不宰"。[3]（4）道的本质是自然："人法地，地法天，天法道，道法自然。"[4] 自然，就是自然而然，听任万物自由发挥，没有人为或强迫的成分。（5）但是道有自己的发展规律，"独立而不改，周行而不殆"，并往往向其相反方向转化。它能以不变应万变，无为而治，以寡制众，无往而不胜："天之道不争而善胜"；"道常无为而无不为，侯王若能守之，万物将自化"。[5]（6）道与仁义礼法等规范相比，是最高的原则："失道而后德，失德而后仁，失仁而后义，失义而后礼"；[6]"大道废，有仁义"。[7]

为什么道家产生在楚国？道的本质是自然无为，即自然法思想。道家自然法思想的产生有其特定的背景。道家所产生的楚国一带，在商周时期，远离中原王朝，许多地方处于一种尚未开发的莽原状态。楚人的周王观念淡薄，虽存问鼎中原的野心，却有一种粗犷的野性，没有至上神的观念，而崇拜日月星辰、风雨雷电、山川大地、花草鸟兽，并认为它们都由各自的鬼神所司，形成了泛神论的思想。楚人不崇拜上帝，却崇拜大自然的力量。春秋以来，楚国又受到北方传来的反天命思想的影响，两者交相融合，逐渐滋生出一种认为世界不是以某种至上的主客观意志为转移，而是自然发生发展的思想。加上楚人具有浪漫情怀和光怪陆离的想象力，逐渐强化了泛神论观念。例如《离骚》《九歌》等诗篇就反映了这种泛神论。《离骚》说，"皇天无私阿兮，监民德焉错辅"，反对把人的命运归结到一个上帝。《九歌》中不但有东皇太一，而且罗列了东君、云中君、湘君、湘夫人、大司命、少司命、河伯诸神。和楚辞一样，老子的自然法思想也受到了当时怀疑或否定至上神、推崇自然的观念的影响。

在庄子那里，道也是世界万物的本原，但比老子更为玄妙。庄子说道无形，"可得而不可见"，[8] 朦朦胧胧，若隐若现，无始无终，先天地而出现，自生自长，"道不可闻，闻不若塞"。庄子进一步发挥说，道不但包覆万物，而且存在于万物体内，甚至蝼蚁、稊稗、瓦甓中也存在道。这反映了庄子的泛神论思想。后来佛教禅宗所鼓吹的人人都有佛性、人人都可以通过修炼见性成佛，就是受了道家影响，表明了佛教的中国化。

其次，道家主张无为而治。

---

[1]《老子》第21章。
[2]《老子》第1章。
[3]《老子》第10章。
[4]《老子》第25章。
[5]《老子》第37章。
[6]《老子》第38章。
[7]《老子》第18章。
[8]《庄子·大宗师》。

因为道是自然的，人应该顺从自然，法也应该是自然的，所以老子把无为（顺从自然）作为法律的原则。提出统治者应该效法自然，清净寡欲，无为而治，不要过多创设法律、过多扰民："民之难治，以其上之有为，是以难治。"[1] 老子说的法律是自然法，"天下神器，不可为也"；"圣人处无为之事，行不言之教"，这样才能返璞归真，符合人的本性。老子做了一个形象比喻："治大国若烹小鲜。"[2] 具体地说，无为而治包括：(1) 统治者要"去甚，去奢，去泰"；(2) 反对厚敛，主张薄赋；(3) 反对暴政苛刑，主张减少刑罚，做到"天网恢恢，疏而不失"；[3] (4) 君无为而臣有为，最高统治者不要管得太多，要让臣下去办事。

应该指出，老子所说的无为，不是彻底放任，只不过是一种治理国家的手段。老子思想充满辩证转化的因素，它提出柔弱胜刚强，兵强则灭，木强则折；上善若水，水善利万物而不争，故天下莫能与之争。老子的学说里面，仍然有统治者，仍然有无不为，还有以弱胜强，还有君无为而臣有为，还有小国。因此，老子并不是完全无为，不要法律，而是最终目标在于治国，有所作为。所以老子说"无为而无不为"。[4] 但是，老子没有指明无为与有为转化的条件，是其观点的缺陷。

再次，道家抨击礼法。

老子对当时诸侯争霸、给天下带来灾难的现象极其不满。他站在儒家与法家的对立面，认为儒家的礼与法家的法都是违背道、违背自然的："夫礼者，忠信之薄，而乱之首"；"大道废，有仁义"。

老子认为法家的法也是违背自然的，他批判道："法令滋彰，而盗贼多有。"在老子看来，"天下多忌讳，而民弥贫"，[5] 人民连最低生活都不能保障，就会"轻死"；"民不畏死，奈何以死惧之?"[6] 刑罚恐吓又有什么作用?

庄子彻底否定了礼法，对儒家、法家竭尽嘲讽批判之能事，说世界上的"仁人"，成天装出一副忧国忧民、高深莫测的样子，实际上无不为追求富贵不惜充当盗贼，"乱人之性"，因此，"圣人不死，大盗不止"；"彼窃钩者诛，窃国者为诸侯"。[7] 那些大盗在偷窃人家财产时，为了估量和使用赃物的方便，干脆把人家的斗斛、权衡也一起偷来；又为掩饰罪行，甚至把别人用以装饰门面的"仁义"也加以窃取，那些小偷小摸的人要作为盗贼处死，而那些窃国大盗反而成了诸侯，不可一世，胜者王侯败者寇。在《庄子》一书中，儒家人物包括孔子的形象都是猥琐可笑的。

庄子对法家也进行了批判："赏罚利害，五刑之辟，教之末也；礼法度数，刑名比详，治之末也。"道家还批判了墨家，墨家主张兼爱，道家认为不可能，"天地不仁"。

---

[1] 《老子》第75章。
[2] 《老子》第60章。
[3] 《老子》第73章。
[4] 《老子》第48章。
[5] 《老子》第57章。
[6] 《老子》第74章。
[7] 《庄子》之《天道》《胠箧》。

墨家要尚贤使能，老子则说："不尚贤，使民不争。"到庄子后学，已经是战国末期，统一的形势表现为学术思想的包容，所以对各家有所折衷。

第四，道家鼓吹小国寡民。

儒家主张礼乐征伐自天子出，法家要求统一天下、君主专制。老子的理想社会，则是自然状态下的小国寡民，鸡犬之声相闻，老死不相往来。脱离文明，与世隔绝。具体地说，对民众而言：(1) 物质生活绝巧弃利。老子认为："五色令人目盲，五音令人耳聋。五味令人口爽，驰骋畋猎令人心发狂，难得之货令人行妨。"[1] 物质生活丰富，就会世风日下，人心不古。(2) 政治方面绝仁弃义。(3) 精神方面绝圣弃智。所谓"绝学无忧"；[2]"民之难治，以其智多"。[3] 这种思想是对当时尔虞我诈、战祸连绵的社会现实的否定与抗议，也反映了老子思想中排斥文明进步的消极落后因素。庄子继承了老子的绝圣弃智，并发展为"殚残天下之圣法""灭文章，散五采""毁绝钩绳而弃规矩"，企图把人们拉回"同与禽兽居，族与万物并""民如野鹿"[4] 这样的原始、洪荒状态，像动物一样在愚昧黑暗中生活。当然，这不过是梦呓般的幻想，必然要在严峻的社会生活中四处碰壁。

东汉末年，一些思想家以老子为象征，分别创立了五斗米道和太平道。张鲁一家祖孙三代在汉中创立五斗米道，以老子学说为经典，割据称雄多年。而太平道则以《太平经》为经典，发动黄巾大起义。起义失败后，太平道衰落，五斗米道也逐渐演化为道教。道教与道家是既有渊源关系又有不同性质的两个思想体系。

老庄道家思想对中国社会的影响非常深刻。从帝王到一般知识分子，很多人都热衷于道家，还出现了许多解释《老子》与《庄子》的著作。

与儒家学说一样，道家学说渗透中国人的灵魂。道家讲究自然，中国传统文化中的诗文、书画、雕塑、音乐、服饰、建筑、园林，无不追求淡雅天真与稚拙古朴的自然美。中国历史上的士大夫阶层和许多思想家以及一般知识分子，都以淡泊明志、超凡脱俗为最高境界，或者以披褐怀玉、垂钓于河滨为理想人格。中国人说："唯大英雄能本色，是真名士自风流"，本色就是自然本性，风流就是仙风道骨。明代洪应明《菜根谭》中有几句话："宠辱不惊，闲看庭前花开花落；去留无意，漫随天外云卷云舒。"这样的洒脱，这样的气度，是只读四书五经、热衷于功名利禄的儒生所不能理解的。

具体地说有两种情况。

一是在野隐居的道家人物。虽然追求超脱，但许多人（如盖公、鲍敬言、葛洪等）即便倾向于隐居遁世，其政治热情也不比儒者低。在战乱与困顿中，道家人物从脑海中迸发出的，依然是为国分忧的激情之火；从胸口中掏出的，依然是为民呼喊的滚烫之心。他们"身居江湖之中"，却"心系魏阙之下"，始终未曾忘记自己的职责。只不过

[1]《老子》第12章。
[2]《老子》第20章。
[3]《老子》第65章。
[4]《庄子·天地》。

比起儒者来，他们的思想更为深沉，更善于冷静地观察社会，更具有针砭时弊、视王侯权贵如草芥、功名利禄如粪土的批判精神而已。

另一是在朝当政的士大夫。中国古代大多数士大夫与知识分子理想中的人格，具有儒、道两面性。他们在“庙堂之上”，恪守的是儒家的尊卑名分，却又“心无异于山林之中”，蕴含一种清新悠远的精神风貌，例如诸葛亮、谢安、王猛、李白等。他们既承担入世的职责，又隐含出世的情怀。他们在台上是儒家，尽到自己的社会责任，当然也要为祖宗争光；一旦政治上不成功，他们就变成了道家，经常会遁居山林。即使这样，他们也很难真正忘记自己的宗族、社稷与黎民。这就是“达则兼济天下，穷则独善其身”，或者如范仲淹所说：“居庙堂之高，则忧其民；处江湖之远，则忧其君。”这是儒家、道家共同影响下的士大夫与知识分子的双重性格。

道家法律思想的影响也是很深刻的，当然突出地表现为黄老思想，对韩非，以及对西汉初年、唐朝初年都有影响。武则天有个年号叫垂拱（垂衣拱手，表示无所作为），清代前期统治者也是以鸣琴垂拱相标榜。

第三节 法家法律思想

一、商鞅与韩非

法家是战国时期代表新兴地主阶级利益，与儒家尖锐对立，适应统治者争霸需要与天下统一趋势，主张变法与依法治国的学派。与其他各派不同，法家多为当时著名的政治家、军事家，基地在三晋与齐国。

早在战国初年，就有魏国李悝和齐国法家（如《管子》一书即齐人所写）。当时三家分晋不久，魏文侯注意招揽人才，推行法治。他任西门豹为邺令，以吴起为将，以李悝为国相，实行改革，剥夺旧贵族的世卿世禄特权，按照“食有劳而禄有功，使有能而赏必行”原则，把爵禄赏赐给对国家有功的人，并制定《法经》，推行法治，使魏国成为战国前期最强大的国家，直到战国中期马陵之战被齐国打败，才有所衰落。

齐国法家可以追溯到管仲改革。管仲（约前725—前645），名夷吾，字仲，颍上（在今安徽）人，辅佐齐桓公实行改革，称霸一时。《管子》一书托名为其所作，书中的一些篇章，就是齐国法家思想的反映。

商鞅（约前395—前338），战国时卫国人，称卫鞅或公孙鞅。卫鞅来到魏国，在国相公孙痤处当门客，学习了李悝在魏国的变法。公孙痤死后，正好秦孝公刚刚即位，很想有一番作为，招揽各国人才。于是卫鞅携《法经》入秦，见到了秦孝公。

面对当时强大的守旧势力，初到秦国的卫鞅与贵族甘龙、杜挚专门在孝公面前进行了一场辩论。卫鞅力主：“圣人苟可以强国，不法其故；苟可以利民，不循其礼”；“三代不同礼而王，五霸不同法而霸”，驳斥了贵族反对变法的观点。杜挚又说老百姓听到变法就会反对，商鞅答复“成大功者不谋于众”。在孝公支持下，卫鞅先后被任命为左庶长、大良造（秦爵共20级，分别为第9级、15级）。为了取得百姓信任，于是有了悬木赏金的故事。卫鞅学了李悝那一套，并将其搬到了秦国而有所发展，先后于前359年、350年两次变法，改革主要内容有：（1）废井田，建立封建土地所有制；（2）废分封，实行郡县制；（3）取消旧贵族特权；（4）重农重战，规定人民只有耕战有功，才能得到爵禄。当时一般不准分家，还大力表彰几代同居的义门、大家族，卫鞅却规定民有二男以上的必须分家，否则加倍收税。这是为了增加国家的赋税。

在法制方面，卫鞅改法为律，大力制定法律，推行法制；厚赏重罚，实行什伍连坐的告奸制，不告奸者腰斩，告奸者与斩敌首同赏。这些法律改革，体现了法家思想。卫鞅因功被封于商，人称商鞅。秦孝公死后，商鞅被旧贵族所杀，但他的变法成果却保留了下来。后来秦朝"事无巨细，皆有法式"，就是从商鞅来的。我们现在从云梦秦简中，可以看到商鞅时代制定的秦律的概貌。

战国中期，与商鞅大体同时，还有赵国的慎到，主张"势"的理论，相传《慎子》一书为其所作；韩国申不害，担任韩国国相十年，提倡"术"的学说。

战国晚期，法家集大成者韩非（前280—前233），韩国贵族出身，为荀子学生，"喜刑名法术之学，而归其本于黄老"。他的著作里就包括有《解老》《喻老》等篇。当然主要还是法家，自称"法术之士""智法之士"。他见韩国日益削弱，几次上书谏韩王，韩王不能用。韩非于是写下《孤愤》《五蠹》等篇，抒发自己的心境。当秦王读到韩非的文章，深有同感，感叹道"寡人得见此人与之游，死不恨矣!"李斯告诉秦王，这是韩非写的。[1]

李斯，原是楚国小吏，也是荀子学生，后来到秦国想有一番作为，不料秦国排外，李斯等外来的人将被赶走。于是他写了一篇《谏逐客书》，阐述"太山不让土壤，故能成其高；河海不择细流，故能就其深；王者不却众庶，故能明其德"的道理，得到秦王赏识。秦王为了得到韩非，加紧进攻韩国。韩王只好把韩非送往秦国。但是后来李斯妒贤，与别人勾结陷害韩非，将他下狱并要他赶紧自杀。韩非还未绝望，还希望能得到秦王召见说明自己的冤屈，但最终被迫服下李斯派人送来的毒药而死。秦王后悔，派人来救韩非，已经来不及了。

韩非的时代，已经处在全国统一的前夕，他的思想就是体现天下统一的趋势，为统一王朝设计蓝图的，有《韩非子》一书。韩非虽然被害，但他的学说却流传下来，特别是在秦朝得到了实践。至于秦始皇、李斯，也是韩非学说的信奉者。

二、法家的法律观

法家的理论处处与儒家对立。

（一）关于法的概念

在商周，一般用刑指法。春秋战国，儒家用礼、墨家用天志、道家用道来涵盖法律。法家对法的含义作了规范，首先用法字代表这种特殊的社会规范（如《法经》），

---

[1]《史记》卷六十三《老子韩非列传》。

并对法下了定义：(1) 法是行为准则："法者，天下之程式，万事之仪表也"；[1] "法者，国之权衡"。[2] 法家就是要用法来规范人们的行为。(2) 商周时代的刑是秘密法，从春秋时代开始制定成文法。但是儒家的礼仍然是不成文的。法家的法是国家制定和公布的成文的命令，"法者，编著之图籍，设之于官府，而布之于百姓者也"；"法者，宪令著于官府"。[3] (3) 儒家要求以礼正名分，确定等级，法家要求在法的基础上建立新的等级秩序，"立法明分"；[4] "法之所加各以分"。[5] 因此，法家并不一般地反对等级关系，只是提出以法而不是以礼为等级基础，要求用他们设计的、由他们自己掌权的新等级秩序代替原有的旧等级制度。(4) 法是关于赏罚的规定。《商君书》卷三《修权》：法是"赏诛之法"；同书《开塞》："杀戮禁诛谓之法。"《韩非子》卷四《奸劫弑臣》：法是"赏罚之法"。

总之，法家认为法是以刑为核心，确定人们等级地位，由君主或官府制定公布执行，民众都必须遵守的成文法。

(二) 关于法的性质

法家所谓法的性质是：(1) 法具有强制性和制裁力。法不是引导性，而是惩罚性的禁令，与礼相对。《管子》："禁必欲止，令必欲行。"[6] 韩非说要"禁奸止过。"[7] (2) 法具有客观性和公平性。《管子》说法是尺寸、绳墨、规矩、衡石。[8] 管子与韩非都视法为公正，必须"明于公私之分"。(3) 法具有等级性。《商君书》卷五《君臣》："圣人别贵贱，立名号，以别君臣上下之义"；"故立法制为度量以禁之。"《韩非子》卷二十《忠孝》：法家之法，是"主尊而臣卑"之法。

(三) 法的作用

《管子》卷十七《七臣七主》："法者，所以兴功惧暴也；律者，所以定分止争也。"[9] 具体地说，法的作用有：(1) "禁恶止乱"，维护社会秩序。《商君书》卷五《慎法》："任法而国治。"(2) 定分止争，确定每个人的身份地位，"法令不定，以下为上也，此所谓名分之不定也。"[10] 韩非说，有一只野兔，大家都会去追抢；而在店铺里的兔肉，却没有人去抢，为什么，因为名分已经确定。(3) "壹民"，即统一人民的言行，驱使他们致力于农耕与兼并战争。实现壹民，完全靠法律的强制，包括焚书。(4) 尊君，"独制四海"，保障君主专制。《管子》卷五《重令》："安国在于尊君，尊君在于行令。"韩非更是强调保障君主的专制，防止臣下擅权。

---

[1] 《管子》卷二十一《明法解》。
[2] 《商君书》卷三《修权》。
[3] 《韩非子》之卷十六《难三》、卷十七《定法》。
[4] 《商君书》卷三《修权》。
[5] 《慎子·君人》。
[6] 《管子》卷六《法法》。
[7] 《韩非子》卷十七《说疑》。
[8] 《管子》卷二《七法》。
[9] 《管子》卷十七《七臣七主》。
[10] 《商君书》卷五《定分》。

法家对法律的认识有朴素唯物因素，比较接近法的本质；但是，法家忽视了法律的阶级镇压与调控经济秩序的作用，把法律看成纯粹只是君主统治的工具。

三、法家的变法论

法家提出了与传统的天命神权不同的起源论。法家认为，上古之时没有法律，法律秩序的出现，与物质经济条件有密切关系。《管子》："仓廪实则知礼节，衣食足则知荣辱。"[1] 韩非从法律起源与物质财富关系的角度指出，上古之时，"人民少而禽兽众""人民少而财有余"，无须争夺，也没有赏罚。后来，人口增加了，财富有限，人们之间就发生了争夺。他举例说，一对夫妻生了5个孩子，每个孩子又生5个孩子，人口越来越多，"人民众而财货寡"，人们拼命劳作还不能满足供养的需要，这时就有圣人出来，制定规范，约束人们的争夺，法律也就逐步产生了。[2]

法家法律起源说的特点是：(1) 法律不是从来就有的，而是社会发展到一定阶段的产物；(2) 法律不是上帝或者天神创造，而是以物质生活为基础的。这种观点虽然仍然突出圣人的作用，但已经把法律的产生建立在物质生产的基础上，把法律现象与物质生活联系了起来。法家关于人口增长与物质财富增长关系的说法，与近代英国人口学家马尔萨斯按几何级数增长的人口论有些相似。

儒家主张法先王，祖制不可变更。法家通过对法的起源、社会演变的观察与古今社会的对比论证，认为既然法律是社会发展到一定阶段的产物，历史在不断发展，法律也应该发展变化，不能因循守旧。《商君书》把人类社会分成四个阶段：上世、中世、下世和今世。在下世（近代），有了私有制、君主和刑法；到今世，则是"强国事兼并，弱国务力守"。结论是"不法古，不修（循）今"，要"当时而立法"。[3] 《韩非子》则说："不期修古，不法常可"；"法与时转则治，治与世宜则有功"。[4] 法家通过这种法的发展论，为他们的变法改革的理论与实践提供了依据。

四、法家的法治论

法家法治论是针对儒家的礼治、德治和人治论提出来的。

（一）关于立法原则

第一，立法要遵循"天道"。法律的制定要符合自然规律。这是吸收了道家学说。例如，《管子》提出"法天合德""法四时"，即法律内容要适应于自然界变化，包括符合四时交替演变的规律，例如春夏主生不主杀等。当然，这个理论在当时尚比较空泛。

第二，立法以"好利恶害"的人性论为依据。孟子提出人性善，君子通过后天礼

---

[1] 《管子》卷一《牧民》。
[2] 《韩非子》卷十九《五蠹》。
[3] 《商君书》卷二《开塞》。
[4] 《韩非子》卷二十《心度》。

义教化保留了善性，小人则丢掉了善性。这是为他的礼教学说提供依据的。荀子提出性恶说，要求以礼法改造人性。韩非继承荀子的性恶说，认为人人生来都具有“好利而恶害”或“就利而避害”的本性，互相之间是算计、利用关系。这个利，主要就是物质利益。例如君主与臣下之间，是“爵禄”与“死力”的交换关系，毫无忠义可言；夫妻之间是“爱则亲，不爱则疏”的关系。[1] 用现在的话来说，他所谓的爱实际上只不过是生物学上的情爱，或者说是情欲，和我们所说的社会学上的爱是两码事。旧说“夫妻本是同林鸟，事到临头各自飞”，即便是父母对待子女，也是“产男则相贺，产女则杀之”“用计算之心相待”，因为在他看来，生儿子可以增加劳动力，对一个家庭来说，利用价值更大一些。[2]

韩非把人心想得那样自私、贪婪，说到了根上，是再赤裸裸不过了。他认为所谓亲情、所谓忠义，全是假的。只有利才能使弱者变强，怯者变勇。后来司马迁说：“天下熙熙，皆为利来；天下攘攘，皆为利往。”人们追求利是一种天性，无法改变，不能用礼培养与约束，统治者只能用法律加以抑制或者利用，强迫人们服从法制。“凡治天下，必因人情。人情者有好恶，故赏罚可用；赏罚可用，则禁令可立而治道具矣。”[3]

因此，立法也要符合人民追求物质利益而畏惧刑罚的本性。《商君书》卷二《错法》：“人情好爵禄而恶刑罚，人君论二者以御民之志，而立所欲焉。”这表面上是考虑人民的要求，实际上是有利于统治者的立法。

由此看来，法家的法治理论与儒家的礼治、德治、人治理论完全不同，是建立在人性恶的基础上的，是人们之间互相算计、互相利用关系的必然结果，反映了法家理论的冰冷、严酷，缺乏人情味的特点。

第三，法律应该统一。就是“壹法”，包括统一立法权，由君主掌握；统一法律的内容，不允许不一致的法律规定存在：“法莫若一而固。”此外还要用法律统一人们的思想，预防犯罪，“禁奸于未萌”[4]。

第四，法律应明白易知，便于遵循。“圣人为法，必使之明白易知。”[5] 因此，要公布成文法，“布之于百姓”并加以宣传，“以法为教”，但不是任何人都可以教法，而必须“以吏为师”。[6] 不能私下讲解与议论法律。这个观点，一方面是要百姓知晓法律、畏惧法律、遵守法律，另一方面是要由君主垄断法律的解释权。

（二）关于执法主张

首先是“任法”，就是依法办事，有法必依。要“任法而不任智”，[7] 一切依照法律办事，一切人犯法同样论处。商鞅提出：“刑无等级，自卿相将军以至大夫庶人，有

---

[1] 《韩非子》卷五《备内》。
[2] 《韩非子》卷十五《难一》。
[3] 《韩非子》卷十八《八经》。
[4] 《韩非子》卷十九《五蠹》、卷二十《心度》。
[5] 《商君书》卷五《定分》。
[6] 《韩非子》卷十九《五蠹》。
[7] 《管子》卷十五《任法》。

不从王令，犯国禁、乱上制者，罪死不赦。”[1] 他把违反法律的太子的师傅也处了刑。韩非强调法不阿贵，“刑过不避大夫，赏善不遗匹夫”。[2] 这种执法主张，在旧等级制度环境下，是振聋发聩之论，闪耀着时代光芒；其对君主也有一定限制。当然，从根本上说，君主高高在上，不在受刑罚制约的范围内，因此“任法”有严重局限性。

其次，要运用赏罚。根据人的趋利避害的本性，法家重视运用赏罚。包括：（1）信赏必罚。如商鞅移木赏金故事，就典型反映了法家的这个思想。（2）赏功罚过，对于耕战有功者赏，对违反法律者罚，无功者当然不赏，“赏不加于无功，罚不加于无罪”[3]。（3）厚赏重罚，厚赏是鼓励人们立功，重罚是起恐吓作用。其中重点是重罚，针对人们自私、追逐利益本性的。实质就是重刑。商鞅、韩非都主张重刑，发展为严刑峻法。商鞅公开宣称要重刑：“禁奸止过，莫若重刑”；“行罚，重其轻者，轻其重者，轻者不至，重者不来”，以达到“以刑去刑”的目的。[4] 云梦秦简中，即使对于很小的过错，也要施加重刑。

法家的重刑思想，是针对当时法制松弛败坏而规定的，有效地减少了犯罪，督促了人民耕战，有利于富国强兵。另一方面，把希望寄托在重刑，诉诸重刑恐吓与镇压。这实际上是对西周以来特别是儒家讲究德治、仁政理论的反动，说明法家法治理论在很大程度上是建立在重刑基础上的，反映了法家敌视人民的本质。重刑虽然在一定时期能够使犯罪有所收敛，但不能从根本上解决犯罪问题，有时候甚至会造成社会秩序的更大的混乱。后世的历史已经反复证明了这一点。

五、法家的专制论

为适应天下统一、建立集权王朝的大势，法家竭力鼓吹君主专制。特别是韩非，把法、势、术三者结合起来，成为法家理论的集大成者，为加强专制提供了一整套理论及具体的途径与方式。

（一）法、势理论的结合

商鞅主张法治，以法为本；慎到认为，一个政权的巩固，关键在于势。所谓势，就是君主的权势，他要求君主必须高高在上，对臣下形成威势，统治是否稳固取决于君主权势的大小。慎到比喻说，龙能够腾云驾雾，关键就是有云的依托。如果没有云雾，龙只能像虫一样。君主是龙，云雾就是势，君主靠势才能统治。

韩非承认云雾的作用。但是他说，仅仅有云雾，有权势，就够了吗？要实现君主专制，靠什么？韩非认为，君主没有足够的权势而单靠法确实不够，但是片面强调势也不行：“夫有云雾之势，而能乘游之者，龙蛇之材美也。”龙能飞起来，不仅因为有云雾，而且因为它本身就有这样的能力。如今即使有云雾的依托，虫子能飞起来吗？虫子的才

[1]《商君书》卷四《赏刑》。
[2]《韩非子》卷五《备内》。
[3]《韩非子》卷十九《五蠹》。
[4]《商君书》之卷四《赏刑》、卷三《靳令》。

质太差，依托云雾也飞不起来。桀、纣之类暴君、昏君，虽然有权势，天下仍不免大乱，是因为没有法。

因此，韩非说：势必须与法结合起来，“抱法处势则治，背法去势则乱”。[1] 韩非比方说，就像一辆马车，国家就是车子，君主统治国家就好像车夫驾车；一方面要有马拉车，马就是势；另一方面还必须有鞭子、缰绳，就是法律。只有同时具备马、鞭子与缰绳，车夫才能让马拉车，君主才能统治国家。所以，韩非认为必须把法与势结合起来。法是根本，君主必须实行法治；但同时君主也必须依靠与利用权势，即统治臣下的地位与权力，才能迫使臣下服从，才能做到令行禁止。

（二）法、术理论的结合

申不害提出的术，就是君主控制臣下、防止其叛乱或者欺罔的权术。韩非认为，术也是加强君主专制必不可缺的手段，与法同样重要，“人不食十日则死，大寒之隆，不衣亦死”，不能说谁比谁更重要。同样：“君无术则弊于上，臣无法则乱于下，此不可一无，皆帝王之具也。”因此，君主最宝贵的东西，“非法则术”。韩非一方面称赞商鞅变法，另一方面又指出商鞅的最大缺陷是只讲法，无以督察、掌控臣下，“无术以知奸”，以至变法虽然国富兵强，却成为奸臣争权夺利的资本，“战胜则大臣尊，益地则私封立”，最后连商鞅自己的命都葬送在那些人手里。

对于申不害，韩非一方面肯定申不害“因能授官”，另一方面又说申不害不统一宪令，导致奸人利用新旧法令的矛盾谋求私利。因此韩非认为“申子未尽于术，商君未尽于法也”，二人分别未能充分发挥术、法的作用，因为他们不懂得把术、法结合起来，“二子之于法令，皆未尽善也”[2]。所以韩非强调术与法也是不可偏废的。

韩非所说的术，就是控制臣下的权术。“术者，因能而授官，循名而责实，操杀生之柄，课群臣之所者也。”做到了术，君主就不必事必躬亲，而可以比较轻松了。韩非又以马车比喻：国家就是君主的车，君主就是车夫，势就是君主的马，法就是鞭子、缰绳。虽然有了这些，马车能够跑起来，但车夫如果缺乏操纵缰绳、挥动鞭子驾车的技巧，还是太辛苦，还容易出车祸。这种技巧就是术。同样，对于君主来说，“无术以御之，身虽劳，犹不免乱；有术以御之，身处佚乐之地，又称帝王之功也”[3]。

作为法家，韩非所吸收的“术”包括：(1) 无为之术，君无为而臣有为，事不躬亲。(2) 循名责实之术，君主以法令考察臣下是否尽职，是否言行一致，加以奖惩任免陟黜：“明主听其言，必责其用；观其行，必责其功”，[4] 严明赏罚。(3) 潜御群臣之术。即君主玩弄阴谋诡计操纵臣下。例如，君主保持高深莫测，“明主之言，隔塞而不通，周密而不见”[5]。使臣下猜不透他的心机，无从揣摩他的意思。又如下假命令或者

---

[1] 《韩非子》卷十七《难势》。
[2] 《韩非子》卷十七《定法》。
[3] 《韩非子》卷十四《外储说右下》。
[4] 《韩非子》卷十八《六反》。
[5] 《韩非子》卷十八《八经》。

故意说反话检验臣下，“倒言反事”“倒言以尝所疑，论反以得阴机”，例如君主明明这样想，或者明明没有生病，却偏说自己那样想，或者说自己生病，“以观奸动”，以静制动，考察臣下对自己是否忠心。再如设密探、特务，搞暗杀等。历史上很多统治者都深谙各种术特别是“潜御群臣之术”，以维护自己的统治。例如，明代有锦衣卫、东厂、西厂，近代当局多搞暗杀活动，以至于中统、军统特务横行。

综上所述，法家思想是在战国时期兼并战争连绵不断、天下逐步走向统一的形势下出现与发展的，是作为儒家与其他各家的对立面而产生的，为诸侯提供了富国强兵的基本方略。法家人物虽然没有严格的师承关系，但他们对法律问题的理论探索，比任何其他各家都要广泛，深刻。法家提出的法律起源论建立在物质生产的基础上，它的变法论适应了时代的要求；它的法治理论特别是“一断于法”的观点，是法家思想的精粹，到今天仍然有启迪意义。而且，法家理论比当时任何其他一家都切合实际，因而被当时的统治者所重视与采纳，得到了广泛的实践。

但是，法家法律思想也有明显的局限性：(1) 所谓一断于法，主要是针对人民和一般官吏的，上层官僚贵族在实践中犯了罪是否受惩罚，并不取决于法律规定，而往往取决于君主个人意志，必须由君主决定。至于君主本人，更不可能被施加任何刑罚。因为法律就是由他所制定或批准的，他的意志就是法律，全国的人都是他的臣民。他可以遵守法律，也可以不那么遵守法律或者随意践踏法律，没人有权追究他的法律责任。例如秦国太子犯了法，商鞅也不能对他施加刑罚，只好将其师傅处刑了事。可见法家“一断于法”在专制制度下的局限性与虚伪性，只不过是用新的等级制度取代原来的等级制度。(2) 鼓吹君主专制走向极端，君主手握生杀予夺大权，后果严重；特别是君主可以运用权术操纵臣下，暴露了封建法制的黑暗。(3) 重刑导致暴政。重刑虽然是当时建立封建法制、维护社会秩序的某种必要，但是滥用重刑，则体现出法家理论的反动本质。

因此，法家理论虽然切合兼并战争中诸侯的需要，对发展农业经济、推动统一，建立新型政权和一套官僚政治法律制度有作用，但它过分峻酷、迷信暴力，不可能征服人心。秦始皇、李斯是法家理论的信奉者，在实践中把法家学说推向极端。这意味着定法家为一尊，抑制其他各家，从此，延续了两三百年的百家争鸣时代结束，人们在思想上的创造力和探索精神被扼杀，后世思想基本上没有超出战国各家的范围。这与法家排斥与压制其他各家有着密切的关系。

第四节　秦汉法律思想的演变

一、黄老学派的渊源与发展

在春秋晚期到战国时期，儒、墨、道、法等诸家蜂起，中国的思想领域呈现出百家争鸣、竞呈风流的局面。战国晚期，与统一趋势相适应，各家思想渐趋融合。秦朝建立后，定法家学说于一尊，并在实践中将其发挥到极致。汉初统治者开始探寻新的指导思想，经过三次转折，终于形成主流法律思想，其统治地位在西汉后期到东汉得到巩固与发展。而其他各种反正统的法律思想继续在民间存在，到东汉晚期则出现了社会批判思潮。

黄老学派是渊源于老子学说的道家的一个分支。如前所述，自从老子创立道家学派以后，其学说迅速分化为二：其一渊源于老子自然无为、否定礼法的思想，沿着庄子绝对精神自由和法律虚无主义的消极方向发展；另一沿着老子以柔克刚、以弱胜强、无为而无不为的思想轨迹，并借鉴了法家法治理论，辗转延续，演变成积极有为的黄老学说。

（一）稷下学派

齐国是西周初年功臣吕尚（姜氏）被分封的国家，都城临淄。齐国濒临大海，负渔盐之利。经过管仲辅佐齐桓公改革，齐国发展更为迅速，称霸一时。就在此时发生了一件事情。陈国（武王所封，在今河南淮阳）公子完，在陈国宫廷内部斗争中失败，于公元前 672 年出逃齐国，被齐国收容，居住下来。后来陈氏改姓田氏（为什么改姓，一说是音近，一说因为种田，或者不欲持本国旧号）。

到春秋晚期，田氏在暗中通过各种手段笼络人心（如借贷大斗出、小斗进），发展自己的势力。齐景公还茫然不觉。大臣晏婴多次劝告也没有用，晏婴曾担忧地认为："齐国的政权总有一天要被田氏夺去。"不久，田氏果然做了齐国的国相，控制了齐国政权。到前 386 年，田氏终于把姜氏废了，自己做了齐国国君，并得到各国承认，列为诸侯，完成了长达 200 年的田氏代齐过程。从此，齐国改换朝廷，由姜姓政权变成了田姓政权。

战国时候的齐国，在齐威王的时候（战国中期），发愤图强，进行了一系列改革，推行法治。包括重赏政绩显著的即墨大夫，烹了贪赃受贿的阿大夫，又任用邹忌，"修法律而督奸吏"，"齐国大治"，完成了封建化过程，国力强盛。到齐宣王即位（前 319），任用孙膑，击败魏军，被各国推为盟主，与西面的秦国抗衡。

在思想学术领域，田氏也采取比较开明的政策，由官方在临淄稷门附近建立了稷下学宫，几经兴废，在宣王时最盛，先后招揽各国文学游说之士数千人，任其中的名士聚徒讲学，发表学术见解。齐宣王对他们礼遇甚厚，尊称其中的名士一律为列大夫，"为开第康庄之衢，高门大屋，尊宠之"，以显示齐国能"致天下之贤士"。[1] 后来荀子也进入学宫，并做过祭酒。

这些稷下学者各派的都有，但影响特别大的大体可以分成三派：（1）宋钘、尹文派，占有优势，著作有《管子》中的"心术"上下和"白心""内业"4 篇，与老子、法家联系密切。长沙马王堆帛书中的"十大经""经法"与之有关。（2）田骈、慎到派，直接从道家转为法家。（3）关尹（环渊）派，继承老子。应该注意的是，在稷下学者中，很大部分都与道家有关系，道家影响超过其他各家。同时，稷下学者的研究重

[1] 《史记》卷七十四《孟子荀卿列传》。

点是总结政治经验，直接为齐国统治者服务。

（二）黄学的创立

田氏代齐，虽然在政治上大获成功，其正统地位却没有得到理论上的证明，经常被人们认为是篡位。而齐国的日益强盛，迫切需要有一种体现兼收并蓄精神的理论体系与之相呼应。老子的早期道家虽然有可资利用之处，但其重点毕竟在抨击社会现实，排斥诸家，显得气度不够。而且，老子只是学派创始人，缺乏政治上的号召力。法家，当时刚刚兴起，影响也不够大。至于儒家、墨家等，更属偏颇，无法承担学术盟主的角色。于是，稷下学者们开始摭取诸家精粹，改造、充实相对来说条件比较合适的道家学派，试图嫁接出一种新的理论体系。为此，他们首先苦心孤诣地重新塑造黄帝形象。

改造道家，为什么要在黄帝身上打主意，黄帝是否与道家有联系呢？黄帝，是传说中华夏族早期部落联盟首领。据《史记》所载，这位黄帝生逢乱世，他“修德振兵，治五气，艺五种，抚万民，度四方”，擒杀蚩尤，击败炎帝，而被诸侯尊称为“天子”。[1] 其统治区域达到今天中原及西北的部分地区。黄帝还始创了养蚕，舟车、文字、音律、医学、算数等。这样一位史书上简略记载而充满传奇色彩的早期华夏领袖，为稷下学士们发挥想象力提供了广泛的空间。

而代齐的田氏祖先，来自陈国，原为陈国公族。《史记》记载，陈国是舜的后代，“虞帝舜之后”。舜，则是黄帝后代，中间隔了许多代。[2] 这样，田氏就被寻溯出与黄帝之间悠远的血缘关系。田氏因此自称要远继黄帝、重振霸业。经过稷下学士的塑造，齐国统治者利用其黄帝后代的身份，高高举起了祖先的大旗。

概言之，黄帝形象被突出，是因为：(1) 宣传田氏为黄帝后裔，代齐并非篡位，而是上合天理、下顺民意、继承祖先、恢复正统的行为；(2) 根据阴阳五行家的理论，黄色代表土，为金木水火之中；黄帝代表黄色，黄帝理应居于天下之中，统辖四方。作为黄帝后裔，齐国也应该承担起扫平诸侯、统一天下的职责；(3) 黄帝的年代比儒家尊崇的尧、舜、周公等先王早得多，有利于压倒儒家。可见，推崇黄帝完全是为齐国统治者提供理论依据的。

当然，黄帝只是一种象征，他并没有留下什么资料。要以他的名义创立一种学派，还有很多工作要做。在稷下学派中，有不少人，如赵国慎到，齐人接子、田骈，楚人环渊等“皆学黄老道德之术，因发明序其旨意”[3]。其实，战国时还没有出现“黄老”学派的概念。司马迁也仅是说他们利用老子理论并掺杂诸家学说，构筑起一种新的后来被叫作黄老的学术体系。

我们知道，《老子》理论否定礼法、强调无为、鼓吹小国寡民，消极成分比较多，并不适应齐国统治者富国强兵、争霸称雄的需要；但它以柔克刚、以弱胜强、无为而无不为的思想则含有矛盾转化、积极进取的因素。于是慎到、田骈等稷下学士援引商鞅和

---

[1]《史记》卷一《五帝本纪》。
[2]《史记》卷一《五帝本纪》、卷三十六《陈杞世家》。
[3]《史记》卷七十四《孟子荀卿列传》。

齐国的法治理论对老子学说进行一番加工改造，淡化了老子否定礼法、消极无为、小国寡民思想，突出了其积极因素，同时也掺杂了儒家礼义与法家法治思想，并冠以黄帝之名，以表示其历史悠久，超过儒家先王，进而创立了一种包含道、儒、法的黄学学派。因此，黄学学派虽然渊源于老子，但它形成于战国中期的稷下学派，产生于齐国，以后独立发展，与早期道家并非一个体系。

（三）《黄帝四经》

战国中期孕育于齐国稷下学宫的黄学学说，一度颇为兴盛。自秦王政贬黜吕不韦以后，黄学也与儒学一样，受法家排斥，只能流传于民间。直到刘邦统一全国，在迫切需要恢复社会经济和统治秩序的大背景下，对诸家学说采取宽容的态度，同时也在寻求新的统治方针，久经压抑的黄学才重新得到机遇，发展成一种思想潮流并取得统治地位。1973 年底在长沙马王堆三号汉墓出土的文物中，有帛书《老子》乙卷本前的《经法》《经》（或称“十大经”）《称》《道原》等四篇古佚书。据学者考证，这四篇应该就是《汉书·艺文志》所载录的“《黄帝四经》四篇”，作者为楚人，内容反映了从战国晚期到西汉前期黄学学派的思想。

《黄帝四经》着重论述了道的特征和功用，进而从天道推演人事，论证法律制度的实施。它强调人们应该服从道，效法道，所以“君子卑身以从道”，[1] “操正以正奇，握一以知多”，[2] 进而强调“抱道执度，天下可一也”。[3] 所谓“抱道执度”，就是以道为本，以法为用，以道执法，道法结合。这是《黄帝四经》法律思想的基本点。根据《黄帝四经》，“抱道执度”的实质就是无为而治。其第一个要求是虚静以待。《经法·道法》说“至正者静，至静者圣”；《经·观》说：“圣人正以待天，静以须人。”第二个要求是潜伏示弱，“善予不争”，[4] 与刚相对。《经法·名理》载，“以刚为柔者活，以柔为刚者伐（意为被伐）”，柔者可以胜刚。第三个要求是通晓玄机，淡泊自然，以应万变。《经法·道法》：“执道者之观于天下也，无执也，无处也，无为也，无私也。”此外，黄学学说从一开始就积极响应统治者的要求，吸收法家的政治理论，提出了一系列推动统一并加强专制集权的主张。特别是，它吸收商鞅关于“法者，国之权衡也”“刑无等级”理论，[5] 形成了其法治观，认为法律应该姓“公”，为君主和臣民共同制定，体现天下人的意志和利益，即使统治者本身也应该遵守法律。正如《管子》卷六《法法》所称：“禁胜于身，则令行于民矣。”

关于《黄帝四经》形成的具体年代，应该是稷下学派的楚人环渊等人将黄学学说传入楚国后，于公元前 280—260 年左右出现的，已经进入战国晚期，是楚国黄学的著作。从其内容看，《黄帝四经》着重论述了“道”的特征和功能，进而从天道推演到人

---

[1] 《黄帝四经·经·前道》。
[2] 《黄帝四经·经·成法》。
[3] 《黄帝四经·道原》。
[4] 《黄帝四经·称》。
[5] 《商君书》之卷三《修权》、卷四《赏刑》。

道，论证法律制度的实施。它说“道生法”“抱道执度，天下可一也”，要求统治者在服从道的前提下严格遵循法度。《黄帝四经》一方面强调统治者要静，“动静参于天地”“无为无私”；另一方面强调“法者，引得失以绳，而明曲直者也”，[1] 要求“以刑正者，罪杀不赦”。[2]《黄帝四经》体现了黄学的精神实质，即以道与无为而治为根本，主张以法治国、任用刑罚的法律思想。

（四）黄老学派的意义

由于黄学渊源于老子，从讲道这一点来说，属于道家。所以到西汉，司马迁在《史记》中把黄学叫做黄老，司马迁的这个说法很容易引起误解，好像这个学派包括黄学与老子两个部分一样。实际上，司马迁所说的黄老，是指经过稷下学派改造早期老子后产生的黄学，与老子虽然有可以沟通之处（如讲道），但其讲究法治的精神实质与老子已经有了明显分歧。不过既然《史记》称之为黄老，后代也就沿袭将黄学称之为黄老的说法了。

黄老不但与老子的早期道家有渊源关系，而且与法家互相影响。稷下学派在创立黄学时，吸收了法家的法治思想。黄学形成以后，又反过来影响法家。法家人物如韩非等，无不学黄老、以黄老思想作为他们自己理论的基础。

黄老学派的出现，是道家发展史上的一个里程碑。黄老学派一方面承袭早期道家的道论，另一方面把研究的重点从天人关系转向现实社会。在道家中，黄老第一次正面论述了法律的起源、本质、功用和发展规律等问题，进而把法律与社会变革联系起来，提出了一系列立法和司法的具体主张。黄老与早期道家不同，法律不再被作为否定和批判的对象，而已经成为受到认真对待和探讨的问题。如吕不韦的《吕氏春秋》就表现了黄老思想。随着吕不韦被贬黜和法家的极盛，黄老受到压抑，但并没有终止，而是一直在民间流传。

二、汉初黄老学说的统治

（一）秦朝法治理论的破产

秦始皇早在称帝以前看到韩非所著《五蠹》时，就十分欣赏。秦朝统一后，以秦始皇、李斯等人为代表的统治集团，为适应专制统治的需要，摒弃了《吕氏春秋》中融合各派、无所不包的法律观，而转为定法家学说于一尊，并在实践中大力推行。秦始皇、李斯建立集权专制的思想，和他们的“法治”思想一样，均来源于由韩非所集其大成的战国晚期的法家学说。秦朝也利用了阴阳五行家的“五德终始说”，并以它作为统治合法性的一种理论根据。《史记》载：“始皇推终始五德之传，以为周得火德，秦代周德，从所不胜……以为水德之始。刚毅戾深，事皆决于法，刻削毋仁恩和义，然后合五德之数。”[3]

---

[1]《黄帝四经·经法·道法》。
[2]《黄帝四经·经法·君正》。
[3]《史记》卷六《秦始皇本纪》。

当时统治集团内部对采取怎样的政治制度意见不一。丞相王绾等主张“请立诸子”，继续实行西周以来的分封制。李斯加以反对，认为现在既然已经统一，应该建立郡县，对皇帝的儿子和功臣，可以用赏赐赋税收入的办法，这样就容易控制，天下不会分裂。他的意见为秦始皇所接受，于是分天下为三十六郡，建立起中央集权的政治制度。

根据“事统上法”和“法令由一统”的原则，秦朝统一以后，在对商鞅变法以来秦国法律加以修订、补充的基础上，制定了秦朝统一的法律，颁行全国。秦朝的统一法律严密、繁琐而严酷。秦律除法律条文以外，还包括皇帝诏令，具有最高的法律效力。在法律的规定下，秦朝在政治、经济、文化等方面强化了统一与集权。秦《泰山刻石》：“皇帝临位，作制明法，臣下修饬……治道运行，诸产得宜，皆有法式。”[1] 反映出统治者倚重法治的思想。当然，秦朝这种所谓法治，是与皇帝个人的“独断”、专权相适应的。而且，秦朝建立后，统治者完全继承商鞅“禁奸止过，莫若重刑”的理论，制定了严酷的刑法并在实践中加以推行。《汉书》说，秦始皇“专任刑罚，躬操文墨”；秦二世上台后，更是“法令诛罚，日益深刻”。从秦律中的许多条文中我们可以看到，轻微的犯罪就要受到严酷的刑罚。重刑造成全国受刑者数量庞大，“赭衣塞路，囹圄成市”[2]，使全国变成一座人间地狱，百姓陷入了空前的恐怖之中。为了防止“主势降乎上，党与成乎下”的局面，就必须“别黑白而定一尊”，实行思想文化领域的专制。李斯严厉驳斥当时“师古”“非今”的论调，说“五帝不相复，三代不相袭，各以治，非其相反，时变异也。……且越言乃三代之事，何足法也”，并且指责儒生“不师今而学古”“道古以害今”，用以古非今的方法来鼓动人民反对当今政令。[3] 为此，秦朝实行了焚书坑儒。

秦朝的“法治”有很大的局限性，是以维护皇帝的威权与重刑为前提的，而且由于缺少社会协调和缓冲机制，过于严密、酷虐，从本质上来说，是与人民相对立的，也引起了统治阶级内部包括被灭亡的山东各国旧贵族的不满，因此这种法治非但不能有效调整社会关系，反而迅速激化了社会矛盾。

（二）汉初对秦亡教训的总结

西汉前期，经过了三次思想转折。

经过秦朝的残暴统治和秦末战乱，汉初人烟稀少，经济凋敝，皇帝都配不起用四匹同样毛色的马拉的车，大臣只好坐牛车。此外，还面临着内部的诸侯叛乱，以及外敌入侵的威胁。西汉政权的基础十分薄弱。

秦始皇统一中国，采取了一系列加强专制、巩固政权的措施。可是秦始皇死后不久，陈胜、吴广振臂一呼，斩木为兵，揭竿而起，包括项羽、刘邦在内的“山东豪杰并

---

[1] 《史记》卷六《秦始皇本纪》。
[2] 《汉书》卷二十三《刑法志》。
[3] 《史记》卷六《秦始皇本纪》。

起，而亡秦族矣”。[1] 貌似强大的秦朝，只存在短短的十几年，就在人民起义的烈焰中崩塌了。秦朝的覆灭，标志着法家“专任刑罚”理论的破产。西汉王朝一建立，就面临着建立怎样的政权、采取什么统治方针的问题。是继续沿着秦朝的道路走下去，还是及时转变统治策略？刘邦集团中的不少人开始思考这个问题。

汉初较早提出转变统治策略的人是陆贾，为刘邦门客，拜太中大夫。西汉建立后，陆贾经常在刘邦面前谈论诗、书等儒家经典。刘邦骂道：“乃公居马上而得之，安事诗书!”显得十分粗鲁无知。陆贾反驳道：“居马上得知，宁可以马上治之乎!”刘邦听了，面有愧色，认为陆贾有水平，就请他写书总结秦亡汉兴的道理。陆贾奋笔写下《新语》十二篇，每写完一篇就呈上，刘邦没有不叫好的。

刘邦起初如此谩骂陆贾与儒学，暴露出他的粗鲁与无知。实际上，刘邦的确没有认真考虑过秦亡汉兴的原因，也未曾想到改弦更辙。“汉承秦制”，不但引起汉初统治集团内部有识之士的质疑，而且导致原先饱受秦朝排斥与迫害、如今希望东山再起的儒生们的不满。陆贾希望刘邦“行仁义，法先圣”，就是要他好好思索一下历史的教训，改变统治策略，实行儒家的一套。

陆贾是从有为还是无为的角度总结秦亡教训的。他在《新语》卷上《无为》中说：“夫道莫大于无为，行莫大于谨敬。”他说，秦始皇设车裂刑以惩奸邪，修筑长城以备匈奴，“征大吞小，威震天下”，可谓有为。然而秦始皇始料所未及的是“事愈烦而天下愈乱，法愈滋而奸愈炽，兵马益设而敌人愈多”。结果是危机四伏，大厦将倾。陈胜、吴广振臂一呼，秦朝立刻土崩瓦解，“秦非不欲为治，然其失之者，乃举措暴众，用刑太极”。即过于有为，用刑过滥。这样一来，秦朝焉能不垮？陆贾因而提出，统治者应该“握道而治，依德而行”，“虚无寂寞，通动无量”，[2] 也就是改变统治策略，虚静无欲。从这一点来看，陆贾的“道”与道家黄老有密切的关系。但陆贾是儒生出身，他所谓的道，实际上是一种儒家化的道。他不但曾经劝刘邦“行仁义，法先圣”，而且明确地把道分成天道和人道：“天道不改而人道异也。”[3] 在比较多的情况下，他说的道是指人道，即儒家传统意义上的品格修养准则和经世治国规律。他说，“君子”应该“握道而治”。他还明确指出不是道生天地万物，恰恰相反，是“天生万物……（圣人）功德参合而道术生焉”。[4] 他又认为如果“事不生于法度，道不本于天地”，则“可言而不可行也，可听而不可传也”。[5] 可知他承认“道不本于天地”现象的存在。就这样，黄老宇宙本原和自然、社会发展规律的道，在陆贾那里就变成了儒家的“圣人”之道。

陆贾是汉初第一个从理论上提出转变统治方针的人，其学说得到了刘邦赞同。但

---

[1]《新书》卷一《过秦上》。
[2]《新语》卷上《道基》。
[3]《新语》卷下《明诫》。
[4]《新语》卷上《道基》。
[5]《新语》卷下《怀虑》。

是，这个统治方针往哪里转变，汉初并不很明确。汉初的第一次转折，即从法家转变而来的统治思想，有道、法、儒各家，是个大杂烩。陆贾是个儒生，他的思想以儒为主，推崇诗书，法先圣，行仁义。陆贾虽然提出要“握道而治”，实际上，他所说的“道”带有浓厚的儒家色彩，是儒家化的道，其无为而治的思想还是初步的。汉初统治者接受了儒学，如刘邦称帝，手下功臣不知礼仪，大儒叔孙通看不过去，对刘邦说应该实行礼仪，得到赞同。叔孙通就带着儒生演习了几个月，然后教给大臣。以后上朝，果然秩序井然，刘邦很高兴。

惠帝时，叔孙通把他的那套礼仪整理汇编成《傍章》18 篇，可以说是当时的行政法规。这是儒家的东西。另外，汉初统治者也继续受到法家思想的影响。我们知道“汉承秦制”，刘邦及其手下深受秦朝那套的影响。刘邦出身沛县的地痞，手下大多是那一带的豪强、流氓。刘邦入关，废秦苛法，只与父老约法三章：“杀人者死，伤人及盗抵罪”，争取了民心。但是刘邦也采纳了秦律。刘邦集团进入咸阳后，别的将领都去抢东西，萧何却封存了秦的图书资料。西汉建立以后，萧何摭拾秦法，“取其宜于时者”，在法经六法的基础上增加户、兴、厩三篇，是为九章律。汉初还保留了秦朝的夷三族、肉刑等酷刑，三公九卿、郡县制度也是沿袭秦朝的。

可知，汉初统治思想的第一次转变，实际上是从秦朝的法家思想转变为在法家、儒家和道家之间徘徊，并没有确定哪一家为指导思想。

（三）汉初黄老学说统治地位的确立

西汉采纳黄老学说是在惠帝时期，主要推动者是曹参。他是沛人，原为小吏，跟随刘邦反秦。西汉建立后为齐相。当时，曹参招徕当地很多儒生讨论怎样治理国家。言人人殊，曹参都不满意，觉得太迂腐。他听说胶西有个盖公，“善治黄老言”，就用重金把他聘来。这位盖公，正是从稷下学派以来的齐国黄老之学传人。《史记》卷八十《乐毅列传》把黄老直到盖公为止的师承写得清清楚楚。秦始皇焚书坑儒，压抑各家，黄老暗中通过盖公这一支在胶西流传下来。“盖公为言治道贵清净而民自定”，深得曹参同感。因为他看到黄老学说是唯一适应当时社会条件的学说，并将其适用到统治方针中，在齐统治九年，“齐国安集，大称贤相”。[1]

萧何死后，曹参当了西汉王朝的丞相，他把黄老之治推广到全国。于是有了萧规曹随的佳话。丞相每天不干事、只喝酒，是不可能的，这只是一种传说而已，表明大体上遵循过去方针。当时统治集团中推行黄老之治的代表人物，除了曹参，还有“本好黄帝、老子之术”的陈平、周勃等。这样，在惠帝到吕后时期，实现了西汉王朝统治思想的第二次转折，从徘徊诸家转到黄老，一直延续到文景时期。

（四）汉初黄老学说的主要内容

第一是无为而治。根据道产生万物、清净无为的理论，汉初统治集团认为治理国家应该效法道，顺从自然，无为而治。陆贾提出“君子之治也”，应该“块然若无事，寂

---

[1] 《史记》卷五十三《曹相国世家》。

然若无声”。萧规曹随就是其最好的体现。为此，主要任用陈平、周勃等“木强敦厚”的“长者”，排斥刻薄浮华之人。文帝游上林苑，就听从张释之建议，支持淳朴无华的苑令而非喋喋不休的啬夫。此外如汉中太守田叔，曾“学黄老术于乐巨公（齐国黄老传人，《史记·乐毅列传》有载）所”，为“长者”；[1] 大中大夫石奋“无文学，恭谨无与比”，“不言而躬行”；建陵侯卫绾“敦厚”，“忠实无他肠”；塞侯直不疑“学老子言”，“不好立名”，“称为长者”。[2] 《史记》卷九《吕太后本纪》说，当时“君臣俱欲休息无为，故惠帝垂拱，高后女主称制，政不出房户（很少发布政令），天下晏然”。刘向《风俗通》：“文帝本修黄老言，不甚好儒术，其治尚清净无为。”当然，所谓无为而治，并不是完全放任，而是无为而无不为。

第二是约法省刑。针对秦朝的严刑峻法，黄老主张实行约法、省刑、轻刑。西汉初年，把秦朝繁苛的法律都废除了。当时萧何制定的汉律只有九篇，称九章律，以后才逐步增加。采纳黄老之后，文帝二年（前178），废除过去传下的灭三族之刑。到文帝十三年，由于缇萦上书欲没为奴以赎父罪，又废除了肉刑。文帝说：肉刑“至断支体，刻肌肤，终身不息，何其刑之痛而不德也。岂称为民父母之意哉”，因此进行刑罚改革。由于约法轻刑，全国犯罪受刑的人极少，“至于断狱四百，有刑错之风”。[3]

第三是严格守法，率民以正。文帝时期，统治集团根据黄老学说，强调守法，其重点是用刑轻缓，反对凭一时之怒滥判重刑。文帝出行，遇犯跸。廷尉张释之处以罚金。文帝怒，张释之曰：“法者，天子所与天下公共也。今法如此而更重之，是法不信于民也”，“廷尉，天下之平也，一倾而天下用法皆为轻重，民安所措其手足？”以此说服了文帝。又载，有人盗高祖庙中玉环，文帝命下廷尉，欲治以灭族。张释之奏当弃市，并免冠顿首谢曰：“法如是足也。且罪等，然以逆顺为差。今盗宗庙器而族之，有如万分之一，假令愚民取长陵一抔土，陛下何以加其法乎？”而文帝终于采纳。[4] 这两个案例中，张释之强调法律并非皇帝一人所有，而必须与天下共之，是天下的准则、判案的依据，因此要依法断刑，罪刑相应，甚至不惜为此触逆龙麟，最终得到文帝的认同。黄老学说触及了法律的本质，是汉初思想的结晶。有开明的君主，才会有敢于直谏的大臣；有这样的君臣，才得以创造出君主也要守法的千古佳话。

三、西汉前期的儒道互绌

文帝前期，西汉王朝历经二三十年的无为而治，与民休息，开始达到黄老之治的高潮。但是，随着社会经济的逐渐恢复，原先隐蔽着的社会问题开始逐渐显露。对这些问题的看法，成为朝廷上的贵族元老与来自洛阳的青年才俊贾谊之间争执的焦点。继承并发挥陆贾思想的贾谊，已经敏锐地觉察到改变统治策略的必要。

---

[1] 《史记》卷一百四《田叔列传》。
[2] 《史记》卷一百三《万石张叔列传》。
[3] 《汉书》卷二十三《刑法志》。
[4] 《史记》卷一百二《张释之冯唐列传》。

贾谊（前200—前168），河南洛阳人，任博士、太中大夫，以后因不为朝中老臣所容，被贬斥为长沙王太傅、梁怀王太傅。早在汉文帝即位时，年仅22岁的贾谊即上《论定制度兴礼乐疏》，指出汉兴已经20余年，宜定正朔，易服色，定官名，兴礼乐。贾谊还利用自己的地位实践其思想，《史记·贾谊列传》："诸律令所更定，及列侯悉就国，其说皆自贾生发之。"这是西汉时期向占据统治地位的黄老理论发出的第一次挑战，表明贾谊思想远远领先于一般人。

随着时间的推移，贾谊更加深刻地认识到社会弊端。在他28岁时所上的《治安策》中指出，天下局势，"可为痛哭者一，可为流涕者二，可为长太息者六"。他认为当时天下之势就像"倒县（悬）"，或者就好像"抱火厝之积薪之下而寝其上，火未及燃，因谓之安。方今之势，何以异此！"[1] 针对这种"本末舛逆，首尾衡决，国制抢攘，非甚有纪"的状况，他再一次呼吁"定经制，令君君臣臣上下有差，父子六亲各得其宜"，使"世世常安，而后有所持循矣"。[2]

贾谊对秦朝速亡的教训进行了总结，认为秦朝"繁刑严诛，吏治刻深，赏罚不当，赋敛无度"，根本原因在于"仁心不施"，暴戾无道。他得出的教训是，治理天下，应该"牧之以道，务在安之而已矣"。[3] 他强调礼对维护社会秩序的重要性："礼者，所以固国家，定社稷，使君无失其民者也。"[4] 他提出要根据儒家学说正名分，确定服饰用具等级规格，确定官僚贵族的司法特权。在此基础上，贾谊也把儒家伦常观念与黄老的道加以沟通，以论证仁义忠信出现的必然性与重要性。他曾说德有"六美"，即道、仁、义、忠、信、密，根据"以道为本"、"德生于道"的观点，仁义忠信等也与道有密不可分的关系。在《道术》一文中，贾谊强调道的功用性，说"道者，从所接物也"。"接物"可以理解为接受和容纳万物，也可以理解为应付和处理各种事物，这实际上讲的是人际间的伦常关系。因此，贾谊的道是儒家化的道。

贾谊是西汉王朝法律指导思想从黄老学说向儒学转变的先驱人物。他的思想体现了儒学对当时社会现实的批判。由于其主张曲高和寡，屡遭非议，文帝也没有给他有力支持，决定了贾谊一生始终没有实现其理想的悲剧命运。

汉初儒学和黄老一样，虽然有一定影响，却始终在野，未能取得思想上的统治地位。于是，两派学者在批判秦朝暴政、与法家学说的斗争中结成了松散联盟，共同为统治者出谋划策，力求跻身支配地位。黄老取得独尊地位后，儒、道间的矛盾逐渐突出。贾谊正是体现这一倾向的代表人物。儒学随着势力的增长，开始与黄老争夺势力，尤其在景帝到武帝初期，这种争夺几经反复。但由于"孝文帝本好刑名之学，及至孝景，不任儒者，而窦太后又好黄老之术，故诸博士具官待问，未有进者"。[5] 这位窦太后

[1] 《贾谊集·治安策》。
[2] 《汉书》卷四十八《贾谊传》。
[3] 《贾谊集·过秦中》。
[4] 《贾谊集·礼》。
[5] 《史记》卷一百二十一《儒林列传》。

“好黄帝、老子言，帝（指景帝）及太子诸窦不得不读黄帝、老子书，尊其术”，[1] 是景帝时期至武帝初年黄老学派在朝廷上的总后台。

尽管如此，由于统治者通常对儒生采取宽容态度，儒学日益炽烈，儒生们咄咄逼人，一次次地冲击着黄老统治地位。当时有申公于吕后、文帝时以《诗经》在鲁地教授门徒，与黄老争夺力量，“弟子至远方至受业者百余人”，其中如王臧、赵绾、孔安国、周霸、夏宽、砀鲁生、缪生、徐偃等，后来或干帝王，或为宰守，皆以儒术通达，有的还是学术巨擘。同时，诸侯王中也有好儒成癖的，如景帝子河间献王刘德，“好儒学，被服造次必于儒者，山东诸儒多以之游”。[2] 景帝时，在朝廷上也爆发了道与儒的激烈争辩。齐人辕固生因治《诗经》而为博士，一次与信奉黄老、曾为司马谈师的黄生就汤武伐夏是否为“弑”，在景帝面前争论起来。辕固生认为汤武为“受命”，天经地义；黄生则坚持是“弑”，换言之就是大逆不道。他们争论的实质，就是维护还是击破儒家“法先王”的传统。接着，辕固生又拉扯到刘邦代秦，攻击黄生影射汉高帝篡逆。最后景帝只好做出裁决：“食肉不食马肝，不为不知味；言学者无言汤武受命，不为愚。”认为讨论学术最好不要涉及汤武“受命”与否这样的敏感话题。又有一次，窦太后召辕固生询问黄老之学，辕固生答曰：“此是家人言耳。”太后怒道“安得司空城旦书乎？”命令辕固生入圈与野猪搏斗。景帝认为辕固生“直言无罪”，给了他一件兵器，使得以刺杀野猪，才算免于一死。[3]

随着道、儒之争日益激烈，黄老地位岌岌可危。公元前140年，汉武帝刘彻即位，儒者延颈盼望武帝改变统治方针。当时西汉王朝面临的形势已经与过去明显不同，社会经济已经恢复发展，积聚了强大的物质力量；政治统治已经比较稳固，社会矛盾渐趋激烈，年少气盛的武帝决心尊崇鼓吹“大一统”、君臣之辩和忠孝礼义、能够适应社会发展需要和统治集团雄心的儒术，以代替黄老，大干一场。不过，窦太后给予了狠狠反击。

这一时期淮南王刘安组织门客编写的《淮南子》一书就是这方面的典型。刘安（前179—前122），沛郡丰（今江苏丰县）人，汉高祖之孙，袭封淮南王。好读书鼓琴，善文辞。招致四方宾客为《淮南子》一书。后以谋反事发自尽。该书“观天地之像、通古今之变，权事而立制，度形而施宜，理万物，立变化”，推崇黄帝，同时又“纪纲道德，经纬人事”，[4] 为朝廷纪叙政事并提供治国方案。同时侧重于总结历史经验教训，批判秦的暴政，以警示当时的统治者，作者隐隐带有一种抒发胸中不平之气的意思，有与开始热衷于儒学的朝廷唱反调的意味，是西汉时期对黄老学说进行总结和概括的最后一部重要著作。

《淮南子》在吸收儒家某些思想材料的同时，站在道家立场上，对儒学进行了抨

[1]《史记》卷四十九《外戚世家》。
[2]《史记》卷五十九《五宗世家》。
[3]《史记》卷一百二十一《儒林列传》。
[4]《淮南子》卷二十一《要略训》。

击。如批判儒学的虚伪，卷二《俶真训》说儒家“博学以疑圣，华诬以胁众，弦歌之鼓舞，缘饰诗书，以买名誉于天下”。同时指出了儒家仁义的局限性，认为仁义与道、德相比，只是较低层次的概念：“仁义之不能大于道德也，仁义在道德之包。”[1] 在司法实践中，如果贯彻仁义，意味着宽贷罪犯，导致“无功者赏，有罪者释”的社会秩序的混乱。[2]《淮南子》还指出儒家的礼过于繁琐虚饰，有悖于人的性情，如衣裳的式样、颜色的等级就属于“非人性也，所受于外也”，是强迫人所接受的；又如三年之丧，也是“强人所不及也，而以伪辅情也”。《淮南子》也抨击了法家“凿五刑为刻削”“争于锥刀之末”的酷虐，总结出法家“掉拔其根，芜弃其本”的深刻教训。[3]《淮南子》抨击重法和烦刑，反映出对汉武帝时期表面崇儒、实际上法律日益繁琐严苛的不满。

《淮南子》认为，天下的治乱兴衰，不可以借人力强加干预，只能实行顺乎自然的无为，君主身处宸扆，更应该“无为而有守也”。《淮南子》警告统治者不要过分贪得无厌，应该“欲不过节”“寡其所求”“除其嗜欲”“依道废智”。但是，《淮南子》主张无为，并非完全放任自然，无所作为。它是要通过无为达到有为。《主术训》说“以弗治治之”；《道应训》说“无政而可以为政”，都是同样的意思。这是因为，顺乎自然，效法天地，“张天下以为之笼，因江海以为罟，又何亡鱼失鸟之有乎?”[4] 根据这个原则，《淮南子》设计了它所希望建立的法律秩序，其中最主要之点就是“上无苛令，官无烦治”，特别是对君主来说，应该懂得使人民返璞归真，然后运用权术，“虚静待中，运于璇枢，以一合万，智若合符”，达到“太上神化”的境界。[5]

建元六年（前 135），窦太后去世，黄老学派骤然失去在朝廷中的靠山，形势急转直下。武帝开始重新实施自己的意愿，“绌黄老、刑名百家之言”，聘公孙弘等“文学儒者”数百人，设置五经博士，倡导钻研经义，“天下之学士靡然向风矣”。[6] 这些，标志着儒学从在野转向在朝，对黄老占据了优势地位，西汉王朝初步实现了指导思想的第三次重要转折。

四、封建主流法律思想

汉武帝时期法律指导思想转折的关键人物是董仲舒。董仲舒（前 179—前 104），广川（今河北景县西南）人。攻《春秋公羊传》，为博士，任胶西王相。武帝下诏征求贤良文学之士，就有董仲舒出来以贤良对策。有《春秋繁露》等。董仲舒之学本儒，他根据汉继秦的历史经验，尤其是文帝、景帝以来的社会变化，察物体情，针对“法出而奸生，令下而诈起，如以汤止沸，抱薪救火，愈甚亡益也”的局面，上承贾谊之说，主

---

[1]《淮南子》卷十六《说山训》。
[2]《淮南子》卷十四《诠言训》。
[3]《淮南子》卷六《览冥训》。
[4]《淮南子》卷一《原道训》。
[5]《淮南子》卷九《主术训》。在汉武帝已经转变统治思想的情况下，《淮南子》所鼓吹的这一套显然不合时宜。这也是最后造成淮南王刘安与朝廷激烈对抗的原因之一。
[6]《史记》卷一百二十一《儒林列传》。

张改变统治方针，实行“更化”：“当更化而不更化，虽有大贤不能善治也。”因此，他向汉武帝建议尊崇儒术，罢黜百家：“诸不在六艺之科孔子之术者，皆绝其道，勿使并进。”[1] 他又根据当时的社会条件和统治集团的现实需要，对儒学进行了一些改造，主要是摭取黄老、法家、阴阳家等思想，使其与儒学糅合熔铸，形成了一种以儒学为主、包含其他各派部分学说的封建主流法律思想体系，为朝廷所认可。到东汉建初四年（79）白虎观会议，汉章帝亲自裁断儒学经义异同，并以《白虎通义》一书为标志，封建主流法律思想得以正式确立。

西汉前期，从刘邦、萧何等人的探索寻求，到惠帝、吕后和文帝、景帝时期黄老学说的风靡与黄老之治的成功，再到武帝时期儒学跻身支配地位，直到东汉，这期间统治者的方针政策和法律思想经历过三次大的转折，反映出当时社会的变化发展和各阶层、阶级、集团力量的对比，以及利益关系的演变。

封建主流法律思想继承前代思想材料，结合西汉现实的统治需要，其主要内容可以概括为：

（一）奉天顺时，法自君出

这种观点来源于夏商天命神判和先秦阴阳五行等各家学说，为统治者套上了一层神秘的光圈。它强调统治者在立法与司法活动中假借天命、神判，从而为君主掌握最高立法权和司法权提供理论依据，并为其滥施重刑找到借口，体现了封建法律的神权法特色和专制独裁的本色。历代君主指令官员审案或亲自审批重刑，以及官署所执行的“秋冬行刑”，包括清代所谓“秋审”，就是其反映。

（二）德主刑辅，注重教化

这种观点渊源于先秦儒家与道家学说，强调统治者标榜无为而无不为，对人民实行教化，即通过各种方式用封建伦理道德对人民加以感化，使人民“有耻且格”；同时，辅之以刑罚。在通常情况下，施行德主刑辅，反对不教而诛。这一点，显示出传统法制的侧重点及其所追求的理想境界。历代反对法网严密、废除酷刑，建立比较健全的司法制度，包括刑事责任年龄、侦查、刑讯、上诉、复审、自首、减刑、死刑复核、秋审等制度，典型地体现了这个思想。

（三）礼律结合，应经合义

这种观点渊源于先秦儒家学说，它要求法律体现礼的精神与实质，把儒家经典所规定礼的上下尊卑的等级原则贯彻到立法与司法实践中，对不同等级身份的人作出不同的规定，维护统治阶级的特权地位。对法律所没有规定的或者不适合在法律中规定的案件，则直接适用儒家经义的规定。总之，儒家之礼成为法律的精髓。后世所实行的十恶、八议、官当、家族内尊卑长幼法律地位不平等、亲属相容隐等制度就是其反映。

（四）明法守法，简法恤刑

这种观点渊源于法家与黄老学说。它要求统治者必须公布法律，对危害统治秩序的

---

[1]《汉书》卷五十六《董仲舒传》。

行为绳之以法；一般的官吏，也必须遵守法律，禁止贪赃枉法、出入人罪的行为。法律对官吏违法所应该承担的责任有明确的规定。当然，这仅仅是一般情况下的立法原则。实践中，统治集团成员往往任意违法而不受制裁；至于专制君主本人，作为最高立法者与司法者，通常不受法律的约束。历代虽然要求简法恤刑，实际上法律条文规定往往比较严峻。至于在司法实践中，迷信重刑、滥用酷刑的现象非常普遍。

封建主流法律思想是在先秦各派法律思想的基础上形成的。从此以后，原来的各派法律思想已经不再独立存在，而分别融入主流法律思想中。四个方面互相依托，互相补充，是一个完整的体系。封建主流法律思想适应了统治者建立和巩固封建法律秩序的需要，具有强大的生命力。虽然历代也有一些发展变化，但主流法律思想的基本面貌没有大的变化，一直是封建法律制度的指导思想，也是历代刑法的指导原则。

五、西汉中期到东汉的法律思想

从西汉中期到东汉，一方面封建主流法律思想逐步得到确立，另一方面，各种形态的反主流法律思想不断出现，并对主流法律思想进行了不断的抗衡。

（一）西汉桑弘羊与贤良文学间的争论

汉昭帝始元六年（前81）召开了盐铁会议。会上，御史大夫桑弘羊与贤良文学之士围绕朝廷的经济政策与统治方针发生了激烈的争辩。西汉后期桓宽将会议记录整理为《盐铁论》一书。桑弘羊（前152—前80），洛阳人，任大司农，制定盐铁官营政策，实行均输平准，使官府从富商手中夺回商贸控制权。会议举行过两次，第一次以盐铁、均输、酒榷等官营财政经济政策的兴废为讨论主题。贤良文学攻击桑弘羊主持的盐铁官营政策，企图将其取消，以迫使朝廷放弃官营工商业阵地。桑弘羊竭力捍卫官营，反对私营，认为“普天之下，莫非王土”，山林川泽等自然资源在法律上为国家也就是君主所有，从而独占之，乃理所当然之事。同时，征外安内，富国强兵，必然有巨大费用，有赖于工商业的财源。如果上述官营放开，为豪强之家所占，结果必然导致如吴王濞“私威积而逆节之心作”，或者如齐国“公室卑而田宗强”，威胁中央集权制国家政权。[1] 在第二次会议上，主要讨论了法治与礼治问题。贤良文学坚持礼治，并对桑弘羊进行攻击。桑弘羊反击道，古今时势不同，情况不一样，用以解决问题的措施也应该有所不同。他认为应该“知趋舍之宜、时世之变”，进行必要的改革。他称赞商鞅“战胜攻取，并近灭远”，“革法明教，而秦人大治”，[2] 而对孔、孟等人进行了讥刺，以证明“儒者之安国尊君，未始有效”，[3] 并对贤良文学进行了批评。

桑弘羊所说，在当时的形势下却无法击破贤良文学之士的礼治主张。通过这两场辩论，贤良文学之士的势力逐渐占据了上风。当然，各种思想学派的斗争仍然很激烈，并影响到朝廷。元帝在当太子时就“柔仁好儒”，他看到宣帝所用官员多熟习文法，又好

[1] 《盐铁论》卷一《禁耕》。
[2] 《盐铁论》卷二《非鞅》。
[3] 《盐铁论》卷二《论儒》。

以刑名考察臣下，颇不以为然，曾经指责其父用刑太深，要求重用儒生。宣帝严厉斥责道：“汉家自有制度，本以霸、王道杂之，奈何纯任德教，用周政乎！”[1] 当然，在西汉后期，封建主流法律思想的统治地位已经日益巩固。

（二）白虎观会议确定统治方针

东汉前期的光武、明、章帝时期，社会秩序比较稳定，政治上也相对清明，被称为“盛世”。这一时期，统治集团比较注意解决东汉王朝“受命”的依据也就是其合法性问题，同时也面临着解决政统与学统之间的矛盾，以及礼制的地位等问题。建初四年(79)，诏命大夫、博士、议郎、郎官及诸生、诸儒会集白虎观，讲论五经异同，由章帝亲自称制裁决，旨在以皇帝权威重振今文经学、反对古文经学。会议记录由班固奉旨撰成《白虎通义》，试图直接回答这些问题。

《白虎通义》论证了君权天授，声称“始受命之日，改制应天，天下太平功成，封禅以告太平也”。[2] 同时，论证了王朝更替和社会历史变化。其主要理论有“皇、帝、王、霸”“五德终始说”“三统说”“文质互变”等，可以说基本上涵盖汉代社会流行的王朝交替的观点。“皇、帝、王、霸”的历史发展观是先秦两汉时期广泛流传的一种历史哲学。《白虎通义》极力说明历史的发展正是从盛世一步步退化，一代不如一代。因此，后世的君主想要达到上古圣人的境界就有必要在道德上不断提高与完善自己。

《白虎通义》中，对礼乐制度有许多叙述，涉及有关社会、礼仪、风俗、国家制度和伦理道德各个方面，十分庞杂，但其重点在于“尊尊”“亲亲”和“贤贤”：“此三者行，然后王道得；王道得，然后万物成，天下乐之。”而“三纲六纪”则构成了主要的社会关系。三纲即君臣、父子、夫妇，六纪即诸父、兄弟、族人、诸舅、师长、朋友。所谓贤贤，主要属于文化知识领域内的价值规范。《白虎通义》尤其强调尊尊在政治领域的重要性，以及尊尊、亲亲适用的不同领域和原则。同时，《白虎通义》强调礼乐教化：“教者，何谓也？教者，效也，上为之，下效之”，强调通过教化使大多数中性之人向善避恶。[3]

《盐铁论》中关于礼义的讨论，推动了封建主流法律思想的发展。到《白虎通义》，系统阐述了“三纲”“五常”的具体内容，并将其神秘化与政治化，表明封建主流法律思想统治地位的确立已经完成。

（三）老庄法律观的余波

经过《吕氏春秋》《淮南子》等著作的传承，在西汉王朝确立的主流法律思想中，黄老理论被多方面吸收。与此同时，黄老学说在社会上根深蒂固，依然有广泛的市场。不少贵族、大臣和士大夫阶层都继续笃信、推崇这一理论，并且企图进一步突出黄老的道论和无为之说，与朝廷在法制方面日渐转向儒家理论指导的趋势相抗衡。

今人统计，两汉期间，研究《老子》的达50余家。与此同时，社会上流传着源于

---

[1]《汉书》卷九《元帝纪》。
[2]《白虎通义》卷六《封禅》。
[3]《白虎通义》卷八《三教》。

《老子》《庄子》的鼓吹虚无、否定礼法之说。当然，由于社会条件的变迁，这一派在汉代也表现为阐释、怀疑或批判礼法等各种观点。其代表人物有“贵老严（庄）之术”的班嗣、“修道德于幽冥”的冯衍、“修黄老，教授门生，上名录者三千余人”的杨厚，[1] 等等。其中有的著作主要发挥其以道为本、自然无为和批判礼法的学说，反映出西汉晚期道家法律思想中民间一派的概貌。

西汉严遵著有《老子指归》，阐发老子思想，认为君主必须以虚静为本，符合“神明”。所谓“神明”，实际上就是自然之道和玄机利害。具体地说，世界万物包括“性命”的本质是“自然”，即由天地依据客观规律而产生，为人所不可抗拒。而“自然”实际上就是对道的要求，统治者做到了自然，也就符合了道。所以说“帝王根本，道为元始”，天道静默幽远，帝王的“托道之术，留神之方”，也应该以清净为本，虚无为常，做到“聪明玄远，寂泊空虚”，而绝不能违反自然之道。[2]《老子指归》反对以仁义礼教治国，指出，“礼之为事也，中外相违，华盛而实毁，末隆而本衰”，表里不一，繁琐虚伪。天下有了礼义，建立起上下尊卑等级制度，看似“国有忠臣，家有孝子”，人们的行为就此受到约束，有悖于自然本性，只好通过各种办法寻求解脱，于是犯罪滋生。所以，统治者应该“释仁去义”，毁弃礼教。而秦朝那样“令速赏深，法峻刑严”，“凿肌肤，断四肢，疏远不隐，亲近不和，罪至夷灭”，只能造成“百官战栗”，四处树敌，表面上人们噤若寒蝉，道路以目，实际上却面临着王朝分崩离析的结果。[3]

东汉后期的《老子河上公章句》是另一部民间道家之作，其上承《老子指归》，继续以解老方式，宣传人事与天道相通，治国之道与治身之道相似，主张清虚无为。《章句》的思想肇始于道，它论证了“万物皆从道所生”。道法自然，道的性格自然天成，所以人必须顺从和效法自然。《章句》特别强调人道与天道间的相通关系：“天道与人道同，天人相通，精气相贯。”因此，统治者在治国的问题上也应该像道那样自然天成：“用天道，顺四时。”《章句》反复指出天对人嗜欲的警示和灾谴，实际上突出了天道的主观意志成分。《章句》同样揭露了儒家规范的烦琐和伪饰：“礼华盛实衰，饰伪烦多，动则离道，不可应也。”礼一烦琐虚伪，则违背自然无为的天道。《章句》同时反对苛法严刑，指出：“政教急疾，民不聊生，故缺缺日以疏薄”。[4] 其原因，则是“令烦则奸生，禁多则下诈”，“故盗贼多有也”。[5] 这个说法，来源于早期道家“法令滋生，盗贼多有”的观点，同时也是与批判重刑主义相结合而得出的结论。接着，它进而提出“动作因循，不敢有所造为”、“政令不烦则民安其业”，强调无为而民自化、从而遏制犯罪。[6]

（四）王充反正统的异端思想

王充（29—97），字仲任，会稽上虞（今属浙江）人。出身“细族孤门”，博览群

[1] 《汉书》卷一百上《叙传上》，《后汉书》之《冯衍传》《杨厚传》。
[2] 《老子指归》卷一《上德不德》、卷六《勇敢》。
[3] 《老子指归》卷四《以正治国》、卷六《知不知》。
[4] 《老子河上公章句》第 58 章。
[5] 《老子河上公章句》第 57 章。
[6] 《老子河上公章句》第 64、80 章。

书，曾任郡功曹，后去职家居，有《论衡》等。

王充生活的年代，是东汉统治比较稳定的时期。但由于统治者大力倡导，思想领域弥漫着谶纬迷信之风。王充运用朴素唯物主义武器，对谶纬迷神学说进行了尖锐批判；同时，在《论衡》的《问孔》《刺孟》《非韩》等篇中，揭露和批判了儒学的虚伪以及法家理论的严酷。而其批判的焦点，实际上是主流法律思想。

王充抨击了“君权神授”理论。王充认为天地的本质是“气”，天地只不过是“含气之自然”，万物“因气而生，种类相产”。这就是说，气是构成宇宙万物的基本物质，天是没有意志的，只不过是与地“合气”而产生了万物。因此，“天罚”“天谴”以及赏罚时令说也就不攻自破。王充指出，“食有常数，不在政治”，日食、月食以及地震、雷雨等都是自然现象，有它们自己的规律，与社会、政治没有任何关系。针对谶纬家宣扬的“人之喜怒，化天之寒暑”，“人君用刑非时即寒，施赏违时即温”的灾异警示的天谴说，王充驳斥道：“寒温之变，并时皆然”，“寒温，天地节气，非人所为，明矣”。气候的变化在相同的地点和时刻都是差不多的，与刑罚施行风马牛不相及；针对“行善者福至，为恶者祸来，祸福之应皆天也”的报应论，王充列举大量事实证明：“恶人之命不短，善人之年不长”，老天并不能赏善罚恶，以上祸福自天的说法荒诞不经，不过是统治者为论证专制制度的合理而编造出来的。[1]

王充在批判谶纬迷信的虚妄的过程中，强调天道的本质是自然，“天地之性，自然之道”，“天道自然，自然无为”。那么，天为什么能做到这一点呢？王充指出，构成天地宇宙万物的“气也者，恬澹无欲，无为无事者也”。既然气是无欲无为的，由气构成的天也必然如此。他从气的无为，证明了宇宙天地的自然无为，又从中推论出社会的政治、法律也应该是自然无为。他由衷地赞叹道：“黄老之家，论说天道，得其实矣。”[2]

王充联系史实指出，商鞅在秦国变法，“欲为殊异之功”，“以取车裂之患，德薄多欲，君臣相憎怨”。其原因在于商鞅企图一举改变秦国贫穷落后的状况，过于有为。汉初改变了统治策略，从“曹参为相，若不为相；汲黯为太守，若郡无人，然而汉朝无事”的情况看，“不治之治，无为之道也”。王充进而认为，统治者要做到无为，与其个人修养即“德”有密切关系。黄老之治，就是要求人们有“身中恬澹”“正身共己”的操行，这样才能做到“无心于为，而物自化；无意于生，而物自成”，才能像黄帝、尧舜这样的“大人”，“其德与天地合”，达到“君臣相忘于治”的境界。[3]

王充的上述思想，显示出朴素唯物论的战斗精神，整体上是与主流法律思想针锋相对的，同时也反映出道家自然无为与儒家贤人政治两方面对他思想的影响。在东汉前期这个特定的历史阶段，王充要反对谶纬迷信，批判虚妄的天罚、天谴，就必须举起黄老之学的旗帜，推论出人事必须顺从天道，实行无为而治。同时，王充又不可能完全排斥

---

[1] 《论衡》卷十一《谈天》、卷十四《物势》、卷十四《寒温》、卷十四《谴告》。
[2] 《论衡》卷十四《寒温》、卷十八《自然》、卷十四《谴告》。
[3] 《论衡》卷十八《自然》。

儒学。特别是在明帝、章帝这样政治局面比较稳定的时代，王充比较多地宣传仁义礼教，以期与社会发展的现实相适应；同时他希望多出现一些贤明的统治者，使东汉前期的政治、法律制度得以延续。

（五）东汉社会政治批判思潮

孟子以来，形成了民本思想。东汉中后期，皇族、豪强肆意兼并，土地迅速集中，农民大量破产，沦为流民。士大夫集团、后戚势力与宦官势力斗争日趋尖锐，政治昏暗。一些具有正义感与忧患意识的士大夫看到了社会危机的产生，感受到了社会大动荡风暴正在隆隆作响，逐渐逼近（有的人则已经经历了社会动荡），由此以民本思想为武器，形成了社会批判思潮，以警告统治者迅速改弦易辙，调整统治方针，缓和社会矛盾，避免危机的发生。

王符（85—162），字节信，安定临泾（今甘肃镇原东南）人，一生隐居著书，有《潜夫论》10 卷 36 篇，讨论政治，发挥民本思想。王符强调，统治者治理国家，应该“以民为心”“任职则思利民”，[1] “以四海为一家，以兆民为通计”，[2] 普覆兼爱，为民兴利除弊，“为民”“富民”。[3] 从此出发，针对当时官场惰怠、官员慵懒而不思进取的普遍现象，王符认为应该赏罚并用，反对“有功不赏，无德不削”，指出应该“赏重而信，罚痛而必”。王符强调“法者，君之命也”；“夫法令者，人君之衔辔箠策也，而民者，君之舆马也”。[4] 制定法律，就是为了“防奸而救祸败，检淫邪而内正道耳”。因此，“法令赏罚者，诚治乱之枢机也，不可不严刑也”。当然，法令刑赏并非万能，“未足以兴大化而升太平”，最重要的还是道德教化而致“刑措”。[5] 这样，王符的思想一方面针对东汉后期的社会现实特别是政治弊端，但另一方面，整体上仍然没有完全摆脱封建主流法律观的束缚。

崔寔（？—约 170），字子真，涿郡安平（今属河北）人，曾任议郎，官至尚书，是东汉中后期思想家，著有《政论》。他认为，汉兴以来 350 多年，政治已经腐败，风气也已败坏，迫切需要拯救，其方式就是改革。他说改革的目的是：“期于补绽决坏，枝柱邪倾，随形裁割，取时君所能行，要措斯世于安宁之域而已。”[6] 补绽，指修改条文、补充规定。决坏，即废除一些不合时宜的旧制度、旧法律。随形裁割，就是从实际出发进行改革。他认为，世上有贤臣、有良医，只是当权者不能识贤臣民，不能识良医而已。孔子、孟子都是治世良医，当权者不一定珍惜，因为不能识别。崔寔感叹道：“前君既失之于古，后君又蹈之于今。是以命世之士，常抑于当时，而见思于后人。”崔寔特别提出重禄反贪的主张，他引用了汉宣帝神爵三年（前 59）八月诏：“吏不廉平则治道衰，今小吏皆勤事，而俸禄薄，欲其勿侵渔百姓，难矣。其益吏百石以下俸十

[1] 《潜夫论》卷三《忠贵》。
[2] 《潜夫论》卷三《浮侈》。
[3] 《潜夫论》卷一《务本》。
[4] 《潜夫论》卷五《衰制》。
[5] 《潜夫论》卷八《本训》《德化》。
[6] 《后汉书》卷五十二《崔寔传》。

五”，建议增加俸禄，使官员足以代耕自足，然后加重对贪污受贿的惩罚。这样，各级官员“内足于财，外惮严刑”，就会形成廉洁之风。从而净化社会风气。

荀悦（148—209），字仲豫，颍川颍阳（今河南许昌）人，应曹操征召，于献帝时任黄门侍郎等。其所著《申鉴》5卷，首卷《政体》中，提出了他关于政治体制的论述：“故凡政之大经，法教而已矣。教者阳之化也，法者阴之符也……惟先喆（哲）王之政，一曰承天，二曰正身，三曰任贤，四曰恤民，五曰明制，六曰立业。”据此，政治的关键就是法制与教化两个方面。而他理想的政体分为六个方面，重点也就是突出遵守法制的作用，包括“明赏罚以统其法”,[1] 发展经济、整顿风俗。在历史上关于人性的多种观点中，荀悦继承了董仲舒的“性三品”说，认为性即使是善的，也需要教化才能成长，性是恶的就需要法制来消除。除了少数“上智”和“下愚”不可变更之外，其他人的人性中都有善与恶两种因素的斗争与转化，因此需要统治者“教其扶善，法抑其恶”，用教化来扶助善的成分，用法制来抑制恶的因素。通过这两种方式，可以使绝大多数人避免犯罪。因此，荀悦的人性论就是“有三品焉，上下不移，其中则人事存焉”。[2] 对大多数人来说，由于环境与教化、法制的作用，就有可能得到人性的改善。

仲长统（180—220），字公理，山阳高平（今山东微山西北）人，早年游学，官尚书郎，曾参与曹操军事集团。有《昌言》等。在社会历史发展观上，仲长统提出了三部曲：第一部，所谓当天命的第一代统治者，即创业者，并不天生具有统治天下的天子名分，而仅仅是在群雄兼并中的最后胜利者，因此天命并非天赐，而是打出来的。第二部，社会稳定以后，凭借血统继承王位的天子掌握生杀予夺之权，主宰天下命运。这是王权巩固、社会稳定阶段。第三部，年轻天子恣意胡为，搞乱天下，英雄四起，实现新的改朝换代。仲长统总结道：“存亡以之迭代，政乱从此周复，天道常然之大数也。”[3] 应该说，仲长统看到了社会政治治乱兴亡的规律，旨在引起统治者的怵惕，以采取比较适当的政治方针和统治策略，也就是政事、政治，包括用人、行政、赏罚等，主张“王者官人无私，唯贤是亲，勤恤政事，屡省功臣，赏锡期于功劳，刑罚归于罪恶，政平民安，各得其所”。[4] 但另一方面，他又陷入了历史循环论，把政治演变简单地看成是一种循环往复而已，从而限制了他的思想深度。

东汉后期的社会批判思潮与法制改革说，究其本质，仍然以儒家思想仁义之道作为指导，属于经学范畴。另一方面，儒学虽然名义上还是当时政治思想界的指导思想，但因朝廷无能、官场腐败，早已经被抛到九霄云外。社会批判思潮在世风日下中兴起，其代表改革势力，与当时的各种黑暗势力作斗争，从而为旧王朝敲响了丧钟。

中国的思想领域，从春秋后期到战国处于异常活跃、流派纷呈的时期，这是与当时

---

[1]《申鉴》卷一《政体》。
[2]《申鉴》卷五《杂言》。
[3]《昌言·理乱》，见严可均辑:《全后汉文》卷八十八《仲长统（二）》引《群书治要》。
[4]《昌言下》,《全后汉文》卷八十九《仲长统（三）》引《群书治要》。

诸侯割据的现状，以及各学派正处于创立时期、生机勃勃的状况密切相关的。秦汉时期，经过统治者的积极探寻和思想流派的几次融合、转折，在先秦各派法律思想的基础上，最终确立了封建主流法律思想的统治地位。封建主流法律思想适应了两汉统治者强化思想和政治领域集权专制的需要。从东汉一直到清朝后期大约1700年间，占统治地位的法律思想虽然有一些阶段性的发展演变如东汉后期的反主流思想、宋代及其以后理学的出现，并且受到民间各种思潮的冲击，但从整体上，封建主流法律思想的内容与地位没有改变，一直是中国传统法律思想的主要内容，影响了中国一代代的法律制度和统治阶层。直到晚清西方法律观点与制度传入并且获得越来越大的影响以后，中国封建主流法律思想的生命力才逐渐丧失。因此，秦汉时期的法律思想对后世的影响是极其深远的。

阅读书目

1. 梁启超:《先秦政治思想史》，江西教育出版社2014年版。
2. 胡适:《中国哲学史大纲》，上海古籍出版社1997年版。
3. 侯外庐:《中国思想通史》，第一、二卷，人民出版社1957年版。
4. 俞荣根:《儒家法律思想通论》，广西人民出版社1998年版。
5. 时显群:《法家“以法治国”思想研究》，人民出版社2010年版。
6. 李光灿、张国华:《中国法律思想通史》，陕西人民出版社2001年版。

思考题

1. 西周初年周公等人是如何总结商亡周兴的经验的?
2. 儒家法律思想的主要内容是什么?
3.《老子》《庄子》学说对后世有些什么影响?
4. 试述法家法律思想的发展过程及其特征。
5. 秦汉之际法律思想是如何转变的?
6. 封建主流法律思想的主要内容与影响如何?

第三章　中国法律思想史（下）

中国传统法律思想，经过先秦的诸子争鸣，以及秦汉时期的互相斗争、融合，形成了封建主流法律思想，构成以后1 700年法律思想的基本框架。从汉末三国开始的历代政治家、思想家，分别在继承前代思想成果的基础上，根据其时代的不同背景与要求，陆续提出一些具有时代特色的法律观点，从不同角度修正与丰富了封建主流法律思想，增强了其生命力，使其得以不断延续，不断影响着历朝历代的立法和司法活动。

第一节　魏晋至唐代法律思想

一、三国刑名法术思想

东汉末年，政治腐败，土地兼并剧烈，农民与封建主、一般地主与豪强的矛盾尖锐而复杂，导致黄巾大起义，最后是军阀混战，黄河流域遭受战争摧残，户口骤减，十不存一。这种社会环境，激发了一些站在时代前列的政治家、思想家努力探寻整顿纲纪、转危为安、富国强兵之道。在汉末战乱中出现的魏、蜀、吴三国统治者，由所处环境决定，治国的共同思想都不同于传统儒学，有刑名法术（即名法、法治）之学的特点。

曹操（155—220），字孟德，沛国谯（今安徽亳县）人。早年以举“孝廉”为郎，积极参与镇压黄巾起义，扩充实力。建安元年（196），迎献帝于许昌“挟天子以令诸侯”，先后以武力消灭一批割据军阀，统一北方，以后任丞相，称魏王。今人编有《曹操集》。

曹操继承并发展东汉社会批判思潮中关于刑罚与德教交替使用的观点，他在《以高柔为理曹掾令》中说：“夫治定之化，以礼为首；拨乱之政，以刑为先。”在此，他简单而明确地概括了礼与刑的不同作用及其关系。刑所以治乱世，皋陶作士，萧何定律，都是为了“拨乱之政”。以此推论，在汉末战乱四起、纲纪荡然的时代，当然也必须“以刑为先”了。这一观点，构成了曹操“揽申、商之法术”为基础的法律思想的出发点，这是曹操名法思想的基本纲领。为此，他提出了“设而不犯，犯而必诛”和“一之以法”的法治主张，着重打击豪强，惩治贪墨。曹操“揽申、商之法术”，根据先秦法家“壹赏”“壹刑”的观点，要求“不官无功之臣，不赏不战之士”“勋劳宜赏，不吝千金；无功望施，分毫不予”。[1] 然而，“治定”必须“以礼为首”。曹操厉行法治的同时，针对大族间长期明争暗斗、风俗浇薄的现状，大力倡导“仁义礼让之风”，努力推行礼义教化。在《悼荀攸下令》中，他表彰荀攸的“温良恭俭让”，他要求推行教化，改良风俗。此外，曹操强调“唯才是举”，[2] 人尽其才。他反对世家大族垄断政权，曾用“山不厌高，海不厌深，周公吐哺，天下归心”的诗句抒发求贤若渴的感情。在司法方面，反对冤滥，强调“恤慎刑狱”。[3]

诸葛亮（181—234），字孔明，琅琊阳都（今山东沂水）人。出生官僚家庭，早年流寓荆州，后加入刘备集团。刘备称帝后他任丞相。在统军和治国的过程中形成了具有特色的法律思想。后人编有《诸葛亮集》。

诸葛亮直接继承了东汉社会批判思潮中以刑治国的理论，并且从先秦法家与名家那里吸收了不少养料，具有明显的刑名法术思想。同时，他的思想蕴含较之曹操有更为浓郁的儒学色彩。他提出“理纲则纪张，理令则罚行”“三纲不正，六纪不理，则大乱生矣”。[4] 从基本倾向看，诸葛亮的名法思想是与曹操有所不同的外儒内法的另一典型。首先，诸葛亮法律思想的一个基本点，是刚柔并济、先教后刑，他重视刑罚的作用，也特别强调“教”，甚至放在比刑罚更重要的位置：“教令得中则功立”，“政教不当，法令不从”。其次，他提出信赏必罚、持法公允的执法观，认为“赏不可虚施，罚不可妄加”。[5] 他带头守法，严于律己。街亭之败，主要是马谡的过错，诸葛亮认为自己身为主帅，也应负用人不当之责，因而上疏自贬。再次，诸葛亮强调审时度势、宽严适中的刑罚观。由于刘璋统治期间蜀中法治败坏，诸葛亮入蜀之初，实行重刑政策，针对法正的质疑，他从历史经验和社会现实出发，深刻揭示了“威之以法”“限之以爵”、用法较重的原因，从而逐步扭转了刘璋时“文法羁縻”“威刑不肃”[6] 的状况。

东吴，是以孙氏为君主、割据长江以南而与曹魏与蜀汉长期鼎足而立的政权，这个政权以江东世家大族为基础。在“限江自保”的前提下，根据传统儒学，东吴政权基本上奉行“施德缓刑”的法律思想。然而在实践中，东吴政权与世族之间存在着既互相依存又互相矛盾的复杂关系，在司法实践中，孙权集团已经脱离了传统名法理论，十分重视刑罚甚至推崇酷刑。黄武五年（226），陆逊劝孙权施德缓刑，孙权搬出重刑理论替自己辩解：“焉得不有刑罚以威小人乎？此为先令后诛，不欲使有犯者耳”，适用重刑是“不得已而为之”。孙权又用吕壹等为中书，“壹性苛惨，用法深刻”。尤其到末代君主孙皓时，更是“举指烦苛，刑罚妄加”“或剥人之面，或凿人之眼”，[7] 刑罚变

[1] 《三国志》卷一《魏书·武帝纪》及其注引《魏书》。
[2] 《悼荀攸下令》，载《曹操集》，中华书局1979年版，第157页；《求贤令》，第130页。
[3] 《三国志》卷一《魏书·武帝纪》。
[4] 《诸葛亮集》卷三《便宜十六策·治乱》。
[5] 《诸葛亮集》卷三《便宜十六策》之《君臣》《赏罚》。
[6] 《三国志·蜀书》卷三十五《诸葛亮传》注引。
[7] 《三国志·吴书》之卷四十七《吴主权传》、卷四十八《孙皓传》、卷五十三《薛莹传》。

成了维护暴政的工具。孙氏集团一意孤行、鼓吹与实施重刑的思想，背弃“施德缓刑”方针，触犯了江东世族的利益，遭到他们的谴责和反对。

二、魏晋玄学法律观

自东汉末年起，由于战乱频仍和宗教流行，各统治集团不得不放松对意识形态的控制，这样就导致魏晋时期思想的活跃，呈现出流派纷呈、竞显生机的特点。作为道家理论的自然无为之说在魏晋间得以通过玄学的形式，在曹魏正始年间（240—249）重新崛起。玄学即所谓“玄远之学”，得名于老子“玄而又玄，众玄之门”一语。它以“三玄”（《周易》《老子》《庄子》）为主要经典，着重辩论有与无、天与人、自然与名教（儒家礼教）等的概念与关系，具有很强的思辨性。它企图以道家之说调整当时失衡的社会秩序与士大夫放纵颓废的精神世界，同时也讨论到政治与法律问题。

魏晋时期玄学思潮的特征是：第一，尊崇老庄，崇尚自然，与儒学对立，反对主流法律思想；第二，学派人物号称名士，大多不与统治集团合作，有的遭受迫害；第三，人物性格、举止叛逆，大多嗜酒，放浪形骸。如刘伶写过一篇《酒德颂》。有一次，朋友去见他，他在房间里不穿衣服见朋友。人家问他为什么，他说：“天地是我房屋，房屋是我衣裤，你们怎么钻到我裤子里来了。”他常乘鹿车，携一壶酒，使人荷锸而随之，谓曰“死便埋我”。

魏晋间慕玄风，谈老庄者甚多。早期玄学的代表人物是何晏、王弼。何晏（？—249）是东汉大将军何进的孙子，从小被曹操收养。后来曹爽当了大将军，任何晏为侍中尚书，因此他属于曹魏派的人，曾集注《论语》，作《道德论》。249 年，司马懿发动高平陵政变，杀了曹爽，何晏也被捕杀。王弼（226—249）幼而聪慧，十几岁就能谈论老子。何晏见后感叹：“孔子说后生可畏，像这样聪明的人，大概可以与他讨论天人关系了。”弼曾为尚书郎，注《老子》和《周易》，24 岁就病死了。早期玄学宣扬儒家伦理纲常的永恒合理。他们继承老子，建立了玄学的“贵无论”。所谓无，就是道。它无形无名，不可言状，是一种普遍的存在，其本质是自然无为。王弼还把儒家规范与道家规范结合起来，提出“名教出于自然”的哲学观，认为儒家的纲常名教来源于道（自然）。自然无始无终，名教当然就是永恒合理、无可怀疑的了。

中期有阮籍和嵇康，他们不但继承老庄之说，崇尚自然，而且以这种思想为武器，猛烈抨击礼法。

阮籍（210—263），字嗣宗，陈留人，建安七子阮瑀子，曾任步兵校尉。由于当时司马氏大肆翦除曹魏力量，政治险恶，阮籍为自保，成天喝得醉醺醺的，装疯卖傻。他曾经在广武登高台，看楚汉战场，感慨道：“世无英才，使竖子成名！”直接把批判矛头指向当下的统治者。他经常坐车在外面随意行走，不沿路径，到走不通了，就哭着返回。阮籍早期曾经肯定礼教，因遭受迫害，幻想破灭，转而否定礼法，愤世嫉俗，性格十分豁达而复杂。他认为上古“万物相生相成”，“各从其命，以度相守”，人们自觉遵守规则，“无君而庶物定，无臣而万事理”，是理想社会。他还把“礼法君子”看作是躲藏在“坏絮”“裤裆”中的“虱子”，指出“汝君子之礼法，诚天下残贼乱危、死亡之术耳!”[1] 在批判礼法的基础上，阮籍上承《老子》之说，提出“道法自然而为化，侯王能守之，万物将自化”，主张崇尚简易，恢复自然，向往“君臣垂拱”“百姓熙洽”。

嵇康（224—263），字叔夜，谯国人。与魏宗室婚，拜中散大夫。性好服食，常采药。善于弹琴咏诗，与阮籍等号称竹林七贤。因为属于曹魏一党，后来受钟会陷害而被杀。当时有三千个太学生请求赦免其罪，没有被允许。临刑自若，援琴而弹《广陵散》。他比阮籍更为激进，曾自称“刚肠疾恶，遇事便发”。他认为儒学抑制人性，虚伪矫饰，儒学与道、名教与自然是根本对立、不可调和的，因而提出“非汤武而薄周孔”“越名教而任自然”[2] 的口号，在当时可谓惊世骇俗。嵇康也认为“鸿荒至德”之世，人们率真纯朴，“物全理顺，莫不自得”。[3] 可是后来礼法出现，破坏了这种理想状态。君立而衅兴，臣设而贼生，人民被礼法紧紧束缚。天地万物、声色犬马，都被用来供奉统治者。嵇康抨击说，末世凌迟，君主凭借权势主宰天下，以奉其私。设立刑赏，起不了任何积极作用，“刑本惩暴，今以胁贤；昔为天下，今为一主”，刑罚变成了统治者恣肆暴虐的工具，弄得民不聊生，怨声载道，“丧乱弘多，国乃陨颠”。[4] 他们又怕人民反抗，“故重赏以喜之，严刑以威之，财匮而赏不供，刑尽而罚不行，乃始有亡国戮君溃败之祸”。[5] 这难道不是统治者制定的礼法造成的吗？嵇康主张“崇简易之教，御无为之治。君静于上，臣顺于下”。他向往的，是顺乎自然、没有争斗杀戮和刑罚的田园诗般的社会，亦即主张人性的自由发展，用自然代替名教。不过实际上，和阮籍一样，他并没有完全否认儒家伦理，也不可能取消“君臣”“侯王”，还鼓吹“宗长归仁，自然之情”。[6] 他们的所谓自然并未完全摆脱名教，这是其思想体系的内在矛盾之处。

在阮籍、嵇康时代，以司马氏为首的世族门阀掌握政权，屡屡诛杀异己，排斥曹魏派势力，同时以纲常名教相标榜。阮籍、嵇康的思想实际上是对司马氏政权的抗争，因而屡遭迫害。嵇康更属魏宗室婚，他坚持曹魏的立场，不满于司马氏的假名教，不向权贵低头，引起统治者的嫉恨。阮籍尚能以嗜酒佯狂、放浪形骸而自保，嵇康最终却以“言论放荡，非毁典谟”的罪名遭受杀身之祸，他的“越名教而任自然”之说，也成了玄学对统治者抗议的绝响。

到后期的向秀、郭象等，继续论述了无为的问题。向秀（227—272），字子期，河内人，“雅好老庄之学”。郭象（252—312），字子玄，洛阳人，号老庄，曾为黄门侍郎。他们分别注解了庄子。后期玄学的特点是企图调和自然与名教、道家与儒家。为了

---

[1] 《阮籍集》卷上《大人先生传》。
[2] 《嵇康集》卷二《与山巨源绝交书》、卷六《释私论》。
[3] 《嵇康集》卷七《难自然好学论》。
[4] 《嵇康集》卷十《太师箴》。
[5] 《阮籍集》卷上《大人先生传》。
[6] 《阮籍集》卷上《通老论》、《嵇康集》卷十《太师箴》。

调和儒道，王弼曾提出“得意忘言”的方式注老子，即只求大意，不论细微。郭象则将其发展为“寄言出意”的注解方式，要利用庄子之言，出玄学之新意，以论证名教的不可废。

玄学虽然有派别之分，但他们都以各自的方式，在不同程度上沿袭了《老子》、《庄子》学说，表现出对儒家传统地位的怀疑与挑战。所以儒学卫道士曾斥责玄风“蔑弃典文，不遵礼度”。[1] 这正可以说明魏晋及其以后的历史阶段中儒学与玄学的不同命运。

三、唐初统治集团法律思想

经过隋末战乱，唐朝建立后，统治者深刻总结隋亡教训，转变了统治的指导思想。唐太宗李世民即位后，注意总结隋亡教训：“动静必思隋氏，以为殷鉴”。[2] 他和魏征等左右大臣认识到人民不堪忍受烦苛的赋役和严峻的刑罚而被迫起义，是隋朝灭亡的根本原因，提出“水能载舟，亦能覆舟”，“可不畏惧!”[3] 并采取一系列相应措施，如在经济上，招抚流亡，鼓励垦殖，推行均田制、租庸调制等措施恢复和发展农业；在政治上，确立了三省六部的中央集权的官僚体制。

唐初统治集团法律思想体现在：

首先就是主张无为而治。唐太宗等认为隋朝滥征徭役，四处征讨，民怨鼎沸，自取灭亡。唐朝应该实现“安人宁国”,[4] 变有为为无为。他们指出：“为政之本，在于无为”“无为而治，德之上也”。[5] 无为而治要求统治者清心寡欲。贞观二年（628），唐太宗问大臣王珪为什么现在的人治理国家比不上古人，王珪回答：“古之帝王为政，皆志尚清净，以百姓之心为心。”近代则举措频繁，淳风大坏。[6] 魏征在上书中，也将隋与唐作了对比，认为隋朝“动”，唐朝“静”，“静之则安，动之则乱”。[7] 唐太宗自谓“夙夜孜孜，唯欲清净，使天下无事”。他又把治国比做栽树：“本根不摇，则枝叶茂荣。”[8] 当然，所谓无为而治，鸣琴垂拱，并不意味着君主绝对无为。他必须知人善任，并通过权势监视和操纵臣下：“夫帝王内蕴神明，外须玄默，使深不可知。”[9] 从而实现从无为到有为的转变。

在法治方面，唐初统治集团提出的思想有：

第一，“德礼为政教之本，刑罚为政教之用”,[10] 以礼统律，礼律结合。唐律规定

[1]《晋书》卷七十五《范宁传》。
[2]《贞观政要》卷八《刑法》。
[3]《贞观政要》卷四《教戒太子诸王》。
[4]《贞观政要》卷八《务农》。
[5]《贞观政要》卷一《君道》。
[6]《贞观政要》卷一《政体》。
[7]《新唐书》卷九十七《魏徵传》。
[8]《贞观政要》卷一《政体》。
[9]《贞观政要》卷六《谦让》。
[10]《唐律疏议·名例》。

的十恶、八议、官当制度，刑罚适用的等级制度、婚姻家庭制度都体现了礼教。

第二，制定法律。唐初统治集团认为，法律为“国之权衡”、“时之准绳”，[1] 不可或缺。立法是国家的重要任务，“安民立政，莫此为先”。唐朝先后制定武德、贞观、永徽与开元律，并颁布有《唐律疏议》。

第三，法律的本质是“公”，是行为准则。武德时，监察御史李素立说：“三尺法，天下所共，有一动摇，则人无以措手足。”[2] 唐太宗也认为法律的本质是公：“法者非朕一人之法，乃天下之法”“知君人者，以天下为公，无私于物”。[3] 魏征尤其强调法律规范人们行为的权衡与准绳作用：“法，国之权衡也，时之准绳也。权衡所以定轻重，准绳所以正曲直。”[4]

第四，“国家法律，唯需简约”，[5] 必须约法省刑，删除繁酷。《贞观律》律条比隋律大为减少与减轻，“凡削繁去蠹，变重为轻者，不可胜记”。唐初再次规定了笞、杖、徒、流、死的五刑制度，一共确定为 12 篇、500 条，“自是比古死刑，殆除其半”，[6] 并在刑罚适用上采取从轻的办法。唐初在司法制度上也多有改革，如强化了司法机关之间互相监督和制约的职能，对刑讯加以规范化，实行皇帝录囚制度，死刑执行前实行三覆奏（贞观时一度改为五覆奏）等。

第五，必须保持法律的统一和稳定，避免法律内部的矛盾冲突，更不能频繁修改律条。这是维护法律权威的重要条件。唐太宗说：“诏令格式，若不常定，则人心多惑，奸诈益生。”他举汉初制定“画一之法”为例，认为君主“不可轻出诏令，必须审定，以为永式”。而且，法律不可一罪作数条不同的规定，“数变法者，实不益道理，宜令审细，毋使互文”。[7] 根据这个精神，唐代法律体系变动较少，“自房玄龄等更定律、令、格、式，迄太宗世，用之无所变改”，甚至到唐末，“高祖、太宗之法，仅守而存”，[8] 保持了法律的连续性和稳定性。

第六，必须明法守法。所谓“三尺法，天下所共”，意味着法律为公，统治集团也必须服从天下的利益，接受法律的约束。唐太宗说：君主“若安天下，必须先正其身，未有身正而影曲，上理而下乱者”。[9] 魏征尤其强调法律规范人们行为的铨衡和准绳作用：“法，国之权衡也，时之准绳也。权衡所以定轻重，准绳所以正曲直。”[10]

唐初统治集团强调在判案中必须恪守法律法令，严禁任意滥判。《唐律·断狱》：“诸断罪皆须引律、令、格、式正文，违者笞三十。”只有在律无正条的情况下，才允

---

[1] 《贞观政要》卷五《公平》。
[2] 《新唐书》卷二百九《酷吏传》。
[3] 《贞观政要》卷五《公平》。
[4] 《贞观政要》卷五《公平》。
[5] 《贞观政要》卷八《赦令》。
[6] 《旧唐书》卷五十《刑法志》。
[7] 《贞观政要》卷八《赦令》。
[8] 《新唐书》卷五十六《刑法志》。
[9] 《贞观政要》卷一《君道》。
[10] 《贞观政要》卷五《公平》。

许实行有限制的比附类推。在此前提下，唐初统治者强调赏功罚罪，充分发挥法律扬善惩恶的作用，反对“法无定科，任情以轻重”。唐太宗说：“国家大事，唯赏与罚。赏当其劳，无功者自退；罚当其罪，为恶者咸惧，则知赏罚不可轻行也。”[1] 魏征指出：“善善而恶恶，审罚而明赏，则小人绝其佞邪，君子自强不息，无为而治，何远之有。”他强调刑赏的根本，在于劝善而惩恶。“帝王之所以与天下为画一，不以贵贱亲疏而轻重者也”。[2] 这意味着即使功臣犯罪，也不能轻易赦免，以绝他人觊觎之心。濮州刺史庞相寿因贪污，依法被撤职，自诉曾是秦王（李世民登基前的封号）的旧僚，希冀得到宽恕。唐太宗李世民一度想网开一面。大臣魏征谏：“秦王左右、中外甚多，恐人皆恃恩私，足使为善者惧。”太宗欣然采纳，并称：“我昔为秦王，乃一府之主；今居大位，乃四海之王，不得独私故人。大臣所执如是，朕何敢违！”[3] 国舅长孙无忌擅自带刀进宫，守门校尉没有发觉。尚书封德彝讨好国舅，认为这是因为守门校尉失职，要将守门校尉处死，长孙无忌只判罚金二十斤。大理寺少卿戴胄认为这不公平，校尉与长孙无忌犯的罪一样重，法律应该公平正直，怎么能重判校尉而轻处国舅？唐太宗采纳了戴胄意见，将校尉与国舅同样论处。由于较好地实行了信赏必罚，一断于法，“贞观之初，志存公道，人有所犯，一一于法”。[4]

四、唐代中期关于礼刑的争论

唐代中期君主佞佛崇道。经过安史之乱的巨变，佛道盛行，藩镇兴起，中央集权衰落，迫切需要以儒家学说反对佛、道，在思想上论证儒学道统，说明礼教的合理与永恒，在政治上实施改革，补苴罅漏，维护中央集权与君主的专制地位。

韩愈（768—824），字退之，河南河阳（今孟阳）人，唐代思想家、文学家。其先世曾居昌黎，韩愈也自称昌黎人。25岁中进士，任监察御史，因谏迎佛骨被贬至潮州，后任吏部侍郎等。有《韩昌黎集》。

为了与当时势力膨胀的佛教相抗衡，韩愈提出了从尧、舜、禹、汤、文、武、周公至孔、孟的“道统”，也就是儒家正统传承关系。他以儒家道统的继承人自居，“以兴起名教，弘奖仁义为事”，[5] 宣扬儒家纲常名教，并且声称儒家道统到孟子就中断了，他自己的历史使命就是要恢复和发扬儒家道统。韩愈继承董仲舒的“性三品”说，认为尧舜禹汤等圣人生来就有善性，中间阶层的性是中品，小人是下品的恶性。他声称对下品不堪教化，只能用刑罚加以惩处，从而论证了对人民施加暴力与酷刑的合理性。在治国问题上，韩愈承袭了儒家礼法兼用、德礼为先的主张，要求“以德礼为先，而辅之以政刑”。[6] 宪宗元和六年（811），发生了梁悦为父报仇而杀秦杲的案件。朝廷要求

[1] 《贞观政要》卷三《封建》。
[2] 《贞观政要》卷五《诚信》、卷三十一《刑法》。
[3] 《资治通鉴》卷一九三《唐纪九》。
[4] 《贞观政要》卷五《公平》。
[5] 《旧唐书》卷一百六十《韩愈传》。
[6] 《韩昌黎文集·外集》卷五《潮州请置乡校牒》。

群臣议论。韩愈认为，依据儒家经典，允许孝子为父复仇；依据国家法律，则杀人者当死。他主张由臣下根据具体情况区别对待，“酌其宜而处之，则经律无失其指（旨）矣”，[1] 由此统一礼法，避免伦常道德与法律之间的冲突。

柳宗元（773—819），字子厚，原籍河东解（今山西永济）人，唐代思想家、散文家。21岁中进士，任礼部员外郎，参与永贞革新，失败后先后被贬至永州（今湖南零陵）、柳州（今属广西）。有《柳河东集》。

柳宗元具有朴素唯物观，认为天地、阴阳、元气和瓜果、草木一样，都是物质，没有意志，“天人不相预”，天不能赏罚人类功过。他论述了国家与法律的起源，认为国家与法律不是一开始就有，而是社会发展的必然之“势”，也就是社会环境的发展逐步造成的。为了防止人们争夺财富，“必就其能断曲直者而听命焉”；“由是君长刑政生焉”。[2] 他批判了“赏以春夏而刑以秋冬”的赏罚时令说，认为“赏务速而后有劝，罚务速而后有惩”，[3] 才能提高执法效率。当时有徐元庆替父报仇，杀了仇人又向官府自首。按照刑法，杀人者死；按照礼教，为父报仇合乎孝义。柳宗元认为，如何处置徐元庆，要根据徐父是否犯罪。如果徐父本来因罪被官吏所杀，徐元庆为父报仇就没有道理，官府应该严格执法；如果徐父是被官吏冤杀，徐元庆为父报仇则符合礼义，应该加以表彰。因此，他强调定罪量刑既要合法，又要合乎情理，“穷理以定赏罚，本情以正褒贬”。[4]

白居易（772—846），字乐天，唐代思想家与诗人，出生于新郑（今属河南），贞元进士，曾任杭州刺史、苏州刺史等，晚年居洛阳，自称香山居士。

白居易的思想，以儒家为主，兼采儒、法的特点。他说：“刑者，礼之门；礼者，道之根。知其门，守其根，则王化成矣。”只有儒家的礼，才是“王化”的根本。他总结了历代统治经验，提出刑、礼、道三者“迭相为用”的观点，认为刑“可以禁人之恶，不能防人之情”；礼“可以防人之情，不能率人之性”；道“可以率人之性，又不能禁人之恶”。只有交替使用三者，才能使“王者之化”成功。[5] 此外，白居易还提出了几个具体观点与举措。第一是防止“朝出夕改，晨行暮止”，做到“准法科罪”。[6] 第二是慎选司法官吏，建议朝廷提高法律的地位，“悬法学为上科”，“升法直为清列”，[7] 选拔明习律令、谨慎治狱的人才从事司法。第三是反对恢复肉刑。针对汉代以来不少人提出恢复肉刑的观点，白居易坚决反对，认为这些复古的观点是“反今之宜”，不符合“轻重适时变，用舍顺人情”之意，[8] 体现出他反对冥顽泥古、主张法律随时代而进步的思想因素。

---

[1] 《韩昌黎文集》卷三十七《复仇状》。
[2] 《柳河东集》卷三《封建论》。
[3] 《柳宗元集》卷三《断刑论下》。
[4] 《柳河东集》卷四《驳复仇议》。
[5] 《白居易集》卷四十七《策林·刑礼道》。
[6] 《白居易集》卷四十五《策林·号令》。
[7] 《白居易集》卷四十八《策林·论刑法之弊》。
[8] 《白居易集》卷四十七《策林·议肉刑》。

第二节　宋元明清法律思想

一、北宋执法与改革思想

北宋中期，外敌威胁不断，豪强兼并土地严重，官僚阶层叠床架屋，政治昏暗，社会矛盾尖锐，财政枯竭，国家积贫积弱。这种状况，引起一些士大夫的担忧。于是相应出现了两类人物。一类继承历史上的法治思想，要求严格执法，肃正法治，惩治豪强，整顿官场，主要以包拯为代表；另一类要求实行变法，特别是在政治上改革冗官制度，提高政治效率，在经济上抑制兼并，打击豪强，主要以范仲淹与王安石为代表。

包拯（999—1062），北宋庐州合肥（今属安徽）人，天圣进士，曾任开封府尹、龙图阁学士。他继承前代法治传统，以清廉刚正、执法如山闻名。有《包拯集》。包拯主张执法要兼顾人民利益，“民者，国之本也，财用所出，安危所系，当务安之为急”，[1]“大本不固，则国家从何而安哉！”[2] 他强调，治理国家必须健全法制，依法办事，“朝廷凡处置事宜，申明制度，不可不慎重”，只有这样，才能“法存画一，国有常格”。他强调法律的信用：“发号施令，在乎必行”“凡朝廷降一命令，所以示信于天下”，官府如不遵守，“俾四方何以取信？则朝廷纲纪，亦缘此寖隳矣”。[3] 他认为，必须做到赏罚分明，执法公允，“赏德罚罪，在乎不滥”。[4] 对于当时一些权贵犯法案件，包拯也敢于弹劾、追究，史载其“立朝刚毅，贵戚宦官为之敛手，闻者皆惮之”，[5] 体现出执法不阿的精神，得到人民的称颂，留下了许多佳话。

范仲淹（989—1052），字希文，苏州吴县（今属江苏）人。大中祥符进士，任地方官时曾实行改革，官至枢密副使，向仁宗皇帝提出十项政治改革主张，主持“庆历新政”，是北宋名臣，有《范文正公文集》。

范仲淹对时弊有比较深刻的认识，提出“不可不更张以救之”“革去故而鼎取新”。[6] 为此，他提出了改革官制的具体主张：包括严明赏罚，“无大功大善更不非时进秩，其理状寻常而出者，只守本官”；“开学校，设科举”，大力造就人才，“率俊贤以趋之，务使尽其心、就其器，将以共理于天下”；[7] 限制君权。他批评历代君主“一任己意独断”，主张“开言路，采群议”，提高宰相之权，建议“宰相下兼其职以重其事”，并“广开言路”。[8] 在司法方面，范仲淹也提出了一些改革举措，例如“审刑名”，弄清情理，正确适用法律条文。又如加强司法监督，由朝廷委派“按刑之司”，

[1]《包拯集》卷四《请罢天下科率》。
[2]《包拯集》卷三《论恩赦不及下》。
[3]《包拯集》卷三《论星变》、卷四《论诏令数改易》。
[4]《包拯集》卷三《论星变》。
[5]《宋史》卷三百一十六《包拯传》。
[6]《范文正公集》卷七《易义》。
[7]《范文正公集》政府奏议卷上《答手诏条陈十事》、卷十《上时相议制举书》。
[8]《范文正公集》卷九《奏上时务书》。

“纠察四方”，“绝斯民之冤”。[1] 此外还要求严格选拔司法官吏，命其“习学法律”，提高业务素质，对于审判不公者严加处罚，判刑“失错者，官吏各准其罪”，“官典受赃者，并以枉法赃论”。[2]

王安石（1021—1086），字介甫，抚州临川（今属江西）人，庆历进士，曾上万言书，力主变法革新。官至宰相，于神宗熙宁间（1068—1077）两次主持变法，力图实现富国强兵。

变法革新之初，王安石针对保守派反对变法、“天不变，道亦不变”和因循“祖宗旧法”的观点，提出“天变不足畏，祖宗不足法，人言不足恤”的观点，驳斥了因循守旧的谬论，坚定地推行变法。他强调立法“贵乎权时之变者也”，[3] 不拘泥于祖宗成法，应该针对社会变化，根据治国的需要，及时制定善法，取代原来的旧法。

历史上，法家讲“法治”，儒家重人治。王安石提出了两条变法改革的指导原则：一是“大明法度”，“立善法”，制定有利于国家的法律。他认为，礼、乐、刑、政是治国之道，必须“兼用之”，不能有所偏废。他说：“礼乐者，先王所以养人之神，正仁气而归正性也。”然而，治国不能单靠礼乐，还要用刑政，“故任德则有不可化者，任察则有不可周者，任刑则有不可服者”。[4] 他对先秦法家推崇备至，曾极力赞扬商鞅法令简而要。二是“众建贤才”，选拔对国家有用的人才。他认为，人才是执行善法的保障。如果“贤才不用，法度不修”，“旷日持久，则未尝不终于大乱”。[5] 与此同时，王安石重视选拔人才，认为推行变法“制而用之存乎法，推而行之存乎人”，[6] 要求“善吾法而择吏以守之”，明显体现出他兼重法治与人治的观点。为了培养和选拔贤才，王安石强调对官吏必须“约之以礼，裁之以法”，杜绝其违法作乱的途径。在司法方面，王安石反对官吏不依法办事、擅作决断。熙宁元年（1068），王安石曾上疏反对司马光等以礼决狱的做法，强调“有司议罪，唯当守法”“若有辄得舍法以论罪，则法乱于天下，人无所措手足矣”。[7] 这个思想，否定了儒家经常鼓吹的经义决狱，体现出以法断狱的思想。

王安石变法在一定程度上限制和打击了大官僚、大地主、大商人对人民的兼并与掠夺，也多少缓和了当时的土地问题及其所引起的阶级矛盾。但是在当时变法派与守旧派的激烈斗争中，变法并没有取得预计的成效，王安石也被罢相。

二、朱熹及其理学法律观

从西汉中期到唐代，就思想领域的多数时期而言，儒学占据主要的统治地位。与此

[1] 《范文正公集》卷九《上执政书》。
[2] 《范文正公集》政府奏议卷上《奏灾异后合行四事》。
[3] 《王文公文集》卷二十八《杂著·非礼之礼》。
[4] 《王文公文集》卷二十六《杂著·三不欺》。
[5] 《王文公文集》卷一《上时政书》。
[6] 《王文公文集》卷三十六《周礼义序》。
[7] 《文献通考》卷一百七十《刑考九》。

同时，儒学的权威性也屡屡遭受来自佛、道以及其他各派学说的挑战，有时甚至处于岌岌可危的境地。唐朝中期，韩愈鼓吹恢复儒学、排斥佛老的道统说与性分为上中下的性三品说。

进入北宋以后，军事力量虽然软弱，文化却昌盛。在思想领域形成了各学派：（1）濂学（周敦颐晚年讲学于庐山莲花峰下的濂溪书堂）；（2）洛学：程颢、程颐为洛阳人；（3）关学：张载生活于陕西关中，寓居眉县横渠；弟子多关中人，宣传气学，以气释理，有唯物主义思想；（4）蜀学：苏轼；（5）朔学：司马光是山西人；（6）新学：王安石。到南宋，主要有：（1）闽学：朱熹；（2）心学：陆九渊；（3）实学：又叫功利之学，有叶适、陈亮，反对程朱理学，主张经世致用。一般把“濂洛关闽”称为理学四大派，但我们所说的理学，特指程朱理学，不包括关学。

唐代佛道影响巨大。理学，也称“道学”，是宋明时期的一种学术思想。宋朝是在经历了唐末、五代以后长期混乱局面以后建立起来的。尤其是五代十国时期，儒家君臣、父子等伦理纲常关系遭受严重破坏，甚至出现了向“番邦”自称“儿皇帝”的事情。宋朝建立后，统治者着手重整伦理纲常，加强思想统治。这就需要从理论上加以论证。这样，汉儒以来的章句训诂之学已经无法适应这种需要，而论证君主专制的合理性、保持统治者地位永恒性的理学因此出现。北宋针对各家各派的互绌，统治阶级虽然意在恢复儒学，实际上却在融合儒、道、佛三家的基础上，突出了主流法律思想中儒家伦理纲常在意识形态和社会生活中的支配地位，开始了儒学复兴运动，以恢复与强化精神统治，巩固君主专制的统一王朝。理学即适应此需要。具体地说，从晚唐到两宋，统治者经过多方面的整顿和改造工作，意在援道入儒、引佛入儒，逐渐形成一种新的精致的思想体系，以巩固儒学的独尊地位。由于这种学说以“理”为基点，故称理学。而宋代理学家以继承孔孟道统自居，又将理学称为道学。理学一方面既批判又吸收佛老，一方面也反对汉唐训诂之经学，而以儒家四书等为依据回答佛、老提出的问题，使儒学达到了更高的理论水平。

理学提出了一些新的命题如“理”“天理”“心”“性”“人欲”等，把儒学哲理化和精致化。理学萌芽于唐代韩愈，经过北宋的周敦颐、程颢、程颐，至南宋朱熹而总其成。理学的另一支又称“心学”，由南宋陆九渊发端，至明代王阳明而得到进一步发展。

周敦颐（1017—1073），字茂叔，道州（今属湖南）人，历任南安军司理参军等，长期从事刑狱工作，有治绩，著《太极图说》等，被认为是理学开山祖。《宋史·道学传》说二程之学源流乎此，朱熹奉其为伊洛渊源。程颢（1032—1085），字伯淳，曾任地方官。程颐（1033—1107），字正叔，曾给皇帝讲学。二程是洛阳人，反对王安石变法，为北宋政治上的洛党（旧党豪族代表）和理论上的洛学学派（道学，即二程理学）的领袖。

理学的特点：（1）以恢复儒学统治为己任；（2）适当吸取佛道，充实、发展儒学；（3）学术研究的中心是理；（4）学派众多，争论不休；（5）程朱理学作为官方学术统治了600年，一直到清朝，对中国文化与社会产生了重大影响。

朱熹（1130—1200），字元晦，徽州婺源（今属江西）人，绍兴进士，做过县主簿、知州等官，后罢归，师从二程再传弟子李侗，主张抗金，并且从事著述与讲学，有《四书章句集注》，以及后人编纂的《朱子全书》《朱子语类》等。作为宋代儒学代表人物，其思想又吸收了佛、道的一些观点，建立了一个完整的客观唯心主义体系。在南宋，朱熹的理学曾被称为“伪学”，受到官方打击、禁锢。直到朱熹死后9年才开禁，追封朱熹为“朱文公”。其学说被视为正统，在宋代以后直到清代一直占据统治地位。

朱熹法律思想的核心，是其“存天理，灭人欲”之说。他说的“人欲”，指“饮食男女”，即人们的生活需要。他说的“天理”，就是三纲五常这样的儒家根本道德规范。朱熹说：“宇宙之间，一理而已。天得之而为天，地得之而为地。而凡生于天地之间者，又各得之以为性，其张之为三纲，其纪之为五常。盖皆此理之流行，无所适而不在。”[1] 这种理，是先天就有，永恒不变的，所谓“万一山河大地都陷了，毕竟理却是在这里”，因此，纲常也是永恒存在的，“纲常千万年，磨灭不得”。[2] 相对于天理来说，人欲是恶的，“圣人千言万语，只是教存天理，灭人欲”。[3] 这样，朱熹就从理出发，论证了“理”的永恒，以及封建伦理道德的合理性与必然性。

在德、礼与政、刑的关系上，朱熹对孔子“免而无耻”“有耻且格”的思想进行了阐发，提出：“政者，为治之具；刑者，辅治之法。德礼，则所以出治之本，而德又礼之本也。此其相为终始，虽不可以偏废，然政、刑能使民远罪而已，德、礼之效，则有以使民日迁善而不自知，故治民者不可徒恃其末，又当深探其本也。”[4] 在朱熹看来，治理国家首先要靠德，也就是统治者的道德感化；其次是礼，也就是上下尊卑贵贱等级规范；再次要靠政，就是国家的法制禁令；最后是刑，就是刑法惩治。虽然这四者不可偏废，却有主辅与先后轻重之区别。这个思想，虽然来源于孔子学说，但其区别德与礼、政与刑，反映了朱熹对此认识的变化；同时，朱熹认为这四者都是服务于“存天理、灭人欲”的，而其中只有德才是实现“天理”、消灭“人欲”的根本手段，反映了封建后期统治阶级法律思想的深化。

一般情况下，统治者在论述宽严相济的两手时，都强调以宽为主。朱熹认为，国家治乱，系于纲常之张弛，因此，他极力主张整肃纲纪，以严为本，而以宽济之。他说：“或问为政者当以宽为本，而以严济之。曰：某谓当以严为本，而以宽济之”“若曰令不行，禁不止，而以是为宽，则非也”。[5] 在朱熹看来，为政严，则令行禁止，能够禁奸止乱，制止犯罪；宽则纲纪废弛，奸恶得逞。为此，朱熹甚至提出恢复早已废止的肉刑。显然，朱熹并没有否定儒家以宽为主、重视道德感化的原则，而是在特定时期针对

---

[1] 《朱子全书》诸子二《释之》。
[2] 《朱子语类》卷二十四《为政下》。
[3] 《朱子语类》卷十一《读书法下》。
[4] 《四书集注·论语·为政》。
[5] 《朱子语类》卷一百八《论治道》。

纲纪败坏的现状，吸收了法家的重刑思想，所提出的整顿纲纪、禁奸止恶的做法。

朱熹对犯罪采取强硬态度。他曾经比较具体地论述刑罚的作用，指出朝廷应该“先立法制”，如有顽冥不化的，“便以刑罚齐之”。[1] 又说，要做到号令明，刑罚就“不可弛”“苟不用刑罚，则号令徒挂墙壁尔”。[2] 这是因为那些杀人凶犯“自反了恻隐之心，是自反其天理”。对凶犯施以严刑，“杀其人之所当杀，岂不是天理?”[3] 因此，同情犯罪，宽宥罪犯，也是违反天理的。

朱熹把理看成世界本源，南宋的陆九渊则把心看作世界本源，其学说为心学。陆九渊（1139—1193），字子静，号象山，江西抚州（今临川）人，乾道进士。其远承孟子“尽心说”，提出“心即理”命题，称“宇宙便是吾心，吾心便是宇宙”（实际上即禅宗佛在心中说），树起心学大旗，与理学对抗。朱熹因而与陆九渊进行了一次有名的辩论，即鹅湖之会。

南宋淳熙二年（1175）吕祖谦访问朱熹后回家，朱熹将其送到铅山鹅湖寺，吕为调和朱熹与陆九渊的学术矛盾，提出并出面约请陆九渊到鹅湖寺相会，讨论学术异同。其间双方就学习、教学方法、对理的认识等进行了激烈辩论，持续10天，最后态度有所缓和。这就是历史上有名的鹅湖之会。虽然辩论没有消除分歧，但并不影响他们原来的关系。会面以后，双方继续通信讨论学术，朱熹还曾邀请陆九渊到他的白鹿洞书院讲学。

朱熹生当乱世，当时人心浇薄，法令废弛，纲纪荡然。所以，朱熹力主道德感化教育，同时使用严厉手段，整顿纲纪，将人们的思想统一到“存天理，灭人欲”上来，维护宋朝的统治基础，为北伐、收复失地做好准备。朱熹的理学法律观，特别是“存天理，灭人欲”的思想，适应了统治阶级加强专制政权的要求，因而为后世特别是明清统治者所重视，成为当时封建法律思想的主流。与此同时，明代王阳明发展了心学，强调“心外无理”“心外无物”，与朱熹的“理”相抗衡，为明清时期一些具有异端或早期民主思想的学者所尊崇。

三、少数民族政权改革思想

历史上，各少数民族进入中原后，接受了汉族文化，往往形成改革思想，并采取相应举措，推动少数民族的封建化与汉化，典型的如北魏时期魏孝文帝推行的改革。到两宋时期，辽、金、元是我国北方少数民族——契丹、女真、蒙古族所建立的政权。在建立政权的过程中，这些民族的统治者中分别出现了一些杰出人物，在当时的历史条件下，努力学习汉族文化，推动了该王朝的法律制度从野蛮落后走向封建化。

金世宗完颜雍（1123—1189），女真族，金太祖完颜阿骨打之孙，曾为东京（今辽宁辽阳）留守。正隆六年（1161），海陵王完颜亮大举攻击宋，完颜雍趁机在东京自立

[1]《朱子语类》卷二十三《为政上》。
[2]《朱子语类》卷一百八《论治道》。
[3]《朱子语类》卷五十七《离娄下》。

为帝，年号大定。其在位期间，励精图治，发展封建经济，被称为金朝全盛时期。

当时，女真族已经基本完成封建化，建立了各种典制，但是旧贵族仍有势力，犯罪后往往援引“八议”的规定免罪。金世宗不以为然，认为：“法者，公天下持平之器，若亲者犯而从减，是使之恃此而横恣也。”他批评“八议”中的“议贤”说，“既曰贤矣，肯犯法乎”，同时限制了八议的适用范围。他强调严明赏罚，指出治理国家，“以勤修道德为孝，明信赏罚为治而已”。大定七年（1167），左藏库被盗，官府未抓获盗贼，抓来几个嫌犯顶罪。世宗得知后加以严厉批评，指出：“箠楚之下，何求不得，奈何鞫者不以情求之乎？”后来又规定，“凡诉讼案牍，皆当阅实是非”，对于“失纠察者，严加惩断”。[1] 世宗对于不奉法的官吏，特别是贪赃之罪，使用重刑严惩，“涉于赃罪，虽朕子弟亦不能恕”，从而推动了金朝法制的进步。

耶律楚材（1190—1243），字晋卿，号湛然居士，出身于契丹贵族家庭，博览群书，官至中书令，元代思想家。元太祖时，蒙古社会尚处于奴隶制时期，元代典制多由他制定。

耶律楚材一生崇尚儒学，主张以儒治国。太宗即位翌年（1230），耶律楚材建立了统一的税收制度，选拔儒生陈时可等 20 人办理税政。这是蒙古统治者试图用儒生治天下的开始。以后，耶律楚材不顾旧贵族反对，提出了施行汉化、施行中央集权的方针。他进一步提出必须接受中原文化，“三纲五常，圣人之名教，有国家者莫不由之，如天之有日月也”，[2] 得到太宗采纳。1231 年，他奏封孔子 51 代孙孔元措为衍圣公，接着又恢复了唐宋以来的科举制度。耶律楚材根据儒家恤刑慎杀的思想，在任中书令期间，废除了蒙古族每攻占一地就加以屠城的习惯。1233 年蒙古军攻破金朝汴梁前，耶律楚材力谏免予屠城，得到窝阔台同意，“罪止完颜氏，余皆勿问”，这次免遭杀戮者达到 147 万人之多。从此以后，蒙古族统治者放弃屠城政策，改为只杀“首恶”者。在执法方面，耶律楚材特别强调“信赏罚”，执法刚直不阿。《元史·耶律楚材传》载，成吉思汗远征时，留守后方的民政长官胡作非为，耶律楚材被派去查处。经调查，发现犯法者“皆留后亲属及势家子弟”，耶律楚材排除障碍，将这些人一一逮捕入狱，审判定罪，狠刹了罪犯的嚣张气焰。

四、明清之际变革思想

明初虽然制定了大明律，但由于极端的君主专制与太监势力肆虐，明朝的法制很快变得十分黑暗。统治者有法不依，法外用刑，并且设置法外司法机关，厂卫横行。加上统治阶级横征暴敛，国家内忧外患，党争剧烈。明末清初，是一个社会大变动的时代。晚明土地兼并的剧烈，统治集团的腐朽没落，导致李自成为首的农民大起义，最终推翻明王朝，接着，满族的清军入关，扑灭起义军，消灭残留的南明政权，统一了全国。在

[1] 《金史》卷四十五《刑志》。
[2] 《元史》卷一百四十六《耶律楚材传》。

此社会震荡的时代，各种思潮纷纷涌现，对社会现实加以反思与批判。这是一个地覆天翻的时代，是一个在传统土壤中滋生出新的生产关系萌芽的时代，是一段血与火交融、剑与石碰撞的历史，是中国历史上继先秦、魏晋以后又一个思想活跃的时期。

面对巨变，当时思想家们痛定思痛，深沉思考。其中的代表人物，就是黄宗羲、顾炎武、王夫之三大思想家。他们三个人有一些共同特点：（1）都出生在官僚士大夫家庭，早年读书，接受了传统儒学，但考科举都不顺利，对社会弊端认识比较深刻。（2）早年都曾参加反对封建黑暗势力的社团，要求改革政治，体现出初步的民主思想。（3）都生活在遭受清军屠杀掳掠的地区，亲眼目睹了人民蒙受的灾祸，具有民族气节，关心并投身实际斗争，亲身参加抗清斗争，失败后又拒绝与清朝合作。（4）他们都在中年隐居，怀着正统观念、民族大义与深沉的亡国之痛，总结历史经验教训，批判封建专制，要求社会变革。（5）他们都在各自的领域取得了卓越的学术成就，思想深邃，著作等身。应该说，传统的爱国、民本和变革思想，加上明末清初的社会震荡，以及个人的生活经历与学术素养，造就了三大思想家为代表的、具有启蒙意义的学术成就。法律虽然不是三大思想家研究的主体，但他们在发表政治观点的同时，也提出了一系列令人振聋发聩的法律观点。

黄宗羲（1610—1695），字太冲，号南雷，学者称梨洲先生，浙江余姚人，其父黄尊素是东林党人。黄宗羲早年曾只身入京讼父冤，锥击阉党。曾毁家纾难，参加抗清。失败后致力著述与讲学。其主要领域是历史学与经学，是浙东学派领袖，著有《明夷待访录》《明儒学案》等。

在严酷的明末社会中，黄宗羲洞察专制王朝的黑暗腐朽，在《明夷待访录》等著作中，对专制制度进行了剖析与批判。他指出，君主产生的最初目的只是保障人们的权利，君主的利益与天下的利益一致。后来，君主“以为天下利害之权皆出于我，我以天下之利尽归于己，以天下之害尽归于人，亦无不可”。这样，“公天下”就变成了“家天下”。后世的君主把国家作为其一家一姓的私产，“视天下人民为人君囊中之私物”，颠倒了公私关系，“以君为主，天下为客”，乃至“荼毒天下之肝脑，离散天下之子女，以博我一人之产业”。[1] 这样，君主乾纲独断，给天下造成无穷的祸害。黄宗羲反对历代统治者宣扬的“君为臣纲”，在《原臣》中提出了君臣平等、“君臣共治”的思想，认为天下不是君主一人所能治的，必须“分治之以群工”。为了限制君权、反对太监专权，他主张设立宰相：“天子之子不皆贤，尚赖宰相传贤，足相补救”，[2] 由此分割君主之权。他批判了君主的“一家之法”，主张立“天下之法”，使人民“各得其私，各得其利”。他提出以学校议政，“必使天下之具皆出于学校”“天子之所是未必是，天子之所非未必非，天子亦遂不敢自为非是，而公其是非于学校”。[3] 黄宗羲由此批判了千余年来的封建专制制度的本质与危害，揭露了封建法律的酷虐，提出了类似于后世民主

[1]《明夷待访录·原君》。
[2]《明夷待访录·置相》。
[3]《明夷待访录·学校》。

立宪制度的初步设想。

顾炎武（1613—1682），世称亭林先生，江苏昆山人。早年参加复社，明亡后在地方组织抗清，并为此在各地四处奔走联络。失败后从事经学、地理学等学术活动，也涉及法律。有《日知录》《天下郡国利病书》等。

他主张建立天下之公法。反对专制制度下一切“皆人主自为之”，提出“庶民议政”“明道”“救世”，强调“经世致用”、思想与实践的结合，反对君主“独治而刑繁”。他认为，明朝亡在高度专制使国家陷入僵死与堕落，认为要使政教风俗端正，应该允许庶人议政，同时要依靠“百官”，由“百官分治”，进而实现“君臣共治”，才能实现政简刑清，而不能单纯依靠专制之法：“人君之于天下，不能以独治也，独治之而刑繁矣，众治之而刑错（措）矣。”顾炎武坚决反对严酷繁密的封建法制，反对用例破法，因例立法：“昔之患在于用例破法，今之患在于因例立法，自例行而法废矣……胥吏得操其两可之权。”他还反对立诽谤罪，强调疏法宽刑，主张“以礼防民”，恢复宗法制度。他同意“礼义治人之大法，廉耻立人之大节”的说法。[1] 按照他的说法，礼可以“均贫富”“去争心”。应该说这里有些不切实际地突出了礼教的作用。他并且提出禁止奴仆告主、吏卒诉其长官、百姓讦告守令，显示传统礼义的影响。

王夫之（1619—1692），字而农，号姜斋，湖南衡阳人，学者称船山先生。曾起兵抗清，失败后隐居深山著述。王夫之具有历史进化论的观点，认为客观世界变化日新，因此提出政治、法律、经济、军事各方面的改革主张。有《读四书大全》《读通鉴论》等。

王夫之变化日新的思想运用到政治法律上，即主张“趋时更新”“事随势迁，而法必变”，认为一切典章制度、法律法令都应随着时代发展而变化，反对复古保守。这是王夫之总结历史上各朝特别是明亡教训的结果。在此基础上，王夫之反对君主独裁，主张“公天下”，他认为“天下之大公”才是真正的“公”，他要求将“公”作为立法宗旨，统治者“始于大公而终于至正”，“不以一人疑天下，不以天下私一人”。[2] 如果是昏君、暴君，“天不能息其乱”，那么，君位也是“可禅、可继、可革”，君主也是可更换的。反映在法律上，王夫之主张“立法为公”，“原本仁义，已定民意，兴民利”，君主不可“贪天地固然之博厚以割裂为己土”。[3] 因此，王夫之所谓“公”，就是天下民众之公共利益，与君主个人的“私”相对应。王夫之深感当时“治道之裂，坏于无法”，为了实现法律的公，王夫之提出了改革法律的措施，一是“律简刑清”；二是“原情定罪”（定罪根据罪犯的主观状态）；三是立法严正，留有适当宽缓的余地，“立法之始，无取太宽，常留有余之德意于法外，以使有可宽”；[4] 四是防止司法官吏故意出入人罪（判案畸轻畸重）；五是废除酷刑。

---

[1] 《日知录》卷六《爱百姓故刑罚中》、卷十三《廉耻》。

[2] 《黄书》之《慎选》《宰制》。

[3] 《读通鉴论》卷十四《东晋孝武帝》。

[4] 《噩梦》。

在明末清初的天下震荡中，王夫之潜心于学，总结历史经验教训，提出了反对极端君主专制和法律的黑暗暴虐，主张法治与德治、人治相结合，宽以养民的思想，为封建社会晚期法律思想的发展作出了贡献。

第三节　晚清法律改良与革命思想

一、鸦片战争时期富国强兵思想

清代是大一统的专制集权王朝，以等级观念为核心的思想文化的专制主义与闭关锁国政策在清代得到延续。第一次鸦片战争前后，面对晚清统治的日趋腐败黑暗，以及西方殖民主义者的外来威胁，出现了以龚自珍、魏源等为代表的一批以经邦济世、匡扶社稷自命，以拯民水火、挽救清王朝为己任的经世派。他们在维护专制制度的前提下，讥刺时政，诋毁专制，呼吁人才，倡言变法，讨论经济、地理，以筹边防，以谋御外。林则徐则具有经世致用观念，以及开眼看世界的、抵御侵略的爱国思想。

晚清法律改革思想家，是中国近代法律制度变革的思想先驱。

龚自珍（1792—1841），字璱人，号定盦，浙江仁和（今杭州）人。道光进士，曾任礼部主事，后因见统治集团腐败，辞官归乡。有《定盦文集》，近人辑有《龚自珍全集》。作为鸦片战争前夕的思想家与诗人，龚自珍深感社会深层的积弊，揭露了晚清官场的黑暗及其“官益久，则气愈偷；望愈崇，则谄愈固；地愈近，则媚亦愈工”，导致“左无才相，右无才史，阃无才将，庠序无才士”，[1]“万马齐喑”的局面，提出要实行变法：“自古及今，法无不改，势无不积，事例无不变迁，风气无不移易。”[2] 他抨击清朝的司法制度陈腐僵化，束缚法官手脚：“天下无巨细，一束之于不可破之例，则虽以总督之尊，而实不能以行一谋、专一事”；[3] 刑狱黑暗，司法官往往主观滥判，任意比附，出入人罪，造成大量冤错案件。他主张，皇帝只“总其大纲大纪”，放松对臣下的束缚，“但责之以治天下之效，不必问其若之何而以为治”。[4] 对于当时鸦片泛滥的情形，他根据中国传统的“刑乱邦用重典”的思想，大声疾呼严惩种植、贩卖和制造鸦片者，将其斩首示众，吸食者处以绞刑；对狡猾奸诈、迂腐愚拙而反对禁烟者，“宜杀一儆百”。[5]

林则徐（1785—1851），福建侯官（今福州）人。嘉庆进士，任翰林院编修，后任江苏巡抚、湖广总督。道光十九年（1839）任钦差大臣，主持广东虎门销烟。后被革职遣戍。为了睁眼看世界，了解西方，抵抗侵略，林则徐最先突破了“夷夏之防”的

[1]《龚自珍全集》第一辑《乙丙之际箸议》。
[2]《龚自珍全集》第五辑《上大学士书》。
[3]《龚自珍全集》第一辑《明良论四》。
[4]《龚自珍全集》第一辑《明良论四》。
[5]《龚自珍全集》第二辑《送钦差大臣侯官林公序》。

藩篱；为了“借以采访夷情”，他找人翻译西书，包括《澳门新闻纸》和《四洲志》，并翻译了《各国律例》。林则徐接受了西方的一些文化，提出“师夷”，学习西方的科学技术，进而“制夷”。在禁烟期间，对于外国犯罪分子，林则徐主张分清主次，“分别良莠，再行查拿”，予以不同处理。他抵达广州任钦差大臣，即向十三洋商颁令：“尔等来至天朝地方，即应与内地民人一同遵法度”，倘若执迷不悟，怙恶不悛，“应即遵照新例，一体从重惩创”。[1] 林则徐还具有民本思想，其以救赈、缓征等行政措施“恤民”开始，以达到“安民”和“裕国”的目的。为了“足食安民”，他尤其重视官吏在促进农业改良活动中的地位，要求“承办各官，毋急近功，毋执偏见，虚心咨访，善言劝导，毋令书吏得以藉手，庶杜渐防微之虑周，而善作善成之效可期也”。[2]

魏源（1794—1857），字默深，湖南邵阳人，青年时至京师，与龚自珍、林则徐结识。道光进士，曾为地方官，晚年避居江苏兴化。编纂有《海国图志》100 卷，介绍西方各国的政治制度与社会风情。他介绍了英国的议会制度，又阐述美国的民主制度，赞扬美国总统四年一选举，“一变古今官家之局，而人心翕然，可不谓公乎!”议会选举，“众可可之，众否否之；众好好之，众恶恶之，三占从二”，“可不谓周乎!”[3] 并且推崇实行民主共和制度的瑞士为“西土之桃花源”。他抨击专制制度下的君主“以其势、利、名私一身”，“高危自处”。为了拯救危机，抵御外侮，富国强兵，要求实行政治改革，“五帝不袭礼，三王不沿乐”，“善治民者不泥法”。[4] 他认为，现有的法令、制度本身没有大的问题，但必须讲求行法之人，除去“法外之弊”。在他看来，“不难于立法，而难得行法之人”，而且“天下无兴利之法，去其弊则利自兴矣”。因此他的改革实际上是改良。“法令，治之具也，而非所以治也”，法律只是工具，关键是要得人。他重视选拔和任用法律人才，认为：“不难于立法而难得行法之人。”[5]

二、洋务派改良法律思想

在 19 世纪 60 年代至 80 年代的洋务运动期间，随着中国官僚资本和民族工商业的初步发展，出现了近代早期改良派，其中有的是具有资本主义倾向的地主官僚，有的是接触西方文化的知识分子，有的曾经被派驻或者游历西方国家，其共同倾向是较多了解西方制度与思想。他们的观点，是要求学习西方，实行改革，具体包括建立西方式的议院，建立君主立宪制度；学习西方的科学技术特别是造船、铁路、军事等技术；学习西方的法律，建立西方式的法院与监狱制度，反对酷刑。

冯桂芬（1809—1874），江苏吴县（今苏州）人，字林一，号景亭。道光进士，早年游幕，主张“采西学”“制洋器”，参与创办上海广方言馆，有《校邠庐抗议》；冯桂

---

[1] 《谕各国夷人呈缴烟土稿》，见《林则徐选集》，人民文学出版社 2004 年版，第 93—94 页。
[2] 《畿辅水利议》，见《林则徐选集》，第 70 页。
[3] 《海国图志》卷五十九《外大西洋》。
[4] 《魏源集·默觚下》之《治篇五》。
[5] 《魏源集·默觚下》之《治篇四》《筹鹾》。

芬系统学习了西方文化知识，并曾旅居上海租界，注意观察西方制度。在找出国人与洋人的差距后，他提出“鉴诸国”的变法主张，要开创学习西方的风气，主张“以中国之纲常名教为根本，辅以诸国富强之术”。首先，实行科举制度改革，提出让学子学习制造业，提出设立“奇材异能科”，兴办军事工业。对于吏治也提出了“广取士”“汰冗官”“公黜陟”“厚养廉”的改良思想，直接影响了洋务运动。

郭嵩焘（1818—1891），湖南湘阴人，字伯琛，号筠仙。道光进士，早年随曾国藩办团练抵抗太平军，曾任广东巡抚，参与筹办洋务，光绪二年（1876）任驻英国公使，光绪四年兼驻法国公使，翌年回国，是近代中国第一位驻外公使。他目睹西式民主，力倡洋务，曾以福建按察使身份向总理衙门提出“明本末之序”“西洋立国有本有末，其本在朝廷政教，其末在商贾、造船、制器，相辅以益其强”，认为政教是“本”、边防是“末”。在伦敦，郭嵩焘把英国的议会、两党制作为了解英国政治制度运行状况的重点，进行多方面的考察，认为“推原其立国之本末，所以持久而国势益张者，则在巴力门议政院（议会）”。[1] 他还访问过英国法院，观摩英国监狱，主张学习西方科学技术。

王韬（1828—1897），江苏长洲（今苏州）人，字紫铨，号仲弢，秀才出身。早年至上海参与译书，接触西学，曾化名上书太平天国，因受清朝缉捕，一度避难于英国领馆，被迫遁迹香港，1867 年又前往欧洲，至法国、英国，又至日本。他称颂英国国会“国中遇有大政重务，宰辅公侯，荐绅士庶，群集而建议于斯，参酌可否，剖析是非，实重地也”，又访法院，叹服其公正公开，认为有“与众佥同”的中国古风，[2] 流露出对西方制度的羡慕。他呼吁改革，“天心变则人心不得不变”“穷则变，变则通，自强之道在是”。[3] 1874 年王韬在香港办《循环日报》，是中国第一份由中国人办的报纸，宣传变法。有《弢园文录外编》。他批判清朝政治的黑暗，推崇西方君主立宪的议会制度，认为“惟君民共治，上下相通，民隐得以上达，君惠亦得以下逮”，并推崇英国的议会制度完美无缺，[4] 要求建议院，筑铁路，造轮船，设学校。

薛福成（1838—1894），字叔耘，号庸盦，江苏无锡人，曾充当曾国藩幕僚，提出改革科举，垦殖荒田、整饰吏治，加强海防，又上疏朝廷，陈述其变法思想，随李鸿章办理外交，参与谋划边防。光绪十五年（1889）起任驻英、法、意、比四国公使，他说：“民主之国，其用人行政，可以集思广益，曲顺舆情。为君者不能以一人肆于民，而纵其无等之欲；即其将相诸大臣，亦皆今日为官，明日即可为民，不敢有恃势陵人之意。”[5] 他比较了中国传统法律与西方法律政治的利弊，呼吁朝廷实行改革，“通变方能持久，因时所以制宜”，提出借鉴“泰西诸国，竞筹藏富于民之法，然后自治自强，

[1] 州长治：《郭嵩焘》，陕西师范大学出版社 2017 年版，第 69、99 页。
[2] 《漫游随录》卷二《游览琐陈》《苏京琐记》。
[3] 《弢园尺牍》卷七。
[4] 《弢园文录外编》卷一《重民·下》。
[5] 《出使日记续刻》，光绪十八年三月十八日。

措之裕如”。[1]

郑观应（1842—1921），广东香山（今中山）人，字正翔，号陶斋，早年至上海经商谋生，曾任英商太古轮船公司买办，后投身洋务运动，任上海机器织布局总办、轮船招商局帮办，著《盛世危言》。他揭示了中国君主专制制度的弊端，提出“仿泰西良法”，“设议院”。作为洋务企业买办，主张对列强进行“商战”、设立议院。他积极鼓吹“君民共主制”，称“治乱之源，富强之本，不尽在船坚炮利，而在议院上下同心，教养得法”。主张改变专制，设立议院，同时学习西方保护关税、裁撤厘金，允许商人自由投资，“兴学校，广书院，重技艺，别考课，使人尽其才”，并且“讲农学，利水道”，“造铁路，设电线，薄赋税，保商务，使物畅其流”。[2] 他强调遵循国际法与西方国家进行斗争：“盖万国律法，未有不衷乎律、循乎理者，以义理折之，亦当无词以对，则其禁止亦不难也。”[3]

早期改良派主张顺应世界大势，“变局”“借法自强”“工商立国”、富国强兵，并且实行“中体西用”，学习西方制度，提出初步的君主立宪主张。为此，他们与顽固势力进行了斗争。但是由于时代限制，早期洋务派的思想大多未能付诸实践。

三、康有为等维新变法思想

到 19 世纪 90 年代，清王朝的统治危机日益加深，全国上下要求改革的呼声日益高涨。以康有为为代表的维新派在前期洋务派理论的基础上，大力鼓吹变法图强，同时引进西方天赋人权说，形成新的国家观，批判专制，鼓吹民权，要求立宪。戊戌变法时期，在光绪帝的支持下，他们的观点一度付诸实践。维新派在要不要变法、要不要伸民权，要不要废八股、兴学校等问题上，与坚持专制制度的顽固派与官僚洋务派进行了斗争。维新运动虽然很快遭到顽固势力的扼杀，但是维新派思想并没有销声匿迹，反而进一步为当时的社会广泛接受。从戊戌变法前到 20 世纪初的 10 余年间，正是他们的思想风靡全国、对当时的改良运动以及全国的经济、文化与社会产生巨大影响的时期。

康有为（1858—1927），字广厦，号长素，广东南海人。近代改良主义运动领袖。早年接触西学。甲午战争后，于 1895 年联合进京应试举人，组织公车上书，请求光绪帝变法，以后又组织强学会宣传变法。戊戌变法期间参与“新政”，失败后逃至香港。以后成为海外保皇派首领。其著作有《新学伪经考》《大同书》等。

戊戌变法期间，康有为用历史进化论批评顽固派，认为中国落后的原因在于塞，政治上塞，上下不通，导致君主专制阻碍社会发展。“考中国败弱之由，百弊丛积，皆由体制尊隔之故”。他用自己的政治意图，解释《春秋公羊传》的三世说，认为人类社会由“据乱世”进入“升平世”再进入“太平世”，国家也必然相应地由“专制”进到

[1] 《强邻环伺谨陈愚计疏》，见《薛福成选集》，上海人民出版社 1987 年版，第 501—502 页。

[2] 《盛世危言》卷首《自序》。

[3] 刘圣宜：《近代强国之路的探索者郑观应》，广东人民出版社 2006 年版，第 30 页。

“立宪”，再进到“共和”。但是一切必须“循序而行”，“三世不能飞跃”。当时的中国一定要变法维新，只能实行君主立宪政体，这才是自强之策。在他看来，“能变则存，不变则亡；全变则强，小变仍亡”。[1]

因此，他主张托古改制，破旧立新，学习西方实行三权鼎立、君主立宪：“以国会立法，以法官司法，以政府行政，而人主总之。”他认为，实行三权分立，限制君权，明确国会、政府及司法机关的职责，上下通情，君民合二为一，“则中国之治强，可计日待也”。康有为要求设议院开国会，“君与国民共议一国之政法”；[2] 制定宪法，“各国之一切大政皆奉宪法为圭臬”“若能立宪法，改官制，行真维新，则内乱必不生”。康有为还提出学习西方法律，修订法律：“今宜采罗马及英、美、德、法、日本之律，重定施行。”他指出，“其民法、民律、商法、市则、舶则、讼律、军律、国际公法，西人皆极详明”“各种新法，皆我所夙无，而事势所宜，可补我所未备。故宜有专司，采定各律以定率从”。[3]

梁启超（1873—1929），字卓如，号任公，广东新会人。早年从学于康有为，追随康有为发动公车上书，任上海《时务报》主笔，参与戊戌变法，失败后逃亡日本。晚年从事社会教育事业与学术研究。

梁启超受西方启蒙思想家影响，推崇民约论、人性论，认为早期的法律“生于契约”“法律者，众人相共议定，从于事务自然之理，以发表其现时之意欲云尔”，[4] 进而批判中国的封建法律，强调反专制，兴民权，认为变法是“救亡图存”的必由之路。他说：人类社会“有治据乱世之律法，有治升平世之律法，由治太平世之律法”。因此，法之当变，乃“天下之公理也”。他认为，当时的中国“因沿积敝，不能振变”，“国家衰弱，民不聊生”，统治者应该积极求变，“变亦变，不变亦变。变而变者，变之权操诸已”，则“可以保国，可以保种，可以保教；不变而变者，变之权让诸人，束缚之，驰骤之”。[5] 梁启超指出，变法必须变专制政体为君主立宪政体。他“熟悉西国议院”，尤其对英国式的君主立宪制度十分推崇，认为“宣布宪法，召集国会”是中国亟待解决的问题，因此提出要设立民选议会，制定宪法，实行三权分立，实行宪政与法治，称：“若中国能立议院之时，亦不患吏治不清矣。”[6] 在人治与法治的关系问题上，他认为两者不可偏废，善法必须由人来制定和实施。法律具有国家强制力，道德具有社会制裁力，两者必须相辅相成，不可偏废。

谭嗣同（1865—1898），字复生，号壮飞，湖南浏阳人，出身官僚家庭。甲午战争前后接受康梁维新思想。1898 年积极参与戊戌变法，失败后为唤醒国人而甘愿牺牲，被清廷杀害，为“戊戌六君子”之一。著有《仁学》。谭嗣同具有激进的改革思想，大

---

[1] 《上清帝第六书》，见《康有为政论集》上册，中华书局 1981 年版，第 211 页。
[2] 《请定立宪开国会折》，见《康有为政论集》上册，第 338—339 页。
[3] 《上清帝第六书》，见《康有为政论集》上册，第 215 页。
[4] 《饮冰室文集》第一集《卢梭学案》。
[5] 《饮冰室文集》第一集《变法通议》。
[6] ［清］徐涂珊编：《湖南时务学堂学生日记类钞》，（上海）三通书局 1941 年版，第 129 页。

声疾呼“冲决君主之网罗”“冲决伦常之网罗”。[1] 他批判了“数千年来，三纲五伦之惨祸烈毒”[2]“独夫民贼，固其乐三纲之名，一切刑律制度皆此为率”。他认为“中国谋自强，益不容缓矣”，[3] 主张“改今制，废君统，倡民主，变不平等为平等”，认为对当时深重的民族危机，“唯变法可以救之”。[4] 同时，他提出打破旧律，“尽学西法”，还主张中外通，就是世界各国互相协助；上下通，取消封建等级差别；男女内外通，取消封建男尊女卑制度，实现男女平等。他提出首先由皇帝自上而下变法，其次地方可以自谋出路，再次要求学习西方技艺，培养人才。他还提出一些具体措施，如成立学会，代行议院职权；设立法律学科，培养法律人才；修订法律条文，废除“谋反”“叛道”“会匪”“死节”等律条。

严复（1854—1921），字又陵，福建侯官（今福州）人，先后毕业于福建船政学堂和英国皇家海军学院，曾担任京师大学堂译局总办，在北洋水师学堂任教，培养了中国最早的海军人才，翻译了《天演论》等，介绍西方民主与科学，宣扬变法思想，倡导进化论。严复开始认识到西方富强不只是机器、枪炮，更由于政体、法律制度、社会秩序、价值观念、思想意识等。他反思甲午战争失败的教训，总结了洋务运动的不足和弊端，认为事已迫在眉睫，必须变法图新，学习西方。他高举西学旗帜，批判旧学理论。严复运用达尔文生物进化理论，声称西洋各国“政教之施，以平等自由为宗旨”，“今日要政，统于三端：一曰鼓民力；二曰开民智；三曰新民德……此三者，自强之本也”。他认为西方国家“道在去其害富害强，而日求其能与民共治而已”，因此“欲开民智，非讲西学不可；欲讲实学，非另立选举之法，别开用人之涂，而废八股、试贴、策论诸制科不可”。[5]

沈家本（1840—1913），归安（今浙江湖州）人，光绪进士，曾为天津、保定知府，清末任刑部侍郎、修律总纂与修订法律大臣。八国联军打进北京，慈禧带着光绪帝仓皇西逃。惶惶不可终日的清廷下诏实行“新政”后，于光绪二十八年（1902）建立修订法律馆，沈家本被任命为修订法律大臣，主持清末修律。

作为旧官僚阵营出身的改革派，沈家本力主按照新思想修律，提出法随时变，“会通中外”。对于《大清律例》，他改造的原则包括总目宜删除、刑名宜厘正、新章亦节取、例文亦简易四者。他还主持修订过《商律》《破产律》《刑事民事诉讼法》《法院编制法》《刑律》《刑事诉讼律草案》《民事诉讼律草案》等。他注意研究古代律学，翻译与研究西方与日本法典，主持民商事习惯调查，推动了律师制度与近代狱政的创设，建立并主持京师法律学堂。其立法思想要求“专以折冲樽俎、模范列强为宗旨”。他指出：“窃维法治主义，为立宪各国之所同。编纂法典，实预备立宪之要旨。”[6] 他

[1]《仁学·自叙》。
[2]《仁学》八。
[3]《仁学》四十四。
[4]《仁学》三十、三十四。
[5]［清］严复：《原强》，吉林人民出版社1976年版，第81—82页。
[6]［清］沈家本等：《奏请编定现行刑律以立推行新律基础摺》，见故宫博物院明清档案部编：《清末筹备立宪档案史料》下册，中华书局1979年版，第852—853页。

称赞西方“纯以法治，三权分立，互相维持”，强调“无论旧学新学”，“所贵融会贯通”，要求“参用西法”，“会通中西”。[1] 他反对沿袭旧时酷虐之刑，主张用法“平恕”，执法“得中”“一代之法，不徒在立法之善，而在用法之得其平”。[2] 他深入研究了中外刑罚制度，提出了反对重刑严罚、用法从宽的思想。他主张吸收西方三权分立学说从根本上改造中国传统法律，奠定了清末立宪运动的基础，从而为中国近代法制开辟了道路。

四、孙中山民主革命思想

孙中山（1866—1925），名文，号逸仙，曾化名中山樵，广东香山（今中山）人，中国旧民主主义革命的领导者。早年弃医从事革命，1894年在檀香山组织兴中会，提出革命纲领。1905年在东京创建同盟会，提出三民主义。1912年当选中华民国临时大总统，不久辞职，以后发动二次革命。1917年在广州成立中华民国军政府，任大元帅。晚年接受中国共产党提议，确立“联俄、联共、扶助农工”三大政策，建立国共合作的统一战线。

孙中山的民主革命思想，首先是五权分立论。

作为近代中国民主运动的先驱者，孙中山的政治与法律理论，首先是在国家权力结构上的五权分立论。孙中山建立同盟会时，在章程中提出革命纲领。在《民报》发刊词中，正式提出民族、民权、民生三大主义。三民主义是孙中山总结中国革命经验、参照外国政治历史而设想的民主制度、社会制度的集中概括，是中国近代民主革命的政治、理论纲领。三民主义的核心是民权主义，就是要推翻君主专制，按照“五权宪法”方案建立民主共和国。这是孙中山对西方三权分立政体的发展。

五权分立，就是在行政权、立法权、司法权之外，加上考选权和监察权。五权分立的初衷是以中国传统的“优良制度”来济西方三权分立的流弊。孙中山认为，西方的三权分立并不完善，因为西方官吏都是通过选举和委任两个途径来任职的，选举可以作弊，委任很难避免任人唯亲；而中国历史上以科举为中心的考选制度符合平民政治精神，具有平等性，有利于优秀人才选拔。只有借鉴中国传统的考试制度，增加考选权，才能保证合格的官吏得以任用。同时，独立设置监察权，是对古代御史制度的继承，不像西方那样将监察附着于议会，可以避免议会专横，防止党派挟私行政，也可以对不合格的官吏进行罢免。五权分立下，五个治权彼此独立，共同对国民政府负责。五权宪法抛弃西方的代议民主制，实行全民政治的宪制，将直接民权引入宪制，设为政府结构中的一个权力结构（国民大会）。宪制中的权力平衡，主要体现在国民大会与政府的关系上。政府内部各个权力特别是行政权与其他各项权力之间不存在制衡关系，而是一种平等的分工合作关系。五权宪法理论体现了孙中山实行民主革命，同时又糅杂西方制度与

---

［1］《历代刑法考·寄簃文存》卷四《法学会杂志序》。
［2］《历代刑法考·汉律摭遗》卷一《总述》。

中国传统制度长处的思想。

1928 年 8 月国民党二届五中全会，通过了胡汉民等人关于训政时期“实行五权之治”的主张，会议决定“训政时期之立法、行政、司法、考试、监察五院，应逐渐实施”。会后，国民党中央修订《国民政府组织法》，正式实行五院制。

应该指出，五权宪法并没有突破间接民权。如何保证这个代表机关实现人民的意志，其理论没有解决。五权分立下的行政观念实难和三权分立制下的行政观念相提并论。如官吏的任命在原则上须经过考试院的考选铨叙，任命权只能在考试院监视下行使；监察院的弹劾不但对政务官行使，对事务官是一样行使的；行政机关固有的惩戒权和监督权被监察院侵蚀了不少。司法院除掌握普通裁判以外，还握着官吏惩戒和行政裁判等权力。

其次，是革命程序论。

孙中山的革命目标是在中国建立民主共和国。他意识到革命过程的艰苦性与长期性，将革命分为互相衔接而各具特色的三个阶段——军政时期、训政时期和宪政时期。他认为这是中国革命不可替代的过程。这就是他的“革命程序论”。

在中国共产党的帮助下，国民党于 1924 年 1 月在广州召开第一次全国代表大会。大会接受了中国共产党反帝反封建的主张，把旧三民主义发展成具有反帝反封建军阀内容和联俄、联共、扶助农工三大政策的新三民主义，标志着第一次国共合作的统一战线的建立。大会发表了孙中山的《建国大纲》，其中宣布，为了在中国实现民主政治，建立民主共和国，必须经过军政、训政、宪政三个时期。

所谓军政时期，也就是用革命武力推翻专制王朝、统一国家的时期，“一切制度，悉隶于军政之下。政府一面用兵以扫除国内之障碍，一面宣传主义以开化全国之人心，而促进国家之统一”。[1]

训政时期，在统一一省至全国的过程中，政府派员赴各县筹办自治，训练人民行使选举、罢免、创制、复决等四种政权。孙中山认为，人民脱离长期专制不久，必须有一个接受训练的过渡时期，才能懂得如何行使政权。他说：“五千年来被压作奴隶的人民，一旦抬他起作皇帝，定然是不会作的”“只好用些强迫的手段，迫着他来做主人，教他练习练习”。凡一省各县都达到自治，即为宪政开始时期。训政的关键，在于由国民党通过国民政府代替人民掌握政权。孙中山去世后，国民党中央执行委员会于 1925 年 7 月公布的《国民政府组织法》以及国民政府建立后的实际活动，规定政府由国民党组建，政府的权力来源于党的权力。这种党治政府体制，使国民政府处于从属国民党的地位。

宪政时期，就是“还政于民”，召开国民大会颁布宪法、实行民主制度的时期。立法机关议定宪法草案后，俟全国过半数省份达到完全自治，即召开国民大会决定宪法而颁布之。宪法颁布后，国民依法举行全国大选，国民大会成为全国最高权力机关，对中

---

[1] 《国民政府建国大纲》（1924 年 1 月），见《孙中山全集》第 9 卷，中华书局 2006 年版，第 127 页。

央官员有选举、罢免权，对中央法律有创制、复决权。国民政府则于大选后三个月解散，而授政于民选政府。

再次是权能分治论。

孙中山把建设一个强有力的政府看作是中国迅速摆脱落后状况的重要条件。但是他也意识到，他的这个“万能政府”的主张与当时世界上流行的民主理论有相冲突的地方。当时的主流观点都主张要建立一个“有限政府”。因为人们担心，“政府的力量过大，人民便不能管理政府，要被政府来压迫”。[1] 为此，孙中山提出了一个“新发明”，即“权能区分”理论。其理论的基本模式是围绕着孙中山的“政治”定义提出的。孙中山提出“政就是众人的事，治就是管理，管理众人的事便是政治”。[2] 政治权可以分为两部分，即政权与治权，其中，“集合众人之事的大力量”叫做“政权”，“集合管理众人之事的大力量”叫做“治权”。在民主制度下，人民只行使政权（权），而治权（能）则交给政府，实行权能分开。一般认为，孙中山的权能分开理论的思想渊源是中国古代皇权与相权分割的传统。权能区分理论是孙中山民主宪政思想的核心。孙中山要求革命党这些先知先觉者将政权交给人民，因此民权仍然是恩赐的。在形式上权能区分模式通过直接民权解决了人民控制政权的问题，但孙中山并没有把政府放在与人民相对的地位，而是认为政府（专门家）不但有本事，而且有道德。因此，孙中山是把人民比作阿斗，把政府比作诸葛亮。这是中国传统的贤人政治。[3]

五权分立下，行政、立法、司法、考试、监察五个治权彼此独立，共同对国民政府负责。但是，（1）五权宪法否定代议制，但在实际操作中，在中央政制的层面上，民权并没有突破间接民权。如何保证这个代表机关实现人民的意志，其理论中没有解决。（2）权能分治没有解决自由与秩序之间的平衡。国民大会处于宪制最高端，只有它控制政府，政府没有反作用。如果人民按动国民大会的开关，无法保障政府的稳定与效能。显然这是政权的专制，不符合权能区分的初衷。（3）五权宪制下没有一般意义上的立法权，国民大会不能经常性地行使立法权，于是立法院被赋予了立法权，这些权力显然不属于治权，而是属于政权，造成治权侵越政权、政府权侵越人民权。（4）权能分治体制下责任关系的合理性问题。包括立法院在内的五院须向国民大会负责，作为权力来源相同的机构，为什么一方要向另一方负责？五权宪法思想中对此缺乏交代。[4]

阅读书目

1. ［清］魏源：《海国图志》，岳麓书社 2011 年版。
2. ［清］郑观应：《盛世危言》，华夏出版社 2002 年版。
3. ［清］《康有为政论集》，中华书局 1981 年版。

［1］《三民主义·民权主义》（1924 年 4 月），见《孙中山全集》第 9 卷，第 339 页。
［2］《三民主义·民权主义》，见《孙中山全集》第 9 卷，254 页。
［3］牛彤：《孙中山宪政思想研究》，华夏出版社 2003 年版，第 122 页。
［4］《孙中山宪政思想研究》，第 170—173 页。

4. [清] 沈家本:《历代刑法考》，中华书局 1985 年版。
5. [民国] 孙中山:《建国方略》，广东人民出版社 2007 年版。
6. 潘念之主编:《中国近代法律思想史》，上海社会科学院出版社 1992 年版。

思考题

1. 玄学产生的背景与经过如何?
2. 唐初统治集团怎样确定统治方针?
3. 简述北宋中期提出哪些法制改革思想?
4. 明清之际三大思想家的法律观有什么特色?
5. 晚清思想家是如何看待西方法律的?
6. 戊戌变法时期康有为、梁启超等人提出了怎样的维新思想?
7. 试述孙中山政治与法律思想的主要内容。

第四章　中国法律制度史（上）

秦汉，是中国早期的封建王朝，通过制定颁布统一的法律，奠定了包括立法与司法在内的封建法制的基本格局。三国两晋南北朝经过长期战乱与割据，逐步完成了少数民族政权法制的汉化，以及整个封建法制的儒家化进程。隋唐重建大一统封建王朝的法制，以《唐律疏议》为代表的唐代立法具有很高的水平，司法制度比较完备，并且影响到周边国家与地区，集中体现了中华法系下的封建法制的成就。

第一节　初具规模的秦汉法制

一、秦汉的主要法律

战国末期，秦国扫平各国，于公元前221年建立了统一的疆域广袤的秦王朝，随即建立起一整套以皇权为中心的专制集权制度。秦始皇自称朕，其命曰制，令曰诏，皇帝直接处理天下重要政务。中央设有丞相、太尉、御史大夫三公，分别为掌理全国行政、军事和监察事务的最高长官，直接向皇帝负责，并有九卿等行政官员。在地方，秦朝加强中央集权，废除分封制，分天下为三十六郡，建立郡县制，郡县长官由朝廷委派，听命于朝廷。县以下分为乡、里，并设治安组织亭。秦朝统一了天下的文字，重新修筑天下道路以加强各地联系；派兵四处征讨，以扫平割据，扩展疆域；实行焚书坑儒，加强思想舆论控制；修建长城，防备匈奴的入侵；统一度量衡，以利于经济的恢复发展。

秦朝建立后，以鼓吹专制与重刑的法家理论为指导，以商鞅制定的法律为基础，在全国范围内统一了法律。从此，秦朝“法令由一统”“普施明法，经纬天下”。举凡官府和百姓的一切行为“皆有法式”,[1] 人人都必须遵守严酷的法律，秦律因而也变得极为纷繁芜杂。1975年底在湖北省云梦县发掘出土的秦墓竹简，包括《秦律十八种》《效律》《秦律杂抄》《法律答问》和《封诊式》等，内容以刑事为主，同时涉及行政、经济、民事、诉讼等，可以说囊括了社会生活的各个主要方面，严密苛刻，人民动辄获罪。秦代强调司法活动必须依照法律进行，官员必须“岁雠辟律于御史”，每年都到御

---

[1]《史记》卷六《秦始皇本纪》。

史处核对律文，作为审判的准则。官吏在审判活动中必须做到“审当赏罚”，禁止“决狱不正”。[1] 例如《秦简·法律答问》，就是对律意的解释和适用律的原则规定。

秦朝的覆灭，标志着法家理论的破产。公元前206年，刘邦率军入关，废秦苛法，只与百姓约法三章：“杀人者死，伤人及盗抵罪。”此举争取了民心。但在当时战火未熄、局势不稳的情况下，三章之法毕竟过于简陋，不足以“御奸”，于是相国萧何在《法经》六篇基础上，摭拾商鞅以来的秦法，“取其宜于时者”，制定了包括《盗》《贼》《囚》《捕》《杂》《具》以及所增《户》《兴》《厩》共九篇的《九章律》。《九章律》涉及社会生活的诸多方面，而带有总则性质的《具律》却位于中间。《九章律》是汉律的基础。

经过秦末农民战争，西汉王朝建立之初，所面临的形势十分严峻。汉初通过认真总结秦亡汉兴的原因，认为要使政权得到巩固，必须改变统治方针，采纳新的指导思想。于是开始尊崇黄老理论。惠帝时，开始实施黄老之治，禁网疏阔，用刑较轻。当时儒生叔孙通汇集礼仪，制定《傍章》十八篇。特别是在文帝、景帝时期，实行无为而治，轻徭薄赋，减轻刑罚，统治者自己也比较能够遵守法律。

经过六七十年的休养生息，到汉武帝即位时，社会经济已经有了很大的恢复发展。汉武帝雄心勃勃，不甘心恪守无为而治方针。他采纳董仲舒建议，摒弃黄老独尊的做法，崇尚儒家，建立了一种以儒学为主，兼采法、黄老、阴阳五行等的学说体系，并奉之为官方思想，也就是封建主流法律思想。武帝时期，大力推进“大一统”的中央集权，削弱诸侯，充实改造了官僚制度，同时强化皇权，削弱相权，并且四处征讨，“征发烦数，百姓贫耗”。针对社会矛盾的日益尖锐，统治者不惜重新诉诸严密的法律。当时有大臣张汤制定关于宫廷保卫的《越宫律》二十七篇、赵禹制定关于朝觐制度的《朝律》六篇。以上从《九章律》《傍章》以来共60篇，是汉律的主体部分。汉代还有尉律、酎金律、上计律、钱律、左官律、大乐律、田律、田租税律、尚方律、挟书律等单行法律。武帝在位期间，增律达50余篇。武帝以后，社会矛盾依旧，律的篇目又有增加。

成帝以后，大地主、大商人凭借手中的大量财富，肆意兼并土地，京师和各郡国都出现了一批新的富商大贾，他们广占良田，加剧了大土地所有制的恶性发展，越来越多的农民失去土地，为地主豪强所雇佣，甚至成为无衣无食、辗转道路的流民，官私奴婢的数量大大增加。以后，经过短暂的王莽新朝，汉朝宗室刘秀击败各支义军，于公元25年称帝（即光武帝），重建汉政权，定都洛阳，史称东汉。东汉王朝主要是靠南阳和河北地区豪强地主集团的支持建立起来的。这些豪强地主都以功臣封为列侯，其势力迅速膨胀。建武十五年（39），光武帝下令实行度田。东汉中期以后，由于土地高度集中，统治集团更加腐朽，社会极度动荡。灵帝中平元年（184），终于爆发了黄巾大起义，给东汉王朝以致命打击。在东汉政府和豪强地主武装镇压起义的过程中，各地军阀

[1] 《睡虎地秦简·为吏之道》。

势力进行了割据混战，逐渐形成曹魏、蜀汉和东吴三个军阀集团鼎足而立、互相对峙的局面。

二、秦汉的法律形式

法律形式又称法律渊源，秦汉时期主要是律、令、科、比。

律是定罪量刑的基本依据。如前所述，《秦简》的《秦律十八篇》《效律》都是律。汉初有《九章律》。张家山出土汉简，使人们得以窥见汉初法律的概貌。惠帝时制定《傍章》，以后又有《越宫律》《朝律》等。在近年的出土简牍中，都可以看到许多秦汉法律条文的规定。

秦汉时的令即皇帝命令。在专制制度下，皇帝命令具有普遍的和最高的法律效力。秦始皇口含天宪，法随言出，其命为制、令为诏，拥有最高立法权和司法权，可以决断天下大小之事，并且要求各级官员恪守令。《秦简·法律答问》："令曰勿为而为之，是谓'犯令'；令曰为之而弗为，是谓法（废）令也，廷行事皆以犯令论。"官员犯令或者废令，都要承担相应的法律责任。在汉代，令继续是皇帝命令。大臣杜周说："前主所是著为律，后主所是疏为令。"[1] 这说明，律和令在本质上是一致的，都是君主旨意的体现。只是律制定得较早，具有相对的普遍性和稳定性；令则是后来的君主因时制宜而颁布的，更多地体现出灵活性。令颁布得多了，难免前后抵牾矛盾，就需要加以整理编纂，使其整齐划一，获得普遍的效力。武帝时，张汤、赵禹等人大量制定律令，使其总数至三百五十九章，成帝时律令更达到"百有余万言"。[2] 令有功令、金布令、宫卫令、秩禄令、品令、祠令、田令、任子令、缗钱令、廷尉挈令等许多种，并被汇编为令甲、令乙、令丙。

科也是汉代的一种禁止性规范。《释名》说："科，课也，课其不如法者罪责也。"汉初萧何就曾制定"大臣宁告之科"。[3] 科的数量也在逐步增加，东汉廷尉陈宠曾说："汉兴以来，三百二年，宪令稍增，科条无限。"[4] 科是官府审判活动的重要依据。桓帝时，中常侍苏康、管霸倚仗权势，"固天下良田美业、山林湖泽，民庶穷困，州郡累器"。大司农刘祐就向当地发文，命"依科品没入之"。[5]

比，原意是比附、类推。如《汉书·刑法志》载高祖七年（公元前200年）诏曰："廷尉所不能决，附所当比律令以闻。"比又称行事或者廷行事。在秦代，廷行事作为类推比附的依据，常于判案时适用。秦简《封诊式》就有相关案例。汉代，判例又称"故事"，"已行故事曰比"。[6] 有时审判官断狱，既不依照固有的律、科，也不依照已经整理汇编的令，而是以上级官府针对某案件临时颁发的命令为依据，经过判决，形成

---

[1]《汉书》卷六十《杜周传》。
[2]《汉书》卷六《武帝纪》。
[3]《后汉书》卷三十四《梁统传》。
[4]《后汉书》卷四十六《陈宠传》。
[5]《后汉书》卷六十七《刘祐传》。
[6]《礼记·王制》注。

一种特殊的判例。日积月累，这种判例经过汇编，也获得了普遍的规范性，后世官府判决时可以适用。汉代的比可分为：决事比，即普通的判例；死罪决事比，即死刑判例，武帝在位期间，有死罪决事比 1.34 万余事；辞讼比，有关审判程序的判例。此外还有廷尉决事比等。这些比，都具有法律效力，弥补了律令和科的不足。

自汉武帝采取董仲舒建议尊崇儒学以后，宣扬皇帝专权和上下尊卑伦理纲常的儒家经典特别是《春秋》及其《公羊传》日益受到朝廷重视，经义在司法实践中变成判案的一项重要依据亦即律的补充。汉代在司法实践中适用儒家经义的现象十分普遍。如董仲舒弟子吕步舒为长史，持节治淮南王刘安谋反案，“以《春秋》之义正之，天子皆以为是”。[1] 儒家经义之所以能起到这个作用，不仅是因为武帝以后儒学占据统治地位，而且是由它的特点决定的。经义不同于具体的法律条文，内容比较笼统，可以从不同的角度理解，便于审判者按照自己的需要加以援引。例如《春秋》强调追究罪犯的主观动机，这给审判官提供了弹性很大的判案依据。东汉广陵王刘荆有罪，明帝因为是同胞兄弟的缘故，十分伤感，诏令两名官员共同审理其狱。不料审判官以《春秋》必诛图谋不轨者为由，坚持奏请处死刘荆。在这种不顾法定特权却符合经义的力争面前，明帝也只好徒唤奈何，[2] 说明儒家经义也是当时的一种极为重要的判决依据。

三、秦汉法律的内容与特征

君主专制集权，是封建制度的根本，也是秦汉时期国家政治制度的核心。法律的首要任务，就是保障以君主专制集权为核心的国家根本政治制度。

秦律对危害皇帝及其专制统治的行为，处罚极为严厉。为了钳制思想，秦始皇三十四年（前 213）颁布挟书律，下令焚书，规定“有敢偶语《诗》《书》者弃市，以古非今者族。吏见知不举者与同罪，令下三十日不烧，黥为城旦”。两年后，因为没有抓到在陨石上刻字攻击的人，秦始皇残暴地下令“尽取石旁居人诛之”。秦始皇死后，其长子扶苏、大将蒙恬因被陷害为“诽谤”“怨望”，分别自杀，丞相李斯则被诬以“谋反”而具五刑，夷三族。[3] 在汉代，不执行皇帝诏令的有“废诏命”“大不敬”“废格”等行为。[4] 罪在不赦。擅自调动军队，是直接危害皇帝权力的犯罪。胶西王刘卬“未有诏虎符，擅发兵”“遂自杀”。[5] 武帝子刘胥勾结楚王刘延寿等，在昭帝时期觊觎王位。五凤四年（前 54），谋反事发，畏罪自杀。

对于弃城、投降敌寇或谋反的，张家山汉简《贼律》规定：“以城邑亭障反，降诸侯，及守乘城亭障，诸侯人来攻盗，不坚守而弃去之若降之，及谋反者，皆要（腰）斩。”为群盗的，对王朝危害很大。五人以上团伙犯罪，就算“群盗”。秦简《法律答

[1] 《史记》卷一百二十一《儒林列传》。
[2] 《后汉书》卷三十二《樊儵传》。
[3] 《史记》卷六《秦始皇本纪》、卷八十七《李斯列传》。
[4] 转引自［民国］程树德：《九朝律考》，中华书局 2003 年版，第 94 页；《史记》卷一百十八《淮南王安列传》注引汉律。
[5] 《汉书》卷三十五《吴王濞传》。

问》载，“五人盗”，只要“臧（赃）一钱以上”，就要“斩左止。有（又）黥以为城旦”；张家山汉简《盗律》载，“盗五人以上相与功（攻）盗，为群盗”。武帝时颁布《沈命法》，规定凡地方官，“群盗起不发觉，发觉而弗捕满品者，二千石以下至小吏主者皆死”。[1] 凡与群盗“通行饮食，罪致大辟”。[2] 其他危害君主专制的犯罪，主要指大臣与诸侯的不法行为。如有“悖逆无道”而“不举奏”，“辜至不赦”；“举奏大臣非是，左迁”；“诸侯有罪，傅相不举奏，为阿党”。[3]

秦汉中央官僚体制是三公九卿制度。官吏必须明法守：“凡良吏明法律令”；“恶吏不明法律令”。《为吏之道》：“凡为吏之道，安静毋苛，审当赏罚；宽俗忠信，和平毋怨。”《法律答问》：“啬夫（基层官吏）不以官为事，以奸为事，论可（何）也？当迁。”汉代，地方官被任命后未到职应有具体理由。如东海郡长吏不在署、未到官者名籍中登记，均受处罚，有的“输钱都内”，有的“送罚戍上谷”，有的“上邑计”，有的“送徙民敦煌”，有的“告病”，有的“死宁”等。[4] 汉代禁止诸侯与地方官擅兴徭役，过分役使百姓。严禁官员盗用公财、受贿枉法；“律，主守而盗直十金，弃市。”注：“法有主守盗，断官钱自入已也”；“臧（赃）直十金，则至重罪”。当时有“主守盗三千万，不道”，因而自杀。凡是官员“受其故官属所将监治送财物，夺爵为士伍，免之”。[5]

秦汉时期对普通刑法制度方面的规定，也非常具体。

侵犯财产罪。秦简《法律答问》：“不盈五人，盗过六百六十钱，黥劓以为城旦；不盈六百六十到二百廿钱，黥为城旦；不盈二百廿以下到一钱，迁之。”至于《法律答问》规定的“或盗采人桑叶，臧（赃）不盈一钱，可（何）论？赀徭三旬”，则完全显示了秦律的重刑主义传统。张家山汉简的规定显然来自《法律答问》，但量刑稍轻，说明汉初经过废除苛法，已经不存在“黥劓以为城旦”的刑罚，有一些律条的规定已经轻于秦律。

杀人罪。秦简《法律答问》：“士五（伍）甲毋（无）子，其弟子以为后，与同居，而擅杀之，当弃市”；“擅杀、刑、髡其后子，谳之”。张家山汉简《贼律》：“贼杀人、斗而杀人，弃市。”汉代，杀人有斗杀、戏杀、狂易杀人、使人杀人、杀继母、杀子孙等各种形态。即使过失杀人甚或杀人未遂，也要处以重刑。张家山汉简《贼律》：“船人渡人而流杀人，耐之；船啬夫、吏主者赎耐”；“谋贼杀、伤人，未杀，黥为城旦舂”。

伤害罪。秦简《法律答问》提到了“殴大父母”“决其耳”“尽拔其须麋（眉）”“拔人发”“啮断人鼻若耳若指若唇”“折齿”，《封诊式》有“出子（流产）”案。汉

---

[1]《汉书》卷九十《酷吏传》。
[2]《后汉书》卷四十六《陈忠传》。
[3]《汉书》卷八十《淮阳王钦传》、卷七十七《盖宽饶传》、卷三十八《高五王传》注。
[4]《尹湾汉墓简牍》，中华书局1997年版，第99页。
[5]《汉书》卷六十六《陈万年传》注、卷八十三《薛宣传》注、卷九十《田延年传》、卷十八《外戚恩泽侯表》注、卷五《景帝纪》。

律规定："殴父母，当枭首。"[1] "斗以刃伤人完为城旦，其贼加罪一等，与谋者同罪。"[2] 即使对奴婢也不能随意伤害。建武十一年（35），诏"敢炙灼奴婢，论如律，免所炙灼者为庶民"。[3]

四、秦汉司法制度

秦汉，是封建司法制度基本定型的时期。皇帝具有最高司法权。秦始皇"专任刑罚，躬操文墨，昼断狱，夜理书"，[4] 重大案件都由皇帝亲自决断。其下，由各级行政官员或司法官员负责案件审理。司法制度的各个环节，开始有了基本的法律规范。

秦汉时期，丞相作为最高行政长官参与议律断狱。哀帝元寿二年（前1），丞相改为大司徒。太尉，掌武事，后改称大司马。御史大夫，为副丞相，主掌监察，下置御史中丞，领侍御史15人，御史大夫后改称大司空。作为三公的丞相、太尉、御史大夫常奉皇帝诏令讨论重大案件，提出判决意见。其下分置公府，有长史一人及诸曹掾协助办案，如有辞曹主辞讼事、贼曹主贼盗事、决曹主罪法事等。九卿之一的廷尉是主管全国审判活动的大臣。东汉廷尉置卿一人为主官，廷尉已经从一个审判主管官员演变为一个庞大的审判主管机关。廷尉的职责，除了参与法律的制定与修改外，就是"掌刑辟"，即主管审判。由于在全国的审判活动中具有举足轻重的作用，廷尉被视为天平或楷模。张释之说："廷尉，天下之平也，一倾而天下用法皆为轻重，民安所措其手足?"[5]

汉成帝时，为限制相权，于建始四年（前29）置尚书五人，分曹治事，其中的二千石曹"掌中都官水火、盗贼、辞讼、罪眚"。以后又增置三公曹"主断狱"。光武帝时，立尚书台，以三公曹、二千石曹、中都官曹分管案件处理。

秦汉地方实行行政司法合一，行政长官审理当地案件，地方官衙兼为审判机构。秦京师地方置内史，西汉京师及周围地区为三辅，分设京兆尹、左冯翊、右扶风。由于地处要害，这些官员可以直接决断大案。东汉置都洛阳，京师地区以河南尹为长，洛阳令则审断京城案件，权势甚重。郡也是一级审判机关。郡置郡守（郡太守），掌"决讼检奸""平其罪法"，可以审断或复核案狱。郡守下有丞、尉。县设县令（长），又称县啬夫，以行政长官"禁奸罚恶，理讼平贼"。一般案件在县审。县的行政长官也称啬夫，在县的范围内是首席法官。汉代由于分封制与郡县制并存，诸侯国相可以审理当地案件。汉代地方监察官员也握有审判权，如司隶校尉。武帝时置侍御史，武帝元封五年（前106）又置部刺史，奉诏条察诸州，共13人，有录囚考课、"黜陟能否、断治冤狱"的权力。东汉州刺史或称州牧，逐渐成为地方上常设的一级行政区域长官。

秦律中对家庭以外的其他社会成员的人身与财产的侵犯属于"公罪"，对其告发属

---

[1]《太平御览》卷六四〇引汉律。
[2]《汉书》卷八十三《薛宣传》引。
[3]《后汉书》卷一下《光武纪下》。
[4]《汉书》卷二十三《刑法志》。
[5]《史记》卷一百二《张释之冯唐列传》。

于“公室告”。而对于家庭内部一般犯罪，主要是父母子女之间的财产犯罪（通常是子女侵犯父母财产），以及主人肆意侵犯奴婢人身的，属于“非公室告”。秦律主要处理“公室告”，以保护当时的基本社会关系特别是政治统治秩序，而将家庭内部的财产纷争以及主人残害奴婢的行为，不作为严重犯罪，反而认为是维护社会秩序所必须。这种区分，表明秦代对各类犯罪的不同性质及其危害性有一定的认识。

秦律根据告发者主观状态的不同，把控告不实分为出于故意的诬告和非故意的告不审，其中对诬告即“诬人”处罚尤为严厉，通常以反坐为原则。为了防止诬告，秦代禁止投匿名信控告。《法律答问》：“有投书，勿发，见辄燔之，能捕者购臣妾二人，系投书者鞫审谳之。”汉代对诬告罪的处罚原则也是反坐。宣帝元康四年（前62）诏令：“朕惟耆老之人，发齿坠落，血气衰微，亦无暴虐之心，今或罹文法，拘执囹圄，不终天命，朕甚怜之。自今以来，诸年八十以上，非诬告杀伤人，它皆勿坐。”[1] 宣帝把80岁以上老人定为限制刑事责任能力的人，但他们犯诬告罪和杀人、伤人罪一样，不在赦免之列。

汉武帝尊崇儒学，实行孔子首发其端的亲亲相容隐原则，并规定了子告父的刑事责任。宣帝地节四年（前66），诏曰：“父子之亲，夫妇之道，天性也……岂能违之哉。自今子首匿父母，妻匿夫，孙匿大父母，皆勿坐。其父母匿子，夫匿妻，大父母匿孙，殊死，皆上请廷尉以闻。”根据这条诏令，容隐的范围是祖孙三代，其中卑幼首匿尊长（包括秦律未曾规定的妻匿夫），天经地义，法律不论；尊长首匿卑幼，一般犯罪可以不论，首匿死罪，尊长也可减免刑罚。

审讯开始，法官须向被审人和证人说明，如果供词或证词不符合事实，必须承担法律责任。审讯时，法官沿用周代以来的“五听”之法，对犯人察言观色，分析其心理活动，弄清案情。汉代强调审讯案件必须在诉状控告的范围内，不得恣意超出。无论案情是否已经清楚，只要犯人拒不供认，官府就可以运用刑讯。汉代拷掠犯人的法定刑具是箠，又称策或笞，就是荆条。审讯后进行判决，要向犯人及其家属宣读判决书，叫做“读鞫”。被告人判刑后，如不服判决，可以请求原审官府重新审理的制度为“乞鞫”。蒙受重大冤情的，可以通过上书方式直诉鸣冤，请求皇帝重新派人核实并撤销原判。执行死刑采取秋冬行刑，对重大犯罪则决不待时。[2]

判决违背法律规定、畸轻畸重的，无论是“端为”（故意错判）还是“不直”（过失错判），审案官员都必须受到处罚。武帝时“缓深故之罪，急纵出之诛”，就是重点惩罚那些轻判或者放纵犯人的官吏，显示出刑罚的严酷。

秦汉期间，死刑大多沿袭前代而来，种类繁多而残酷，包括枭首、车裂、弃市、磔、戮、夷三族等。

秦汉时代肉刑，源于商周时代，以残割人的肢体肌肤、破坏生理机能为主。包括：

---

[1]《汉书》卷八《宣帝纪》。
[2]《后汉书》之卷三《章帝纪》、卷四十六《陈宠传》。

宫、刖、劓、墨。汉文帝十三年（前167），缇萦上书使文帝深受震动，他在诏书中抨击了肉刑之弊，下令革除肉刑。经过大臣讨论后提出方案，用徒刑和笞刑代替肉刑，传统刑罚体制发生了重大变化。文、景时期改革刑罚，是中国刑罚史上具有深远意义的一件大事。

徒刑，即将犯人作为刑徒，戴上刑具，迫使其劳作。城旦舂即由犯人无偿为官府进行男筑城、女舂米等劳作。形态包括两种。第一种附加肉刑，如斩趾（足）而为城、黥劓为城旦。第二种不加肉刑，即完城旦舂。秦代及汉初徒刑种类还有：(1）鬼薪、白粲，即男女囚犯分别为官府从事取薪择米的劳作。(2）隶臣妾。隶臣与隶妾分别是被判处徒刑而在官府服杂役的男女。司寇作，男备守，女为作，以防卫边疆。以上各刑均为《汉书·刑法志》所载徒刑种类，构成一个完整的徒刑体系。应该指出，秦至汉初的囚徒，是没有服刑期限的终身服役。直到文帝十三年诏令以后，因犯罪而被判城旦、鬼薪等徒刑者，才成为具有一定劳役期限的囚徒，而不再是终身服役的身份了。后世的徒刑有一年到三年的期限，就是从汉文帝时嬗变而来的。

第二节　割据中的三国两晋南北朝法制

一、三国两晋南北朝立法

黄巾起义极大地震撼了东汉王朝的统治，在豪强经济基础上的军阀割据混战随之而来，导致魏、蜀、吴三国鼎立局面形成，并由西晋于280年统一全国。腐败的西晋司马氏政权只维持了一个短暂的时期，就由于统治阶级内部的冲突和北方少数民族的南下而分崩离析。在黄河流域，各民族之间展开混战，先后建立诸多割据政权。在江南，司马氏的一支偏安一隅，于317年建立了由世族门阀统治的东晋王朝，随后是宋、齐、梁、陈四个小朝代的兴衰更替，史称南朝。在北方，鲜卑拓跋部统一黄河流域，建立北魏，并采取若干巩固政权、推进汉化的措施，促进了各民族之间的融合。尔后，北魏分裂成东魏和西魏，又分别为北齐、北周政权所取代，并由北周统一北方。581年，隋朝取代北周，以后又南下灭陈，从而结束了长期割据局面，重新统一了中国。

三国两晋南北朝各政权普遍重视立法，制定了法典。

曹魏律系删改汉律而来。明帝曹睿即位以后，诏改定刑制，命大臣陈群、刘劭等删定旧科，旁采汉律，制定魏律18篇。其中改汉《九章律》的具律为刑名，冠于律首，从而改变了“罪条例既不在始，又不在终，非篇章之义”[1]的状态。

司马昭为晋王后，鉴于前代律令本注繁杂，命贾充、郑冲、羊祜、杜预等在汉《九章律》基础上增加11篇，合为20篇（将曹魏律的刑名篇分为刑名、法例2篇，类似于总则），共620条。西晋泰始三年（267）完成，次年颁行天下。此即晋律，又名泰始

[1]《晋书》卷三十《刑法志》。

律。其特点是对汉律进行多方面的沿革损益，“蠲其苛秽，存其清约，事从中典，归于益时”，特别是更多地受到儒家伦理纲常的影响，包括规定以“五服”定罪的制度。晋律颁行后，有张斐、杜预等分别为之作注，显示出晋代律学的发展。

南朝萧梁天监元年（502），梁武帝萧衍诏蔡法度及王亮、沈约等以晋律为本，参议修改，制定梁律20篇，于次年颁行。陈朝永定元年（557），诏以梁律为本，由范泉、沈钦、徐陵等参知其事，定陈律30卷，一用梁法。梁、陈律俱从晋律嬗脱而来，是南朝后期审讯定案的依据。

十六国不少政权都制定有法律，一些少数民族政权任用汉人，吸收汉族王朝法律，体现出法律制度的封建化和汉化。

北魏作为鲜卑拓跋部建立的政权，其立法进展是与当时政治、经济和文化的汉化过程相适应的。道武帝拓跋珪平定中原，任用汉人，鉴于前代刑网峻密，命三公郎中王德定律令，经崔玄伯总而裁之，于天兴元年（398）正式颁行。太武帝拓跋焘即位，在四处征讨并屡次征辟士人的同时，于神䴥四年（431）诏崔浩对汉魏以来法律加以删改，定390条，其中门房之诛4条、大辟140条。至太武帝正平元年（451），又以“刑网太密，犯者更众”为由，命胡方回、游雅等更定律制，凡391条。孝文帝拓跋宏即位后，鉴于奸吏用法，命中书令高闾等修改旧文，又敕群官参议厥衷，至太和五年（481）完成，凡832条，删除群行剽劫首谋门诛等规定，最重的刑罚止于枭首。到太和十五年（491），又诏封琳、源贺等于东明观议改律令。颁律后不久，北魏迁都，把改革与汉化推向高潮。宣武帝元恪正始元年（504），又诏常景等议改律令，定20篇。这是第六部，也是最后一部北魏律。

北齐武帝高湛即位，下诏修订法律。至河清三年（564），由尚书令高睿等奏上北齐律，颁行天下。北齐律共12篇，首创名例律置于篇首，起到类似于总则的作用。北齐律以“法令明审，科条简要”而著称，又立重罪十条，以维护专制制度及家庭伦常。因此，北齐律被认为具有很高的立法水平。北周也于武帝宇文邕保定三年（563）制定了法典，称《大律》或北周律，但具有明显的复古色彩。

秦汉的法律形式，在三国两晋南北朝时期已经有一定的变化。令，在汉末三国时期已经演变为行政规范，体现国家的行政法律制度，它仅作一般规定，并无禁止性规范。曹魏时，有郡令、尚书官令、褒赏令。晋有户令、贡士令、俸廪令、户调令、狱官令等。格，为北朝后期出现的一种法律形式，由君主诏令整理汇编而成。东魏孝静帝兴和三年（541），命群臣于麟趾阁议定新制，颁于天下，称麟趾格。从此，格逐渐取代科，在审判中被援引。式为官府活动准则和文书程式，秦代即有《封诊式》。西魏文帝大统年间（535—551），又由苏绰等制定式，称《大统式》。经义决狱，在当时继续流行。

二、三国两晋南北朝法律的儒家化

三国两晋南北朝时期，战乱不断，政权更替频繁，立法数量颇多。西晋以后，由于南北割据，法律的发展也分为南北两支。其中，北方政权多由少数民族创建，在吸收儒家学说与汉族制度的同时不断进行探索革新，显示出勃勃的生机；南方政权在世族门阀的统治下日益腐朽，趋向没落。最后由北方的隋朝南下灭陈，统一中国，并由唐朝继承。陈寅恪先生在论述南北两支法律发展时，曾经精辟地指出隋唐法制实继承北支而来："北魏改律"，吸收汉族制度，"辗转嬗蜕，经由（北）齐、隋以至于唐，实为华夏刑律不祧之正统""隋唐刑律近承北齐，远祖后魏（即北魏）"。[1]

儒家思想的精髓，是主张德礼结合，法律适当简约轻缓。同时，维护贵族官僚与家长制的"亲亲""尊尊"的等级关系。三国两晋南北朝法律的一个突出特点，是呈现出儒家化特别是世族门阀特权的趋势。

在刑罚体系方面，当时曾经对是否恢复肉刑屡加争辩，最后终能顺应历史趋势，肉刑不果恢复。经过辗转嬗脱，到北周律确立杖、鞭、徒、流、死等五刑，使封建刑罚在规范化、体系化的道路上迈出一大步。此外，继承两汉，三国两晋南北朝时期，出现了以解释、研究和运用律文为职业的律学家群。特别是西晋的张斐、杜预、刘颂等人的论述，表明当时的律学已经从哲学、政治学、伦理学中分离出来，着重研究立法技术、刑名原理、法律运用和量刑原则，并使汉代众说纷纭的法律解释转为删繁就简的统一趋势。

东汉以后，以豪强地主的庄园经济为基础的世族门阀，不但分别占据大片山林川泽，役使众多的部曲、奴婢、僮仆，掌握着封建国家的经济命脉，而且，他们中的上层，还利用其与朝廷的特殊关系，世世代代垄断特权，排斥庶族于权力大门之外，造成"上品无寒门，下品无势族"的局面。在有些时期，如曹魏前期、十六国以及南朝后期，大族曾经遭到一些压抑或者打击，其统治地位屡受动摇，但就整体上看，三国两晋南北朝是"以贵承贵，以贱袭贱"、豪门大姓世代垄断政权的时期。

世族的这种政治和经济地位，受到法律的确认和保护。当时的一些王朝与割据政权，都在法律中对主要由世族门阀构成的贵族官僚和各级官员的司法特权作了明确、具体的规定，将违背上下尊卑贵贱的行为视作严重犯罪。官府在审理和判决案件时，必须考虑犯人的等级身份，或者犯罪行为对等级制度的破坏程度。换言之，统治秩序的门阀化，即严格保护世族门阀的特权、惩治危害世族门阀利益的行为，是法律制度的重要特征。

八议，源于《周礼》的八辟制度，在汉代典籍中已有八议，即对贵族官僚八种人犯罪减免刑罚的规定。曹魏律第一次以法律形式规定了八议。从此，八议减免刑罚制度被推行到立法与司法实践中。对于不能享受八议待遇的一般犯罪官员，在三国两晋南北朝前期，虽沿袭两汉的"请"即在一定条件下可以请求皇帝减轻刑罚的律条，却无具体明确的规定。到后期，首先是北魏律，出于保护各级官员司法特权的需要，开始规定官员可以用官品折抵刑期。太武帝神䴥四年（431）修订的法律规定："王官阶九品，得以官爵除罪"，确定九品以上官员都可以通过降、免官职抵销刑罚的原则。在稍后的

---

[1] 陈寅恪:《隋唐制度渊源略论稿》，生活·读书·新知三联书店2009年版，第111—112页。

陈朝，也有类似的规定。这就是所谓官当制度。

秦汉以降，历代统治集团通过对各种犯罪行为的总结，提出了不道、不敬、大不敬、不孝等罪名。这些犯罪侵犯的都是国家的根本制度和伦理纲常，被认为特别具有危害性。三国两晋南北朝时期，由于世家大族经常以虚伪的纲常名教相标榜，加上统治者有意的确认和推动，对上述犯罪的法律规定日趋具体。到北齐，法律上将这些罪名整理、概括为重罪十条，作为着重打击的目标。凡是犯重罪十条之一者，任何人都不能以任何理由免刑。

对于家族关系的案件，晋律规定按照五服原则作为审判依据。五服，即传统上的斩衰、齐衰、大功、小功与缌麻，是五种质地不同的麻布丧服，在亲人去世后穿戴。由于这些丧服的式样、质地与服丧时间有等级之别，因此也可以用以表示相应等级的亲属。比五服关系更远一等的亲属，可以不穿丧服，叫做袒免，有时也列入亲属范围。这是儒家"亲亲"思想的体现。晋律第一次规定"准五服以制罪"，将亲属等级关系作为定罪量刑的依据，从而把宗法血缘关系与封建法制统一了起来。

三国两晋南北朝在世家大族统治与民族融合的背景下，法律规定逐步走向体系、宽缓，法律中的八议、官当、十条重罪与"五服"制度的出现，表明了礼律结合的重要进展，儒家等级精神已经贯穿到法律之中，法律实现了儒家化。这些规定，为以后的法律所继承。

第三节　封建社会鼎盛时期的隋唐法制

一、隋唐立法与《唐律疏议》

隋朝建立以后，589 年，隋军南下灭陈，结束了西晋末年以来南北长期割据的状况。隋朝统治者采取了巩固统一、加强专制和恢复发展农业经济的措施。但是隋炀帝杨广的暴虐统治，激起隋末农民大起义。618 年，贵族李渊利用农民起义的成果，建立唐朝。贞观年间（627—649），统治者总结了隋亡教训，励精图治，建立了比较完备的封建法律运作机制，并通过减轻赋役和均田、租庸调等制度，推动了社会经济的发展，史称贞观之治。经过唐高宗、武则天时期，到唐玄宗开元（713—741）和天宝（742—756）年间，经济文化发展到极盛，创造出灿烂的封建文明，唐朝成为岿然屹立于东亚的强大王朝。与此同时，统治阶级侈靡腐朽所带来的社会矛盾也日益尖锐。天宝十四载（755）爆发了安史之乱，唐朝社会备受摧残。到唐朝中后期，藩镇割据和统治集团内部宦官势力与官僚士大夫之间的互相倾轧，以及剧烈的土地兼并，把整个社会推入了深渊。黄巢领导的农民大起义，以及统治集团内部的倾轧混战最终导致唐朝的灭亡。

隋唐法律形式有律、令、格、式四种。

律以"正刑定罪"，是定罪量刑的主要准则。

隋代主要制定了两部法律。隋初开皇元年（581）曾有更定新律之举。至开皇三年，隋文帝杨坚览刑部奏，断狱数仍至万，以为律尚严密，所以人多陷罪，于是敕苏威、牛弘等修律，删除死罪、流罪、徒杖罪等千余条，唯保留12卷，500条，刑网简要，疏而不失，史称《开皇律》。文帝素性猜忌，尤其在晚年，每每有法不依，用刑严峻，甚至使用酷刑。炀帝杨广即位，为笼络人心，缓和矛盾，又敕修改律令，颇有降从轻典。至大业三年（607）新律成，共18篇，500条，称《大业律》。但是，炀帝穷奢极欲，横征暴敛，社会矛盾迅速激化。面对摇摇欲坠的统治，炀帝又恢复使用族诛、镮裂、枭首等酷刑，滥用肆虐，致使百姓怨嗟，天下溃叛，隋朝也就灭亡了。

唐律主要包括四部。

唐初武德（618—626）间，高祖李渊命尚书左仆射裴寂、尚书右仆射萧瑀、大理卿崔善为等以开皇律为依据撰定律令，大致将当时的五十三条格纳入新律，删削大业年间的烦峻之法，其他改动甚少。至武德七年（624）颁行天下，称武德律。

唐太宗李世民即位后，注意总结隋亡教训，“动静必思隋氏，以为殷鉴”。[1] 他和魏徵等左右大臣认识到人民起义的巨大力量，主张推行教化、礼法结合，减轻刑法。根据这种观点，贞观年间，由尚书左仆射房玄龄等重新修律，至贞观十一年（637）完成。此为贞观律，分为12卷，比隋朝旧律，多有削繁去蠹、变轻为重者。此为贞观律。

唐高宗李治永徽（650—655）年间，命太尉长孙无忌、司空李勣、左仆射于志宁等重新订律，此为永徽律。12篇，即名例、卫禁、职制、户婚、厩库、擅兴、贼盗、斗讼、诈伪、杂律、捕亡、断狱，共500条，有五刑、八议、官当、十恶等规定。

永徽三年（652），高宗在诏令中指出，法律虽然公布，却没有官方注疏，以致每年科举中的明法科考试缺乏标准。于是高宗命令长孙无忌、李勣、于志宁等撰成律疏30卷，于四年（653）颁行天下。疏置于每条律文之后，是对律文的逐条注解，其体系严谨，阐发律意、分析条文并举例论证多严密精当，语言准确凝练，是一部上承西晋律学、下采唐初立法与司法实践经验的法律注疏之作，与律合称《唐律疏议》，具有法律效力，官府常加引用。《唐律疏议》集秦汉以来立法成就之大成，充分体现了唐代“德礼为政教之本，刑罚为政教之用”的立法思想和卓越的立法水平，为后世封建立法所沿袭。《唐律疏议》还传播到当时中国周边的朝鲜、日本、越南等国，受到各国统治者的重视与效仿，影响深远，成为中华法系的典范。

开元六年（718），唐玄宗李隆基敕吏部侍郎宋璟等删改旧律，次年完成。是为开元律。

此外，开元二十六年（738）制定完成的《唐六典》，是现存我国最古老的一部行政法典。全书30卷，以六部职官为基础分编，系统介绍了当时行政机关的设置、职能及源流变化，标志着古代行政法已经从刑律中分离出来，而成为一个独立的法律部门。

隋唐法律形式中，令以设范立制，是全面规范国家行政制度的法律。隋开皇间，命高颎等撰令30卷。唐武德中，裴寂等同时撰律令；贞观初有房玄龄等刊定令。从高宗

---

[1]《贞观政要》卷八《刑法》。

至玄宗朝，又几次刊定令。开元令分为官品、户、选举、考课、宫卫、军防、田、赋役、杂等 27 部，共 30 卷，1 546 条。从内容看，这些令涉及从官职设置、官员选举与考课到社会经济与日常生活，范围相当广。

格以禁违正邪。格起于北朝，是皇帝临时颁发的各种敕令的整理汇编。武德时，高祖曾制五十三条格。以后又有贞观格 18 卷，永徽留司格 18 卷、散颁格 7 卷、垂拱留司格 6 卷、散颁格 3 卷、太极格 10 卷、开元前格 10 卷、开元后格 10 卷等。经整理删削汇编后的唐格共 24 篇，以尚书省 24 司为篇名；另有各曹之常务而留本司者，为留司格 1 卷。

式以轨物程式。唐式依然为官府办事细则及文书程式，有永徽式 14 卷，垂拱、神龙式 2 卷。开元式也是 20 卷、33 篇，以尚书省及各曹及秘书、太常、司农、光禄、太仆、太府、少府及监门、计帐等为名。

在唐代，律具体规定了各种犯罪与刑罚之间的关系，为定罪量刑的基本依据，其普遍性和规范性的特点十分明显；令、格、式也是基本的法律形式，具有法律效力。唐律断狱律说："诸断罪皆须引律、令、格、式正文，违者笞三十。"明确规定判刑必须引用法律正文作为依据，也就是要求"准法处分"。[1] 但是，唐律在这一点上也并非是绝对的。表现在：第一，统治者认为判案固然要根据律，也要参考"情"即情节与情理，必要的时候，须针对实际状况和需要以情断狱，灵活变通，反对死守律条。第二，如果遇到律条没有规定的犯罪，允许在一定范围内类推比附。名例律说："断罪而无正条，其应出罪者，则举重以明轻""其应入罪者，则举轻以明重"。据此，在律无正条的情况下，审判官可以举出与该犯罪最相接近的律条作为判决的根据。从这个意义上说，唐律比较接近于结合罪刑法定和类推的原则，在举出相近正条的前提下，允许以类推弥补正文的不足。第三，在律、令、格、式内部，互相间有制约关系，其中突出的是适用律必须受到其他法律形式的制约。例如，格是皇帝所发布敕的汇编，敕具有灵活性，同时具有最高法律效力，当敕与其他法律形式发生冲突时，官府首先必须执行敕。尽管如此，敕并不能被官府随便引用。敕只有在整理编纂成格以后，才更加准确、深刻地反映皇帝意志，成为具有普遍效力的法律形式。

从唐朝后期起，为便于法律的适用，开始出现以律条为主，附以敕、令、格、式的新的法典形式——刑律（法）统类，简称刑统。唐宣宗大中七年（853），左卫率曹参军张戣奏进《大中刑律统类》12 卷，敕刑部详定奏行之。五代各朝制定了不少法律。后梁开平三年（909），梁太祖朱温诏太常卿李燕等删定律令格式，次年完成《大梁新定格式律令》103 卷。后唐庄宗同光二年（924），刑部尚书卢阶等制定完成《同光刑律统类》13 卷。此外，后晋制有《天福杂敕》30 卷，后周制有《大周续编敕》2 卷。周世宗柴荣显德五年（958），又制定《大周刑统》21 卷，其体例是"用律为主；辞旨之有难解者，释以疏意""式令之有附近者次之，格敕之有废置者又次之"，"至于朝廷之

[1] 《旧唐书》卷九十一《桓彦范传》。

禁令，州县之常科，各以类分，悉令编附”，[1] 成为一部综合性刑事法规。

二、唐律关于刑事关系的主要规定

唐律以封建主流法律思想为指导，贯穿着纲常名教的原则。

“十恶”源于秦汉以来的各种重大罪名以及由北齐律所概括的重罪十条。至隋，始有“十恶”之名。唐名例律疏议云：“五刑之中，十恶尤切，亏损名教，毁裂冠冕，特标篇首，以为明诫。其数甚恶者，事类有十，故称十恶。”表明十恶是对君主专制和伦常关系侵害最为严重的十类犯罪。十恶中的多数罪名“虽会赦，犹除名”，不予赦免。

十恶的具体内容及量刑原则是：第一，谋反，指谋危社稷，即策划推翻专制王朝。第二，谋大逆，指策划摧毁皇帝宗庙、陵墓及宫阙。“诸谋反及大逆者，皆斩；父子年十六以上皆绞，十五以下及母女、妻妾、祖孙等没官。”其余男性亲属大多流三千里，“不限籍之同异；谋大逆者，绞”。第三，谋叛，指叛国从伪。“诸谋叛者，绞；已上道者，皆斩，妻、子流二千里。”第四，恶逆，即殴打、策划实施杀害尊长等“穷恶尽逆，绝弃人理”的行为。凡恶逆者，常赦不免，处斩绞决不待时。第五，不道，指惨杀无辜一家或以巫蛊邪俗诅咒的行为，犯者分处斩、绞、流等刑。第六，大不敬，指损害君主尊严、权力和安全的行为。大不敬行为的主体，主要是接受皇帝诏令的官员，以及直接侍奉皇帝的工匠、医师和有机会盗窃御用之物的人员，通常处以绞刑。第七，不孝，指对祖父母、父母严重不恭敬或奉养有缺的行为。第八，不睦，指谋杀、卖及殴、告亲属的行为。第九，不义，谓侵害上司或对尊亲属不恭敬的行为。第十，内乱，指家庭成员间的乱伦行为。以上亦分别处以重刑。

大体上看，十恶的前面几项是危害专制制度的犯罪，后面几项主要是侵犯家庭伦常关系的犯罪。这种排列，显示出唐律所保护的社会制度和所集中打击的主要目标。十恶中的后四条，对社会的危害性虽不及前面几条，但事涉伦常，触犯者仍要处以重刑。应该注意的是，十恶中多次出现“谋”字。西晋张斐说，“二人对议谓之谋”，谋即图谋、策划犯罪，尚未进入实施阶段。十恶中特别重大的犯罪，只要“谋”就足以定性并类推，而无须再规定实施犯罪后的量刑。

曹魏律首次规定了八议。唐律的八议仍然是皇亲国戚、贵族官僚等八种人犯罪，不按普通程序审判，而给予特殊照顾、减免刑罚的法律规定。这八种人是：亲，谓皇帝袒免以上亲及太皇太后、皇太后缌麻以上亲、皇后小功以上亲；故，指皇帝故旧；贤，所谓有大德行的人，即“贤人君子，言行可为法则者”；能，谓有大才艺，“能整军旅、莅政事，盐梅帝道、师范人伦者”；功，谓有大功勋，“能斩将搴旗，摧锋万里，或率众归化，宁济一时，匡救艰难，铭功太常者”；贵，指职事官三品以上、散官二品以上及爵一品者；勤，谓有大勤劳，指“大将吏恪居官次，夙夜在公，若远使绝域，经涉险难者”；宾，谓先朝君主之后、现为国宾者。上述八种人犯罪，均须“议”即酌减。其

[1] 《旧五代史》卷一百四十七《刑法志》。

犯死罪，由法司将其罪状及应议的律条先行上奏，议定后再奏请皇帝裁决，通常给予免除死刑、改判流刑的照顾，流罪以下则自动减一等。当时统治者会颁发特别凭证如铁券丹书之类，表示贵族官僚拥有犯罪免死的特权。唯犯十恶者，一般就不适用此项规定，关键还是看统治者的现实需要。

除享受八议待遇者外，其他贵族或官员则有请、减、赎的特权。这样，即使是减死入流的应议者，也可以通过赎的特权而完全免除刑罚。但是严重犯罪者，不得援引此规定。

官当制度源于南北朝，主要是犯徒罪官员得以官品抵罪的制度。隋代有官当的规定。唐律对官当进一步规范化，制定了明确具体的律条。名例律规定，官当首先适用于犯私罪的官员。私者，指为谋私利而犯罪，以及对制诈不以实、受请枉法之类。诸犯私罪以官当徒者，五品以上，一官当徒二年；九品以上，一官当徒一年。同时，官当也适用于犯公罪者。公罪是指因执行职务而犯罪，性质轻于私罪，所以各加一年当。以官当流者，三流相当于徒四年。若一人兼有二官，先以高者当。若有余罪及更犯者，可以历任官品当。官员在当尽官品以后仍有余罪的，则可以赎免。除此以外，对犯罪官员还有免官、免所居官、除名等规定，以代替其应受的刑事制裁。

唐律的上述规定，赋予贵族官僚和各级官员以充分的司法特权，使他们在犯罪以后得以轻而易举地逃避法司的审判，实际上纵容了犯罪气焰。八议和官当制度在逻辑上也是荒谬不经的。既然违法犯罪，又怎么谈得上“贤”“言行可为法则”？又有什么“盐梅帝道（意即整治国政）、师范人伦”可言？说穿了，这种制度只是要全体贵族官僚和各级官员对皇帝感恩戴德，死心塌地为朝廷效力，却将他们置于与全体人民对立的位置上，并不利于维护封建王朝的整体利益。

在唐代，奴隶早已从主要的生产与流通领域退出，但在社会生活及一部分生产领域中，奴婢劳动的使用仍然比较常见，他们主要来源于被没收的罪犯及其家属、战俘及世代相袭的奴婢身份。他们对主人有着牢固的依附关系，社会地位非常低下，律同畜产，与工、乐、杂户以及太常音声人、部曲（即农奴）等一起，构成与“良”相对的“贱”的社会阶层。

唐代继承前朝律条精神，对良贱或主奴不同的刑事责任作了严格的区分，其原则是贱犯良、奴伤主，加刑；良犯贱、主伤奴，减刑或免刑。因此，良贱身份给量刑轻重打上了鲜明的烙印。例如，部曲、奴婢詈旧主者，徒二年；殴者，流二千里；伤者绞，杀者斩。而主人殴旧部曲、奴婢折伤以上，部曲减凡人二等，奴婢又减二等；过失杀伤者，各勿论。至于部曲、奴婢告主，非谋反、逆、叛者，皆绞。

三、唐律关于民事关系的规定

行政法与民法，是历代法律的重要组成部分。

现代民事法律，是有关商品经济基础之上的平等主体之间法律关系的规定。在中国古代，则并非如此。从唐律看，古代所谓民事法律有三个特点：一是由于自然经济占据主导地位，商品交换关系相对脆弱，民事法律关系不发达，表现为民事案件数量较少，涉及的范围十分有限；二是由于政治权力、上下尊卑贵贱的等级身份深入社会生活，法律关系双方在多数情况下并不处于平等地位；三是由于重刑轻民的传统，官府经常使用刑罚或行政手段，而不是民事手段处理民事案件，制裁民事违法。以上这些因素，决定了古代民事关系通常和行政法律关系、刑事关系纠缠在一起，用近代法律的标准来看，古代民事法律的概念是很不规范、很不清晰的。不过，我们如果考虑到法制发展的实际情况，退而求其次，以比较宽容而不是那么严格的态度看待这个问题，就可以看到唐代及其以后法律中有关一般经济往来、家庭生活的规定，与贼盗、卫禁、斗讼、诈伪等有关刑事的篇章还是有所区别的，主要是它们调整的社会关系有所不同，在对社会是否具有直接的危害性，以及量刑的轻重上也有区别。根据这个观点，我们可以把唐律中的有些内容归类于民事加以分析。同样，古代行政法也往往和刑法互相混杂。

唐代前期，实行均田制，封建国家依法向人民授予一定数量的田地，作为恢复和发展农业、征发赋税徭役的基础。均田制下所授予的口分田具有国有性质，不得转让和买卖。正由于均田制的这种作用和性质，唐代法律对其严加保护。凡卖口分田者，一亩笞十，二十亩加一等，罪止杖一百；地还本主，财没不追。同时，对由买卖等原因造成的占田过限，也加以严格控制。唐代规定了市场上的买卖行为及量刑标准。如杂律规定市场上使用的衡器及流通的绢布尺寸必须符合规定：“诸校斛斗秤度不平，杖七十；监校者不觉，减一等；知情，与同罪。”每年八月，衡器须送至太府寺或当地州县校准，加以印署后才能继续使用。造衡器和流通物如有重量或尺寸不准者，各杖六十；得利赃重者，计利准盗论；贩卖者亦同。官府确定物价必须合理即做到“平”，否则，计所贵贱，坐赃论。为罪人估赃不实，致罪有出入者，以出入人罪论。严禁欺行霸市，扰乱市场秩序，违者杖八十；已得赃重者，计利，准盗论。

关于借贷，杂律规定必须订立契约，按时偿还，并把契约作为判决依据。凡负债违契不偿，一匹以上，违二十日笞二十，二十日加一等，罪止杖六十，三十匹加二等，百匹又加三等，另加赔偿。如果违约又不肯赔偿，应该没收其财物抵罪，但必须由官府执行。禁止不告官府，强牵财物，或者逼迫债务人为债主服劳役。

婚姻家庭方面。唐代良贱不得通婚。凡为奴娶良人女为妻者，徒一年半，女家减一等，离之。其奴自娶者，亦同。如果妄以奴婢为良人，而与良人为夫妻者，徒二年，各还正之；杂户与良人为婚者，杖一百；官户娶良人女者，亦同。良人娶官户女者，加二等。同时，法律禁止同姓及一定范围内的亲属之间通婚。凡同姓为婚，各徒二年；缌麻以上，以奸论。凡属“尊卑混乱，人伦失序”者，须各杖一百，并离之。

祖父母、父母是家中尊长，卑幼的婚姻原则上由尊长决定，法律维护父母之命、媒妁之言。只有卑幼在外、尊长后为订婚，而卑幼自娶妻已成的情况下，才承认卑幼自定的婚姻；未成者，从尊长，违者杖一百。凡许嫁女，已报婚书及有私约而反悔者，杖六十。即女家只要应允嫁女，就不得随意反悔。而男家自悔者，女家不坐，不追聘财。根据唐代规定，为婚之法，必由行媒及契约，违者应受处罚。如果虽应为婚并已纳聘，但时日未到而男方强娶，或时日已到而女家故意不许，各杖一百。

关于休妻的判决，唐代沿袭前代礼制，有“七出”及“义绝”的规定。如夫妻因“不相安谐”而“和离”，不坐。由于社会舆论和族规家法的束缚，“和离”的现象可谓凤毛麟角。在离异的问题上，“三不去”等条文的限制显得非常软弱无力，法律多方保护夫的利益。

家庭财产必须由尊长处分。祖父母、父母在而子孙别籍异财，列为不孝，徒三年。如果祖父母、父母令别籍，或以子孙妄继人后者，徒二年，子孙不坐。

四、唐代司法机关与诉讼程序

唐代中书、尚书与门下三省，分别是中央最高决策、行政与监察机关，其长官（中书令、尚书令、侍中）均为宰相，直接向皇帝负责，并奉诏参与重大案件审理。作为行政干预司法的现象，尚书省所辖吏、户、礼、兵、工各部官员往往与刑部官员一样参与审判。

唐代中央有三个专门司法机关。其中，北齐首先设置的由廷尉演变而来的大理寺，在隋唐负责审理京师的重要案件，主官有卿和少卿，其下设正、丞、录事等。隋朝始设的刑部，为中央六部之一。在唐代，刑部虽然不是主要的审判机关，而是复核与司法行政机关，但在实际审判中有很大的权势。主官为尚书、侍郎，其下分为刑部、都官、比部、司门四司，各置郎中、员外郎等官职。御史台，作为中央监察机构，也有审判权。唐代御史台置御史大夫，主要由御史中丞负责，其下有三院：台院，置侍御史；殿院，置殿中侍御史；察院，置监察御史。唐代凡遇到重大或疑难案件，由皇帝诏令上述三个司法机关共同参与审理，称“三司推事”。

唐代京师一带置京兆尹。一般地方分州、县两级。州由州刺史主管一州行政，兼理审判。下置别驾、长史、司马等佐官；此外置司法参军，负责一州督捕盗贼、鞫狱定案等事务。县有县令，负责行政兼管审判，并置司法佐吏。除州县以外，唐代还分天下州县为诸道，各置节度使，统领军旅和民事，权力甚重，后来往往割据一方；又置观察使，掌监察一道；又随时因事设置巡察使、安抚使、存抚使，拥有一定的审判权。

唐代官府审理案件，法律规定有一定的原则。

刑事责任能力的原则。唐律把 70 岁以上、15 岁以下作为限制刑事责任能力人，只有在一定条件下才能接受刑事判决；而 90 以上、7 岁以下则为无刑事责任能力人，即使犯有严重罪行，也无刑事审判可言。如果事发前后罪犯的年龄阶段有所变化，按照规定，不论在犯罪时还是事发时属于老疾或者幼小，均得以依老疾或幼小减免刑事责任。

唐律重视犯罪的主观状态，区分故意犯罪与过失犯罪，将其作为判决的依据之一。一般地说，过失可以减轻刑事责任。斗讼律规定，诸过失杀伤人者，各依其状，以赎论。根据律文注解，过失杀伤人，指耳目所不及，思虑所不到。如共举重物、力所不至；或乘高履危足跌及因击禽兽以至杀伤之类。从这些解释来看，唐律的误或过失，不仅包括现代刑法上过失的意义，而且比较接近现在所说的不可抗力。

唐律对于数罪并罚，实行从重吸收的办法。“诸二罪以上俱发，以重者论”；“若一罪先发，已经论决，余罪后发，其轻若等，勿论；重者更论之，通计前罪，以充后数”。这种规定，也是体现慎刑的，但完全忽略轻罪，似不尽合理。对于累犯，唐律加重处罚。如贼盗三次犯罪，即属于屡教不改，怙恶不悛，危害极大，所以要严惩。

唐代共同犯罪称为“共犯罪”，“谓二人以上共犯”。名例律说：“诸共犯罪者，以造意为首，随从者减一等。若家人共犯，止坐尊长。”这就明确了审判共同犯罪的原则是区分故意和随从，两者承担轻重不同的刑事责任。如果是一家人犯罪，只追究家长。但是，有些共同犯罪不分首从。如谋反、大逆者皆斩，父及年十六以上子皆绞，就不分首从。又如强盗、略人为奴婢、阑入、逃亡及私度、越度关栈垣篱等罪，也不分首从。这是因为这些犯罪都要由本人有目的、有意识地实施，在这一点上，首从并没有很大的区别。另一方面，这类犯罪的危害性很大，无须区分首从。

唐律把教唆称为“教令”，教令通常比实际犯罪轻一等。凡教令人告，无论虚实，均以告者为首，教令为从；教令人告缌麻以上亲，及部曲、奴婢告主者，各减告者罪一等，被教者论如律。不过，唐律并没有把一般教唆与教唆未成年人区别开来，也没有把教令罪明确列入“共犯罪”中。这是与现代刑法有区别的。

判决有严格的程序，不但必须依照律、令、格、式，而且必须依照审级进行。徒以上案件，判决书必须由有关的长官与通判官、判官、主典等负有连带责任的辅佐官连署。死刑案件在上奏皇帝核准前必须于刑部详覆即复审。开元二十五年（737），规定一般死刑由中书门下与法司等详细核实，奏请皇帝批准。为防止案件拖延，唐律对判案有明确的日期限制，如大理寺断狱不得超过20日，刑部结狱不得超过10日。

官府违法判决须承担刑事责任。首先，判决应依审级上报核准，然后才能执行。如笞、杖由县判决，徒罪以上由县判决后送州复审，大理寺及诸州断流以上，报中书、门下省复核，死刑奏请皇帝批准。凡断罪应言上而不言，应待报而不待报，擅自决断者，各减故失三等。其次，判决不当，审判官须反坐。断狱律规定，诸官府判决出入人罪者，若入全罪，以全罪论；从轻入重，以所剩论。如应判笞十而判笞三十，审判官须反坐笞二十。如果是过失误判，失于入者，各减三等；失于出者，各减五等。过失出罪的责任要轻于过失入罪的责任，显示出唐律宁入而勿出的慎刑原则。再次，判决中受财枉法的，一尺加一百，一匹加一等，十五匹绞；不枉法者，一尺杖九十，二匹加一等，三十匹加役流。

死刑案件须由刑部或中书省、门下省奏报皇帝核准。这在形式上要反复几次，以示慎重。唐初为三复奏，贞观间改为在京城五复奏，在外三复奏。为了检查法司履职情况，弥补错案，减少枉滥，唐代还把上级官员乃至皇帝省视监狱、重审案件的录囚作为一项重要制度固定下来。贞观六年（632），太宗亲录囚徒，将390名死犯放归回家，约以翌年秋即刑；到期，囚犯皆守信而无后者。太宗赞叹，予以全部释放。

唐代五刑中，笞刑即用荆条击打，犯人腿、臀分受，分为笞十、二十、三十、四十、五十五等。杖刑是用去节的竹杖击打，犯人背、腿、臀分受，分为杖六十、七十、

八十、九十、一百五等。徒刑，分为一年、一年半、二年、二年半、三年五等，均在官府服役。流刑，分为二千里、二千五百里、三千里三等，俱役一年。贞观时又把部分死刑改为加役流，役三年。死刑，分为绞、斩二等。死刑案件，除特别重大者决不待时外，一般在秋冬执行。唐代五刑共 20 等，逐级加重，并相应有在一定条件下可以赎铜一斤至一百二十斤免刑的规定。

第四节　民族关系变化中的宋辽金元法制

一、宋代法律的制定

显德七年（960），后周将领赵匡胤发动兵变，推翻后周政权，建立宋朝，史称北宋。建炎元年（1127），宋高宗赵构又建立南宋。与唐代相比，宋代的经济、政治、社会生活发生了显著的变化，法律方面虽无大的创新，却也有自己的特色。两宋时期定罪量刑所适用的，在初期主要是《宋刑统》，此后则是以敕为中心的各种琐碎的法律规定。

《宋刑统》是沿袭唐末五代以来惯例编纂的刑事法典。宋朝在立国之初便开始了法典的编纂工作。建隆三年（962），宋太祖赵匡胤命窦仪主持刑统的制定，主要采用唐律及其疏议，同时搜集自唐开元二年（714）至宋建隆三年（962）间的相关敕令格式，分门别类审定汇编，按其内容分别附录于各该律条之下。翌年编纂完成，即《宋刑统》，分为 12 卷 213 门。此后虽屡经修订，无关大局，“终宋之世，用之不改”。[1]《宋刑统》是宋代开国后第一部法典，也是我国封建社会第一部刊版印行的法典。

宋代的令、格、式也与唐代相同，为审判依据。

宋代的敕，是皇帝针对某一地区的具体事例或案件而颁布的命令，如一司、一路、一州、一县等通常都有与之相关的敕。一般的散敕不具有普遍性，要上升为具有普遍效力的正式的法律规范，还须经过特定的编修程序，这一过程称为编敕。零碎破乱、互相抵牾的敕经过整理汇编，成为编敕，是具有普遍效力的法律规范，也是判案的重要依据。编敕在内容上具有复杂性和广泛性，成为宋朝最重要的立法，是宋代调整、变革法律的主要形式和程序。

《宋史·刑法志二》说：“律令者，有司之所守也。”而皇帝“其所自断”，“有法外之意焉”。皇帝实现自断的方式，即“因一言一事辄立一法”，主要就是颁布敕。宋初，窦仪等上编敕 4 卷 106 条，与《宋刑统》并颁天下。太宗时，敕的数量大为增加。真宗时又增加到 1.8 万余条。鉴于其过于繁琐，当时进行了删削编纂。定可为敕者 286 条，依律分为 12 门，共 11 卷。其后，北宋又编有农田敕、附令敕，以及一司敕、一路敕、一州一县敕等，数量又日趋膨胀。神宗时，认为律不足以规范人们的行为，凡律所不

[1]《宋刑统·序》。

能载者皆援引敕决断，这些敕都在律令之外。从此，有“敕、令、格、式”的说法，所谓“禁于已然之谓敕，禁于未然之谓令，设于此以待彼之谓格，使彼效之之谓式”，正是揭示了这四种法律形式的不同作用。徽宗时，“每降御笔手诏，变乱旧章”“蔡京当国，欲快己私，请降御笔，出于法令之外”，如大臣不奉行，则定以“违制罪”。[1] 到南宋，先后编有绍兴敕令格式、乾道敕令格式、淳熙敕令格式、庆元敕令格式等。编敕被赋予最高的法律效力，在审判中经常出现以敕破律、以敕代律的现象，律的地位日渐衰微。

例也是宋朝重要法律形式之一，主要包括指挥与断例。指挥是中央尚书省等官署对下级官署的指令，相当于前朝的比，其对下级官署有约束力；断例是审判案件的成例。北宋晚期开始，例的地位逐渐凸显。徽宗崇宁元年（1102），有臣僚上言：“有司所守者法，法所不存，然后用例。今引例破法，非理也。”这里所谓的法，主要指律。据此，在当时，例也已经取得可以破法的效力。由于例的数量多，各例中类似案件的判决轻重不一，特别便于上下其手，骫法舞弊，其效力甚至超过律：“法令虽具，然吏一切以例从事，法当然无例，则事皆泥而不行，甚至隐例以坏法，贿赂既行，乃为具例。”[2]

条法事类，是指具有公事性质的、把统编的敕令格式分门编纂的法规大全。南宋时，鉴于原有的敕令格式颇为“散漫”，引用多有不便，官吏得以枉法裁判，于是令编修敕令格式所将其按照内容分门别类编为一书。最早的条法事类是孝宗时期的《淳熙条法事类》，后来又有《庆元条法事类》《淳祐条法事类》等，其中保留至今的只有《庆元条法事类》的片段。

总之，两宋法律形式复杂，法律编纂和判案依据繁多，“用法以后冲前，改更纷然，而刑制紊乱矣”。[3] 特别是编敕和例纷繁苛碎，互相抵牾的弊端十分明显，给法制造成危害。

二、宋代法律内容与司法

宋代不抑兼并，土地集中现象严重，造成社会矛盾尖锐，“强盗”横行，“一伙强似一伙，一年强似一年”，人民起义此起彼伏。然而宋代统治者不是从解决土地、民生问题着手，而是迷信刑罚的恐吓作用，一味加重有关审判盗罪的立法。宋初曾规定：“窃盗赃满五贯足陌者死，又诏强盗不伤人者，只计赃判决；诸州获盗，非证据确凿，不得拷讯。”这个规定还比较宽缓。到太宗雍熙二年（985），诏令：“窃盗一贯者，配役一年；七贯，决杖、黥面、隶牢城；满十贯，奏裁。”在此时期，还曾规定重判盗剥桑柘之罪，“凡因盗剥而致桑柘枯者以尺计，积四十二尺为一功，三功以上抵死”。这个规定，显然是针对因贫困饥饿而无以为生的人，他们连采桑叶充饥的一点点权利都被蛮横剥夺，可见立法的本质。

仁宗起，鉴于盗贼活动愈演愈烈，逐渐加重了对盗贼的惩治。景祐二年（1035），

---

[1]《宋史》卷一百九十九《刑法志一》。
[2]《宋史》卷一百九十九《刑法志一》。
[3]《宋史》卷一百九十九《刑法志一》。

更改强盗法，规定不持杖、不得财，徒二年；得财为钱至万及伤人者，死。持杖不得财，流三千里；得财为钱五千者，死；伤人者，死刑。同时，鼓励告发盗罪，规定能告群盗劫杀人者赏之，及十人者赏钱十万。继而规定窃盗至十千始刺为兵，而京城持杖窃盗、得财为钱四千，亦刺为兵。由此看来，作为王朝中心的京城对盗贼的制裁特别严厉，以此确保朝廷的安全。在其余地方，则有所放宽。

为了着重保护京城的社会秩序，仁宗嘉祐年间（1056—1063）开始将开封府诸县划为重法地，对犯盗贼罪者处罚比对其他地区更为严厉，以后逐渐扩大。至神宗熙宁年间，统治者制定了系统的盗贼重法，规定凡劫盗者罪当死者，籍没其家财以赏告人，妻子编置千里。窃盗三犯，杖配五百里或邻州，这是在用连坐的老办法了。元丰时（1078—1085）规定在重法地劫盗五人以上之凶恶者，不计人数。当时河北、京东、淮南、福建等路皆用重法。也就是说，宋朝统治区域的很大一部分都成了重法地，重法地法也就失去了原来特别保护京城的意义。尽管如此，两宋的人民起义以至各种盗贼的活动，始终未曾绝迹。

两宋商品经济与契约关系比较发达。对于财产买卖和抵押关系，法律规定，凡家长在，子孙弟侄等不得以奴婢、六畜、田宅及其他财产私自质举或出卖，违者原物追还，钱没不追。具体地说，出卖或质举物业，须经尊长对钱主或钱主亲信人当面署押契帖即订立契约（又称干照）。如妇女难于面对者，须隔帘幕亲闻商量，方才完成交易。如尊长在外，擅自处理家中财物交易者，皆须重判。宋代强调出卖物业，应先问房亲；房亲不要，次问四邻；四邻不要，他人才得交易。如果房亲出价过低，业主也可就价高处交易。如业主、牙人等有欺蒙邻亲、契约内虚抬价钱的情状，应据所欺钱数与情状轻重，酌量科断。

契约是判决此类纠纷的重要依据，必须在契约内注明标的物的方位、数量、单价、总价及双方经手人等。凡契约条文有疑问而过二十年，或者钱主、业主已经死亡，再提起诉讼的，不予受理。负债必须按契约规定的时间、数量和方式偿还。否则，一匹以上违二十日，笞二十；二十日加一等，罪止杖六十；三十匹加二等，百匹又加三等，各令赔偿。负债不告官司，而误牵财物价值超过契约规定者，坐赃论。签订契约，须有保人。如负债者出逃，由保人代为偿还。

关于婚姻，同姓不得为婚。凡违律为婚者，如杂户与良人为婚之类，虽有媒聘，不得加以恐吓、威胁或强娶。虽应为婚，并已纳取聘财，日期未到不得强娶，日期已到女家亦不得故违。订婚后，无故三年不成婚者，听离。在家庭中，尊长卑幼之间也是等级关系。对子女而言，父母具有至尊的地位，这主要表现在对家庭财产的支配权上。凡同居卑幼擅自处分家财者，十匹笞十，十匹加一等，罪止杖一百。凡家长在，子孙弟侄等不得私自抵押奴婢、六畜田宅及其余财物，或出卖田宅。

在财产继承方面，首先是法定继承。宋代规定，诸子是法定的第一顺序继承人。死者从妻家所得财产，不在分配之限。如果其子已亡，由孙辈继承父分；诸子俱亡，则由诸孙均分，即实行代位继承。因此，孙辈是第二顺序继承人。如果继承人尚未娶妻，则另给聘财。可见，当时男子有完全的继承权。至于女子，其继承份额只有男子的一半；如果女子已寡，又无子息，可以得到其夫应得的一份。凡执行法定继承而遗产分配不均的，计所侵占部分，坐赃论减三等。与此同时，宋代也存在遗嘱继承，即死者可以立下遗嘱，将遗产传予一定范围内的亲属。遗嘱具有法律效力，是官府判处遗产纠纷案件的依据。从《名公书判清明集》的《遗嘱与亲生女》和《女合承分》的记载中可以得知：如父母未立遗嘱，即依法定（或惯例）继承；继承的份额，未嫁女为男子的一半；遗嘱可以改变法定（惯例）继承的份额。应该说，到了南宋时期，未嫁女子继承已经成为普遍的现象。在判决因继承而引起的财产纠纷案时，要考虑到各种因素，包括继承人对被继承人生前所尽义务的情况。有时也要照顾到晚辈的生计。

宋代的审判机构，大体沿袭唐朝，但与宋代政治体制的特点相适应，显得更为繁杂臃肿。其结果只能是效率低下，弊端丛生。

宋代中央的审判机关仍然为大理寺。宋初大理寺置判寺一人，兼少卿事一人，不管审讯，只掌决断天下奏狱，送审刑院复核。神宗元丰年间改革官制，大理寺置卿一人、少卿二人、正二人，另有推丞、断丞、司直、评事、主簿等若干人。具体地说，卿为长官，其下官员分左右。凡天下奏劾命官、将校及大辟囚以下疑狱者，归左断刑管，由司直、评事详断，丞议之，正审之；如果是在京百官案件，或由皇帝旨意审讯及属于官物应追查者，归右治狱管，由丞掌推鞫。以上由少卿分领其事，而卿负其总责。

刑部，为尚书省六部之一，掌刑法、狱讼、奏谳、赦宥、叙复之事，为中央司法行政及案件复核机关。刑部设尚书一人、侍郎二人。其下置刑部、都官、比部、司门四司，各置郎中、员外郎。宋初，以刑部复核大辟案，即所谓“大理寺详断、而后复于刑部”。[1]

太宗淳化二年（991）置“宫中审刑院”，是宋代初期设立的审判复核机关。其置知院事一人、详议官若干人，掌详谳大理寺所断案而奏之。凡天下奏狱，须先送审刑院备案，然后付大理寺判决、刑部复核，再转至审刑院详议并报中书省，由中书省上奏皇帝。在宫中设置审刑院，造成审判权力结构的演变，其原意是促使司法机构互相牵制，而有利于皇帝控制审判活动，同时也显示审判中的“重慎之至”，结果却造成机构重叠，审判效率低下。至神宗元丰三年（1080）撤销审刑院。

御史台，掌纠察官邪、肃正纲纪。大事则廷辩，小事则奏弹，为中央监察衙门，有时也参与审判。御史台设中丞一人为台长，仿唐制分三院：一称台院，置侍御史一人，辅佐中丞；二称殿院，置殿中侍御史二人，掌以仪法纠百官之失；三称察院，置监察御史六人，掌分察六曹及百司之事，纠其谬误。

宋代地方，大体分为路、府州军监、县三级。

路的建制为依据元丰时设置的二十三路，加上徽宗崇宁时（1102—1106）重设的京畿路，共二十四路，但并不固定，其官职大多因事设置。路以下为府、州、军、监等并

---

[1] 《宋史》卷一百九十九《刑法志一》。

列的行政级别，亦为审级，分置知府、知州、知军、知监，并各置通判。其主官公文须通判连署，方许行下，以制其权。知州等兼理审判。其幕职有签判、推判等。又置诸曹参军，其中录事参军掌州院庶务，纠察诸曹违法，兼掌审讯。司法参军掌议法断刑。再低一级的是县，置县令，掌总治民政、劝课农桑、平决狱讼，另设县丞、主簿、县尉等。作为最初的审级，县可以判决一般案件，不服则上诉于州。地方军事将领也可参与审判普通案件。

在宋代，刑事审判程序与唐代大体相当，但所适用的法律颇为繁杂，而且更为重视惩治“盗贼”。宋代规定百姓必须控告严重犯罪，控告的形式首先是自诉。其次为他诉，即向官府或者直接向皇帝控告犯罪行为。御史台为监察机构，与朝廷派驻地方的通判、转运使等组成了监察系统。监察机构职在纠劾各级官员，法律允许御史“风闻言事”，弹劾犯罪不一定要提出真凭实据。宋代将证据作为定罪量刑的一项依据，特别是应议请减者，或年七十以上、十五以下及废疾者，皆不加拷讯，而以众证定罪。为搜集证据，就需要官府进行勘验、检查，以澄清犯罪事实。

宋代勘验尸体的技术也有了明显发展，先后颁布或出版的《检验格目》《检验正背人行图》《洗冤集录》等，代表了当时的勘验水平。特别是由南宋杰出的法医学家宋慈编著的《洗冤集录》，总结了当时尸体勘验方面的经验，内分条令、检复总说、疑难杂说、初检、复检、验尸、妇人、四时变动等五十三目。对于检验死伤的征象、推定死伤的原因以及检验的手续和方法等，论述较详，包含有一定的合理性、科学性，对南宋及其以后各代法医的检验产生了很大影响。

三、辽金的法律制度

辽、金都是少数民族建立的王朝，它们的经济、政治和文化分别经历了从塞外游牧民族的奴隶制向封建制性质转化的过程。与此同时，它们的审判制度也显示出一些共同点，逐步从习惯法过渡到成文法，从汇编零散法令发展到编纂系统的法典。这是因为接受了汉化的影响。

辽国立国后，辽太祖耶律阿保机在位（907—926）初年，庶事草创，没有成文法，对那些“渔猎以食，车马为家”的契丹人适用本民族的习惯法进行审判，随着统治区域的扩大，也开始对“耕稼以食，城郭以居”的汉人沿用唐律加以审判。神册六年（921），为了适应政治、经济、文化以及社会生活等各方面的需要，开始了制定法律的活动。耶律阿保机以“国家庶务，钜细各殊，若宪度不明，则何以为治，群下亦何由知禁”为由，命大臣“定治契丹及诸夷之法”。[1] 在大臣耶律突吕不的主持下，制定了《决狱法》。这是契丹最早的一步基本法律。

辽圣宗耶律隆绪在位（982—1031）之初，由睿宗皇后称制，留心听断。圣宗成年后，注意吸收汉族文化，锐意于治，在审判制度方面多有改革。在此基础上，兴宗重熙

[1]《辽史》卷六十一《刑法志上》。

五年（1036），将太宗以来零散法令参以古制，纂编成《新定条例》。这是辽代第一部比较完整的成文法，也是对当时审判活动的一个重要推动。至道宗咸雍六年（1070），重新修订成法律，编成《重修条制》，法网逐渐严密。从辽国的立法活动来看，其主要的特点是整个立法发展的过程，就是不断吸收、继承以唐宋法律为代表的汉族法律文化传统的过程，是一个从比较落后，逐步走向进步的一个过程。整个的立法发展，体现了“藩汉异治”逐步向各民族统一适用法律过渡的过程。

在部落联盟向国家政权过渡的过程中，辽国就设立了“决狱官”世袭的司法官职。此后，又在神册五年（920）设“夷离毕”一职，作为专门负责国家司法的机构，后又发展为夷离毕院，性质相当于刑部，内设夷离毕、左右夷离毕、知左右夷离毕等。辽国建立初期国家政制就有官僚分设南北面官：“北面治宫帐、部族、属国之政；南面治汉人州县、租调、车马之事。”[1] 在地方上，辽国基本上也是实行行政长官兼理司法的做法，设立在行政长官之下的有专门负责司法审判事务的属官。同时，辽国也注重对地方司法的监督，地方有冤狱、滞狱，则派遣分决诸道滞狱使、按察诸道刑狱使、采访使等分道巡察。

女真族建立的金朝兴起于东北的白山黑水之间。金初，法制简易，无轻重贵贱之别，刑、赎并行，实施原始的习惯法，“非经世久远之归也”。随着势力的不断南下，金朝先后灭辽和北宋，入主中原。在此过程中，金朝确立了君主专制集权的政治制度，并且大量接纳汉族士人参加政权，吸收汉族文化与法律制度的因素。

至金熙宗皇统年间（1141—1149），诏诸臣以本朝旧制兼采隋唐之制，参辽宋之法，编纂成《皇统制》，为金代第一部成文的法令汇编。海陵王完颜亮正隆年间（1156—1161），又纂《续降制书》，与《皇统制》并行。金世宗完颜雍即位后，在立法和司法方面多有建树。大定十七年（1177），世宗以《续降制书》多任己意，伤于苛察，而与《皇统制》并用，又易于混淆，莫知适从，奸吏容易上下其手，于是加以整理删削，编成《大定重修制条》，共 12 卷 1 190 条。章宗完颜璟明昌五年（1194）编成《明昌律义》；泰和元年（1201），又仿照唐律，并加附注及疏议，编成《泰和律》12 篇，共 30 卷 563 条。这是金朝第一部系统的以律为主的成文法典。此外，金朝还颁布了令、敕、格、式等，从而使成文法达到比较完备的程度。

金国仿效唐朝的制度，建立了以大理寺、刑部、御史台为核心的中央司法体系。大理寺“掌审断天下奏案，详谳疑狱”，主要职责是对地方审判的案件和疑案进行复审。刑部以尚书为长官，侍郎为副，郎中一人，员外郎二人分掌部务。御史台以御史大夫为长官，御史中丞为副，“掌纠察朝仪、弹劾官邪、勘鞫官府公事。凡内外刑狱所属理断不当，有陈诉者付台治之”。下设侍御史，治史侍御史“掌奏事，判台事”，殿中侍御史“专劾朝者仪矩”，监察御史“掌纠察内外非违，刷磨诸司察帐并监察礼及出使之事”。[2]

[1] 《辽史》卷四十五《百官志一》。
[2] 《金史》卷五十五《百官志一》。

四、元代法典与司法

蒙古族原为游牧民族，兴起之初同样没有成文法律，官府判案或依据原始习惯法，或援引金朝法律，颇为严酷。元世祖忽必烈统一中国后，蒙古人与汉人的交往日益频繁，经济形式也开始由游牧向农耕转变。为适应君主专制集权的需要，统治者越来越意识到颁行成文法规的重要性。

至元二十七年（1290），世祖命中书参知政事何荣祖以公规、治民、御盗、理财等十事辑为一书，名曰《至元新格》，颁行天下。仁宗在位（1311—1320）时，命右丞相阿散、平章政事商议中书省刘正等，择开国以来法制事例，编纂成《风宪宏纲》一书。至英宗硕德八剌至治三年（1323），又命枢密副使完颜纳丹等取前书而加损益，完成《大元通制》，分为诏制、条格、断例等部分，共 2 539 条，其中主要部分就是元世祖以来的各种成文法规的汇编。《大元通制》是元代最重要的法典。除此之外，元代还编集各地的法制政令成《元典章》一书，共 60 卷，是继《唐六典》以来又一部重要的行政法典。

元代继续沿用笞、杖、徒、流、死的五刑制度，但是笞、杖的数目以七为基数，分为笞七至笞五十七，共六等。杖刑分为杖六十七至杖一百零七，共五等。之所以由十减为七，是某种宽大的表示。

元代虽然规定了诉讼与审判的各种制度，但由于奴隶社会残余，加上统治者“任意而不任法”，执法官员贪赃枉法、滥施酷刑，杀戮无辜的现象十分普遍。元代戏剧家关汉卿的《窦娥冤》和其他一些剧作，控诉了当时官府的黑暗和司法的不公。

与辽、金一样，元代除了封建王朝所共有的维护封建专制统治的功能外，还具有浓厚的民族不平等的色彩。这表现在：采取统治民族与汉族分治，或者采取以统治民族成员为主官的方式，造成不同民族适用不同的法律的现象，“诸蒙古人居官犯法，论罪既定，必择蒙古官断之，行杖亦如此。诸四怯薛及诸王、驸马、蒙古、色目之人，犯奸盗诈伪，从大宗政府治之”。[1]

民族不平等的另一表现，就是法律规定对不同成员的审讯方式和量刑轻重的不同。这一点，突出表现在元代有关审判的法律规定上。当时对犯罪的汉人，可以使用刑讯，而对蒙古人则予以宽待，“除犯死罪，监禁依常法，有司毋得拷掠，仍日给饮食”。凡蒙古人与汉人争执，殴打汉人，汉人不得还手，只“许诉于有司”。由于官府的审判权主要由蒙古人掌握，所以汉人向官府控告蒙古人犯罪，不大可能得到公正的结果。

法律又规定：“诸杀人者死，仍于家属征烧埋银五十两给苦主”，而“蒙古人因争及乘醉殴死汉人者”，却只须“断罚出征，并全征烧埋银”，[2] 根本不须偿命。对盗窃罪，以黥刑，初犯刺左臂，再犯刺右臂，三犯刺颈项，而强盗罪初犯即刺颈项。但是蒙

[1] 《元史》卷一百二《刑法志一》。
[2] 《元史》卷一百五《刑法志四》。

古人犯盗罪，却“不在刺字之条”。[1] 审判中这样赤裸裸地实行民族压迫，在整个历史中都是罕见的。

第五节 日趋严密繁琐的明清法制

一、明清立法概况

经过元末农民大起义，公元1368年，朱元璋的军队推翻了元朝，建立明朝。明朝是君主专制中央集权高度发展和商品经济较为发达的时代，其法律内容与这一时期的政治经济发展状况相适应，也与以往各代有着明显差异。明太祖朱元璋亲身经历了元末纲纪废弛、法制败坏的局面，十分重视立法，并确立了“明刑弼教”“重典治国”的法律原则。明代律法的制定，一度遵循唐制，“历代之律，皆以汉九章为宗，至唐始集其成。今制宜遵唐旧”，并且借鉴元朝教训，实行“重典治国”。为强化君主专制与中央集权统治，明朝司法制度中的机构设置、案件审理以及监察等都出现了一些新的变化，司法体系相当完备。

元末起义中，朱元璋政权吴元年（1367）冬十月，左丞相李善长等人编制律令，十二月书成。这是明初的第一部成文法典。又命大理卿周桢等编制《律令直解》，类聚成编，释其法义，颁行于各州县。洪武六年（1373）冬，朱元璋令刑部尚书刘惟谦修订《大明律》，并亲加裁酌。洪武七年二月书成，颁行天下，这是第二部明律，“其篇目一准于唐”，共30卷606条。以后又屡经修订，至洪武二十二年（1389）再次修律，不再简单仿效唐律体例，而以《名例》为首，后分吏、户、礼、兵、刑、工，共7篇，为30卷460条，并附以五刑图、刑具图、丧服图等。《大明律》的制定前后历时30年，经过了一个从仿效唐律体例到独创7篇的过程，全律贯彻“明礼以导民，定律以绳顽”的精神，标志着明代立法的成就。

《大诰》是由朱元璋亲自指导编纂的一部严刑惩治吏民的特别刑法，颁布于洪武十八年（1385）到洪武二十年（1387）间，包括大诰及其续编、三编及《大诰武臣》，共4编236条。《大诰》主要是洪武年间严惩江南豪族的判例，以诏令形式颁发，表达了明初统治集团重典治国的思想。《大诰》由案例、峻令、训导三方面内容组成，比明律新增了许多禁令、罪名，采用酷刑，刑罚苛重，如断手、阉割为奴等，在内容上以严刑惩治贪官与豪强为重点。由于《大诰》案例过分严酷，洪武以后即被废弃。

由于《大明律》不可擅改，为适应社会的需要，明朝继承前代以例判案的传统，明中期以后，条例成为一种被广泛运用的法律形式。条例即具有灵活性的判例，经过整理汇编，具有法律效力，为后世官府判案所遵循。孝宗弘治十三年（1500）修订279条条例，制定《问刑条例》，颁行天下，附律后执行，“永为常法”。嘉靖时增修至338

[1] 《元典章》卷四十九《刑部》、卷十一《强窃盗》。

条，万历时增修至382条，后又增至385条。经嘉靖、万历年间三次修订，《问刑条例》基本上整齐划一，成为维护当时社会稳定和明王朝统治的重要法令。

明代还有官修的行政法典《明会典》，其仿效《唐六典》，依照“官领其属”“事归于职”的体例而编，完成于孝宗弘治十五年（1502），共180卷，其叙述各行政机关的职掌和事例。以后于正德、嘉靖、万历年间又续修，是明朝行政立法的重要成就。

腐朽黑暗的明朝最后被李自成领导的农民起义军所推翻。1644年，后金军队入关占领北京，建立清朝。清朝一方面以重兵镇压农民起义军和各地反清武装，另一方面建立其政治、经济的各项制度，并且根据“参汉酌金”的指导思想，进行立法活动，既体现汉族的儒家传统，又保障满族贵族的统治地位，从而巩固其专制统治。

早在清太祖努尔哈赤时，就开始制定法律。太宗皇太极曾颁布《盛京定例》等，保留了后金时期奴隶制法律制度的片段。但这些都“因时立制，不尽垂诸久远”，更有适用对象和区域的狭隘性。清朝建立之初，鉴于战火未熄，政权不稳、来不及修订法律的实际情况，暂时沿用明律，并且开始制定自己的法律。顺治三年（1646），完成《大清律集解附例》。康熙朝开始清理旧有条例，敕九卿整理编辑《现行则例》附入清律条文。

雍正三年（1725），重新修订清律，共定7篇30门460条。同时对各类附例进行编修，分为三类，一曰原例，为累朝旧例；二曰增例，为康熙年间所增例；三曰钦定例，为雍正谕旨及臣下条奏。例总计有815条。乾隆初，重修清律，对原有律条逐条考证，并加以折衷损益，于乾隆五年（1740）完成，定名《大清律例》，“刊布中外，永远遵循”。《大清律例》以律例并行。自乾隆元年起，刑部奏准三年修例一次，后改为五年一修。自乾隆年间修订完成后，《大清律例》成为清朝的基本法典，尤其是律文部分基本定型，此后律典再无重大修改，只是对律文之后的“附例”予以增修。至同治时，条例已增至1 892条。清朝修律经过了一个从沿用明律到制定与适用本朝法律的过程，而律与例的编纂又反复几次，延绵近百年，比较严谨完备，充分反映出统治者对立法的重视与谨慎。

清代效仿《明会典》，编纂有《清会典》，是叙述行政机关职掌与事例的法典，最初是修竣于康熙二十九年（1690）的《康熙会典》，共162卷，上自关外开国，下迄康熙二十五年（1686），以“因事分类，因类分年”为体例。以后雍正、乾隆、嘉庆、光绪朝续修。

作为地域辽阔的多民族的统一王朝，清朝还制定了一些针对少数民族地区与机构的特别法，包括《蒙古律例》《钦定理藩院则例》《回疆则例》《西藏章程》等。

二、明清法律的内容

明清律继续实行笞、杖、徒、流、死共20等的五刑制度。同时，明清还实行其他一些刑罚。枷令（清朝称枷号），是将犯人戴枷示众。康熙时规定，应枷号人犯，重者七十斤，轻者六十斤，长三尺，阔二尺九寸。乾隆时枷重为二十五斤，但法律规定用重枷者除外。刺字，清代刺字条例甚多，如缘坐、凶犯、逃军、逃流、外遣等皆予刺字，有的刺事由，有的刺地方，并有分满、汉文者；初刺右臂、次刺左臂，再次刺左面、右面。籍没，即将重犯家属和财产没入官府或功臣之家为奴婢，终身失去自由。安置、迁徙、遣戍、充军，都是把犯人发配到边远地区，属于流刑的变种，其中充军尤重。明代充军依距离远近分为附近、沿海、近卫、边远、烟瘴、极边六等；又按是否累及子孙，分为终身、永远。清代流刑、充军等多发往北边而有变化，早期是尚阳堡、宁古塔、乌喇等，以后又发齐齐哈尔、黑龙江，乾隆、嘉庆以后又有发往伊犁、乌鲁木齐的。凌迟，源于五代和两宋，又称磔，是用刀脔割犯人、让犯人血尽而死的酷刑，主要用于谋反、大逆或恶逆的罪犯。株连，明清时对于谋反等重大犯罪，往往肆意株连，滥杀无辜。明初胡惟庸案被处死的达3万人，蓝玉案被株连而死的有1.5万人。清代文字狱牵连处死者亦动辄数百人。

明代统治者为巩固政权，维护君主专制，规范各级官吏的行为，确定了官吏犯罪的量刑原则。明律确认皇帝的专制地位包括用人权，规定如果大臣专擅选用者，斩；大臣亲戚，非奉特旨，不得任命官职，违者罪亦如之。凡在任官员受皇帝差遣或改任而托故不行者，杖一百，罢职不用。凡文官非有大功勋于国家，而官员擅自奏请为其封公侯爵者，该奏请及受封之人皆斩。创设“奸党”罪，禁止臣下朋党。对官吏犯罪的制裁除刑事处罚外，还包括罚俸、停职、削阶、贬降、罢免、罢免永不叙用等行政处分。明朝官吏犯罪须承担的法律责任还包括经济赔偿责任，分为偿与坐偿两种。前者只承担经济赔偿责任，后者既承担刑事或行政责任又要赔偿经济损失。

唐律曾经规定，即虽谋反，词理不能动众，威力不足率人者，亦皆斩；口陈欲反之言，心无真实之计，而无状可寻者，流二千里。这等于是区分了谋反罪的不同情状。明律则不加区别，只要涉及谋反，本人一律凌迟处死。至于谋叛，唐律规定本人处绞，已上道者斩，妻、子流二千里。明律则改为谋叛者不分首从皆斩，妻妾子女给付功臣之家为奴，财产并入官，父母祖孙兄弟不限籍之同异，皆流二千里，明律加重对谋反大逆等犯罪的量刑，显示出统治者总结了前朝的经验，不惜血腥镇压不轨行为、巩固专制统治的意图，同时暴露出法律不分犯罪具体情节、滥用重刑的野蛮与残暴。清律沿用了明律条文。

在清朝行政管理体制中，皇帝仍握有至高无上的权力，一切军政事务由其“乾纲独断”。为了防止太监专权和臣下结党营私，清律严禁太监参与政治，严禁大臣交结朋党及内外官交结，犯者按“奸党罪”处斩。在皇帝之下，仿明制设内阁，代拟批旨，呈进奏章。内阁之外，还设有议政王大臣会议、南书房等辅政机构。雍正即位后，因西北用兵而设立军机处，取代传统的议政王大臣会议，并侵夺了内阁的部分职权。

在定罪量刑中，处处体现伦常等级的精神。首先是根据上下等级，以被侵犯对象的官品爵位确定罪的轻重。例如，殴击制使及本管长官者，即使无伤，杖一百，徒三年；伤者，杖一百，流二千里；折伤者绞；如果九品以上官员殴击名列议贵者，各加凡斗伤二等。其次，亲属间的斗殴行为，也将尊卑关系作为判刑依据。家庭中卑幼殴击尊长，列入十恶；凡子孙殴击祖父母、父母，及妻妾殴夫之祖父母、父母者，皆斩；杀者，凌迟处死。凡妻殴夫者杖一百，夫愿离异者听。反之，祖父母、父母殴子孙、夫殴妻妾甚至殴杀，妻殴妾，不管有理无理，均得减刑甚至免刑。再次，根据良贱关系确定刑事责任。凡奴婢殴良人者，加凡人一等；奴婢殴家长者，皆斩；若雇工人殴家长及家长之期亲或者外祖父母者，杖一百，徒三年；若家长或其亲属殴奴婢至伤至死，减轻或者不承担刑事责任。

为了保护土地所有权人全面行使占有、使用、收益、处分等权利，明朝统治者从法律上确认各种土地所有权，并排除各种不法侵害。凡盗卖、盗种、换易、冒认及侵占他人土地与房屋者，田一亩、屋一间以下笞五十；田五亩、屋三间加一等，最高至徒三年；若系强占，则杖一百、流三千里。凡犯私盐罪者，杖一百徒三年；若有军器，加一等；拒捕者斩。即使买食私盐者，也要杖一百；如果买后又转卖者，杖一百徒三年。清朝入关以后，鉴于明末赋敛无度导致农民起义的教训，明令废除“辽饷”“剿饷”“练饷”等“三饷”加派，并仿效明制编订《赋役全书》，于顺治十四年（1657）颁布，开始建立清朝赋役制度。《赋役全书》主要内容包括登记土地、人丁的等级与数量；计算和确定田赋、丁银的数量；记载各地承办内廷及朝廷所需实物贡赋的种类与数量；确定地方所征赋税的分配与使用原则等。

明律有“匿税”条规定：凡城镇乡村的商贸集市和海港码头，都由官府设置的人员专门管理；凡客商匿税及酒醋店铺不纳税者，笞五十，货物一半入官。为奖励告发偷税漏税者，还将没收货物的十分之三给予告发人。明朝不但重视国内税收立法，而且对外商载货入境作了严格规定。凡海上贸易活动，船舶一靠岸，即必须向官府申报，按十分之一征收进出口税；若不报或报而不实，杖一百，货物入官；窝藏货物者同罪，告发者给予奖励。同时，明律首次设立“钱法”“钞法”专条，确立了宝钞与铜钱并行使用的制度。按照其规定，各种钱币并行使用，不得重钱轻钞，违者处杖刑；伪造宝钞，不分首从一律处斩，没收财产；窝主、知情者、使用者与伪造者同罪；描改者杖一百、流三千里；私铸铜钱者处绞，匠人同罪。甚至还严厉打击私自买卖废铜的行为，违者各笞四十，以防止伪钱的铸造。

康熙五十一年（1712）谕旨，以康熙五十年的人丁数为定额征收丁银，今后再生人丁，永不加赋。康熙五十五年（1716），广东各州县率先实行“摊丁入亩”，把固定的丁银额按土地亩数平均分摊到田赋中，不再按人口征税。至雍正元年（1723），又将“摊丁入亩”之制推行到全国，从而简化了征税标准。为了发展私营商业，清朝废除明末加征的各项税负，并提高了商人的社会地位，康熙六年（1667）又下令，禁止官僚贵族欺压掠夺商贾，以保护商人的合法经营。康熙二十五年（1686），还曾建立牙行制度，由其代表官府监督商税的征收，管理市场物价，规范市场交易秩序。乾隆二十二年（1757）规定“一口通商”，唯一的通商口岸就是广州。外国商船只能至广州港停泊交易，由粤海关对外国商船征收船舶税和货税，总称关税。

婚姻家庭方面，规定凡男女订婚之初，如有残疾、老幼、庶出、过房、乞养者，务要两家明白通知，各从所愿，写立婚书，依礼聘嫁；若许嫁女方已报婚书及有私约，或虽无婚书但已接受聘财而悔婚者，笞五十。此外，不得收留在逃女囚为妻妾，不得强占良家妻女为妻妾，府州县长官不得于任内娶部民妇女为妻妾，监临官也不得娶当事人妻妾或妇女为妻妾。清律中还有不少身份登记的限制。如禁止同姓结婚，违者，主婚与男女各杖六十，离异；禁止尊卑亲属互为婚姻；禁止良贱为婚；禁止官人娶乐人为妻等。关于离异的判决，法律规定，凡妻未犯七出之条或义绝之状，而擅出者，杖八十；虽犯七出，有三不去之情状而出之者，减二等，追还完聚。若犯义绝应离而不离者，亦杖八十。

明清律维护宗族制度，实行嫡长子继承制，如无嫡子，可立嫡长孙，或立庶长子，违者处刑。明律规定，立嫡子违法者，杖八十；立异姓义子者，以乱宗论，杖六十。在财产继承方面，仍实行诸子均分制。明律规定，嫡庶子男，不问妻妾婢生，只以子数均分；对户绝财产，无同宗应继者，由所生亲女承受；无女儿，财产入官。妻子是特殊顺序的继承人，寡妻如有子，由寡妻掌管家产，并不发生析产问题；如无子守志，寡妻应与族长择同宗应继之人立为亡夫嗣子；如无子而招进赘婿，必须为死者另立嗣子，家产均分。

三、明清司法制度

明清是高度君主专制的王朝，皇帝拥有最高立法、司法权。明初废丞相，六部直接向皇帝负责。刑部、大理寺和都察院，统称三法司，凡审案，刑部定罪量刑，都察院纠察，狱成，由大理寺复核。

刑部为中央审判机关，明初下设四司，后扩充为十三清吏司，主要审理中央百官违法犯罪案件和京师地区重大案件，分别受理地方上诉案件，审核各地中大案件。刑部有权判决死刑以下案件，但徒流刑案件须报送大理寺复核。清代刑部权限进一步扩大。外省刑案统由刑部核复，不会法者，院寺无由过问；应会法者，亦由刑部主持。刑部置尚书与左右侍郎，满汉各一人。尚书掌折狱审判，简核法律。其下分置十七清吏司，各置满汉郎中、员外郎、主事等。

大理寺为中央复核机关，主要复核刑部和地方判决的徒流刑以上案件。如发现判决不当，可驳回原审机关或改由刑部重审，死刑案件须奏请皇帝批准。明代大理寺置卿一人，左右少卿各一人，左右寺丞各一人。清代大理寺置卿、少卿，俱满汉一人。

明初废御史台，改都察院，为中央监察机关，负责纠察百官，监督审判活动。除纠察弹劾各级官员的违法失职行为外，有权监督刑部和大理寺的审判复核活动，并经常与刑部和大理寺共同会审重大案件。清代都察院设有左都御史、左副都御史，俱满汉二人。左都御史掌察核官常，参维纲纪，率各监察官员进言尽职，并预参朝廷大议。左副都御史佐之。其下分省置十五道监察御史，掌弹举官邪，敷陈治道，各核本省刑名。都察院兼司审判。为了集中皇权，将六科给事中并于都察院。六科给事中与十五道监察御史合称“科道”，分别负责对京内外官吏的监察和纠弹，使监察机构实现了一体化。当时有科道官密折言事制度，将军机处以外的所有机关和官员都纳入监察稽违的范围之内。

明代法制的突出特点是“厂卫”干预司法。厂指东厂、西厂、内行厂，卫指锦衣卫，合称厂卫，多由太监掌握，是明朝统治者为了强化君主专制统治，在普通常设机关之外设立的特务司法机构。厂卫制度是明朝始创并独有的，是受皇帝指使的法外司法机关，具有独立的侦查、缉捕、审讯权。厂卫不受法律和司法程序约束，而有一套特殊的手段和程序，监视各类会审。可随意到各级官府或各地侦缉、查讯，自设法庭对犯人进行随时随地刑讯问罪，往往制造口供、迫害异己、严刑定案、任意杀戮。这些做法严重破坏了正常的司法制度，加深了统治阶级的内部矛盾，官僚与厂卫之间的冲突也日益激烈，成为明朝中后期的一大政治弊端。

清代步军统领衙门，掌管京师九个城门内外的守门巡警等职，以亲信大臣兼任，兼理审判。大学士形式上为内阁长官。乾隆十年（1745）以后，大学士专以保和、文华、武英三殿和文渊、体仁、东阁三阁入衔，具有一定的审判权。军机处为清代由皇帝直接控制的最高决策机构，雍正十年（1732）始设，任职者为军机大臣、军机章京。遇重要案件，军机大臣参与审判。理刑司，设于理藩院，负责少数民族中要案的审判。

明清地方最初审级为县，置有知县、县丞、主簿。知县掌一县行政，并负责审理当地一般案件。县上设府，置知府一人，又有同知、通判等。明及清初并置推官一人。知府具有审判职能。府上设省，置承宣布政使司、提刑按察使司、都指挥使司等，均能干预司法。此外明清设有巡抚、总督，巡查地方，凡遇当地有重案，有审判权。尤其到清代中期以后，总督成为地方大员，直接影响地方司法。

明清法律对控告有一定的限制。第一，禁止随意起诉。明清律规定，凡军民词讼，皆须自下而上陈告。第二，禁止诬告。其量刑重于唐律，清律沿袭明律的规定，同时强调诬告者必须赔偿被诬告人的经济损失。第三，在控诉方法上，禁止投匿名信。明律规定，凡投匿隐姓名文书告言人罪者绞，见者即须烧毁。清律沿用了明律的精神。第四，关于控告的主体，明清律强调伦常关系，禁止卑幼告尊长。第五，清代对受理案件的时间有限制，清律《刑律·诉讼》例文规定，每年自四月初一日至七月三十日农忙期间，除谋反、叛逆、盗贼、人命等重大案件照常受理外，其余一概不准受理。自八月初一以后方许听断案件。

明清时建立了朝审、秋审、热审等中央各部大臣会审重大、疑难案件的制度。

其中，清代的秋审制度是总结了前朝会审制度发展而来的各省地方上报京师判处斩、绞监候死刑案件的审判制度。因为在每年的秋季举行，所以名曰“秋审”。始建于清朝顺治十五年（1658）。在每年举行秋审大典之前，各省的督抚要首先将本省内所有待上报的监候案件会同布政使、按察使进行复审，并且提出初步的审意，再行送刑部，由刑部各司分别归类再编印成册，分送九卿、詹事、科道，可供秋审备案查阅。等到每年的八月份，再在天安门外金水桥西一起审理。

秋审审理的对象是全国上报的斩监候、绞监候案件，全国上千的上报案件，在一日内即审理完毕。再按具体的案情分为情实、缓决、可矜、留养承祀四种情形来处理。“情实”指基本案情调查属实而且罪名合理恰当，这种情况即“奉旨勾决”，立即执行死刑；“缓决”指罪情虽然属实，但是造成的社会危害比较小，可等到明年的秋审时再行审理；“可矜”指案件的罪情有从宽考虑的情节，因而可免死刑；“留养承祀”指案犯有待供养年老而又无其他依傍的父母或祖父母，因而可免其死，留其奉养。四类案犯均需先由九卿等朝廷众臣议定，再奏请皇帝裁决。

经秋审判决死刑的，采取勾决制度。先由刑部三复奏，然后勾决。一旦勾毕，在京例由刑科给事中、刑部侍郎各一人赴西市监临。在外省，则由刑部各司将勾单连同榜示钉封送兵部发驿，文到之日行刑。如遇庆典或国家有故，则下旨停勾即停止执行。

秋审制度将原来的死刑犯人重新审理，分类处理，在一定程度上有助于减轻刑罚，减少冤案。但是，秋审所存在的局限也是明显的。第一，它审理的对象，只是各省上报的一般死刑案件；最严重的“谋反”等死刑案件，已经决不待时，无须等到秋审。第二，秋审时间迟滞，文牍堆积，程序复杂，各大臣只凭书面材料评议，并不面讯犯人，充满着形式主义、官僚主义气息。第三，秋审结果最后还是要报皇帝批准，有时皇帝也会凭主观判断而更改朝廷所议结果。因此，秋审最终仍然必须服从皇权，具有虚伪与繁琐的特征，无法完全避免冤案错案。

参考书目

1.［汉］司马迁：《史记》，中华书局 1982 年版。
2.［汉］班固：《汉书》，中华书局 1975 年版。
3.《云梦睡虎地秦墓》，文物出版社 1981 年版。
4.［民国］程树德：《九朝律考》，中华书局 2003 年版。
5.［唐］长孙无忌：《唐律疏议》，法律出版社 1999 年版。
6.［宋］窦仪：《宋刑统》，中华书局 1984 年版。
7.《名公书判清明集》，中华书局 1987 年版。
8.《大明律》，法律出版社 1999 年版。
9.《大清律例》，法律出版社 1999 年版。

思考题

1. 试论秦汉专制王朝法律制度的主要特色。
2. 三国两晋南北朝时期是如何实现法律儒家化的？
3. 简述汉代与唐代法律形式的演变。
4. 简述汉代到唐代法律篇目的变化。
5. 试述《唐律疏议》的制定、内容与历史地位。
6.《大明律》是如何制定的，有什么特点？
7.《大清律例》是如何制定的？简述其体例与特点。

第五章　中国法律制度史（下）

中国近代法制史，指1840年至1949年期间的法制发展变化的历史。这一时期，从晚清到中华民国的南京临时政府、北洋政府和国民政府，吸收西方影响，先后进行立宪活动，制定刑法、民商法、行政法和诉讼法等一系列法律，初步建立了近代化的法律制度体系。这个时期法制的本质，从整体上说是半殖民地半封建的。1927年以后，中国共产党带领人民通过武装斗争创建革命根据地，建立了初步的法律制度，具有与国民党统治区域完全不同的新民主主义革命的性质。

第一节　风雨飘摇中的晚清法制

一、晚清司法主权的丧失

清王朝在延续了差不多两百年以后，到19世纪上半叶，已经是满目疮痍。与此同时，完成了资产阶级革命和工业革命的西方列强垂涎于中国这一巨大的商品市场和原料产地，试图靠推销鸦片打开中国的大门。道光二十年（1840），英国悍然发动第一次鸦片战争，清朝被迫于道光二十二年七月签订丧权辱国的《南京条约》，其中规定清朝赔偿银两、五口通商等。

领事裁判权亦称治外法权，指一国公民在侨居国成为民事、刑事诉讼被告时，该国领事具有的按照本国法律予以审判、定罪的权力。第一次鸦片战争以后，清朝的大部分区域继续沿用传统的司法体制，但是由于不平等条约，外国居民大量进入租界定居并从事工商活动。这样就产生了由谁审理和如何审理租界内中外居民诉讼案件的问题。晚清司法制度的初步变化，就是由租界内司法管辖权的变化引起的。承认外国租界的领事裁判权，成为晚清司法主权丧失的重要标志。

《南京条约》规定广州、厦门、福州、宁波与上海为通商口岸，分别建立外国租界。翌年八月，中英签订《五口通商章程》15条，其中规定租界内如遇争讼，“英人如何科罪，由英国议定章程法律，发给领事官（即领事）照办；华民如何科罪，应治以中国之法”；“倘双方争执不已，得由双方官吏会审，各依本国法律治罪”。据此，英国人在租界内犯罪，只能由英国驻当地领事依据英国法律办理，清朝政府无权干预；中英两国居民互讼案件，由双方官员共同审理；而中国人为被告的诉讼，虽由中国法庭管辖，外国人却有“观审”权，即外国领事可以出席中国法庭旁观审理过程，并有权对两造及证人发问、反诘，中国的司法主权因而受到侵犯。在道光二十四年（1844）五月中美签订的《望厦条约》中，不但规定美国人在华涉讼由本国领事审理，而且规定美国人在中国与第三国人发生争讼，由双方依照所订条约办理，“中国官员均不得过问”。据此，领事裁判权的范围又有所扩大。咸丰八年（1858）五月签订的中俄《天津条约》和中英《天津条约》更是正式确认了外国领事可以直接参与对中国人的审判。此后，如德、意、俄、法等国也效仿英美纷纷取得了在中国的领事裁判权。不仅如此，各国驻上海的领事以后还攫取了上海租界内完全属于中国人诉讼案件的审判权。中国和西方列强之间在司法上再无平等可言。

实施领事裁判权的重要机构是会审公廨。同治三年（1864）五月，清政府派员在英国驻上海领事馆设立“洋泾浜北首理事衙门”，专门审理英美人为原告、中国人及无约国人为被告的民刑案件。这个衙门由清朝上海道委任理事，由英、美副领事等官员任陪审官。这是旧中国第一个实行中外会审的混合法庭。同治七年（1868），清政府又与英、美等国订立了《上海洋泾浜设官会审章程》。章程把“理事衙门”改为“会审公廨”，规定在租界内设立作为中外混合法庭的会审公廨，由上海道选派一名同知专驻洋泾浜，“管理各国租界内钱债、斗殴、盗窃、词讼等各案件”。会审公廨名义上由中国官员参与，但是其设立在外国领馆内，审判依据外国章程，完全被列强领事把控。从而在中国造成了“外人不受中国之刑章，而华人反就外国之裁判”[1] 的现象。自此，会审公廨制度在上海正式形成，而后还扩大到其他口岸。会审公廨经常与清朝政府勾结，迫害从事反对清朝专制统治的进步人士。光绪二十九年（1903）发生的章太炎、邹容鼓吹排满革命案，就是由租界当局与清政府共同审理，判决章太炎监禁三年、邹容监禁两年的。邹容最后病死狱中。

领事裁判权确立后在中国存在的100多年中，中国的司法主权遭到严重侵蚀，外国人在中国倚仗领事裁判权，为所欲为，横行不法。

二、清政府的预备立宪

晚清边疆危机频发。1904年至1905年在中国辽东土地上爆发的日俄战争，岛国日本大胜沙皇俄国，给清政府极大震动。朝野上下普遍将这场战争的胜负与国家政体联系在一起，认为日本以立宪而胜，俄国以专制而败，“非小国能战胜于大国，实立宪能战胜于专制”。于是，立宪的舆论迅速兴起。清政府为此派出了载泽、戴鸿慈等五大臣，于光绪三十一年（1905）十二月分赴日本、欧美各国考察宪政。翌年六月五大臣回国后，载泽上密折给清政府，奏请立宪，载泽在密折中提出立宪有三端大利：“一曰皇位永固”“二曰外患渐轻”“三曰内乱可弭”。[2]

[1]《清史稿》卷一一九《刑法志三》。
[2] 故宫博物院明清档案部：《清末筹备立宪档案史料》上册，中华书局1979年版，第29、174—175页。

清政府反复考量五大臣考察各国宪政的奏折，广泛征求了臣僚的意见，经过朝廷内外的激烈争论，最终认为立宪对维持其统治确实大有助益，于是在同年九月发布上谕，决定实行预备立宪，“仿行宪政，大权统于朝廷，庶政公诸舆论”。这表明他们准备实行的立宪，完全是以维护君主的专制独裁为前提的。光绪三十三年（1907），成立了负责筹划与实施宪政的专门机构宪政编查馆，以军机大臣奕劻总理其事。

光绪三十四年（1908）八月，清廷为敷衍立宪派的请愿活动，颁布了由宪政编查馆起草的《钦定宪法大纲》，共 23 条。《钦定宪法大纲》内容以 1889 年《日本宪法》为蓝本，删去了其中限制君权的有关条款。大纲正文部分“君上大权”共 14 条，规定“皇帝统治大清帝国，万世一系，永永尊戴”，“君上神圣尊严，不可侵犯”。皇帝拥有颁布法律、发交议案，召集或解散议院，设官制禄、黜陟百司、统率陆海军队、宣战议和、订立条约等各项大权。“臣民权利义务”为附录，共 9 条，规定了臣民纳税、当兵及服从清政府法律的义务；在法律范围内，有言论、著作、出版、集会、结社等自由，臣民非依法规定，不受逮捕监禁处罚，以及进行诉讼，专受司法机关审判等事项；同时还规定了必要时皇帝“得以诏令限制臣民之自由”。《钦定宪法大纲》是中国历史上第一部宪法性文件，其以根本法形式确立了君主立宪政体，打破了中国几千年来君权神授观念，实行“君权法定”。但是大纲的上述条文都是以君主总揽权力为条件，以延续君主专制和清朝反动统治为宗旨的，又带有欺骗性。大纲终究未给人民带来自由和权利，不过是使君权宪法化，涂饰耳目、敷衍门面而已。

为了建立预备立宪的基础，为筹建议会作准备，清政府于同年七月颁布了《咨议局章程》，规定各省建立咨议局，可以议决地方事务，并规定了咨议局议员的选举办法，要求各省于一年内成立。翌年八月清政府又颁布了《资政院院章》，规定在中央设立资政院，行政衙门对资政院决议拥有否决权，以及君主对二者争议的仲裁权。据此，咨议局与资政院分别只是地方与中央的咨询机构，并无真正的立法权。

1911 年 10 月 10 日，武昌起义爆发，各省相继举起义旗，宣布独立。清政府一方面调遣军队镇压革命，另一方面命令资政院迅速起草宪法，资政院随即于 11 月 26 日公布《重大信条十九条》。其模仿英国宪法，在继续规定“大清帝国万世不易”“皇帝神圣不可侵犯”的同时，也宣布了“皇帝之权，以宪法所规定者为限”“皇位继承顺序，于宪法规定之”，并提高国会的地位和监督作用，实行责任内阁制，扩大内阁总理的权力。由于匆忙制定，对臣民的民主自由权利只字未提。《重大十九信条》作为中国近代第一部成文宪法，企图挽回清朝覆灭的命运。其颁布后，清朝政府并未获得其想要的结果，不久宣统皇帝被迫退位，清朝以至延续两千年之久的封建专制制度就寿终正寝了。

三、清末新政与官制改革

清末官制机构设置繁复，冗官冗员问题严重，行政效率极为低下，腐败普遍。面对西方列强的侵略，专制统治危机四伏，光绪二十六年（1900）七月，八国联军攻入北京，慈禧、光绪帝仓皇出逃。眼看王朝大厦将倾，朝廷内外实行“新政”的呼声不断高涨。清朝统治集团也觉察到，如再不做任何“革新”的表示，必将“全局糜烂”，“溃决难收”。因此诏谕变通政治，实行“新政”。诏令称“我中国之弱，在于习气太深，文法太密，庸俗之吏多，豪杰之士少”；如果“法令不更，锢习不破，欲求振作，当议更张”；各部大臣、各地官员应就“朝章国政、吏治民生、学校科举、军制财政，当因当革，当省当并，如何而国势始兴，如何而人才始盛”，“各举所知”。[1] 不久，清朝成立规划新政的机构督办政务处，命奕劻、李鸿章等为督办政务大臣。

新政的主要内容是官制改革。

对中央官制，效仿西方的三权分立，将改革置于预备立宪的总体进程中，立法、司法、行政权分别划予资政院、大理院以及内阁，使中央官制大致呈现出三权分立的格局。改革中，在保留内阁与军机处，总理各国事务衙门改为外务部和吏部依循旧例的同时，将中央行政部门分为民政、度支、法部等11部，各部设尚书一人总理事务，并承担全部责任；设立商部，以后又与工部合为农工商部；户部改名为度支部，并入财政处；设立巡警部，后改为民政部；刑部改名为法部；兵部改名为陆军部，将练兵处和太仆寺、海军部划归该部；理藩院更名为理藩部，将太常寺、光禄寺及鸿胪寺划入该部；而轮船、铁路、邮政、电线等全部并为一部，称为邮传部。由此，出现了不少适应近代政治与社会的中央机构，自隋唐沿袭下来的六部建制被废除，并准备设立海军部、资政院、审计院等。改革中，由于满洲贵族占据各部院的大多数编制，加深了满汉矛盾。

对地方官制改革的内容：分设省、府、州、县四级地方行政机关，并一律增设辅佐的机构和人员。将学政改为提学使，按察使改为提法使，增设交涉使、巡警道、劝业道，实现了专门管理。尤其是仿照中央将立法、司法、行政权三权分立，设督抚衙署为省级最高行政机关；提法司为司法机关，设各级审判厅以司审判工作；在各省设立咨议局，类似立法机构，从而在制度层面上保证了行政、司法和审判的分离，并将各省督抚的军权收归陆军部，财政权收归度支部，削弱了地方督抚权力。

官制改革开始后，清政府为配合预备立宪，采用资本主义国家司法和行政分立的原则。中央层面上，清政府将掌管审判的刑部改为专门负责司法行政的法部；将大理寺改为作为全国最高审判机关的大理院，并赋予其解释法律、监督各级审判等职能。宣统三年（1911）奏准颁行的《法院编制法》规定了四级三审制，设高等审判厅、地方审判厅和初级审判厅；各审判厅分别采用独任制或合议制。在各级审判厅内增设了检察厅，检察厅负责对刑事案件提起和实行公诉，并监督判决之执行。清末移植了资本主义国家的一些审判原则和制度，如公开审判、审判独立，并规定了起诉、上诉、判决的执行等程序。这些改革打破了传统的司法行政不分的体制和维护封建专制的审判模式，为后来的诉讼审判制度提供了借鉴意义；但在当时却并未真正实行，不过纸上谈兵而已。

宣统三年（1911）四月，迫于维新派的抗议和革命运动风起云涌，清政府宣布新

[1] 故宫博物院明清档案部：《义和团档案史料》（下册），中华书局1959年版，第914—916页。

内阁官制，成立责任内阁，由总理大臣、协理大臣、各部大臣组成，设外交、民政、度支、学部、陆军、海军、法部、农工商、邮传、理藩 10 部，裁撤内阁、军机处、会议政务处、宪政编查馆。内阁实权由满洲贵族把持，内阁人数也是满洲贵族占多数，成为实实在在的“皇族内阁”。这不仅违背了预备立宪的宗旨，更进一步激化了满汉矛盾。

四、清末修律

第一次鸦片战争后，面对内忧外患的局势，清政府为维护其专制统治，不得不考虑对已经沿用两百多年的《大清律例》进行修改，以适应时局的需要。清末修律，是清政府在 1900 年后对原有的法律制度和体系进行修改和变革的立法活动。至此，延续了两千多年的中华法系开始解体。

光绪二十八年（1902）五月，清政府颁布上谕，宣布修律。同年设立了专门机构——修订法律馆，并派沈家本、伍廷芳为修订法律大臣负其责。在对古今中外法律悉心加以研究并延揽各国专家以助其事的基础上，沈家本提出“参考古今、博辑中外”，以“模范列强为宗旨”[1] 的观点，作为修律的指导原则。

清末修订的刑法共有两部。其中《大清现行刑律》于宣统二年（1910）五月颁布施行，由《大清律例》删改而成。该律取消了吏、户、礼、兵、刑、工律目，将旧律中纯属民事部分的条款析出，不再科刑，以示刑、民之分，并废除酷刑。但其充满旧纲常精神，仍然是一部过渡性法典。《大清新刑律》，由日本法学家冈田朝太郎等起草，同年（宣统二年）十二月颁布。该律是旧中国起草和颁布的第一部正式刑法典，其打破了旧律的体例模式，在体例上设总则 17 章、分则 36 章，共 411 条。刑名分主刑（包括死刑、无期徒刑、有期徒刑、拘役、罚金）、从刑（包括褫夺公权、没收）两种；并采用“罪刑法定”等原则；此外还规定了关于妨害国交、妨害选举、妨害交通、妨害卫生等适应当时社会新情况的犯罪。但新律的制定并非一帆风顺，以张之洞为首的坚持传统的礼治派就斥责沈家本“用夷变夏”，违背中国传统的民情国情，认为应以纲常名教作为修律的指导原则，并得到清政府的支持；以沈家本为首的坚持西方法律思想的法理派不得不作出让步，调整新律部分条文，并增加《附录》的五条暂行章程。

中国古代诸法合体，没有专门的民法典。第一次鸦片战争后，由于外国资本主义经济侵略，传统的自然经济结构遭到破坏，新的生产关系出现，原有的民法渊源已经无法适应当时的社会。于是修订法律馆着手起草民法典，其中总则、物权和债权三编由日本法学家松冈义正起草，亲属编和继承编由修订法律馆会同礼学馆起草。历经四年后，1911 年 8 月完成《大清民律草案》，共 5 编 33 章。草案采用大陆法系民法形式，第一次以法律形式规定了人民在法律范围内权利义务的统一，以诚实信用作为基本原则，明

---

［1］［清］沈家本：《寄簃文存》卷六《重刻明律序》、卷一《删除律例内重法折》，见《历代刑法考》第四册，中华书局 1985 年版。

确了行为能力概念，规定满20岁为成年人，以妻为限制行为能力人，还规定了责任能力、人格保护、法人制度、时效等内容。光绪二十九年（1903）设立商部后，开始修订商律，1909年完成《大清商律草案》，分为总则、商行为、公司法、海船法、票据法等部分，在此前后还陆续颁布了一系列单行商事法规，如《奖励公司章程》《破产律》《商人通则》《商标注册试办章程》等。这些民商法律保障私有财产权，承认民营工商业的合法性，并采用西方契约原则，有利于促进中国近代资本主义工商经济的发展。

光绪三十一年（1905），修订法律馆起草《大清刑事民事诉讼法草案》，是旧中国第一部独立的诉讼法草案。到1910年底，编成了《大清刑事诉讼律草案》，包括总则、第一审、上诉、再审、特别诉讼程序和裁判之执行等6编15章514条；同时编成《大清民事诉讼律草案》，包括审判衙门、当事人、通常诉讼程序和特别诉讼程序等4编，共22章800条。以上诸草案均未及审议与通过。为配合司法制度的改革，清政府陆续出台了《大理院审判编制法》《各级审判厅试办章程》《法院编制法》等法律，反映出在清末法律改革中，法院系统逐步向近代模式转变的趋势，特别是设立独立的审判组织及其独立行使司法权的规定，否定了两千年封建的行政司法合一、行政控制司法的基本格局。

清政府修律是为收回领事裁判权、挽救时局，虽未能改变清朝灭亡的命运，却使得中国法律开始向近代转型，促进了国民法律意识的觉醒。在这场法律改革中，清朝统治集团内部主张变革与保守的两种势力、两种思想观念进行了直接的交锋。以沈家本为首的法学家参酌西方法律制定了一系列新式法律，创制和引进了近代法学用语。从整体上说，这种变化顺应了历史发展的趋势，推动中国法律制度逐步走向近代化。然而在清末，这种改革的主观目的仍然是要从法律制度方面延续已经处于穷途末路的清朝专制统治以及传统伦理纲常。因此，就其性质而言，只是一种改良，仍然带有明显的保守性，并没有成为从根本上触动专制政权的一个环节。清朝不久就被辛亥革命所推翻，说明清末修律已经跟不上历史发展的进程，因此无法逃脱最后失败的命运，上述法律大多也因清政府灭亡而未能施行。

第二节　错综变幻的民国宪政

一、《中华民国临时约法》

1905年孙中山在檀香山建立革命政党同盟会以后，为推翻清朝专制统治多次发动起义。1911年10月10日武昌起义爆发，南方各省相继独立，成立省都督府，并制定约法，如鄂州约法、江苏约法等。这导致了国家内政和法令不相统一，影响武装革命的步伐。因此，南方各省都督府纷纷要求建立全国统一政权、制定统一的法律。各省革命党人集结汉口，组成各省都督代表会，作为革命派临时性的立法机关。代表会于同年12月3日审议通过《中华民国临时政府组织大纲》，共4章21条，即日宣布，以后又经过修改。这是中华民国第一部具有宪法性质的政府组织法。其中宣布用民主共和国取代封建专制王朝，采取美国式的总统制共和政体，规定了中华民国临时大总统、副总统的选举产生及其权限，规定了参议院和行政各部的组成与职权。大纲作为政府组织性文件仍未对人民权利义务作出规定。

《组织大纲》颁布后，南方革命派因时势变化对其进行多次修正，并认为新增人民权利义务内容后，再称为《组织大纲》稍显不当，应改为《临时约法》。1912 年元月，中华民国南京临时政府成立，孙中山当选为临时大总统。这宣告了封建君主专制制度的灭亡。1 月 28 日，南京临时政府的参议院成立后继续制定《临时约法》。此时率领重兵进攻南方的清朝重臣袁世凯玩弄权术，逼迫南方革命党人让步；袁世凯随即又逼迫清帝退位，在北京建立临时政府，自己就任临时大总统。深知袁世凯之为人的南方革命党人，为了限制袁世凯的野心，召开约法会议，完成审议程序，于 3 月 11 日由辞职前的临时大总统孙中山正式公布施行《中华民国临时约法》。

《中华民国临时约法》共 7 章，包括总纲、人民、参议院、临时大总统、副总统、国务员、法院附则，56 条。其主要内容包括：（1）中华民国的国体是民主共和国，规定“中华民国由中华人民组织之”“中华民国之主权，属于国民全体”。（2）中华民国是一个统一的多民族国家，临时约法界定“中华民国领土为二十二行省、内外蒙古、西藏、青海”。这是中国首次以法律的形式确定蒙古、西藏、青海是中国领土神圣不可侵犯的组成部分。（3）中华民国实行三权分立的组织原则，参议院是国家立法机关，由各地参议员组成，每位参议员有一表决权；临时大总统、国务员是国家行政机关；法院是国家司法机关，依法律审判民事诉讼及刑事诉讼，不受上级政府及其官员的干涉。（4）规定国民的权利和义务。人民主要享有平等权，诉讼权，议会请愿权，应任官考试权，选举与被选举权以及人身、言论、出版、集会、结社、通信、信仰等各项自由。同时规定人民依法律有纳税和服兵役之义务。（5）规定约法的宪法性效力及其修改程序。

相比《组织大纲》而言，《临时约法》具有独到之处。它规定了国家的疆域和主权在民的原则；增加了“人民”一章；改总统制为责任内阁制，扩大参议院权限，限制临时大总统的权力；保证法官的独立审判权；严格限定约法的修改程序等。其最突出的目的是限制袁世凯的权力，防止帝制复辟。《临时约法》的公布对于当时社会发展具有重要意义，是旧民主主义革命的一部光辉文献。它宣告两千多年的封建专制统治的结束，确立资产阶级民主共和制，使民主共和观念深入人心；规定人民享有言论、出版、集会结社的自由，为新文化运动奠定了基础；并用根本法的形式确立资本主义生产关系，保护人民的私有财产及企业经营自由，为发展资本主义经济提供了法律保障。当然，在它的起草过程与具体内容上，也一再反映出中国民族资产阶级的革命不彻底性。

二、北洋政府的立宪活动

北洋政府时期是指 1912 年到 1928 年，自袁世凯窃取辛亥革命的胜利果实、建立中华民国北京临时政府到北伐战争结束。这一时期国家动荡不安，政权更迭频繁，因此制定宪法性活动也十分频繁。

根据《中华民国临时约法》的规定，从1912年12月起，全国各地开始第一届国会的选举。1913年4月，中华民国第一届国会在北京召开。国会成立后，着手制定宪法并选举大总统。在此过程中，各党派之间就先制宪还是选举总统展开拉锯，最终袁世凯依靠武力压制国会，于同年6月正式被选举为大总统。在起草宪法问题上，由同盟会演变而来的国民党与袁世凯控制的进步党之间发生了剧烈争论。国民党认为《临时约法》的内容过于简单，不足以限制袁世凯的权力。袁世凯则认为《临时约法》规定的议会制及三权分立原则限制其权力，阻碍他实行专制统治。1913年7月成立了宪法起草委员会，但委员会的制宪活动受到袁世凯的一系列措施的阻碍。同年10月，国会经审议、三读程序后通过《中华民国宪法草案》，因草案是宪法起草委员会在北京天坛祈年殿起草，故又被称为"天坛宪草"。《天坛宪草》是各方政党势力角逐下相互妥协的产物，全文共11章113条。其内容较《临时约法》又增加了新的规定。主要是从三个方面限制袁世凯专制：第一，确立责任内阁制原则，国务总理及各部总长在职责上向议会负责，而不是向总统负责。第二，设立国会委员会，为国会常设机构，在国会闭会期间行使国会的部分权力。第三，确立独立于行政之外的审计制。同时，《天坛宪草》也具有因人立法、因人设制的色彩。《天坛宪草》限制总统权力，自然为袁世凯所不容。不久，袁世凯下令解散国民党，以后又宣布解散国会，《天坛宪草》遂告废止。

此时，袁世凯迫切希望制定一部维护其独权的根本法。1914年3月，成立了作为制宪机关的约法会议。同月20日，袁世凯向约法会议提交提案，约法会议据此起草制定《中华民国约法》，并于5月1日由大总统公布施行。因其在袁世凯操纵下制定，俗称"袁记约法"。该约法共10章68条，其主要内容：(1) 取消责任内阁制，实行总统独裁制。政府运行以总统为首长，领导国务卿及各部行政。(2) 赋予总统以至高无上的效力。经参议院同意，总统可解散立法院。总统实质上统揽行政权、立法权、司法权。(3) 规定了该约法的效力：凡是与约法相抵触的法律，一律无效。(4) 维护清皇室优待条件。在此之前公布的《修正大总统选举法》已经规定总统任期10年，得连选连任。《袁记约法》整体上体现了袁世凯的独裁要求，确认了总统终身制，是对《临时约法》的一次彻底颠覆，不仅废除了资产阶级民主共和制，还将立法权、司法权变为行政的附庸。1915年12月，袁世凯公开称帝，引起全国哗然，各地纷纷声讨，反袁之声遍布全国。1916年6月，被迫退位的袁世凯羞愤而死，帝制破产。

袁世凯死后，军阀混战，政坛动荡，直至1922年第一次直奉战争爆发，直系军阀曹锟取胜并控制北京政权，提出"恢复法统"的主张，重开国会。但国会在制宪过程中，常常因达不到法定人数而无法召开。在这种背景下，曹锟一方面依靠武力威胁，一方面高价收买议员，以每票5 000元的价格贿赂议员让他当选总统。曹锟此举引起全国愤怒，为平息民愤，国会遂匆忙通过《中华民国宪法》，并于1923年10月10日公布，人称"贿选宪法"，共13章114条。贿选宪法是北洋政府期间唯一正式颁布的宪法。该宪法从形式上规定中华民国永为民主共和国，实行议会制和责任内阁制，采用中央和地方分权的国家结构形式，但其制定目的是为掩盖曹锟贿选及附逆议员受贿的丑行，为直系军阀独裁统治披上一层合法的外衣。不久直系军阀政府垮台，该宪法虽经公布却未能施行，成为纸上空文。

三、国民党统治时期的立宪活动

按照孙中山的理论，中国革命必须经过军政、训政、宪政三个阶段。北伐战争中，1927 年 4 月，蒋介石在上海发动“四一二”政变，建立南京国民政府的专制统治。十年内战时期，1930 年 10 月，蒋介石率军打垮其他各派军阀，取得全国统治者的地位，宣布结束军政，开始训政。1931 年 5 月，由国民党一手包办的国民会议公布《中华民国训政时期约法》，共 8 章 89 条。其中规定：（1）实行国民党一党专政的政治制度。其总纲规定训政时期由国民党全国代表大会“代表国民大会行使中央统治权”；国民党全国代表大会闭会时，其职权“由国民党中央执行委员会行使之”，并规定“国民政府总揽中华民国之治权”。（2）关于人民权利义务。规定人民权利“非依法律不得停止或限制”，或者依法律才享有，用法律限制宪法规定的人民权利。（3）提倡“劳资互助”，旨在扩充官僚资本，为发展地主官僚资本主义经济提供保障。（4）规定政府组织机构。中央实行五院制，省置省政府，受中央之指挥，综理全省政务；各县组织县自治筹备会。总体上，约法规定以党代政，实质是将国家政权集中于国民党一党，其精神与孙中山五权分立、主权在民的建国理论相悖。

1931 年日本侵略者发动九一八事变，侵占我国东北。面对内忧外患，社会各界呼吁团结御侮，纷纷要求国民党结束训政，实行宪政。蒋介石宣布要“还政于民”，开始起草宪法。1936 年 5 月 5 日公布《中华民国宪法草案》共 8 章 148 条，称“五五宪草”。其中规定国民大会执掌中央政权，确认了总统独裁：“总统为国家元首，对外代表中华民国，并统率全国陆海空军，有公布法律、发布命令、宣战媾和、缔结条约、宣布戒严解严、行使大赦特赦减刑复权、任免文武官员之权，总统及五院执掌治权，行政院对总统负责，总统对国民大会负责。”不久，全国抗战爆发，国民党停止推行宪政，继续训政。

抗战胜利后，在中国共产党及各民主党派的努力下，国共两党在重庆签订《双十协定》，约定召开政治协商会议，会议达成宪草修改原则。制宪过程中，蒋介石悍然撕毁《双十协定》，在美国支持下发动全面内战。随后，国民党不顾中国共产党和全国人民的反对，于同年 11 月在南京单方面召开国民大会。中国共产党和一些民主党派谴责并坚决抵制这次国民大会。这次大会主要是制定宪法，所以又被称为“制宪国大”。大会于 1947 年 1 月公布《中华民国宪法》，包括 14 章 175 条。该宪法的内容及特点有：（1）声称“中华民国基于三民主义，为民有、民治、民享之共和国”。（2）规定了人民的各项自由、权利及义务。（3）规定国民大会“代表全国国民行使政权”，并选举或罢免总统、副总统，修改宪法，复决立法院所提之宪法修正案。总统为国家元首，对外代表国家，并统率全国陆海军，拥有公布法律、行使缔结条约及宣战媾和等权。行政院为最高行政机关，院长由总统提名，经立法院同意任命之。(4) 列举中央和地方权限，规定了地方自治制度。这是旧中国最后一部宪法，旨在巩固与延续国民党独裁统治。制宪国大召开以后，1948 年 3 月至 5 月，国民党又在南京召开“行宪国大”，选举总统、副总统。蒋介石与李宗仁分别“当选”总统、副总统。但是两次国大的召开与《中华民国宪法》的公布，已经无法挽救国民党政权的失败。一年以后，人民解放军渡江南下，国民党在大陆的统治就土崩瓦解了。

第三节　进步与保守混杂的民国法律

一、刑法

民国成立后，北洋政府曾经部分地沿用清律，与此同时开始修订法律。1912 年 1 月，南京临时政府设立法典编纂会与法制局，负责编纂各部门法。随即将《大清新刑律》略加修订，改称《中华民国暂行新刑律》并加以公布。1914 年 2 月，北洋政府将法典编纂会改为法律编查会，隶属于司法部，以司法总长兼任会长，并聘请日本人参与法典编纂。

1915 年 4 月，北洋政府拟成《修正刑法草案》，分总则、分则两编 432 条，但未及颁布。1919 年，北京政府以董康、王宠惠为总裁，完成《刑法第二次修正案》，分总则分则两编，48 章 393 条，其总的特点是采用近代西方刑事立法的某些原则和内容，减少封建性质的条款，并对分则各章有所整合。《刑法第二次修正案》的颁布，标志着近代中国刑事立法达到了一个新的水平。但在当时瞬息多变的政治局势下，这部刑法草案也未能正式颁布。

1928 年 3 月，国民党政府颁布了由王宠惠等在《刑法第二次修正案》基础上起草的《刑法》，分总则与分则两编，48 章 387 条，通称“二八刑法”。由于该刑法所依据的刑法理论已经过时，有些内容不符合中国国情，同时国内外形势也发生了巨大变化，特别是九一八事变的发生，使东北迅速沦陷。于是国民政府立法院又开始起草刑法修正案，1931 年 12 月，立法院组织了刑法起草委员会。至 1935 年 1 月，国民政府颁布新的《中华民国刑法》，通称“三五刑法”。该法分为总则、分则两编，共 47 章 357 条。

《三五刑法》以镇压中国共产党领导的人民革命运动为主要目的之一，其中规定的罪名有内乱罪等 35 种。刑种分为主刑和从刑。主刑分为 5 种：死刑、无期徒刑、有期徒刑、拘役、罚金。从刑 2 种：褫夺公权、没收。《三五刑法》采纳西方国家实行的社会防卫主义，增设保安处分一章，以加强对犯罪的特别预防。所谓保安处分，是用以代替刑罚的预防犯罪、维护社会秩序的强制性措施，从 20 世纪初开始，德国、瑞士、奥地利和意大利等国家开始采用。《三五刑法》将保安处分分为感化教育、监护、禁戒、强制工作、强制治疗、保护管束、驱逐出境等七种。由于保安处分制度在具体实施过程中具有较大的灵活性，因而在当时常被用作反对进步人士和共产党人的工具。《三五刑法》还继续采用罪刑法定、罪刑相适应、刑罚人道主义等刑法三大原则。

为适应其反动统治与发动内战的需要，国民党还颁布有不少刑事特别法规。其中包括所谓《惩治盗匪暂行条例》《暂行反革命治罪法》《危害民国紧急治罪法》《共产党人自首法》《戒严法》《戡乱时期危害国家紧急治罪条例》等。这些特别刑事法规，均是国民党刑事立法的重要组成部分。

二、民法

北洋政府时期，中国的社会经济与社会组织发生了许多变化，原有的尊卑等级的社会秩序以及儒家的伦理观念受到冲击，工商业得到显著发展。早在 1912 年 3 月，北京政府司法部曾议定："嗣后凡关民事案件，仍应照前清现行律中规定各条办理。"即以《大清现行刑律》中的"民事有效部分"作为民事基本法。1913 年，大理院在上字 64 号判决中，明确宣布："判断民事案件应先依法律所规定；法律无明文者，依习惯法；无习惯法者，依条理。"从而确认习惯法和条理作为补充性的民事法律渊源。在民事诉讼中，大理院的民事判例、解释例也发挥着重要作用。在此期间，北京政府有针对性地制定和公布了一些民事单行法。1922 年，北京政府责成修订法律馆开始起草民法典。1926 年完成了民法草案。由于当时正值军阀混战，未能履行立法程序。

国民政府起草民法典始于 1928 年。国民党原来准备分别制定民法和商法，并分别组织了起草委员会，但委员会刚刚成立，1929 年 2 月，立法院长胡汉民、副院长林森便建议制定民商事统一法典。国民党政治会议采纳了他们的意见，同时决定商事法规不能入编者，则另行制定单行法规。

民事立法先后由国民政府法制局和立法院进行。1929 年 5 月公布民法总则编 7 章 152 条，不久又公布债编 2 章 604 条、物权编 10 章 211 条；至 1930 年 12 月，又公布亲属编 7 章 171 条、继承编 3 章 88 条。自此，完成了民法典的编纂，之后又分别颁布了各编施行法。《中华民国民法》是中国历史上第一部正式颁布的民法，反映了晚清以来民法法典化的最高成就。该民法基于社会的发展和世界民法的进步潮流的影响，一方面废除了宗祧继承制度和亲属分类的宗族框架，另一方面也在一定程度上保留了以礼、习惯、宗族法为民事法律渊源的传统。该法力求将外国民法之最新学理、最新立法经验加以融合，因此不惜抄袭德、日等国民法，但在经济落后、政治专制、文化闭塞、社会意识落后的旧中国，立法者的价值理念很难在社会实践中实现。

国民党政府还颁布有商法，包括票据法、海商法、保险法与公司法等，形成一个在当时比较完整的民商法体系。

三、司法制度与诉讼法

民国时期的法院体系，基本上是三级三审制。

北洋政府成立之初，对清末颁行的《法院编制法》略加删改，更名为《暂行法院编制法》，继续援用。北京政府时期的审级，起先为初级、地方、高等、大理四级，后因经费与人才不足，将初级裁撤，改由地方厅分厅管辖初级案件，四级也就名不符实了。初级审判厅设于县，受理案件分为刑事、民事两项，刑事以杖罪为限，通常由推事一人独任。未设审判厅的各县设司法公署（司法处），置法官一人至三人。如果因故不能设置司法公署，经核准后，仍由县知事兼领司法事务。

地方审判厅设于各省内相当于地级市的区域，设有民事、刑事数庭，并置二人以上独任推事，审理民刑案件及其他非诉讼事件，包括不服初级审判厅的判决和裁定的上诉案件。北洋政府时期，仅在一些大中城市设立地方审判厅及分厅。在未设置初级审判厅的地方，经常由地方审判厅分厅管辖初级案件。高等审判厅设立于省，亦分为民事、刑事厅，主要审理不服地方审判厅第一审判决而上诉的案件，以及不服地方审判厅的决定或命令，按照法令而抗告的案件。高等审判厅实行合议制，其审判权由推事三人至五人的合议庭行使。

大理院为全国最高审判衙门，设议长一人，其下分置民事、刑事庭，各置推事若干人，实行五人合议审判制。《暂行法院编制法》规定，纵然是大理院院长，也“不得指挥审判官所掌理各案件审判”，以体现司法独立精神。大理院主要负责终审不服高等审判厅第二审判决而上告的案件，不服高等审判厅的决定或命令、依法抗告的案件，以及依法令属于大理院特别权限的案件。大理院内附设总检察厅，主要负责起诉重大案件，并监督下级检察厅的活动。北洋政府其他各级审判衙门中均附设检察厅。

1914 年 3 月，北京政府公布《平政院编制令》，从而形成二元司法体制，即由普通法院负责民事、刑事案件审判，由平政院负责行政案件的审判。

国民政府设有司法院，为最高司法机关，职掌民事刑事审判、司法行政、官吏惩戒、行政审判，以及统一解释法律命令之职权。其下设有最高法院，国民政府将大理院改为最高法院，职掌民刑案件的最高审判权，分设民事庭和刑事庭；行政法院，职掌行政审判职能；司法行政部，职掌司法人员训练、司法监督、司法保护、监所管理等司法行政事务。1943 年以后，司法行政部改隶行政院。

1932 年 10 月公布《法院组织法》共 15 章 91 条。据此，国民党统治时期的法院系统为三级三审制。

地方法院，设立于县或市，其区域狭小的，可以合数县市设一地方法院；区域辽阔的，则设地方法院分院。地方法院管辖的案件包括民事、刑事第一审诉讼案件，但法院另有规定的不在此限；非讼案件。地方法院审判案件由推事一人独任，案件重大的可以由三人合议。地方法院推事在六人以上的，可以分置民事庭、刑事庭。

高等法院，设于省或特别区域，其区域辽阔的，可以设置高等法院分院。高等法院管辖内乱外患及妨害国交的刑事第一审诉讼案件；不服地方法院及其分院第一审判决而上诉的民事刑事诉讼案件；不服地方法院及其分院裁定而抗告的案件。高等法院审判案件，以推事三人合议，并以推事一人进行准备及调查证据程序。高等法院分置民事庭、刑事庭，其数量根据事务的繁简决定。

最高法院设于国民政府所在地，管辖范围是不服高等法院及其分院第一审判决而上诉的刑事案件；不服高等法院及其分院第二审判决而上诉的民事、刑事诉讼案件；不服高等法院及其分院裁定而抗告的案件；非常上诉案件。最高法院审判案件，以推事三人或五人合议，院长综理全院行政事务并兼任推事。最高法院分置民事庭、刑事庭，庭的数量依事务的繁简决定。

国民党的最高法院中设检察署，以一人为检察长；其他法院及分院中，各设首席检察官一人及检察官若干人。检察官负责对刑事案件的公诉、监督执行，并参与民事诉讼。

1928 年 1 月，国民政府公布《刑事诉讼法》。随着《刑法》与《法院组织法》的修订，立法院另行起草并于 1935 年 1 月公布新的《刑事诉讼法》，分 9 编 516 条。《民事诉讼法》于 1932 年 5 月公布，经修改，1935 年 2 月公布新的《民事诉讼法》，分 9 编 636 条。立法院还于 1932 年 11 月公布《行政诉讼法》，共 27 条。

根据民国时期法学家的观点，国民党的刑事审判制度"采用了当时国际上通行的原则"，例如：(1) 在起诉上兼采法定主义与任意主义。前者指检察机关已经证明犯罪事实、具备起诉条件的，必须起诉；后者指虽具备起诉条件，检察官仍可斟酌利害，以确定起诉与否。兼采二者，即可以惩罚犯罪，又有一定的灵活性，"不致断绝罪犯的自新之路"。(2) 在证据上采取实体真实发现主义，即法院对于案情，虽得原被告之陈述及其所提出的证据，仍须自探事实之真相，务必不为当事人意思所左右。法庭不采取形式真实发现主义，以免对于事实及证据为当事人意思所拘束。(3) 在对当事人的审讯方面，以言辞审理主义为主，兼采书面审理主义。言辞审理易于法官察言观色，获得事实真相，而免于书面记载的谬误。但是第三审的判决不经言辞辩论，即采取书面审理主义。

晚清以来，西方资本主义列强通过强加给中国的各项不平等条约，先后在中国的一些口岸设立租界，并获得了租界内的领事裁判权。民国时期，帝国主义与反动当局互相勾结，共同镇压中国革命。中国人民为收回司法主权，进行了长期的斗争。与此同时，民国历届政府，一方面利用租界镇压革命，另一方面在不同的背景下，出于不同的目的，也在努力试图收回租界。太平洋战争爆发后，为了给汪伪政府打气并给自己脸上贴金，已经占领中国沿海各大城市的日本宣布实行"对华新政策"，声称退还租界，撤销治外法权；紧接着，以汪伪政权对英、美宣战为条件，日、汪以及法国维希政府等先后合作上演了"归还"日租界、公共租界、法租界的丑剧。在此前后，1943 年 1 月，英、美两国政府与国民政府分别签订"平等新约"，宣布放弃在中国的治外法权及有关特权，归还租界。这是英、美在第二次世界大战的关键时刻，对坚持抗战、拖住日本主要力量的中国的支持，是中国人民近百年来为收回司法主权而奋斗的结果。它有力地巩固了世界反法西斯统一战线，因而受到中国人民的欢迎。不久，其余一些国家也先后宣布放弃在华租界。

第四节　战火中成长的革命根据地法制

一、《宪法大纲》与其他宪法性文件

1927年“四一二”以后，革命形势趋于低潮。中国共产党人通过南昌起义、秋收起义打响了反抗国民党反动统治的第一枪。第二次国内革命战争期间，中国共产党领导了武装斗争、土地革命，建立红色根据地并进行政权建设。根据1928年6月中共六大精神，在各革命根据地建立了工农兵苏维埃政权。特别是中央革命根据地第三次反“围剿”胜利后，随着各革命根据地的不断开辟与扩大，进一步要求创建中央一级的政权机构。根据共产国际指示，1930年5月，全国苏维埃区域代表大会确定建立全国苏维埃政权。紧接着，全国苏维埃大会中央准备委员会全体会议讨论通过由中共中央提出的苏维埃共和国宪法大纲草案和其他法律草案。

至1931年，中央革命根据地以瑞金为中心，拥有21座县城，250万人口和5万平方千米土地，全国苏维埃区域已经扩大到15至16万平方千米，拥有1 000多万人口。建立统一的中央苏维埃政府势在必行。

1931年11月7日至20日，中华苏维埃共和国第一次全国代表大会在中央革命根据地首府瑞金叶坪召开。各苏区代表、红军代表，以及来自全国总工会、反帝大同盟、左联、海员等白区的代表共610人出席了大会，其中许多代表都是冲破重重阻拦、历经艰险才秘密到达中央苏区。11月7日凌晨，大会代表和数千名打着火把的群众进入会场，朱德宣布大会开始后举行了阅兵典礼。大会由项英致开幕词，毛泽东代表中共苏区中央局作《政治问题报告》。会议宣告中华苏维埃共和国成立，当晚，当地红军和工农群众数万人在广场上举行了提灯晚会，盛况空前。大会选出毛泽东为共和国中央执行委员会和人民委员会主席，项英、张国焘为副主席，下设各部及人民委员。1934年1月，召开了苏维埃共和国第二次全国代表大会。

在第一次全国代表大会上，通过了《中华苏维埃共和国宪法大纲》，共17条。在第二次大会上又进行了修改。其主要内容有：（1）确定红色政权的性质和政权组织形式。其中规定，中华苏维埃共和国“是工人和农民的民主专政国家。苏维埃政权是属于工人、农民、红色战士及一切劳苦民众的”。共和国的组织形式是民主集中制的工农兵代表大会。对于被推翻的剥削者与反革命分子，苏维埃政权从各方面对他们实行专政。（2）中华苏维埃共和国的基本任务，“在于保证苏维埃区域工农民主专政的政权和达到它在全中国的胜利”，同时确定了以反帝反封建为中心的各项革命纲领和政策、方针，包括消灭封建剥削、赶走帝国主义列强在华的势力，采取一切有利于工农群众并为工农群众所了解的走向社会主义的经济政策。（3）确定了工农劳动群众在政治上、经济上、文化上的各项基本权利，包括平等权、参政权、参军权、民主自由权、信教自由权、婚姻自由权、劳动权、受教育权等。（4）规定实现民族平等与民族自决权，同世界无产阶

级与被压迫民族站在一条革命战线上。

《中华苏维埃共和国宪法大纲》是中国共产党领导人民制定的中国历史上第一部人民民主的宪法性文献，是一部彻底反帝反封建的纲领。它与历史上一切借“宪政”之名，行专政之实的“约法”“宪法”根本对立，把革命已经取得的成果，用根本法形式确认下来，同时指出今后的奋斗目标和各项施政方针。虽然宪法大纲中的一些规定缺乏经验并受到当时“左”倾路线的影响，但宪法大纲对于促进当时民主革命运动的发展、保证革命在全国的胜利仍然具有很大的影响和重要意义。

抗日战争进入相持阶段以后，面对日寇的猖狂进攻、野蛮的大扫荡和“三光”政策，以及国民党顽固派的封锁包围和不断制造的摩擦，中国共产党领导的各抗日根据地进入了最艰苦的阶段，各根据地的民主政权为适应当时国共合作、共同抗日的形势，颁布过一些施政纲领的文件。1941 年 11 月陕甘宁边区召开第二届参议会第一次会议，共 219 人出席，其中中共党员 123 人。林伯渠作政府工作报告。大会通过的《陕甘宁边区施政纲领》的主要内容有：（1）坚持抗日民族统一战线，增进边区人民之间、边区人民与部队之间、边区人民与边区外友党友军之间的团结。（2）发展边区政治民主。在政权组织上实行三三制，保障一切抗日人民之人权，完善选举制度，厉行廉洁政治。（3）调节各抗日阶级利益，实行边区经济民主，实行减租减息和交租交息，调节地主与农民的关系，实行 10 小时工作制，增强劳动生产率，适当改善工人生活，号召努力发展生产和文化教育事业。

抗战胜利后，为了领导各解放区的政治、军事、经济和文化建设，各解放区根据中国共产党的纲领、路线、方针、政策，以及政协协议“省得制宪”的原则，结合本区域的实际情况，开始起草各自的宪法。其中 1946 年 4 月召开的陕甘宁边区第三届参议会第一次大会，出席的正式代表有 121 人。大会以后起草的《陕甘宁边区省宪》，到同年 6 月草拟完成，共 7 章 83 条。制宪因内战爆发而停顿，所以只留下宪法原则。其分为五个部分，包括规定人民代表会议是边区人民政权的基本政治制度，边区政权组织为各级人民代表会议，人民享有各项自由权利，各级司法机关独立行使职权，发展经济文化事业，并且规定了民族区域自治的原则。《陕甘宁边区宪法原则》是边区人民民主法制建设经验的总结，是保卫和建设陕甘宁边区的根本法。由于国民党发动内战，陕甘宁边区的制宪工作被迫停顿。但是该宪法原则的制定对于中华人民共和国成立后的制宪工作，也具有积极意义。

二、土地法、劳动法、婚姻法与刑法

在旧中国，地主占有大部分土地，封建半封建的土地制度占有绝对优势。中国共产党在民主革命时期领导土地革命，并颁布了土地法规。

1928 年 12 月制定的《井冈山土地法》规定：“没收一切土地归苏维埃政府所有”；“以乡为单位”，“以人口为标准，男女老幼平均分配”。1929 年 4 月，红四军进入江西兴国县后，总结此前土地斗争经验，根据中共“六大”决议精神，制定了《兴国县土地法》，把过去的“没收一切土地”改为“没收一切公共土地及地主阶级的土地，归兴国工农兵代表会议政府所有，分给无田地及少田地的农民耕种使用”。

1931年11月中华苏维埃第一次全国代表大会公布实施《中华苏维埃共和国土地法》，规定废除封建土地剥削制度，“所有封建地主、豪绅、军阀、官僚以及其他大私有主的土地，无论自己经营或出租，一律无任何代价地实行没收”，并没收富农土地。土地与水利实行国有。被没收的土地经苏维埃政府由贫农与中农实行平均分配，“地主不分田，富农分坏田”。苏维埃共和国土地法的实施，摧毁了封建土地剥削制度，是中国共产党领导土地革命的成果，有利于动员广大翻身农民参加红军。但是由于受当时“左”倾路线的影响，土地法中有一些不恰当的规定，如“地主不分田，富农分坏田”的规定，将把原来保持中立的阶级推向敌人阵营。直到遵义会议以后，上述规定才得以纠正。

抗日战争时期，建立了民族统一战线，为巩固各抗日阶级之间的团结，各抗日根据地实行减租减息政策。由于陕甘宁边区已经实行了土地革命，1939年4月《陕甘宁边区土地所有权条例》用法律形式规定了农民已经分得的土地所有权，紧接着又开始了减租减息、保证佃权与低利借贷为主要内容的土地立法。华北其他各敌后抗日根据地由于并未实行土改，因此一开始就实行减租减息、交租交息，一般实行“二五”减租即比过去减交25%的地租，同时保障佃权，并且没收汉奸的土地。

抗日战争胜利后，为动员解放区广大军民投入自卫战争，保卫胜利果实，中国共产党调整土地政策。1946年颁布的《五四指示》，规定实行土地改革，实行耕者有其田。1947年9月在河北平山举行的中国共产党全国土地会议，通过《中国土地法大纲》16条，规定废除封建性及半封建性剥削的土地制度，废除一切地主的土地所有制，其土地按全部乡村人口，不分男女老幼，统一平均分配，在数量上抽多补少，质量上抽肥补瘦，使全乡村人民均获得同等的土地并归个人所有。这就从根本上确认和保障了土地制度的变革，极大地调动了广大农民保卫土改成果、参军支前的热情，为最后推翻国民党反动统治创造了条件。

1931年工农民主政权颁布《中华苏维埃共和国劳动法》，规定了维护工人劳动权益的若干原则，1933年又加以修订。这两部劳动法都受到“左”的影响。抗日战争时期，根据“调节劳资双方利益，团结资本家抗日”的原则，各根据地制定了一系列劳动立法，主要内容有工人有组织工会的权利，雇主开除工人应事先得工会同意，实行8小时至10小时工作制，工资标准由工会、雇主、工人三方协商，男女同工同酬。此外还有保护女工、青工、童工的条款，以及关于劳动合同与集体合同与奖励技术发明等规定。

旧社会的中国妇女饱受压迫。新民主主义革命把妇女从枷锁中解放出来，实现经济上和政治上的翻身。中华苏维埃共和国成立后，通过了《中华苏维埃共和国婚姻条例》。1934年4月，又制定颁布了《中华苏维埃共和国婚姻法》。其主要内容有：确立新婚姻制度的基本原则，废除一切包办、强迫和买卖的封建婚姻制度，禁止童养媳，禁止一夫多妻或者一妻多夫，实行男女婚姻自由、一夫一妻的新婚姻制度；结婚须经双方同意，废除聘金、聘礼等陋俗；法定结婚年龄为男20岁，女18岁。结婚手续为到乡（或区）政府登记，领取结婚证；离婚须经男女双方同意，如有争议则由裁判部判决。红军战士之妻要求离婚，须得其夫同意，但其夫在一定期间内无音信者，其妻可向当地政府请求离婚。对离婚后的财产分配及保护子女利益也作了规定。通过上述婚姻立法，废除了封建婚姻制度，创建了新民主主义婚姻家庭关系的基础。

刑事立法方面，土地革命战争时期，为了保护红色区域，粉碎国民党的军事进攻和特务破坏，各根据地都颁布过一些地区性的肃反法令。1934年4月又公布了《中华苏维埃共和国惩治反革命条例》41条，其中确定了反革命罪的概念与主要内容，规定刑罚包括死刑、监禁、没收财产、剥夺公民权、驱逐出境等，规定了条例的适用范围和刑罚适用的原则，是土地革命战争后期处理反革命案件的主要依据。苏区通过肃反，有力地配合了反“围剿”斗争，巩固了根据地，但也存在着一些过“左”的规定，实践中造成肃反扩大化。抗日战争时期，各根据地刑事立法体现出团结抗日、严惩汉奸、巩固抗日统一战线并扩大根据地的精神。解放战争时期，解放区刑法严惩战犯和危害解放区的犯罪。

三、司法制度

土地革命战争初期，各红色区域主要由工农民主政府承担审判职责，以后设立肃反委员会和各级裁判部。中华苏维埃政府成立后，设最高法院领导整个共和国的审判工作，省、县和区分别设裁判部，另有政治保卫局，是对反革命案件进行侦查、拘捕和起诉的机关。

抗日战争时期，各根据地一般都规定只有司法机关才有审判权。县为最初的审级，设地方法院，未设地方法院的县设裁判员或者司法处。专署级地方法院是第二审级，陕甘宁边区等主要根据地另设高等法院及其分庭。法院或司法处内设有检察处或检察员。与此同时，各抗日根据地从敌后根据地的客观实际出发，也采取政府领导司法的体制，各级司法机关都隶属于政府，受同级参议会监督，由同级政府直接领导。如陕甘宁、晋察冀、晋冀鲁豫等边区，高等法院院长和边区政府主席都由参议会选举产生，但高等法院并不向边区参议会负责并报告工作，而只接受参议会的监督，由边区政府直接领导；有些根据地的司法机关直接设在政府内。如山东根据地的高级审判处（相当于高等法院）就是山东省战时行政委员会（即政府）的组成部分。

抗日战争时期，各根据地普遍规定人民群众有用任何方式控告犯罪的权利，但不得诬告。拘捕、审判权由公安（保安）、司法机关依法统一行使。同时，强调保障抗日人民的人权，废除肉刑，审理案件重证据不重口供。各根据地严格判案，不管什么人犯了法，都应受到法律的惩处。1937年，参加革命多年的抗大第六大队大队长黄克功因求婚不成，枪杀陕北公学学员刘茜，即被边区政府和高等法院处以死刑。该案件在当时影响很大。解放战争时期，继续实行审判公开、回避、代理、辩护等制度。

为了避免矛盾激化，减轻人民讼累，各根据地对于民事案件和一部分轻微刑事案件实行简洁诉讼程序、便利人民的原则，规定可以进行调解。如陕甘宁边区，1942 年经司法调解结案的占民事案件的 18%，1944 年上升到 48%。由政府、群众团体和民间调解的，成绩更为突出。各地还涌现出一批调解模范。人民调解成为各抗日根据地贯彻群众路线并做好统一战线工作的特色。巡回审判作为便利群众诉讼、及时审结案件的制度也在根据地普遍实行。

陕西保安（今志丹）人马锡五（1898—1962），贫农出身，1930 年参加革命，1935 年加入中国共产党。抗日战争期间任陕甘宁边区高等法院陇东分庭庭长，在审判实践中创造了巡回审判、深入农村调查研究，实事求是地了解案情、处理案件的审判方式，被人民称颂为“马青天”，其创造的审判方式被称为“马锡五审判方式”。它体现了党的优良传统，解决了不少积案、冤案，深受群众欢迎。它在审判中坚持群众路线，把司法民主落到实处。这种人民调解和巡回审判在解放战争时期的各解放区得到了进一步推广。

随着人民解放战争的胜利发展，全国各大解放区先后成立了大区人民政府，统一领导各地区的政务工作。如 1948 年 5 月，晋察冀解放区和晋冀鲁豫解放区合并组成华北解放区，进而成立华北人民政府，并陆续建立起省、县（市）、区各级政权，并废除原有司法机关，建立了人民法庭。人民法庭的设置，基本上有两种形式，一种如东北解放区，设有区、村两级人民法庭，由区、村农民大会或农民代表大会及其选出的农民委员会领导，同时受上级政府领导。另一种如晋察冀解放区，人民法庭设立于各县，采取分区办事、巡回审判或就地审判的方式。在新解放的城市，则实行军事管制，在军事管制委员会之下设有军事法庭或称特别法庭，其主要任务是审判重大的反革命案件。大区人民政府成立后，先后建立了各级人民法院。

参考书目

1. 展恒举:《中国近代法制史》，台北商务印书馆 1973 年版。
2. 张希坡:《革命根据地法制史》，法律出版社 1994 年版。
3. 张晋藩:《中国法制通史》第九卷《清末·中华民国》，法律出版社 1999 年版。
4. 徐祥民:《中国宪政史》，青岛海洋大学出版社 2002 年版。
5. 曹全来:《中国近代法制史教程》，商务印书馆 2012 年版。

思考题

1. 如何看待晚清司法主权的丧失与法律改革?
2. 中国近代立宪活动有什么特点?
3. 中国近代法律是怎样形成和发展起来的?
4. 怎样评价中华民国时期的民法与刑法?
5. 简述革命根据地法制的主要内容与历史意义。

第六章　出土简牍法律资料

简牍，是古代遗存下来的写有文字的竹简和木牍等的合称。具体地说，简一般指竹质的书写材料，牍一般指木质的书写材料。在我国，纸张发明之前，竹木是使用最广泛、最普遍的书写材料，甚至在纸张发明以后，简牍仍继续用作书写文字的载体。其使用主要在战国至秦汉时期。近代著述《汉律摭遗》《九朝律考》等，在钩稽材料方面下了很大功夫，然而现有古籍中能保存的材料究竟有限，且多为只鳞片羽，难于看出渊源与体系。

战国至秦汉时代，纸张尚未发明或尚未普遍使用。人们一般把较重要的文字材料写在简牍或丝帛上，便于保存。战国至秦汉正是简牍与帛书广泛使用的时代，这就为后人留下了珍贵的第一手文字资料，具有传世文献不可比拟的原始性与可靠性。

第一节　早期西部地区汉简的发现

一、20 世纪初新疆与甘肃出土的汉简

19 世纪中叶以后，随着近代工业与交通的发展，西方资本主义国家寻求资本市场、追求高额利润和进行殖民扩张。在列强对中国与中亚领土的瓜分争夺中，位于中国西北边陲的新疆，其西南方向与俄、英两个强国或其殖民地毗邻。在高山环抱中，有多个山口隘道与俄国以及英国的殖民地印度、阿富汗等国相通。西方殖民主义者早已对新疆虎视眈眈，20 世纪初，外国探险家及考古队纷纷进入我国西北地区进行发掘考察。以新疆与甘肃西部所发现的汉简为开端，随着文物考古学的发展，先后在各地出土了大批简牍以及一部分帛书。对简帛运用近现代科学技术进行整理和释读，为研究秦汉时期的法制提供了重要资料。

首先到来的是斯文·赫定（Sven Hedin，1865—1952），瑞典考古学家。他出生于斯德哥尔摩，1885 年中学毕业后，由于一个偶然的机会来到俄国东南部海滨城市巴库，给一位瑞典工程师当家庭教师，在此期间曾到伊朗、伊拉克等国家游历。斯文·赫定返回瑞典后，入大学深造，并以自己在巴库的活动撰写出版了《波斯、美索不达米亚、高加索游记》一书。1888 年，斯文·赫定前往德国柏林大学，师从李希霍芬（Richthofen，1833—1905）教授学习地理学。李希霍芬对东方学，尤其对中国地理学的研究受到世界

瞩目，他曾七次前往中国各地考察，出版了三卷本的专著《中国》，系统论述中国西北地理文化，提出亚洲地质地貌黄土风成的假设，并最早使用“丝绸之路”一词表示古代东西方交流的商业通道。在他的引导下，斯文·赫定独自于1890年、1893—1897年、1899—1901年，并且在1927年领导中瑞西北科学考察团，前后一共四次到新疆考察。其中第二次穿越了塔克拉玛干大沙漠，差一点命丧沙漠，回国后受到国内的竭力追捧，瑞典国王为他举行了盛大宴会。第三次于1901年3月到达罗布泊的一座古城遗址，在一座木屋遗址发现了120片木简和一些汉文纸文书。经研究，推测这里是古楼兰。1903年，斯文·赫定在所著《中亚和西藏》一书中，记述了他发现楼兰简牍的具体情形。斯文·赫定还曾在1906年至1908年进入西藏考察。

紧接着斯文·赫定而来的奥莱尔·斯坦因（Aurel Stein，1862—1943），是英国考古学家，原籍匈牙利，早年至英国学习东方文化，研究印度历史文化，1888年至印度从事教育。以后三次进入中国新疆、甘肃一带，发现大量简牍及写经、绘画等文物。

其中第一次的1901年1月，在新疆塔克拉玛干沙漠和田境内之尼雅（汉代为精绝国的中心所在，今属民丰县）的古屋遗址发现汉文简牍44枚和一批佉卢文简牍。该次探险所得交由法国汉学家爱德华·沙畹（Edouard Chavannes，1865—1918，最早整理敦煌与新疆文物的学者，曾访问新疆和田等地的遗址并研究木牍文字，被认为是法国敦煌学研究的先驱）整理。1905年，沙畹在《亚洲人杂志》上发表了斯坦因第一次中亚考察所获文书的研究成果。1907年，沙畹写出《丹丹乌里克、尼雅、安迪尔发现的汉文文书》，附在斯坦因的《古代和阗——中国土耳其斯坦考古调查详尽报告》中出版。

斯坦因第二次探险的1907年中，到达敦煌千佛洞，从王圆箓道士处购得藏经洞里的大批写本与绢画，并在敦煌以北的疏勒河流域汉代烽燧遗址中发现了705枚汉代简牍，仍由沙畹对这批竹简进行释读并研究，于1913年出版《斯坦因在东土耳其斯坦沙漠中所获汉文文书》。其所释之简由侨居日本的学者罗振玉、王国维选录588片并作更详细考证。当时他们写信给沙畹索要敦煌木简照片，得到沙畹书的校正本后，“握椠逾月，才粗具条理”，在看不到实物，又无法全面掌握有关资料的艰苦条件下写成，并于1914年出版《流沙坠简》。

罗振玉（1866—1940），字叔蕴，号雪尘，浙江上虞人，辛亥革命后以清朝遗老自居，曾参与复辟清室与伪满建国活动，研究金石学、简牍等，有《殷虚书契》。王国维（1877—1927），字静安，号观堂，浙江海宁人，清末秀才，早年学习西方思想，研究中国文化。辛亥革命后去日本，提出以地下实物考订文献资料的二重证据法，在甲骨文、金文与简牍研究领域成就卓著，有《观堂集林》。曾入清宫小朝廷任职，并任清华研究院导师，1927年当北伐军逼近北京时投昆明湖自尽。

沙畹原著基本上按照出土地点与简牍排列，罗、王二人则全部按照简牍内容分为小学术数方技书考释、屯戍丛残考释、简牍遗文考释三大类，其中屯戍丛残考释又分为簿书、烽燧、戍役、廪给、器物、杂事6个小类。并吸收中国传统的金石学和清朝考据学，使汉简成为与甲骨学、敦煌学并称的近世三大显学。以后，王国维又写了《敦煌简跋十四则》（1914）等一系列文章。

斯坦因第三次探险中，于1913年至1915年在敦煌汉塞烽燧遗址中掘得汉简84枚，其出土地点大部分属于汉代酒泉郡玉门都尉和中部都尉；又在安西、酒泉两县境内采得105枚，其出土地点大部分属于汉代酒泉郡西部都尉和北部都尉。法国汉学家亨利·马伯乐（Henri Maspero）在为斯坦因整理这批简牍文书时，雇佣中国旅法学生张凤协助。张凤依据马伯乐所寄木简照片，编辑成《汉晋西陲木简汇编》一书，1936年完成，由英国印度部与大英博物馆联合刊印，1953年出版，共录竹简160枚。

斯坦因发现了大批简牍，在考古学上颇有贡献，却因大肆盗窃、掠夺中国文物而闻名于世。1930年，斯坦因第四次到新疆探险，遭到新疆地方当局的反对而被驱逐。斯坦因历次带出的中国简牍大多存放于大英博物馆。

以上可以说是汉简发现的第一个阶段。王国维作为该阶段研究工作的开创性人物，注意把汉简的内容与敦煌汉代烽燧遗址的情况联系起来，力图恢复汉代烽燧的排列与组织。其研究方法与成就对以后的简牍研究产生了深刻影响。

20世纪初，法国政府决定派遣一个探险队前往中亚，队长是27岁的伯希和。保罗·伯希和（Paul Pelliot，1878—1945），法国汉学家，曾任职法国远东学院（河内），1906—1908年活动于中国新疆、甘肃一带，盗窃敦煌千佛洞大量文物运往法国，后任法国亚洲学会会长。当时他已小有名气，熟悉13种语言。1906年他们从巴黎坐火车出发，到达塔什干、喀什、库车、乌鲁木齐，又到敦煌找到王圆箓道士，在藏经洞翻检，以500两白银带走一大堆挑选出的文物。1909年伯希和返回法国后，将所有文书和木刻，存放在巴黎国立图书馆，其他图画、木雕、丝织品等送往卢浮宫。随后由他及其弟子进行了研究。

在此前后，还有分别由俄国人彼·彼·谢苗诺夫、尼·米·普尔热瓦尔斯基、波塔宁、彼得罗夫斯基、克列门兹、奥登堡率领的考察队，1908年，俄国探险家科兹洛夫在考察西夏黑城遗址时，发现2枚简牍。美国人亨廷顿、日本大谷光瑞考察队（其中橘瑞超1909年在楼兰遗址发现著名的“李柏文书”，即前凉西域长史李柏策划讨伐驻高昌的晋戊己校尉赵贞的有关书信）、德国的葛伦威德尔考察队等，分别在新疆、甘肃等地进行了地理、文物、民俗等方面的考察。

二、居延汉简与新简的出土

中国自己最早有组织地对简牍进行发掘的，是1926年北京中国学术团体协会与瑞典方面组织的西北科学考察团。从1927年开始，至1935年结束，持续8年，前后共有44名参加者。该团从北平出发，由瑞典人斯文·赫定与中方徐炳昶（北京大学教务长）同任团长。中方团员并有袁复礼（清华大学教授，地质学家）、黄文弼、丁道衡（北京大学助教、地质学家）、詹蕃勋（水利工程师）以及学生、摄影师等共10余人。

考察分三阶段，第一阶段（1927—1928）围绕德国汉莎航空公司提出的柏林到中亚航线而展开。航线考察因遭受中方反对而作罢，斯文·赫定决定进行驼队考察，得到中方同意。根据中方与斯文·赫定签订的协议，考察团吸收了中方成员。1927 年 5 月考察团从北京出发，到达了额济纳河、哈密、吐鲁番、归化等地，但是通航计划未能实现。1928 年至 1933 年为第二阶段。1933 年再赴新疆考察。应该说，中瑞西北科学考察团取得了很大的成果，它的综合性科学考察活动总体上是成功的，尤其是在战乱频仍、政权更迭的旧中国，显得尤为可贵。

1930 年 4 月至 1931 年，该团成员贝格曼（Folk Begman）在内蒙古额济纳河流域调查居延烽燧遗址，组织发掘采集到大批汉代简牍。在额济纳河两岸和黑城南的卅井塞，首次发现居延汉简 1 万余枚（因出土地点在汉代张掖郡居延县，称“居延汉简”。大多为西汉中期至东汉屯戍档案，现在大部分原简存放于台湾地区“中央研究院”历史语言研究所）。

居延汉简的整理与研究，起初有瑞典学者高本汉、法国学者伯希和、中国学者马衡和刘半农参与，后来还有劳榦、向达、贺昌群等加入。

劳榦（1907—2003），字贞一，湖南长沙人。北京大学历史系毕业后进入中央研究院历史语言研究所，参与敦煌与居延地区出土文献研究。1949 年任台湾大学教授，以后赴美国研究并执教。在《流沙坠简》的基础上，他对居延汉简进行详密分类，于 1943 年在四川南溪出版了最初的释文石印本《居延汉简考释》的《释文之部》，将居延汉简分成文书、簿录、信札、经籍、杂类五类。1944 年，作者又出版了该著《考证之部》，在居延汉简和汉朝历史两个方面都作了研究。其后，《居延汉简（图版之部）》1957 年在台北出版。

黄文弼（1893—1966），湖北武汉人，北京大学毕业，考古学家，北京大学研究所国学门研究人员，西北科学考察团中方成员。他于 1928 年至 1930 年两次在罗布淖尔（即罗布泊）北岸获汉简 71 枚，这是近代以来我国学者第一次发现的简牍，也是我国学者首次亲自参加田野考古发掘的收获。在艰难的条件下，他完成了《罗布淖尔考古记》一书，于 1948 年出版。该书共分四篇，第四篇以“木简考释”为题，又分为九个专题，分别是释官、释地、释历、释屯戍、释廪给、释器物、释古籍、杂释放，以及简牍制度及书写。以后他又在额济纳河畔、吐鲁番城西等地分别得到简牍数枚。[1]

1941 年，国立中央研究院再次组织西北史地考察团，其历史考古组由中央研究院历史语言研究所、中央博物院和北京大学组成。1942 年春赴河西地区考察，向达在敦煌南湖古董滩发现 10 余枚木简。1943 年 7 月至 1944 年，向达、夏鼐带领西北史地考察团，再次往河西。

夏鼐（1910—1985），字伯铭，毕业于清华大学历史系，获英国伦敦大学考古博士学位，中华人民共和国成立后曾任中国科学院考古研究所所长，有《考古学论文集》等。1944 年，由夏鼐等率领西北科学考察团的考古调查中，在敦煌之玉门关遗址附近掘得汉简 48 支。

---

[1] 王子今、赵宠亮：《简牍史话》，社会科学文献出版社 2012 年版，第 172 页。

西北科学考察团对西北地区的高山、盆地、沙漠、丘陵、草原、河流、湖泊进行考察，获得了地质、测量、生物、民族和考古方面诸多成果。斯文·赫定主持编写的《斯文·赫定率领的中瑞联合考察报告书》，自1937年至1982年陆续出版54卷之多。

居延汉简的发现及其以劳榦为中心的整理研究工作，是汉简研究的第二个阶段。

从20世纪50年代开始，居延汉简的研究抛弃了局限于单枚简牍的考证，采用考古学和古文书学的方法，把简牍放到烽燧遗址的背景之下，并注意研究由若干简牍组成的各类簿册，进而恢复当时的公文格式、屯戍制度以及塞上居民生活的原貌。其主要成果有：

中国科学院考古研究所编《居延汉简甲编》，科学出版社1959年版，全书共录2 596枚简，图版共189版。以该书的出版为契机，围绕着简牍的释读，陈直、陈邦怀、于豪亮等人在60年代前期的《考古》杂志上展开了讨论。陈梦家从1960年开始研究汉简，主要是结合考古学的发现探讨居延边塞组织和烽燧的分布，发表了《汉简考述》与《汉简缀述》等成果。

另有陈直《居延汉简研究》，其内容大多写于20世纪50年代至60年代之际，包括居延汉简的综论释文校订、系年等部分，对当时已出土的居延汉简一一钩稽贯串，与古籍互相印证，有天津古籍出版社1986年版。

中国科学院考古研究所编《居延汉简甲乙编》，中华书局1980年版。分上下两册，上册为图版（共475版），下册为释文。该著特征是判明全部简牍的出土地点，简文按原简号码的顺序排列。

劳榦等所编《汉简研究文献四种》共两册，北京图书馆出版公司2007年版。该书包括以下四种文献：（1）劳榦《居延汉简考释》之《释文之部》4册、《考证之部》2册。（2）张凤《汉晋西陲木简汇编》。（3）陈邦福《汉魏木简义证》。该书是对1907年前后在敦煌附近汉代边塞遗址中出土的木牍内容的研究，成书于1931年。（4）陶元甘《居延汉简笺证》。该书是作者在读劳榦《居延汉简考释》时有所得而撰成。

此外还有，中国科学院考古研究所《居延汉简甲编》，科学出版社1959年版；中国科学院考古研究所《居延汉简甲乙编》，中华书局1980年版；谢桂华、李均明、朱国炤在《居延汉简甲编》与中华书局《居延汉简甲乙编》基础上，经过重新释读，合编的《居延汉简释文合校》上下册，文物出版社1987年版。

1972年至1974年，由甘肃省文化厅文物处、甘肃省博物馆文物队、酒泉地区及当地驻军等单位组成的居延考古队，调查和发现了汉代肩水金关、甲渠候官（破城子）、甲渠塞第四燧三处遗址，出土汉简1.97万余枚。其中从甲渠候官出土的简文内容可知，这是属于甲渠候官处理行政、军事以及其他事务的处所。这次发掘的纪年简上限始于西汉昭帝始元时期，下限至西晋武帝太康四年，属于宣帝时期的最多，东汉光武以后的简极少。肩水金关出土的简牍包括文书类，如《甘露二年丞相御史律令》《大司农罪人入钱赎品》《盐铁令品》《候史广德坐罪行罚檄》等。1976年，该队在额济纳旗布肯托尼以北地区调查，获得汉简173枚。1982年，甘肃省文物工作队于甲渠候官遗址发现22

枚汉简。以上合称居延新简。其数量和内容均超过20世纪30年代前西北考察团发现的居延汉简。甘肃省文物考古研究所、甘肃省博物馆等编有《居延新简——甲渠候官与第四燧》，文物出版社1990年版。《居延新简——甲渠候官、甲渠塞第四燧》一书，中华书局1994年版，仍由上述单位合编。

第二节　各地简牍的陆续发现

一、战国简的发现与整理

望山楚简。1965年末至1966年初，湖北省文物考古研究所对江陵望山1、2号楚墓进行保护性发掘，两墓共出土竹简273支，残断严重。其中1号墓竹简内容主要为卜筮事项，根据简文，可知墓主为楚悼王曾孙；2号墓竹简主要为遣册。《文物》1966年第5期刊载湖北省文化局文物工作队《湖北江陵三座楚墓出土大批重要文物》一文加以介绍。1995年中华书局出版湖北省文物考古研究所、北京大学中文系合编的《望山楚简》。另有《战国楚简汇编》（齐鲁书社1995年版）和《江陵望山沙塚楚墓》（文物出版社1996年版）收录。

包山楚简。1986年底至1987年初，湖北省荆沙铁路考古队在荆门市十里铺镇王场村包山岗发掘出土了九座墓葬，从2号楚墓出土竹简448支。竹简有《集箸》《集箸言》《受期》《疋狱》等篇，内容包括司法文书、卜筮祭祷记录和遣册三大类。有关报道见《文物》1988年第5期刊载荆沙铁路考古队《荆门市包山楚墓发掘简报》。1991年，文物出版社出版有湖北省荆沙铁路考古队《包山楚简》。1996年，武汉大学出版社出版陈伟《包山楚简初探》。

郭店楚简。郭店一号墓位于湖北省荆门市沙洋区四方乡，该墓先后遭两次盗掘。1993年10月，荆门市博物馆对其进行了抢救性清理发掘，出土各类器具290件，有竹简804支。该墓年代应当在公元前4世纪末，不晚于公元前300年。而其中所出土竹书的抄写年代更早些，应当在孟子之前。竹简共1.3万余字，明显带有战国时期楚国文字的特点，内容以道、儒两家学说为主，包括《缁衣》《五行》《性自命出》《成之闻之》《尊德义》《六德》《穷达以时》《鲁穆公问子思》等篇。郭店楚墓出土的《老子》（包括甲、乙、丙三种版本）是现存年代最早的战国抄本，篇幅相当于今本的2/5，不分道经与德经，章次也与今本不一致，是研究战国时期《老子》成书及流传过程的重要资料。

上海博物馆藏战国简。上海博物馆在爱国华侨的资助下，1994年从香港文物市场购回一批战国竹简，约有1 200支3.5万多字。这批竹简均为古书，内容涉及80余种古籍。其中有些可以和传世本对照，如《缁衣》、《周易》等，但多数是先秦佚书，如《孔子诗论》、《性情论》、《乐礼》、《鲁邦大旱》等。据推测，这批竹简出土地点可能离荆门郭店不远，可能是楚国迁都郢以前贵族墓的随葬品，是盗墓者获知郭店一号楚墓出土竹简之后，在邻近的一个楚墓中盗掘出来的。根据这些竹简都来自一个泥团，科学测定竹简距今约 2 257 年加减 65 年，竹简书写的墨为明代以前，其字体、书法和墨色与已出土战国楚简文字一致，很多内容完全不见于传世文献、无造假可能等方面，专家判定这批竹简为真。这批竹简是秦始皇焚书坑儒以前的原始古籍，涉及历史、哲学、宗教、文字、音乐、文学、军事诸方面，必将为先秦经学与学术思想的研究带来难得的契机。[1] 马承源主编有《上海博物馆藏战国楚竹书》（上海古籍出版社 2001—2007 年版）。

清华大学所藏战国竹简。2008 年 7 月，依靠校友大力支持，清华大学从香港文物市场抢救回一批战国竹简，总数近 2 500 支（包括残片），其中整简的数量约 1 800 支。清华简文字书写精整，经化学处理后，多数非常清晰。其内容是秦始皇焚书坑儒以前的写本，包括已经失传 2 000 多年的《尚书》题材文献的重新面世，但篇题、文句与传世本多有差异。经科学测定，清华简无字残片的年代在公元前 305 年加减 30 年。清华简可以说是严格意义上的典籍，至少有 63 篇古代文献，包括《尹诰》《保训》《皇门》《金滕》《耆夜》等篇。有类似于《竹书纪年》的编年体史书，所记史事上起周初，下至战国，可与《春秋》经传、《史记》等对比；还有类似《国语》《仪礼》的内容，以及与《周易》有关的文献。专家指出，清华简是楚地出土的战国简册，以经、史类典籍为主，内涵丰富，大多在已经发现的先秦竹简中未见，涉及历史学、考古学、古文字学、文献学等中国传统文化的核心内容，是一项罕见的发现，已经引起国内外学者的高度重视。

二、各地秦简的发现与整理

云梦秦简。1975 年 12 月，湖北省博物馆与云梦县文化部门等单位在云梦县睡虎地发掘的秦代墓葬中的 11 号墓所出土。经整理拼复，共计有简 1 155 支（另残片 80 片），字迹清晰，内容包括编年纪、语书、秦律十八种、效律、秦律杂抄、法律答问、封诊式、为吏之道、日书甲种、日书乙种等十个部分。其中，语书 14 支简，是秦王政二十年（前 227）四月初二，秦国南郡郡守腾为清除楚国在当地势力而颁发给本郡各县、道的一篇文告，其中对官吏知法守法提出了明确要求。秦律十八种共 201 简，是秦律部分内容。如《田律》《厩律》是关于农田水利、山林保护、牛马饲养方面的法律，《仓律》《金布律》对官府粮食的贮藏和发放、货币流通、市场交易等作了规定，《徭律》《司空律》有关徭役征发、工程建造、刑徒监管，等等。效律为 60 支简，是一部独立的法律，规定了核验县和都官物资账目的一系列制度。秦律杂抄 42 支简，是根据需要从秦律中摘录的一部分律文，其范围大多超出秦律十八种的篇目。法律答问有 210 支简，采用问答形式，对秦律某些条文、术语以及律文意图作出解释。封诊式有 98 支简，主要是关于对案件进行调查、检验、审讯的步骤与文书程式，其中包括各类案例，以供官吏学

[1] 邬文玲等：《当代中国简帛学研究》，中国社会科学出版社 2011 年版，第 10—14 页。

习，并在处理案件时参照执行。据研究，云梦秦简的内容属于战国末期到秦始皇时期，主要反映了从封建割据向专制主义中央集权统一国家转变时期的法律制度，有许多填补了过去秦代法律研究中的空白。睡虎地秦墓竹简整理小组所编《睡虎地秦墓竹简》，文物出版社 1978 年版。

天水放马滩秦简。1986 年 3 月，甘肃省天水市小陇山林业局党川林场职工在放马滩发现古代墓葬，经考古部门勘探，发掘墓葬 14 座，多为秦墓。其中 1 号秦墓出土 460 枚竹简，大多保存完好，字迹清晰，内容定名为《日书》（卜卦、禁忌、鬼神之书）甲乙种与《墓主记》（墓主生平故事）。《文物》1989 年第 2 期刊载甘肃省文物考古所和天水市北道区文化局《甘肃天水放马滩战国秦汉墓群的发掘》一文。甘肃人民出版社 1989 年出版《秦汉简牍论文集》收录相关介绍文章。

龙岗秦简。1989 年 10 月至 12 月，湖北省文物部门在云梦县龙岗发掘秦汉墓九座。其中，M6 出土木牍一方、竹简 150 余枚，1 770 余字。竹简保存较差，考释者经过对竹简的缀联与释读，将其内容分为禁苑、驰道、马牛羊、田赢、其他等五部分。据考证，M6 时代约为秦朝末年，简牍系秦统一以后颁发的法律文书，内容不少与云梦秦简中的秦律一脉相承，而有关禁苑管理的律文比睡虎地的田律更详，有关牛马管理、田制赋税的律文基本上可视为新出，而驰道律文及木牍判辞迄今仍系孤本。龙岗简的年代比睡虎地秦简略晚，有一些用语系秦统一以后才出现。龙岗秦简对于研究秦代历史与法律有十分重要的价值。有梁柱、刘信芳编著《云梦龙岗秦简》，科学出版社 1998 年出版；中国文物研究所与湖北省文物考古研究所再整理本《龙岗秦简》，中华书局 2001 年出版。

王家台秦简。1993 年 3 月，荆州地区博物馆在江陵县荆州镇郢北村王家台发掘 16 座秦汉墓葬，其中王家台 15 号秦墓出土 800 余枚秦代竹简，内容有《效律》，多与云梦睡虎地秦简效律相同，但书写顺序不尽一致，对研究秦代法律有一定价值。此外还有《日书》等。《文物》1995 年第 1 期刊登荆州地区博物馆《江陵王家台 15 号秦墓》一文，简要报道了其简牍情况。

里耶秦简。2002 年 4 月，湖南省文物考古研究所等单位在湘西土家族苗族自治州龙山县里耶镇发掘了战国—秦代古城 1 号井遗址，出土少量战国楚简和大量秦代简牍，共计 3.6 万余枚。其中秦代简牍属于秦时县一级政府的部分档案，包括政令、各级政府之间的往来公文、司法文书、吏员簿、物资（含罚没财产）登记和转运等，可以判定是秦王政（秦始皇）及秦二世时的遗物，对研究秦代的统一与法制提供了第一手资料。《中国文物报》2002 年 8 月 9 日以《龙山里耶出土的大批秦代简牍》为题作了专题报道。《中国历史文物》2003 年第 1 期刊登湖南省文物考古研究所等撰写的《湘西里耶秦代简牍选释》。

湖南大学岳麓书院藏秦简。2007 年 12 月，湖南大学岳麓书院从香港购置一批竹简，有比较完整的简 1 300 余支，内容包括律令、数书、占梦书、为吏治官及黔首、质日等。《文物》2009 年第 3 期发表陈松长《岳麓书院所藏秦简综述》一文。《中国史研究》2009 年第 3 期刊载有关岳麓书院藏秦简整理与研究的系列文章，同时新增公布部分秦简的图版和释文。陈松长有《岳麓书院藏秦简〈为吏治官及黔首〉略说》（《出土文献研究》第九辑，中华书局2010年版）。

三、各地汉简的发现与整理

（一）西北地区出土汉简

敦煌汉简。1907年2月斯坦因在敦煌以北的疏勒河流域汉代烽燧遗址中掘得汉代木简。以后，敦煌附近多次发掘出土汉简。其中，1913年至1915年4月，斯坦因在第三次中亚探险中，在敦煌汉塞烽燧遗址中掘得汉简84枚，其出土地点大部分属于汉代酒泉郡玉门都尉和中部都尉；又在安西、酒泉两县境内采得105枚，其出土地点大部分属于汉代酒泉郡西部都尉和北部都尉。1944年，前西北科学考察团历史考古组在敦煌西北的小方盘城遗址附近掘得汉简49枚。1977年8月，甘肃嘉峪关市文物保管所在玉门花海农场附近汉代烽燧遗址中掘得简牍91枚，是酒泉郡北部都尉的文书档案。1981年3月，敦煌市博物馆在酥油土汉代烽燧遗址中采得简牍76枚，经整理，内容大致有律令、檄文、日常屯戍簿册等，其下限当至王莽，而昭、宣时期较多。这些简牍，习惯上统称为“敦煌汉简”，其内容多记载当时当地的日常行政、军事和私人生活。其出土，为进一步研究汉代边塞制度提供了新的资料。具体可见《敦煌汉简》，中华书局1991年版；吴礽骧《敦煌汉简释文》，甘肃人民出版社1991年版。

武威汉简。1959年起，在甘肃省武威市先后多次发掘汉代墓葬，出土不少木简。其中，1959年7月在该市新华乡磨咀子发掘了6号汉墓，共出土竹木简600余枚，其中完整的385枚。该批竹木简的内容是《仪礼》部分篇章。同年秋，在磨咀子18号汉墓出土木简10枚，内容为西汉宣帝、成帝时关于“年始七十者授之以王杖”的两份诏令，学者一般称之为“王杖十简”。以上简影和释文见《武威汉简》，文物出版社1964年版。1981年9月，武威县文物管理委员会在保护调查重点文物时，由该市新华乡社员交出一份近年在磨咀子汉墓出土的《王杖诏书令》木简26枚。其图版、释文见甘肃人民出版社1984年版《汉简研究文集》，载有《武威新出土王杖诏令册》一文。1989年8月，武威地区文物普查队在武威柏树乡旱滩坡汉墓发掘出土残简17枚，为东汉时期遗物，内容为律令，计有《令乙》《公令》《御史挈令》《兰台挈令》《卫尉挈令》《尉令》《田律》（或《田令》）等条文，《文物》1993年第10期有论文加以考释。

甘谷汉简。1971年12月，甘肃省博物馆等单位在天水市甘谷县刘家山坪发掘一座东汉墓葬，出土木简23枚，现存简文964字，其内容为桓帝延熹年间宗正府卿刘柜关于宗室事务的奏章和经批准后转发各州郡的官方文书。书中云：县乡官吏对皇族宗室“横加僇辱”，侵夺宗室特权。宗室“自讼为乡县所侵，不行复除”，“言郡被书不奉行”。甘肃人民出版社1984年版《汉简研究文集》中有《甘谷汉简考释》一文对此做了报道与研究。李均明等编《散见简牍合集》（文物出版社1990年版）、薛英群著《居延汉简通论》（甘肃教育出版社1991年版）均对这批木简有所论及。

大通汉简。1978年7月，青海省文物考古工作队在大通县上孙家寨村西北发掘一批汉墓，其中 115 号汉墓中出土 240 多枚木简，内容主要是有关：兵法类，讲战守攻取的要点；军法、军令、军爵类，主要是根据兵法原则及当时朝廷律令而制定的具体措施，军令部分包括书于尺牍之军令与军爵、惩罚等军纪，军爵方面涉及士卒斩首捕虏以首级纪功拜爵等。《文物》1981 年 2 月刊登由整理小组编写的《大通上孙家寨汉简释文》。青海省文物考古研究所编《上孙家寨汉晋墓》（文物出版社 1993 年版）刊布了该墓出土的木简照片与释文。

马圈湾汉简。1979 年 6 月，甘肃省博物馆文物队与敦煌县文化馆组成汉代长城调查组，在敦煌县西马圈湾发现一座当年斯坦因考察经过时遗漏的烽燧遗址，由文物工作队对遗址进行考察，共出土竹简 1 217 枚，分别属于西汉后期到王莽时期。经初步整理，简牍有诏书、奏记、檄、律令、品约、谍书、爰书、符传等。马圈湾遗址是有史以来敦煌出土简牍最多的一次。甘肃省博物馆、敦煌县文化馆合写的《敦煌马圈湾汉代烽燧遗址发掘简报》一文，刊载于《汉简研究文集》（甘肃人民出版社 1984 年版）。甘肃省文物考古所编《敦煌汉简释文》（甘肃人民出版社 1991 年版）和《敦煌汉简》（中华书局 1991 年版）均收录了马圈湾简牍相关资料。

悬泉汉简。1992 年 5 月至 12 月，甘肃省文物考古研究所对敦煌悬泉遗址进行清理发掘，出土汉代简牍 5 000 余枚，以昭帝至平帝时期的简为最多，大多保存完好。内容有诏书、律令、科品、檄记、簿籍、爰书等，特别是其中大量出土的邮驿文书、簿籍，为探索汉代邮驿制度提供了详细资料，并对邮驿由具有军人身份的戍卒管理、探索地方政府与边郡军事机构的关系，以及编民与军人身份的相互转化等问题的研究提出了新的课题。甘肃敦煌悬泉遗址是我国首次在中西交通大道上清理发掘的较大规模的驿站遗址。《中国文物报》1993 年 3 月 14 日刊载柴生芳撰写的《悬泉遗址发掘又获新成果》一文。上海古籍出版社 2001 年出版了胡平生等合写的《敦煌悬泉简释粹》。

额济纳汉简。1999 年至 2002 年，内蒙古自治区文物考古研究所在额济纳旗汉代烽燧遗址掘得汉简 500 余枚。这是继 1930 年至 1931 年、1972 年至 1982 年之后在居延地区的第三次重大发现。其形制有简、两行、牍、觚、封简等，时代以西汉中期至东汉早期者为多，内容大多为当时的行政文书，涉及汉代政治、军事、经济诸领域，如王莽登基诏书、分封单于诏书、行政条例等皆属首见，颇具研究价值。魏坚主编《额济纳汉简》（广西师范大学出版社 2005 年版）刊布了该遗址出土的简牍图版、释文及考述。

（二）湖北、湖南地区出土汉简

江陵汉简。1973 年 9 月，长江流域第二期文物考古训练班在湖北省江陵市纪南城凤凰山发掘三座汉墓。共出土竹简 428 枚、木牍 9 枚。其中 10 号墓出土竹简 172 枚、木牍 6 枚，内容主要是乡里行政机构的文书，涉及算赋、田租、贷种、刍稿等。《文物》1976 年第 6 期刊载的弘一《江陵凤凰山十号汉墓简牍初探》一文对此有考证和论述。1975 年 3 月，江陵市纪南城文物保护与发掘小组在凤凰山发掘一座汉墓，出土竹牍 1 枚、竹简 66 枚、衡杆 1 枚。衡杆文字为一条汉律。《社会科学战线》1980 年第 4 期刊登骈宇骞所写《江陵凤凰山 168 号汉墓天平衡杆文字释读》。

张家山汉简。1983 年 12 月，在湖北省江陵县（今荆州市荆州区）城外西南的江陵砖瓦厂内，因取土而发现张家山二四七号汉墓，由荆州博物馆配合发掘。墓主人去世当在西汉吕后二年（前 186）或其后不久。墓中出土竹简 1 236 枚（不含残片），包括《历谱》《二年律令》《奏谳书》《脉书》《算数书》《盖庐》《引书》等部分，涉及西汉早期的律令、司法诉讼、医学、导引、数学、军事理论等方面，内容十分丰富。其中《二年律令》部分有简 526 枚，推断是吕后二年施行的法律。简文共 27 篇律、1 篇令，其中有贼律、盗律、具律、告律、捕律、均输律、传食律、田律、户律、金布律以及津关令等，包含了当时汉律的主要内容，涉及西汉初年的社会、政治、军事、经济、地理等方面。其发现使亡佚已久的汉律得以重现，不仅使秦、汉律的对比研究成为可能，而且是研究汉朝与以后历代法律关系的直接的资料。《奏谳书》共有竹简 228 枚，包含春秋至汉初的 22 个案例，是当时司法诉讼程序和文书格式的具体记录，可以从中了解秦汉法律制度的实施情况。张家山汉简是研究汉初法制的重要资料。文物出版社于 2006 年出版了张家山二四七号汉墓竹简整理小组所编的《张家山汉墓竹简（二四七号墓）》。

张家界汉简。1987 年 4 月至 8 月，湖南省文物考古研究所和湘西土家族苗族自治州文物工作队、大庸市文物管理所联合对张家界市（原大庸市）城西古人堤遗址进行了发掘，出土汉简 90 片，判定其为东汉时期遗物，其中包括汉律数条，以及官府文书等。《中国历史文物》2003 年第 2 期刊登张春龙等所写的《湖南张家界古人堤遗址与出土简牍概述》、湖南省文物考古研究所所写的《湖南张家界古人堤简释文与简注》等文。

虎溪山汉墓。1999 年 5 月，湖南沅陵县政府在城关镇西修建宿舍楼时发现一座汉墓。同年 6 月至 9 月，湖南文物考古研究所进行了抢救性考古发掘。据该墓出土玉印知，墓主人吴阳为长沙王吴臣之子，为第一代沅陵侯，高后元年（前 187）受封，文帝后元二年（前 162）去世。这是湖南继马王堆汉墓后发掘的第二座未被盗掘的王后墓葬。该墓共出土残简 1 336 段，现存简头 600 多枚。据初步清理，简文内容可分为：黄簿、日书、美食方。黄簿共存 241 枚，其中整简 120 枚，详细记载了西汉初年沅陵侯国的行政设置、吏员人数、户口人民、田亩赋税，大型牲畜、经济林木的数量，兵甲船只以及各项增减及其原因等，是目前同类出土资料中时间较早的，对研究西汉时期的行政、户籍管理制度和社会生产状况很有意义。《文物》2003 年第 1 期刊登了湖南省文物考古研究所等单位撰写的《沅陵虎溪山 1 号汉墓发掘简报》，介绍了该墓及其出土文物情况，并发表少量竹简的释文及图版。

长沙走马楼三国吴简。1996 年 7 月至 8 月，湖南省长沙市文物工作队、长沙市文物考古研究所对长沙市五一广场走马楼西南侧的商贸大厦建设工地的古井窖群进行发掘清理，共发掘古井 50 余口，在其中编号为 J22 的古井中发现大批三国时期的简牍，共计 10 万余支，其中有字简 7.2 万余支，4 万余支无字。已整理部分所见最早为汉献帝建安二十五年（220），最晚为吴国孙权嘉禾六年（237）。形制有简、牍、木楬、封检等，大部分属于吴国临湘县或侯国的文书，内容以户籍、各种名籍和赋税簿籍为主，也有官府往来文书，涉及司法调查、军粮督运、借贷还债、征讨叛乱，以及私人信件、名刺等。《文物》1999年第5期刊载长沙市文物工作队、长沙市文物考古研究所撰写的《长沙走马楼J22发掘简报》，初步介绍了古井窖清理发掘及部分简牍的情况。长沙市文物考古研究所、中国文物研究所、北京大学历史学系走马楼简牍整理组撰写的《长沙走马楼三国吴简·竹简》（一）、（二）、（三），由文物出版社分别于2003年、2007年、2008年出版。[1]

长沙走马楼西汉简牍。2003年11月，因湖南省供销社动工修建综合楼（位于1996年吴简出土地点附近），长沙走马楼8号井开始陆续出土西汉简牍，总数达1万余枚。据清理研究，这批简牍是汉武帝时期的行政文书，大部分属于司法文书，涉及当时的诉讼制度、法制改革、统计制度、交通邮驿制度及长沙国的历史、法律、职官、郡县、疆域等诸多方面。

长沙五一广场东汉简牍。2010年6月，在长沙地铁二号线五一广场站东南侧距地表6米深的地下隧道工程中，施工人员发现井窖，经文物保护部门发掘勘查，出土木简与竹简共计近7 000枚，大多保存较好，字迹清晰、纪年明确。经整理，该批简牍形成于东汉中期偏早，从章帝至安帝期间，主要内容是当时的公文，包括长沙郡及其诸曹、临湘县及其诸曹的下行文书，临湘县及其所属诸乡、亭的上行文书，亦有与外郡县的往来文书，涉及当时的区划、行政、经济、法律、军事等多方面，所见职官名目尤其繁多。与法律相关的内容，涉及刑事、民事、诉讼等。

（三）安徽、江苏地区出土汉简

阜阳汉简。1977年，安徽省阜阳市博物馆在阜阳市双古堆1号汉墓中发掘出6 000余枚竹简、木简和木牍，内容包括《诗经》《周易》《刑法》《作务员程》等。《文物》1983年第2期发表国家文物局文献研究室和阜阳博物馆合写的《阜阳汉简简介》。上海古籍出版社于1988年、2005年先后出版了有关阜阳汉简的研究著作。

连云港汉简。1978年，在江苏省连云港市花果山下的云台砖厂取土时发现一座西汉晚期墓葬，出土13枚竹木简牍，内容涉及有关刑事案件。李均明等编《散见简牍合辑》（文物出版社1990年版）收录了该墓出土的竹木牍内容。

尹湾汉简。1993年2月，江苏省连云港市东海县温泉镇尹湾村的村民在取土时发现墓葬，经连云港市、县博物馆现场探测，查明此处为汉代墓葬并发掘其中六座，出土木牍24方和竹简133枚，除1枚木牍以外，其余均出自M6号，总数4万多字，时间为西汉晚期成帝时期。经拼接缀合，内容分为《东海郡上计集簿》《东海郡吏员簿》《东海郡下辖长吏名簿》《东海郡下辖长吏不在署未到官者名籍》《东海郡属吏设置簿》《武库永始四年兵车器集簿》《名谒》《刑德行时》等部分，包括发现的最早的一批郡级行政文书档案，为研究西汉的上计、行政建置、吏员设置、官吏迁除，以及户口、田地等制度提供了第一手资料，可以用来补充、订正《汉书》等史籍，并据以判断前人有关研究成果的是非。《文物》1996年第8期刊登连云港市博物馆撰写的《江苏东海县尹湾

---

[1] 以上部分参考骈宇骞、段书安《二十世纪出土简帛综述》，文物出版社2006年版。

汉墓群发掘简报》，首次报道了尹湾汉墓出土简牍的情况。连云港市博物馆、中国社科院简帛研究中心等四单位合编《尹湾汉墓竹牍》一书（中华书局 1997 年版），全面系统地发表了尹湾汉墓出土的文物及简牍的照片、释文。

（四）其他出土简帛

北京大学所藏西汉竹书。2009 年初，北京大学抢救收藏一批流失海外的西汉竹书，总数达 3 300 多支。竹简保存良好，字体为隶书，抄写工整，墨迹清晰。此次发现的有《老子》古本 218 支简，有《老子上经》和《老子下经》的篇题，分别对应今本《德经》和《道经》，这种命名方式在《老子》古本中首次发现，每篇均有分章符号，章节划分与传世本有所不同，比以前发现的版本——马王堆帛书本、郭店楚简本更完整，是探讨《老子》分章最原始最齐全的资料。竹书并收有宋代以后亡佚的《仓颉篇》。北大竹书抄写年代在汉武帝后期，其中包含近 20 种古代文献，涉及哲学、史学、文字学、文学和医学等领域，是目前所见战国秦汉古书类竹简中数量最大、保存质量最好的一批。

香港中文大学文物馆藏简牍。香港中文大学文物馆历年收藏简牍 259 支，有战国简 10 支、西汉简 215 支、东汉简 14 支、东晋木牍 1 支、残简 8 支、空白简 11 支。其中战国简从内容上看属于古书，如《缁衣》《周易》等。饶宗颐等从其内容或字迹出发，认为其与上海博物馆藏战国简属于同一批。汉晋简牍包括日书、奴婢廪食粟出入簿、河堤简、序宁间、遗策等。陈松长所撰《香港中文大学文物馆藏简牍》（2001 年版）公布了简牍照片，并作分类、分篇及释文注释。

银雀山汉简。1972 年 4 月，山东省博物馆和临沂文物组在临沂银雀山发掘 2 座汉墓。其中 1 号汉墓出土竹简 4 942 枚，内容大致可分为传世本的书籍和古佚书两类。现有传本的佚书包括《孙子兵法》《六韬》《尉缭子》《晏子》；佚书包括《孙膑兵法》《守法守令》等十三篇、《论证论兵》类五十篇等。在一个墓葬中集中出土这么多先秦古籍和古佚书十分罕见，对研究西汉制度文化有一定价值。《文物》1974 年第 2 期刊登由山东省博物馆和临沂文物组合写的《山东临沂西汉墓发现〈孙子兵法〉和〈孙膑兵法〉等竹简简报》，首次报道这批竹简的情况。银雀山汉墓竹简整理小组所编《银雀山汉墓竹简（壹）》（文物出版社 1985 年版）收录了部分出土竹简内容。

定县汉简。1973 年，河北省文物管理处在定县八角廊村发掘第 40 号汉墓，出土 2 500 余枚竹，内容多为古代书籍，包括《论语》《文子》等，对研究西汉法律思想有一定意义。《文物》1995 年第 12 期刊登了汉简《文子》释文、校勘记，以及《定州西汉中山怀王墓竹简〈文子〉的整理和意义》。

马王堆帛书。以丝绸作为书写载体，习惯上称“帛书”“缯书”或者“绢书”。我国是最早养蚕的国家，商周以来，帛已经成为书写材料，但丝绸昂贵，帛书比较少见。1973 年 12 月至 1974 年初，湖南省博物馆在长沙市马王堆发掘两座汉墓，其中在 3 号墓中出土了一批具有重要价值的竹简和帛书。帛书总字数有十几万，其中诸子类包括《老子》甲本、《老子》乙本、《九主》《明君》《经法》《经》《称》《道原》等；刑书类包括《刑德》甲篇、《刑德》乙篇、《刑德》丙篇。具体可见《马王堆汉墓帛书（壹）》（文物出版社1980年版）、《马王堆汉墓帛书（叁）》（文物出版社1983年版）。

海昏侯墓简牍。海昏侯墓是汉废帝刘贺的墓葬，位于江西南昌新建区观西村，由王墓、陪葬墓等组成，自2011年开始，历经5年的发掘，出土文物共达1万余件，是我国迄今发现的面积最大、保存最好、内涵最丰富的汉代列侯等级墓葬。刘贺为汉武帝孙，在世33年间曾经历王、皇、侯三种身份的转变，昭帝死后，昌邑王刘贺被权臣霍光扶上帝位，仅27天即因荒淫遭废黜，最后被贬为江西海昏侯。根据初步清理与保护，该墓出土竹简约5 000枚，内容包括《悼亡赋》《论语》《易经》《礼记》《孝经》《医书》等文献。其中发现了失传已久的《论语·知道》篇。西汉时，《论语》分为《鲁论》《齐论》《古论》三个版本，其中《齐论》相比其他两个版本，多了《问王》《知道》两篇。由此专家初步断定此次出土属于《论语》的《齐论》版本。

主要简帛出土简表

<table>
<tr><th>地区</th><th>年代</th><th>名　　称</th><th>出土年份</th><th>简 帛 数 量</th></tr>
<tr><td rowspan="3">新疆</td><td rowspan="3">汉晋</td><td>尼雅遗址汉文简牍</td><td>1901</td><td>66枚</td></tr>
<tr><td>楼兰遗址简牍</td><td>1901</td><td>421枚</td></tr>
<tr><td>罗布淖尔北岸烽燧遗址出土木简</td><td>1928—1930</td><td>71枚</td></tr>
<tr><td rowspan="3">内蒙古</td><td rowspan="3">汉</td><td>居延汉简</td><td>1930—1931</td><td>1万余枚</td></tr>
<tr><td>居延新简（甲渠候官、甲渠塞第四燧与肩水金官简牍）</td><td>1972—1974</td><td>1.9万余枚</td></tr>
<tr><td>额济纳旗汉代烽燧遗址简牍</td><td>1999—2002</td><td>500余枚</td></tr>
<tr><td rowspan="12">甘肃</td><td>秦</td><td>天水放马滩1号墓简牍</td><td>1986</td><td>460枚</td></tr>
<tr><td rowspan="11">汉</td><td>敦煌以北疏勒河流域汉代烽燧木简</td><td>1907</td><td>708枚</td></tr>
<tr><td>敦煌汉塞烽燧遗址，安西、酒泉县汉简</td><td>1913—1914</td><td>84、105枚</td></tr>
<tr><td>玉门花海西汉简</td><td>1977</td><td>91枚</td></tr>
<tr><td>敦煌马圈湾西汉至新莽简</td><td>1979</td><td>1 217枚</td></tr>
<tr><td>敦煌酥油土汉代烽燧遗址简牍</td><td>1981</td><td>76枚</td></tr>
<tr><td>敦煌悬泉遗址简牍</td><td>1992</td><td>3.5万（其中有字2万余枚）</td></tr>
<tr><td>武威磨咀子6号墓简</td><td>1959</td><td>600余枚</td></tr>
<tr><td>武威磨咀子18号墓简</td><td>1959</td><td>10枚</td></tr>
<tr><td>武威旱滩坡木简</td><td>1989</td><td>17枚</td></tr>
<tr><td>天水甘谷县渭阳乡刘家山坪墓简</td><td>1971</td><td>23枚</td></tr>
<tr><td>青海</td><td>汉</td><td>大通县上孙家寨汉墓简</td><td>1978</td><td>240余枚</td></tr>
</table>

续　表

地区	年代	名　　称	出土年份	简　帛　数　量
湖南	秦	湘西龙山县里耶镇1号井秦简、少量楚简	2002	3.6万枚
	汉	长沙马王堆1、2、3号汉墓简牍	1972—1974	1号墓312枚、签牌49枚、封检27枚；3号墓竹简403枚，木牍7枚
		张家界古人堤东汉遗址简牍	1989	90枚
		沅陵县城关镇西虎溪山1号墓竹简	1999	1 300余枚
		长沙走马楼8号井西汉简牍	2003	1万余枚
		长沙五一广场东汉简牍	2010	6 859枚
	三国	长沙五一广场东走马楼22号井吴简	1996	14万余枚
湖北	战国	荆门包山2号墓楚简	1986—1987	448枚（其中有字简278枚）
		荆门郭店楚简	1993	800余枚（其中有字简703枚，包括《老子》抄本）
	秦	云梦睡虎地11号墓竹简	1975	1 155枚
		云梦龙岗6号墓简牍	1989	150余枚
	汉	荆州江陵纪南城凤凰山8、9、10号墓简牍	1973	竹简428枚、木牍9枚
		荆州江陵城东南张家山247、249、258号墓简牍	1983	1 600多枚
江苏	汉	连云港市东海县温泉镇尹湾村2、6号墓	1993	2号墓木牍1枚、6号墓木牍23枚、竹简133枚
安徽	汉	阜阳双古堆1号墓简牍	1977	6 000余枚
江西	汉	南昌海昏侯墓出土简牍	2011	5 000余枚
四川	秦	青川县郝家坪50号墓木牍	1979—1980	2枚
河北	汉	定县八角廊村40号墓简牍	1973	2 500余枚
山东	汉	临沂银雀山1号、2号墓简牍	1972	4 900余枚

（主要参考山东博物馆、中国文化遗产研究院编：《书于竹帛：中国简帛文化》，上海书画出版社2017年版，第13—17页，并重新编排）

第三节　简牍形制与法律内容

一、简牍形制与简牍学

早在汉武帝末年，曾在孔宅壁中发现战国竹简，对其真伪多数学者持肯定意见，由此引起今古文之争。《汉书》卷五十三《景十三王传》：“（鲁）恭王初好治宫室，坏孔子旧宅以广其宫，闻钟磬琴瑟之声，遂不敢复坏，于其壁中得古文经传。”《汉书》卷三十《艺文志》：“武帝末，鲁共（恭）王坏孔子宅，欲以广其宫，而得古文《尚书》及《礼记》《论语》《孝经》凡数十篇，皆古字也”；“孔安国者孔子后也，悉得其书”。这是简牍文字的一次大发现。

孔壁藏书之后，简牍文献的另一重要发现，是西晋武帝太康二年（281）出土的“汲冢书”，亦为战国简，载有许多典籍。经过当时著名学者荀勖、和峤、束皙、杜预等整理，成书16部75篇，据称有10余万字。可惜后来许多书又散佚，现在仅能看到《穆天子传》和辑本《竹书纪年》等。《晋书》卷三《武帝纪》：“汲郡人不准掘魏襄王墓，得竹简小篆古书十余万言，藏于秘府。”《晋书》卷五十一《束皙传》也有同样记载。

竹简取材于竹类。战国至秦汉，黄河流域气候温润，竹林生长十分繁盛。甚至居延汉简以及敦煌汉简中也有极少量的竹简。竹子大多为毛竹、慈竹，少量用短穗竹和苦竹。在西北地区，由于气候条件限制，竹简取材不易，也不好保存，于是简牍大多为木质。大多为柽柳（又名红柳）、柏木、白杨木、云杉属等。制作简牍，首先要对竹木进行裁截破析，使其大体符合规定尺寸。简牍的长度，有“一尺二寸”“二尺四寸”等，相当于二三十至六七十厘米不等。然后进行简牍加工，有刮治，打磨光滑等程序，并且刻有楔槽或者钻出小孔，用来拴系绳子。通常用麻绳或者丝纶编系。每一枚简上所写的字，从二三十字到五六十字不等。汉代简牍文书的书体大多为隶书，也有用篆书、草书的。缮写的文具有刀、笔、墨。其中的刀用来削改书写错误。简牍往往有自题篇名的情形。如睡虎地秦简的许多篇律，都在简文的末尾标写篇题。敦煌汉简则有“右爰书”、“右候官簿”等，是写在文末的篇名。

20世纪是简帛考古大发现的时期，其秦汉简帛出土的数量与内容均大大超过前代，为研究秦汉时期法律制度提供了条件。其中主要是简牍，即古代遗存下来的写有文字的竹简和木牍的合称。此外也包括部分帛书，即写在丝帛上的文字。秦汉时代，纸张尚未发明或尚未普遍使用。人们一般把较重要原始记录、档案、诏书、律文、著述等写在简牍上，虽然不够便利，却比较容易取材和保存。同时，人们还把一部分文字材料写在丝帛上，价格较为昂贵，却也有便于携带与保存的长处。秦汉时期，正是简牍与帛书广泛使用的时代。随着文物考古学的发展，先后在各地出土了大批简牍，以及一部分帛书，并且运用近现代科学技术进行整理和释读，为研究秦汉时期的法制提供了重要资料。

简牍学的兴起是与20世纪一系列墓葬的发现和文物的出土分不开的。20世纪初，斯坦因、斯文·赫定等人相继在尼雅、楼兰、敦煌等地盗掘汉代简牍，引起罗振玉、王国维等人关注。1925年，王国维提出了传世文献和出土文献互证的二重证据法，主张历史学与考古学结合起来，借助地下出土材料考辨古书记载的真伪，《流沙坠简》被誉为现代简牍学的开山之作。这是简牍学发展的第一个阶段。1930年居延汉简的发现，劳榦将研究范围拓展到汉代政治、军事、文化等方面。这是简牍学发展的第二个阶段。中华人民共和国成立以后，特别是70年代以来，出土简牍有了迅速增加，简牍总数从旧时的1万余支增加到30余万支，简牍发现具有数量多、分布广、内容丰富的特点。简牍的研究工作也取得了显著推进，许多学者参与简牍研究，国家对简牍研究的投入逐年增大，科研水平不断提高，出现了一批专门研究机构与领军人物，海峡两岸三地及中外简牍交流规模也日益扩大。这是简牍学发展的第三个阶段。

简牍文书与殷墟甲骨、敦煌文书、明清大内档案，被誉为20世纪中国考古学界的四大发现，尤其是20世纪70年代以来，简牍文献的接连出土，引起海内外研究中国古代思想文化的学者们高度关注，取得令人瞩目的学术成就，成为一门国际性“显学”，简牍学将考古学、古文字学、文献学、历史学、文学、哲学、边疆地理学等学科结合起来，成为新时期中国早期文明研究取得创新与突破的关键所在。

二、官爵设置与吏治的规定

简牍中关于官爵设置与吏治的规定，集中体现了法家“明主治吏不治民”的法治理论。

睡虎地秦简《军爵律》规定以军功授爵，并规范了爵位授予的程序；“从军当以劳论及赐，未拜而死，有罪法耐迁其后；及法耐迁者，皆不得受其爵及赐。”赐爵有误的，一律剥夺爵位。《秦律杂抄》：“战死事不出，论其后。有（又）后察不死，夺后爵，除伍人。不死者归，以为隶臣。”

郡的长官称太守或郡守。如西汉《东海郡吏员簿》有“太守吏员廿七人，太守一人，秩□□□□，太守丞一人，秩六百石。卒吏九人，属五人，书佐九人，用算佐一人，小府啬夫一人，凡廿七人”的记载。[1] 秦统一以前，有关县的制度已经相当完备。秦汉县的长官有令、长。其下有县丞，是县、长的辅佐，主要工作是签署文件、管理财务和审理案件。又有县尉，主管一县军务，职责包括征发戍卒、培训官吏、地方防务等。县还有县司马、司空、少府、令史等吏员。其下有士吏、发弩啬夫等下级军官。秦简《置吏律》：“县、都官、十二郡免除吏及佐、群官属，以十二月朔日免除，尽三月而止之。”[2] 尹湾汉简《东海郡下辖长吏名籍》木牍记东海郡所辖三十八个县、邑、侯国以及盐、铁官100余人的官职、籍贯、姓名、原任官职、由何地何官升迁而来，升官的原因有功劳、廉正、秀才等，包括“以秀才迁”“举方正除”“以功迁”“以捕群盗尤异除”“故将军史以十岁除”等。[3]

汉代，地方官被任命后未到职应有具体理由。如《东海郡下辖长吏不在署、未到官者名籍》所记官吏，有的“输钱都内”，有的“送罚戍上谷”，有的“上邑计”，有的“送徙民敦煌”，有的“告病”，有的“死宁（为亲守丧）”等。[4]

官吏必须严格遵守法律令，不得徇私。秦简《语书》：“今法律令已具矣，而吏民

[1] 连云港市博物馆等：《尹湾汉墓简牍》，中华书局1997年版，第79页。
[2] 睡虎地秦墓竹简整理小组：《睡虎地秦墓竹简》，文物出版社1978年版，第94页。
[3] 《尹湾汉墓简牍》，第85—95页。
[4] 《尹湾汉墓简牍》，第96—99页。

莫用”，“令丞以下智（知）而弗举论，是即明避主之明法也”，进而提出了对官吏明法守法的要求：“凡良吏明法律令”，“恶吏不明法律令”。《为吏之道》：凡为吏之道，“安静毋苛，审当赏罚”，“宽俗（容）忠信，和平毋怨”[1]。如果官吏不执行法律，《秦律杂抄》规定：“任法（废）官者为吏，赀二甲”，“为（伪）听命书，法（废）弗行，耐为侯（候）”。《法律答问》：“啬夫不以官为事，以奸为事，论可（何）也？当迁。”[2]

睡虎地秦简《为吏之道》共51枚简，论述了官吏应有的行为准则，要求官吏忠于君主、清廉公正、谦恭爱民、严格执法，不得骄傲犯上、独断专行、贪财好货。其中称：“凡为吏之道，必精洁正直，慎谨坚固，审悉无私，微密纤察。”“欲富太甚，贫不可得。欲贵太甚，贱不可得。毋喜富，毋恶贫。正行修身，祸去福存。”岳麓书院藏秦简《为吏治官及黔首》对为官的良善、过失、规矩等阐述得十分详细。这些都是对官吏具体言行的规范和要求。其中称“吏有五善”，包括“精廉无谤”“举吏审当”“喜为善行”“恭敬多让”。“吏有五失”，包括“视黔首倨傲”“不安其朝”“居官善取”“受令不偻”“安其家忘官”。要求官吏“厌忿止欲”“戒之慎之”。

对于官吏，必须定期考核。例如秦律对工程质量有严格规定，质量有问题者，负责官吏受罚。《秦律杂抄》：“戍者城及补城，令姑堵一岁，所城有坏者，县司空署君子将者，赀各一甲；县司空佐主将者，赀一盾。”[3] 又如对于负责饲养牛马的吏的考核。《厩苑律》：“以四月、七月、十月、正月肤田牛。卒岁，以正月大课之。最，赐田啬夫壶酉（酒），束脯，为皂者除一更，赐牛长日三旬。殿者，谇田啬夫，罚冗皂者二月。其以牛田，牛减絜，治（笞）主者寸十。有（又）里课之，最者，赐田典日旬；殿，治（笞）卅。”张家山汉简《置吏律》：“有任人以为吏，其所任不廉、不胜任以免，亦免任者。”[4]

三、刑事犯罪的规定

盗窃罪。秦简《法律答问》：“不盈五人，盗过六百六十钱，黥劓以为城旦；不盈六百六十到二百廿钱，黥为城旦；不盈二百廿以下到一钱，迁之。”[5] 张家山汉简《盗律》：“盗臧（赃）直（值）过六百六十钱，黥为城旦舂。六百六十到二百廿钱，完为城旦舂。不盈二百廿到百一十钱，耐为隶臣妾。”[6] 当时盗窃罪分别以赃物价值百一十、二百廿、六百六十为等级而处以不同刑罚。张家山汉简的规定显然来自《法律答问》，但量刑稍轻，说明汉初经过废除苛法，已经不存在“黥劓以为城旦”的刑罚，有一些律条的规定已经轻于秦律。至于《法律答问》规定的“或盗采人桑叶，臧（赃）不盈一钱，可（何）论？赀徭三旬”，则完全显示了秦律的重刑主义传统。对于强盗，为了加以遏制，张家山汉简《盗律》规定了严厉的刑罚，包括禁止为强盗通行饮食：

[1]《睡虎地秦墓竹简》，文物出版社1978年版，第15、19、281页。
[2]《睡虎地秦墓竹简》，第127、129、177页。
[3]《睡虎地秦墓竹简》，第148页。
[4]《张家山汉墓竹简》，文物出版社2006年版，第36页。
[5]《睡虎地秦墓竹简》，150页。
[6]《睡虎地秦墓竹简》，第150页；《张家山汉墓竹简》，第16页。

“智（知）人为群盗而通饮食馈遗之，与同罪；弗智（知），黥为城旦舂。”[1]

杀人罪。秦简《法律答问》多处提到杀人罪。如：“士五（伍）甲毋（无）子，其弟子以为后，与同居，而擅杀之，当弃市”；“擅杀、刑、髡其后子，谳之”。张家山汉简《贼律》：“贼杀人、斗而杀人，弃市。”[2] 即使过失杀人甚或杀人未遂，也要处以重刑。张家山汉简《贼律》：“船人渡人而流杀人，耐之；船啬夫、吏主者赎耐”；“谋贼杀、伤人，未杀，黥为城旦舂”。[3]

关于刑事司法原则。

数罪并罚。秦简《法律答问》：“诬人盗直（值）廿，未断，有（又）有它盗，直（值）百，乃后觉，当并臧（赃）以论。且行真罪，有（又）以诬人论？当赀二甲一盾”；“上造甲盗一羊，狱未断，诬人曰盗一猪，论可（何）也？当完城旦。”[4] 这两个解释中的判决标准并不很清楚，而张家山汉简《具律》则明确规定数罪并罚采取吸收原则：“一人有数罪，以其重罪罪之。”

自首。张家山汉简：“司寇盗百一十钱，先自告，可（何）论？当耐为隶臣，或曰赀二甲。”[5] 汉代自首除其罪，但严重犯罪而自首，仍不得免刑或减刑。张家山汉简《告律》：“杀伤大父母、父母，及奴婢杀伤主、主父母妻子、自告者皆不得减。”[6]

共同犯罪。秦汉时，已经严格区分共同犯罪的主犯、从犯。造意为首恶，从重处罚。秦简《法律答问》：“甲谋遣乙盗杀人，受分十钱，问乙高未盈六尺，甲可（何）论？当磔。”对从犯是否减刑及减轻多少，主要看其是否有意识地参与犯罪活动。如果是有意识的，则与主犯同罚，或者直接按照其所涉及赃值论处：“甲盗，臧（赃）直（值）千钱，乙智（知）其盗，受分臧（赃）不盈一钱，问乙可（何）论？同论”；“夫盗二百钱，妻所匿百一十，何以论妻？妻智（知）夫盗，以百一十为盗；弗智（知），为守臧（赃）”。[7]

刑事责任年龄。秦简《法律答问》：“甲盗牛，盗牛时高六尺，系一岁，复丈，高六尺七寸，问甲可（何）论？当完城旦”，也就是以“高六尺”论。[8] 汉代将刑事责任的承担与否改为按照年龄确定。张家山汉简《具律》：“有罪年不盈十岁，除；其杀人，完为城旦舂。”[9]

四、经济秩序的规定

农林。秦简《田律》：“雨为澍，及诱（秀）粟，辄以书言澍稼、诱（秀）粟及垦

---

[1]《睡虎地秦墓竹简》，第150、154页；《张家山汉墓竹简》，第17页。
[2]《睡虎地秦墓竹简》，第181—182页；《张家山汉墓竹简》，第11页。
[3]《张家山汉墓竹简》，第8、11页。
[4]《睡虎地秦墓竹简》，第172—173页。
[5]《睡虎地秦墓竹简》，第154页。
[6]《张家山汉墓竹简》，第22、25页。
[7]《睡虎地秦墓竹简》，第154—155、157页。
[8]《睡虎地秦墓竹简》，第153页。
[9]《张家山汉墓竹简》，第21页。

田”等，向上司报告。又，“春二月，毋敢伐材木山林及雍（壅）隄水”。[1] 张家山汉简《田律》：“诸马牛到所，皆毋敢穿穽，穿穽及置它机能害人、马牛者，虽未有杀伤也，耐为隶臣妾。杀伤马牛，与盗同法。杀人，弃市。”《贼律》禁止盗伐树木，否则由主管官员承担责任。[2]

畜牧。秦汉时期牛马的用途呈现多样化格局，官营畜牧业经历了秦朝的初建、汉初的萧条，文景时期有所发展，武帝时期达到极盛等阶段。秦简《徭律》《厩苑律》对各县的厩苑建造维修、牛马饲养都作出了规定。《厩苑律》还规定了对官营畜牧的管理、考核与奖惩。张家山汉简《金布律》也有“马牛当食县官者，犙以上牛日刍二钧八斤；马日二钧□斤……其有县官事不得刍牧者，夏稟之如冬”；“□□马日匹二斗粟、一斗叔（菽）”的条文；《贼律》严禁杀伤牲畜，否则“与盗同法”。[3]

官府手工业。秦汉时为皇室、军队、官府等服务的官营手工业发达。秦简规定了手工业的成品规范和衡器标准。《工律》：“为器同物者，其小大、短长、广亦必等”；“县及工室听官为正衡石赢（累）、斗用（桶）、升，毋过岁壶（壹）”；并规定了工匠的工作量，如《均工》：“新工初工事，一岁半红（功），其后岁赋红（功）与故等。”[4] 张家山汉简还规定了商品规格。《□市律》：“贩卖缯布幅不盈二尺二寸者，没入之，能捕告者，以畀之。”[5]

官府仓库。秦简《仓律》规定了官府物资的储存：“入禾仓，万石一积而比黎之为户。”《效律》则规定了衡器的校正与仓库物资的保管及其法律责任：“衡石不正，十六两以上，赀官啬夫一甲；不盈十六两到八两，赀一盾”；“仓漏朽禾粟，及积禾粟而败之，其不可食者，不盈百石以下，谇官啬夫；百石以到千石，赀官啬夫一甲；过千石以上，赀官啬夫二甲；令官啬夫、冗吏共赏（偿）败禾粟”。[6] 尹湾汉简《武库永始四年兵车器集簿（六）》记载了东海郡永始四年（前13）武库中的物资，包括“弩万一千一百八十一”，弓矢“五百一十”，“铜戈五百六十三”，“羽旌三百一十五，兵车廿四乘”等。[7]

钱币。秦汉《金布律》与汉代《金布令》，主要内容包括钱币的流通与保管，其中如：“官府受钱者，千钱一畚，以丞、令印印”；“钱善不善，杂实之”；“百姓市用钱，美恶杂之，勿敢异”。[8] 张家山汉简《钱律》中，首先是把“毋敢择行钱”具体化，规定只要钱币上的字样尚能辨别、钱币尚未折断、金尚未变色等，不得拒绝收用：“钱径十分寸八以上，虽缺铄，文章颇可智（知），而非殊折及铅钱也，皆为行钱。金不青

---

[1] 《睡虎地秦墓竹简》，第24、26页。
[2] 《张家山汉墓竹简》，第42、43页。
[3] 《张家山汉墓竹简》，第66、15页。
[4] 《睡虎地秦墓竹简》，第69—70、75页。
[5] 《张家山汉墓竹简》，第44页。
[6] 《睡虎地秦墓竹简》，第35、113、118页。
[7] 《尹湾汉墓简牍》，第103页。
[8] 《睡虎地秦墓竹简》，第55页。

赤者，为行金”；其次规定拒绝收用上述货币者的法律责任：“敢择不取行钱、金者，罚金四两。”[1]

五、户籍、赋税与徭役的规定

户籍是封建政府征收赋税、征发徭役的基本依据，因此禁止人口的隐匿或者流亡脱户。秦的戍卒，绝大部分来源于义务“屯戍一岁”的民众；建立在编户齐民基础上的征兵制，是秦代兵制的主体。在睡虎地秦简中，由征兵制所招揽的戍卒，谓之“徭戍”。秦简《法律答问》：“可（何）谓‘匿户’及‘敖童弗傅’？匿户弗徭、使，弗令出户赋之谓也。”[2] 张家山汉简《户律》《傅律》规定必须据实向官府登记户籍，并由官府加以核对：“民皆自占年，小未能自占，而毋父母、同产为占者，吏以□比定其年”；“民产子五人以上，男傅，女十二岁，以父为免□者；其父大夫也，以为免老”。禁止人口逃亡隐匿。张家山汉简《亡律》：“吏民亡，盈卒岁，耐；不盈卒岁，系城旦舂。”[3]

各户拥有的田地同样必须登记，禁止隐匿田地或者擅自移动田地边界。秦朝“使黔首自实田”，[4] 农民向官府自报田地，由官府核实确认。秦简《法律答问》：“盗徙封，赎耐”；“部佐匿者（诸）民田，者（诸）民弗智（知），当论不当？部佐为匿田，且可（何）为？已租者（诸）民，弗言，为匿田；未租，不论□□为匿田”。[5] 核准民户应缴纳田租的土地数量时，乡吏的违法行为主要表现为不如实核算和登记入册，多算或少算应缴纳田租的土地数量。张家山汉简《田律》规定了农民从政府处“受田”：“田不可田者，勿行；当受田者欲受，许之。”[6] 法律也规定了田租数额。秦简《田律》：“入顷刍藁，以其受田之数，无垦不垦，顷入刍三石、藁二石。”[7] 汉初，除了法定赋税外，不得额外征收。张家山汉简《𫍡律》：“擅赋敛者，罚金四两，责所赋敛偿主。”[8]

关于传送官府文书，秦简《行书》：“行命书及书署急者，辄行之；不急者，日毕，勿敢留，留者以律论之。”[9] 张家山汉简《行书律》：“十里置一邮”“书不急，擅以邮行，罚金二两”“邮人行书，一日一夜行二百里，不中程半日，笞五十；过半日至盈一日，笞百；过一日，罚金二两”。[10]

官奴婢的劳作与待遇。睡虎地《仓律》：“隶臣妾其从事公，隶臣月禾二石，隶妾

---

[1]《张家山汉墓竹简》，第35页。
[2]《睡虎地秦墓竹简》，第222页。
[3]《张家山汉墓竹简》，第53、58、30页。
[4]《史记》卷六《秦始皇本纪》。
[5]《睡虎地秦墓竹简》，第178、218页。
[6]《张家山汉墓竹简》，第41页。
[7]《睡虎地秦墓竹简》，第27—28页。
[8]《张家山汉墓竹简》，第33页。
[9]《睡虎地秦墓竹简》，第103页。
[10]《张家山汉墓竹简》，第45、46页。

一石半；其不从事，勿禀。小城旦、隶臣作者，月禾一石半石；未能作者，月禾一石。小妾、舂作者，月禾一石二斗半斗；未能作者，月禾一石”“隶臣、城旦高不盈六尺五寸，隶妾、舂高不盈六尺二寸，皆为小；高五尺二寸，皆作之”。

秦朝大量征发徭役，并作了法律规定，对于隐匿、逃避等行为予以严惩。秦简《法律答问》：“不会（徭役报到），治（笞）。”《秦律杂抄》：“戍律曰：同居毋并行，县啬夫、尉及士吏行戍不以律，赀二甲。”未能按期服徭役的，为“失期”，是严重犯罪。秦简《徭律》：“御中发徵，乏弗行，赀二甲。失期三日到五日，谇；六日到旬，赀一盾。”[1] 甚至“失期，法皆斩”。[2] 秦代在“徭戍”之外，又有“谪戍”，即强迫犯人、贱民及奴隶戍边；以及“赀戍”，即惩罚有过失的官吏、民众戍边。

六、边塞与戍卒的规定

秦汉时，由于边患，法律禁止非法出入境。张家山汉简《津关令》：“御史言，越塞阑关，论未有□，请阑出入塞之津关，黥为城旦舂；越塞，斩左止（趾）为城旦；吏卒主者弗得，赎耐；令、丞、令史罚金四两。”[3] 根据居延汉简所见，汉代西北边防的亭制比较复杂，包括燧亭（边塞候望系统的亭）、邮亭（边塞邮驿系统的亭）、农亭（边塞屯田系统的亭）。此外还有都亭、乡亭、市亭、门亭、城亭等。每一种亭，都设置官吏，法律规定了亭的职责。在居延新简中，包括有关于屯戍制度与条例的规定。如建武初年“塞上烽火品约”17枚，[4] 字迹漫漶，是居延都尉甲渠、卅井、殄北三塞临敌报警、燔举烽火的条例，即烽火品约。条文规定在匈奴人侵扰的不同方位、人数、时间、意图、变动，以及天气异常等各种情况下，各塞燧燔举烽火的类别、数量，如何传递应和，发生失误如何纠正等。像这样完整的烽火品约，规定如此详尽灵活，尤其着重于传递速度和相互配合，组成一个高效率的警戒通讯体系，是前所未见的。[5]

汉武帝时期，开始在河西走廊设置酒泉、武威、张掖、敦煌四郡，《史记·大宛列传》说，汉朝“益发戍甲卒十八万酒泉、张掖北，置居延、休屠以卫酒泉”，并形成郡（都尉府）—塞（候官）—部（候长）—燧（燧长）的边境防卫系统。候官、候长与候史的职责是：（1）宣布法律。将法律书写并张贴于醒目之处：“用者书到，令长丞候尉明白大扁书乡市里门亭显”“书乡亭市里显见处，令民尽知之见”。[6]（2）役使、管理士卒。候长候史一般要安排士卒劳作：“候长李顺使卒谢乙等八人取薪运茭。”又如士卒十人，“其一人守阁，二人马下，一人吏养，一人守邸，一人使，一人取狗湛，一

[1]《睡虎地秦墓竹简》，第222、147、76页。

[2]《史记》卷四十八《陈涉世家》。

[3]《张家山汉墓竹简》，第83页。

[4] EPF16：1—17，见甘肃省文物考古研究所、甘肃省博物馆等：《居延新简》（甲渠候官与第四燧），文物出版社1990年版，第469—470页。

[5] 甘肃居延考古队：《居延汉代遗址的发掘和新出土的简册文物》，载《汉简研究文集》，甘肃人民出版社1984年版，第492页。

[6] 汉简139·13、16·4A，见谢桂华等：《居延汉简释文合校》上册，文物出版社1987年版，第230、25页。

人守园，一人治计，一人助”等。士卒的姓名和每日情况要加以记录，有专门的簿册，如有名簿，包括鄣卒名籍、吏卒名籍、病卒名籍、戍卒行道贳买衣财物名籍等。[1] 通过记录，监视士卒的行为，防止士卒逃亡。(3) 管理钱财器物。候官有仓库，如“受候官仓”；同时有各种簿册，记载钱财器物出纳发放情况。(4) 检查各燧士卒装备器具、医药的完整情况。(5) 负责伺望边塞，防止入侵。“候长毋（无）越塞天田出入（意为防止越境）”“积卅日毋越塞阑渡天田出入迹”。[2] 当然也要防止有人偷渡出境。张家山汉简《津关令》：“阑出入塞之津关，黥为城旦舂；越塞，斩左止（趾）为城旦；吏卒主者弗得，赎耐；令、丞、令史罚金四两。”[3]

法律责任主要有：(1) 随意离开岗位：“守乘城亭障，诸侯人来攻盗，不坚守而弃去之若降之”，“要（腰）斩”。[4] (2) 搒掠士卒：要求“谨以文理遇士卒”“故甲渠候长唐博扣头死罪：博前为甲渠鉼庭候长，今年正月中坐榜吏，系狱七月廿”。(3) 不胜任：“候长王强、王霸坐毋办护不胜任，免移名府。”[5] (4) 拖延执行命令即失期：“毋失期如律令。” (5) 未能防备敌人入侵或破获私度关卡者：“阑入不知何一步人迹，按所到而不得从迹，又不劾候史。” (6) 贻误农事：“万岁候长田宗坐发省治大司农不以时。” (7) 违反职责：“城北候长充职事，数毋状，诣官自系，八月甲申平旦入”“数毋状当坐罪当死”。[6]

在河西走廊设置酒泉等四郡后，汉朝从内地各郡征发了大批民众和罪犯充当戍卒，充实北边。从居延汉简的记载看，他们主要来自中原和江淮地区。例如，有的来自“梁国睢阳”（今河南商丘西）、“河东皮氏”（今山西河津西），有的来自“淮阳郡”（郡治在今江苏清江附近）、“陈留郡”（郡治在今河南开封附近）、“魏郡”（郡治在今河北临漳附近）、“巨鹿郡”（郡治在今河北平乡），以及“济阴郡”（郡治在今山东定陶）、“南阳郡”（郡治在今河南南阳），等等。《汉书》则载：“留弛刑应募，及淮阳、汝南步兵与吏士私从者”，“分屯要害处”。[7] 也有居延一带当地人充当戍卒的。

从法定身份上看，戍卒成分复杂，主要包括：(1) 被迁徙的内地民众，即所谓“徙民实边”者。作为这种迁徙对象的民众又分两种：一种受国家强制，主要是豪强等“奸猾吏民”。另一种是为生活所迫而应募者，主要是破产农民。后一种人，掌握了中原地区先进的农业技术，具有丰富的生产经验。他们来到北边进入屯田系统，有助于当地农业经济的开发。(2) 代服徭役者。汉代 23 岁到 56 岁的成年男子，每年都要被国家征发

[1] 探方五六 253、五六 210，见《居延新简》（甲渠候官与第四燧），文物出版社 1990 年版，第 436、434 页；汉简 33·19、267·17、143·1、109·1、191·10、136·39 等，见《居延汉简释文合校》上册，文物出版社 1987 年版，第 52、448、237、177、303、227 等页。

[2] 探方五六 22、五七 86，见《居延新简》（甲渠候官与第四燧），第 307、343 页。

[3] 《张家山汉墓竹简》，第 83 页。

[4] 《张家山汉墓竹简》，第 7 页。

[5] 汉简 10·40、4·9、317·21 等，见谢桂华等：《居延汉简释文合校》上、下册，文物出版社 1987 年版，第 18、5、514 等页。

[6] 汉简 20·11、42·20、27·2 等，见《居延汉简释文合校》上册，第 33、74、41 等页。

[7] 《汉书》卷六十九《赵充国传》。

服徭役，轮流前往戍边。汉代徭役中的“过更”，即“天下人皆直戍边”，通常是每年服役 3 天，可以出钱请官府集中雇专人代行。[1]（3）戍边的罪犯。其中又有几种具体情况：第一，戍边作为一种刑罚。如张家山汉简《盗律》载：“盗出黄金边关徼，吏、卒、徒部主者智（知）而出及弗索，与同罪；弗智（知），索弗得，戍边二岁”；其《捕律》则规定：盗贼发，士吏、求盗未察觉，“皆以卒戍边二岁”。[2] 永始二年（前15）诏，前将作大匠解万年因罪“徙万年敦煌郡”。[3] 第二，死刑或肉刑罪犯减刑（弛刑）发遣戍边。由于监狱人满为患，统治者转而将其中的死刑与肉刑罪犯减刑充当戍卒，发配北疆戍边。

法律规定烽燧戍卒的主要任务是伺望敌情，防守边塞。而屯田戍卒的主要任务是为官府垦殖。戍卒必须无条件地执行官长的命令，遵守苛刻的法规与制度，违犯者要被“施刑”，“数毋状坐罪当死”。戍卒互相伤害的也要承担责任，如来自东郡的戍卒何阳因争斗中击伤同郡靳龟，而被“械系”。有时候，还要受到官长的盘剥欺凌。在这样的情况下，戍卒间的争斗，以及戍卒与官长间的矛盾难免激化，以至有人“骂吏又绌大刀欲贼伤吏”。如果戍卒不坚守要塞而弃城逃跑，或者投降敌寇，要将其本人与家属一并处死：“以城邑亭障反，降诸侯，及守乘城亭障，诸侯人来攻盗，不坚守而弃去之若降之”，“皆腰斩，其父母、妻子、同产（指兄弟），无少长皆弃市”。[4] 如果是在平日逃亡的，也要抓回重惩。

而且，西北边疆大部分地区是荒山野岭、戈壁沙漠。虽然有一个居延泽，也不能改善整体生态环境。夏秋季节有的地方草长马肥，还好一些。一到冬天，冰天雪地。戍卒生活在极其恶劣的自然条件下，缺少足够的御寒措施，生病又得不到医治：“虏朝夕为寇，土地寒苦，汉马不能（耐）冬，屯兵在武威、张掖、酒泉万骑以上，皆多羸瘦。”[5] 汉简记载，居延一带的戍卒“所居寒苦”，“贫寒”，“冬寒，衣履敝，毋以买”；有的贫困不堪而又孤身一人：“贫困，毋父母、妻。”经常有伤病的：“病苦伤寒”，“病心腹”，“折伤”。有的“久病”。由于得不到及时治疗，甚至有病死的，如“病肘痈”而死，“无医治故不起病”，“暴病死”等。戍卒（特别是其中的罪犯）难以忍受如此恶劣的生活条件，经常发生如“四月辛卯夜亡”之类的逃亡事件。[6] 汉朝统治者对此并非不知道，“贤良”与“大夫”在朝廷辩论时就说：“今山东之戎马甲士戍边郡者，绝殊辽远”，“暴露中野，居寒苦之地”。[7] 然而，除了加强监视和惩罚以外，并没有其他有效的措施加以解决。

---

[1] 《汉书》卷七《昭帝纪》注。

[2] 《张家山汉墓竹简》，第 19、28 页。

[3] 《汉书》卷十《成帝纪》。

[4] 汉简 27·2、118·18、122·7，见《居延汉简释文合校》上册，第 41、192、200 页；《张家山汉墓竹简》，第 7 页。

[5] 《汉书》卷六十九《赵充国传》。

[6] 探方五九 60、五九 550，见《居延新简》（甲渠候官与第四燧），第 363、394 页；汉简 204·6，见《居延汉简释文合校》上册，第 319 页。

[7] 《盐铁论》，上海人民出版社 1974 版，第 84 页。

阅读书目

1. 沈颂金:《二十世纪简帛学研究》，学苑出版社2003年版。
2. 李均明:《古代简牍》，文物出版社2003年版。
3. 睡虎地秦墓竹简整理小组:《睡虎地秦墓竹简》，文物出版社1978年版。
4. 张家山二四七号汉墓竹简整理小组:《张家山汉墓竹简：二四七号墓》，文物出版社2001年版。
5. 巫新华:《斯坦因》，中国民族摄影艺术出版社2002年版。

思考题

1. 试述简牍的早期发现与整理概况。
2. 中国考古学家在居延汉简的发现与整理中发挥了什么作用？
3. 云梦睡虎地秦简的发现有什么意义？
4. 张家山汉简包括哪几个部分，分别是什么内容？
5. 简牍文献中关于基层官府有些什么规定？
6. 简牍文献中关于刑法制度有些什么规定？
7. 简牍文献中关于边塞戍卒有些什么规定？

第七章　历代典籍与法律文献

自从发明造纸术并运用于书籍印行以来，历朝历代已经给后人留下了大量的纸质文献资料，成为传世古籍。其中有的是抄本，也有的是在印刷术发明以后的印本。与简帛、碑刻等相比较，纸质文献资料具有易于制作、字迹清晰、信息量大、廉价、易于存放与流传等优点，但是也存在不易长存保留（特别是容易发生火灾、水灾、虫蠹、霉变、散佚现象）的缺点。而且，在长期的传抄与排印过程中，纸质文献容易出现增删、舛误、缺漏的问题。总体来说，传世古籍特别是与法律相关的部分，是后代了解和研究前朝法律文化包括制度、思想等方面的珍贵文献。本章介绍的各部传世古籍，多为法律文化领域的经典之作，值得相关专业学生重视，其中有的还应该加以阅读理解。

第一节　先秦经典类

一、儒家经典类

《周易》，分为《易经》《易传》两部分。《易经》是一部占筮之书，相传伏羲氏最早画八卦，神农氏演为64卦，周文王作卦辞，周公作爻辞，并确立上下经。实际成书应在商末周初。八卦就是乾、坤、震、巽、坎、离、艮、兑，并分阳爻和阴爻。八卦互相排列组合，构成64卦。每一卦解释卦义的辞句叫卦辞，分别系于每卦之下；解释爻义的辞句叫爻辞，也分别系于每爻之下，用以预测吉凶，指导行为。《易经》被儒家尊为六经之首。《易传》成书约在战国末年，亦称“十翼”，是对《易经》不同层面与角度的解释，提出了一个包括天道、地道、人道在内的关于自然、社会和人生普遍规律的思想体系。《周易》对中国古代历史文化影响深远。商务印书馆有2009年版《周易》。

《尚书》是商、周两代统治者讲话、训词的文献汇编，相传此书由孔子编定成书，实际上《尚书》经过较长时期的汇集流传，到春秋战国定型。汉初，原为秦朝博士的伏生，取出他壁藏多年的《尚书》，共28篇，后来用汉代通行隶书写成，称今文《尚书》。今文《尚书》如《尧典》记载尧、舜、禹的“禅让”故事，反映了原始社会末期权位继承的状况。《盘庚》记载商朝迁都这一重要历史事件。《大诰》《康诰》《酒诰》等篇，反映了周初的政治法律及其思想。《吕刑》反映西周的刑罚制度等。汉代还有几种古文本。包括汉武帝末年鲁恭王刘馀在孔壁中发现的用秦代以前古文字写成的古文《尚书》，由孔安国献给朝廷。东汉末年，马融、郑玄等为古文《尚书》作注。汉代以后《尚书》的古文本失传。到东晋，豫章内史梅赜向朝廷奏上据称是孔安国作传的《古文尚书》。这部书比伏生所传的篇目多出25篇，共59篇。唐初孔颖达编纂《五经正义》，采用的《尚书》版本是梅赜所献，梅本便成为隋唐以后广泛流传的官本。历代古文经学家认为古文《尚书》可信，近代今文经学家魏源、龚自珍、康有为等疑其为伪造。另有《尚书大传》，是西汉以来解释《尚书》的书籍。中华书局2012年有重印本《尚书》。

《诗经》，中国最早的一部诗歌总集。收入诗歌305篇。相传经过孔子编订。汉代以后被儒家列为经典。其作品大体产生于西周初年至春秋中叶。分成三个部分。“风”又称“国风”，包括15国的160篇。其作品大部分来自民间，比较广泛地反映了当时的社会生活和各阶层人们的思想感情。“雅”是周朝直接统治地区的音乐，大多出自各级贵族，用于庙堂祭典和宴享。其中部分作品反映了周朝建国以前的早期历史，或显示了周朝的衰落与社会的动荡。“颂”是宗庙祭奠的舞曲。《诗经》在春秋时就已流传，到了汉初，又有各家传诗，但是只有鲁国毛亨的《毛诗》流传到今天。商务印书馆有1930年版《诗经》。

《周礼》，关于西周职官制度的书。其作者可能是春秋初年的史官。《周礼》在西汉初年被发现，经过校补。西汉末年王莽时期将其立为官学，列为经书，与《仪礼》《礼记》合称为“三礼”。《周礼》全书分为天官、地官、春官、夏官、秋官、冬官六部分，冬官已佚，西汉时用《考工记》补之。称六官是为了合天地四时之数，显然受到阴阳家思想的影响。其中秋官是记载司法职官的部分，秋官之长称大司寇，掌管国家刑法，防止和惩罚各种犯罪，辅佐君主用法律治理国家。从大司寇到家士，《周礼》共叙述了66种职官的职能职责。该书记述有不少理想色彩，有的职官并没有真正出现过。上海古籍出版社有2004年版《周礼评注》。

《仪礼》，古代规定礼制的书籍。相传是周公或孔子所作，恐不可信，应该是不同历史时期的学者对礼仪礼节的记录中，不断加以整理编辑而成。在汉代，《仪礼》有今文、古文之分。古文是鲁恭王从孔子宅壁中得到，共56篇。今文是鲁高堂生所传的本子，共17篇。汉代今文《仪礼》17篇，有戴德、戴圣和刘向别录三种写本，其间的主要区别是17篇前后次序不同。相对来说，戴德本、刘向本较有条理。清《十三经注疏》采用的是刘向别录本。《仪礼》内容大致分为四类，一是冠昏礼，二是乡射礼，三是朝聘礼，四是丧祭礼。前人注《仪礼》之书，最著名的是东汉郑玄与唐代贾公彦的注。清代也有一些学者有注释。中州古籍出版社有2007年版《仪礼》。

《礼记》，是古典礼仪制度理论的荟萃。包括大戴礼和小戴礼两种，今天谈到《礼记》大多指《小戴礼》。小戴，即西汉今文经学家戴圣，可能是武帝、宣帝时梁国人，礼学博士。关于《礼记》成书过程的流行说法是，西汉初年，河间王从孔门弟子及后学中得到131篇关于礼学的著作。西汉晚期刘向整理校对相关经书，共得214篇。戴德删去重复部分，合辑成85篇，就是《大戴礼》。戴圣在此基础上又删节，整理成46篇，就是《小戴礼》。东汉末年，马融传续《小戴礼》，又增补三篇，共49篇，就是现在看到的《礼记》。《礼记》是关于礼的论文集，内容十分庞杂，涉及各项礼的内容、礼仪制度的产生、发展的历史，关于各项礼的论述等，也包括各项政治法律制度，包括吉礼、凶礼、军礼、宾礼、嘉礼五类，是十三经之一，与《周礼》《仪礼》合称“三礼”。东汉郑玄作注后，《礼记》上升为经。中华书局有2015年版《礼记》。

《春秋》，儒家经典，相传孔子依据鲁国史官所编鲁史加以整理修订而成，为起于鲁隐公元年（前722），终于鲁哀公十四年（前481），共计242年的历史。《春秋》为我国古代编年史的始祖，是关于春秋史的基本著作，文字极端简洁而多寓褒贬之意，体现尊王攘夷，批判“乱臣贼子”，后世称为“春秋笔法”。主要有《左传》《公羊传》《谷梁传》三部阐发《春秋》意义的书。

《左传》，古代最早而详备的编年史。原名《左氏春秋》，与《春秋》本是各自独立的两本书，汉代被改定为阐释《春秋》的书，称为《春秋左氏传》，属于解释《春秋》的三传之一，简称《左传》。司马迁《史记》认为作者是鲁君子的左丘明，今天有的学者认为是战国时鲁国人左氏。《左传》最初的版本是把各国的官私记载收集起来。该书以《春秋》为纲，并仿照其编年体例，记载自鲁隐公元年（前722）至鲁悼公十四年（前454）各国的政治、经济、军事、外交、文化等方面的大事，有一些法律制度、法律思想的内容，最后成书可能在公元前375年至前364年之间。《左传》记载准确，结构严谨，文字简练。作者善于用简洁的语言描绘复杂纷繁的事物与人物的内心世界，为优秀历史散文作品，具有很高的史料价值。近人杨伯峻有《春秋左传注》，中华书局1990年版。

《公羊传》，阐释《春秋》的三传之一。旧题战国齐人公羊高著，原30卷，今本28卷，在汉景帝时写定成书。其着重发挥《春秋》中的“微言大义”，提出历史上的朝代更替是黑统、白统、赤统“三统”循环说，主张尊王攘夷，建立大一统的君主专制制度。在汉代经学中，《左传》属古文经，着重记载历史事实；《公羊传》和《谷梁传》属于今文经，着重阐发经书中的“微言大义”。西汉董仲舒将阴阳五行理论与公羊学家的王道社会政治历史观结合起来，构成自宇宙至人事无所不包的哲学体系。到近代康有为以今文经学为依据，写出《新学伪经考》《孔子改制考》，鼓吹维新变法。

《谷梁传》，阐释《春秋》的三传之一。相传为战国时鲁国人谷梁赤所著，20卷，西汉成书。前人认为，《左传》传事不传义，《公羊传》和《谷梁传》传义不传事，侧重阐发宗旨或“义理”，均为今文经学经典。《公羊传》鼓吹“受天命为新王”，“三统说”就反映了变化规律。在刚刚取代秦朝的汉初，这个理论受到欢迎。西汉中期以后，统治者开始扶持“谷梁学”，因为《谷梁传》中没有“受天命为新王”的说法，而是重视礼义教化，重视宗法情绪，有利于缓和社会矛盾。汉宣帝以后，《谷梁传》特别受到推崇，但其影响比不上《公羊传》。

《论语》，是关于孔子的言行录。由孔子弟子及再传弟子根据记录和传闻整理而成，成书年代在战国初年，约1.2万字，其版本很多。全书采用语录体，今本计20篇。其中蕴含的思想内容涉及政治、伦理、教育、哲学、家庭等方面，包括以“仁”为核心的伦理思想、关于礼的政治思想、关于德的人格修养。其政治观点主张克己复礼，恢复周礼，强调以德、礼治国，德主刑辅、先教后刑，并且有天道观与教育思想。其对于今人的人格修养、家庭关系以及如何从事社会交往也有启迪意义。《论语》是研究孔子思想与儒家学说的重要资料，从东汉起被列入儒家经典，南宋朱熹将其与《大学》《中庸》《孟子》列为四书。随着孔子在历朝地位的提升，《论语》也日益受到重视，成为科举考试与士人必读的经典著作，历来国内外注释书多达 3 000 余种，以三国魏何晏，宋代邢昺、朱熹等人所注最有名，现代有杨树达《论语疏证》与杨伯峻《论语译注》等。

《孟子》，儒家经典。战国时孟子及其弟子万章等著，包括梁惠王、公孙丑、滕文公、离娄、万章、告子、尽心等 7 篇，每篇分上下，共 14 卷。其内容主要鼓吹性善说，提出“仁政”“王道”的政治思想，论述理想人格。汉至唐代，《孟子》始终被列为子部儒家类书。宋代开始，《孟子》一书的地位不断升高，被列入儒家十三经。南宋朱熹加以集注，列入四书。明清时，四书为官方取士教科书，《孟子》就成为读书人的必读书。清代有焦循《孟子正义》。

《大学》，儒家经典。相传孔子弟子曾参（前 505—前 436）撰。原为《礼记》的一篇，宋代以前没有引起人们的特别关注。二程非常重视《大学》，朱熹以为大学教人通过格物、致知、诚意、正心而达到修身、齐家，再达治国、平天下的目的，因此重新加以编次，分为经 1 章，传 10 章，共 11 章。与《论语》《孟子》《中庸》合称四书，成为士人应举的必读书。有朱熹《四书集注》本。

《中庸》，儒家经典。原为《礼记》的一篇，相传为战国子思所作，部分为后人所加。二程对《中庸》赞赏有加，朱熹将《中庸》从《礼记》中抽出，列为“四书”之一，共 33 章。书中具有浓厚的思辨色彩，阐述“中庸”，声称“君子中庸，小人反中庸”。同时提出“诚”为世界的本体与道德规范，通过“诚”可以达到人性修养的最高境界，实现修身、事亲、知人、知天。南宋有朱熹《四书集注》本。

《孝经》，古代儒家论述孝道、孝治思想和宗法思想的著作。关于其著者说法不同，多认为可能是曾参的学生或者孟轲的学生及其再传弟子所作。全书 18 章，在十三经中字数最少、最为浅显。《孝经》将“孝”作为道德的根本和教育教化所赖以产生的依据，认为孝是人类社会普遍的道德范畴，各等级的人的孝又有差别。同时，《孝经》突出地将“孝”同政治紧密联系起来，使其具有维护社会的政治功能。清代有《十三经注疏》本。

《荀子》，大部分为战国晚期荀况（前 313—前 238）所作，小部分由他的学生整理而成，也可能有部分秦汉之际或汉代的作品。共 20 卷，32 篇，经汉朝刘向整理后又经唐朝杨倞编定而成。荀子思想源于儒学，吸收孔、墨思想上重视人事经验的成分，同时吸收法家理论。书中把“天”解释为自然界，不以人们的愿望为转移，提出唯物主义世界的可知论。同时提出社会环境的教育改造与法制的约束作用。在儒家分化中，荀子代表革新势力。其思想在汉朝以后不受重视，宋代理学大兴，荀子受理学家攻击，甚至被排斥在儒家之外，直到近代才有所改变。清代有王先谦《荀子集解》，北京古籍出版社1956年有排印本。

二、墨家、道家经典类

《墨子》，墨家学派的著作总汇，现存15卷，53篇，旧题战国墨翟撰。今人一般认为是墨子弟子及其后学在不同时期记录墨子言行编纂而成。《墨子》一书有丰富的哲学思想，也有政治、伦理和逻辑思想。墨子提出尚贤、尚同、节用、节葬、非乐、非命、尊天、事鬼、兼爱、非攻十大主张，反对儒家繁文缛节，目的在于借用天地鬼神纠正时弊，代表了下层民众利益。战国时期，墨家影响很大。秦汉统一后，儒学定于一尊，墨家遭压抑，逐渐消亡。清代孙诒让有《墨子闲诂》。

《老子》，道家代表作，相传为春秋末年老聃所作，也有人认为是战国时期作品。韵文体，分上下两篇，共81章，5 000言，汉以后被称为《道德经》。《老子》是一部哲学著作，囊括了关于自然、社会的许多论述。其以“道”为本，崇尚自然无为，鼓吹小国寡民，抨击礼法，同时具有“柔弱胜刚强”“无为而无不为”的辩证转化因素，包含高度的智慧，对后世影响深远。汉魏以来有多种注本，并且流传到国外。上海古籍出版社有1985年译注本。1973年长沙马王堆汉墓出土帛书《老子》和1993年湖北郭店出土简牍《老子》，使今人得以看到《老子》一书的早期版本。

《庄子》，先秦庄周学派的著作总集，现存33篇，一般认为内篇是庄周本人所作，外篇和杂篇是他的弟子整理庄周的讲话记录或者是庄周后学的作品。魏晋时期，《庄子》与《周易》《老子》合称“三玄”。唐代，儒、佛、道三教鼎立，《庄子》是道教重要典籍，庄子被称为南华真人，书名也改为《南华经》。33篇。庄子发挥了老子的“道”论，在认识论方面提出事物的相对性，但陷入不可知论。同时，批判礼法，否定国家，主张法律虚无主义。特别是《逍遥游》《齐物论》《养生主》《胼拇》《胠箧》《天运》《秋水》《渔父》等，历来被推崇为《庄子》名篇。《天下》更是评析了当时的学术诸家，把庄子学派推崇为当时的学术高峰。虽属学术偏颇，但对后人认识诸家仍有一定作用。书中多用寓言故事，想象丰富。历代注本甚多，以晋代郭象注最有名。中华书局1954年有重印本。

《列子》，相传战国列御寇所作，一名《冲虚真经》。全书贯穿“贵虚”思想，宣扬生逸死同，天道自会。或系晋人托名伪作。列御寇在《庄子》一书中提到，但战国其他资料中找不到其踪迹。《列子》书名最初出现在《汉书·艺文志》中，说是刘向编定的。今本《列子》八篇，出现于晋代，有张湛序。由于《列子》的身世不清，真伪尚无定论，但从思想体系来说，与魏晋玄学一脉相承。浙江人民出版社1984年《百子全书》收。

《黄帝四经》，为1973年马王堆三号汉墓出土帛书的《经法》《经》《十大经》与《道原》四篇古佚书。其中第二篇《经》中，出现有关黄帝言行的记述。据考古发掘记载，这4篇古佚书与《老子》乙本同抄在一整张帛上，推定的抄写时间在汉文帝初年（约前179—前168），内容就是《黄帝四经》。《汉书·艺文志》载有《黄帝四经》四篇。一般认为成书于战国前期之末到中期之初，即公元前400年左右，是稷下学者的著作，后来流传到楚国。这部书是黄老学派的代表作，但在汉朝以后散佚，马王堆汉墓的出土使其得以重见天日。中国社会科学出版社1996年出版有《黄帝四经今译》。

三、法家、兵家类

《管子》，古代综汇百家的著作。其书托春秋时期辅佐齐桓公改革称霸的管仲之名，表达齐国法家思想，应该成书于战国秦汉之时，大部分篇章出自战国时期齐国稷下学者，最后由西汉末年刘向编定。刘向编为86篇，现存24卷76篇。书中记述管仲的治国思想与事迹，涉及经济、政治、社会等方面，融会道、法、儒、墨等家，内容芜杂，崇尚法治，在先秦诸子中，是一部独具特色而思想内涵丰富的著作。有广西人民出版社1982年注释本。

《商君书》，一作《商子》，战国商鞅及其后学的著作合编。鞅，战国卫人，信奉法家学说，入秦，在秦孝公支持下实行变法。《汉书·艺文志》著29篇，现存24篇，书中重耕战，崇法治，提出信赏必罚、轻罪重刑，建立君主专制，是法家理论的一部重要著作。收入浙江人民出版社1984年版《百子全书》。

《慎子》，旧题慎到（约前395—前315）撰。到，赵国人，曾在齐国稷下学宫讲学，力主“势”，推崇君主权势与法治。《汉书·艺文志》载该书42篇，现仅存7篇，是否为慎到所作，尚有不同意见。收入浙江人民出版社1984年版《百子全书》。

《申子》，战国申不害（？—前337）撰，1卷。不害在韩国为相，内修政教，外应诸侯，其学本于黄老而主刑名，强调明法察令。清代有辑本，《全上古六朝文》收录。

《尹文子》，战国尹文撰。尹文，战国时齐人，齐宣王时在齐国都城临淄的稷下学宫讲学，相传公孙龙是他的弟子。该书分大道上、下2卷。作者崇尚刑名法术，强调因名得实，名正法顺。或以为今本尹文子系后人托名而作。是研究名家与法家的资料。《汉书·艺文志》有著录，有上海人民出版社1977年标点本。

《孙子兵法》，我国最早的一部兵书，一般认为是春秋末期军事家孙武所作。孙武，字长卿，春秋末期齐国安乐（今山东惠民）人，在齐国内乱时逃到吴国，被吴王阖闾重用为将，指挥吴军作战。《孙子兵法》现存13篇，其中总结了春秋战国时期长期战争的经验，揭示了战争规律，并且重视军法的作用。《孙子兵法》一书影响深远，唐代以后流传海外，被翻译成多国文字。1972年山东临沂汉墓出土的竹简兵书中，有《孙子兵法》和失传了1 000余年的《孙膑兵法》。孙膑是孙武的后代，战国中期军事家。《孙膑兵法》竹简的出土，也使今人弄清了原来存有争议的《孙子兵法》的作者是谁。

《韩非子》，战国韩非著，20卷，55篇。韩非为战国韩公子，尚刑名法术之说，吸收管仲、子产、商鞅、慎到、申不害等人学说，融法、势、术三派为一体，力主变法集权，为法家学说代表人物。55篇中，尤以《孤愤》《五蠹》《定法》《显学》《解老》

为其代表作。书中提出朴素唯物论的社会历史观，推崇君主专制集权，主张厚赏重罚，建立了以法治为主的法、术、势相结合的政治思想体系，为天下统一造势，论述严酷峻峭。《韩非子》的学说经过后世改造利用，成为统治者实行君主专制集权和法治、重刑的理论依据。上海人民出版社1974年有集释本。

四、历史著作与杂家类

《国语》，我国最早的一部国别体历史著作。其作者过去一般认为是左丘明，但这种说法自宋代以后不断遭到质疑。《国语》是一部汇编之书，记载春秋各国之事，详略不同，写法各异，很可能是各国史官把史事记下后，后人在这些材料的基础上不断整理加工润色，最后成书应该在战国时期。全书21卷，分为《周语》《鲁语》《齐语》《晋语》《郑语》《楚语》《吴语》《越语》等部分，上起西周穆王征犬戎（前967），下至韩、赵、魏三家分晋（前453），以记言为主，主要反映春秋各国政治、军事、外交等，为研究春秋史乃至上古史不可或缺的典籍。上海古籍出版社有2015年版。

《战国策》，记载战国史实的典籍。全书分国编排，计有西周、东周、秦、齐、楚、赵、魏、韩、燕等部分，共33篇，大多为战国时期作品，但不成于一人一事。西汉末年由刘向编排定稿。《战国策》主要录存当时号称纵横家的谋臣策士游说各国或者互相辩论的言论，具有相当的历史与文学价值，是研究战国历史的主要文献之一。有商务印书馆1934年版。

《吕氏春秋》，战国末期秦相吕不韦集门客共同撰写，共26卷160篇，分十二纪、八览、六论。内容以儒、道为主，兼及名、法、墨、农及阴阳家言。《汉书·艺文志》将其归入杂家。汉末高诱序《吕氏春秋》时，指出该书特点是“以道德为标的，以无为为纲纪，以忠义为品式，以公方为检格，与孟轲、孙卿、淮南、扬雄相表里”，为当时秦国统一天下、治理国家制造舆论。浙江人民出版社1984年版《百子全书》收录。

第二节　历代思想学术类

一、儒学正统类

《新语》，亦称“陆子”，西汉陆贾撰，2卷12篇。陆贾为楚人，以客从刘邦定天下，授太中大夫。书中主张崇王道，黜霸术，以德教化，休养生息。书中总结历史经验，批判秦朝苛法暴政，探寻新的统治方针，提出“握道而治”，与民休息。有中华书局1956年《诸子评议补录》本。

《新书》，西汉贾谊撰。谊，洛阳人，文帝时为太中大夫，主张加强中央集权，同时强调仁义、德教与礼，提出改定律令、列侯就国的建议。因其所论与当时朝廷元老的意见相忤而遭嫉恨谗毁，文帝亦不能采纳。贾谊觉察到改变统治策略的必要和迫切，其《新书》共10卷58篇。内容主要为“惩秦之失”，并鉴于汉初社会弊端，提出用儒家礼义改革当时的政治与法律制度。1976 年上海人民出版社根据整理《新书》等资料，出版有《贾谊集》。

《春秋繁露》，西汉董仲舒撰，17 卷 82 篇。在经过文、景时期的黄老之治后，武帝登基，统治集团面临着采取儒家学说改变统治方针的任务。董仲舒看到了当时的社会矛盾，提出实行“更化”。建议“诸不在六艺之科，孔子之术者，皆绝其道”，为武帝所纳。书中推崇公羊学，阐发《春秋》“大一统”之旨，建立“天人感应”的神秘主义体系，提出“三纲”“五常”“性三品”等说。有浙江人民出版社 1984 年《百子全书》版。

《白虎通义》，亦称《白虎通》，东汉班固撰，4 卷 44 篇。章帝建初四年（79），在白虎观召集诸儒讲论五经同异，后命班固撰集是书。全书大部分复述董仲舒以来的今文经学理论与神秘主义学说，宣扬神学，又提出“三纲六纪”，强调君为臣纲是三纲之重，把神学、经学熔为一炉，标志着封建主流法律思想的形成。有清代校刻本。

《贞观政要》，10 卷 40 篇，唐代吴兢（670—749）编撰。吴兢，曾任国史馆编修。本书写于开元八年（720）前后，以总结唐太宗“贞观之治”的为政经验，记载贞观年间唐太宗与大臣魏征、王珪、房玄龄、杜如晦等的论政问答、奏疏、廷议及有关政治设施、诤谏事迹等，在总结隋亡教训的基础上，对唐初立国方针、君道政体、前朝得失、文教刑罚、农业赋贡、官员任选、君臣作风、君民关系、道德风尚、征伐安边、民族关系等皆择要论列，以探寻致治之道，阐述如何运用主流法律思想，使封建政体达到政通人和、国富民强，是一部简明的政治教科书。受到后世统治集团的重视，其写本、刻本甚多，现存木刻本 2 种，并流传至朝鲜、日本等国。今有中华书局 2005 年版《贞观政要集释》。

二、诸子文集类

《淮南子》，又名《淮南鸿烈传》，西汉淮南王刘安集门客撰，现流传 21 篇。该书继承老、庄学说，糅合儒、法、阴阳五行等家思想，为统治者记叙政事并提供治国方案，在政治上主张无为而治。同时侧重于总结历史经验教训，批判秦的暴政，以警示当时的统治者，有与开始热衷于儒学的朝廷唱反调的意味，是西汉时期对黄老学说进行总结和概括的最后一部重要著作。浙江人民出版社 1984 年版《百子全书》收录。

《盐铁论》，西汉桓宽撰。10 卷 60 篇。汉昭帝始元六年（前 81 年），召集贤良文学在京城会议，围绕盐铁、均输、酒榷等官营财政经济政策之兴废等问题，“贤良文学”与御史大夫桑弘羊进行了辩论。宣帝时桓宽就会议纪要整理编次而成书。有辽宁人民出版社 1975 年版。

《新论》，东汉桓谭（前 23—56）撰，29 篇。谭字君山，沛国相（今安徽淮北）人，曾任议郎给事中。书中反映无神论，反对谶纬迷信。清严可均辑有《桓子新论》。

《论衡》，东汉王充撰，30 卷 85 篇。作者出身“细族孤门”，曾担任州县吏，罢职家居而著书，历 30 年撰成此书，自谓所作《论衡》就是“疾虚妄”。作者强调天道自然无为的朴素唯物主义自然观，对孔孟荀墨名法道阴阳等家以及汉代谶纬迷信均进行了批判，尤其是“问孔”“刺孟”等篇被统治者斥责为异端邪说。有中华书局1959年排印本。

《潜夫论》，东汉王符撰，10卷35篇。王符字节信，自称潜夫，安定临泾（今甘肃镇原东南）人，隐居。书中尖锐批判东汉社会后期政治与宗教迷信，讨论治国安民之术，主张务本抑末，富国强兵。希望明君尊贤任能，信忠纳谏。有中华书局1979年排印本。

《申鉴》，东汉荀悦（148—209）撰，包括政体，时事，俗嫌，杂言上、下等5卷。书中崇尚儒学，主张“德刑并用”，驳斥谶纬符瑞等迷信，侧重讨论历史与现实，要求统治者明赏罚以统其法，恢复教化。有浙江人民出版社1984年《百子全书》本。

《政论》，东汉崔寔撰。书中认为汉朝风气败坏，拯救途径就是变法改革，任用贤能之士，并加重对贪污受贿的惩罚。有中华书局2014年版。

《昌言》，仲长统撰。大部散佚。书中暴露当时的黑暗社会现实，批判汉初以来的神学传统。所存见《后汉书》和《群书治要》，《全后汉文》有所辑佚。有中华书局2014年版。

《曹操集》，汉末曹操撰，4卷。该集收录曹操诗20余首，文3卷151篇。包括诗集、文集、附录等部分，论述严格执法、依法治军的思想。中华书局有1979年译注本。

《诸葛亮集》，11卷。汉末三国诸葛亮撰。原集早佚，今本为明人所辑。包括文集4卷，是诸葛亮的著作；附录2卷，有刘备、刘禅策诸葛亮的诏书；故事5卷，有关诸葛亮的家世、轶事、制田、遗迹等。书中反映了诸葛亮的法治思想。有1960年中华书局版。

《抱朴子》，晋葛洪撰。葛洪（284—364），自号抱朴子，丹阳句容（今属江苏）人，东晋道教学者、炼丹家，曾封关内侯，后隐居罗浮山（在今广东博罗）。书有内篇20卷，外篇50卷。内篇言神仙方药养生延年；外篇言人间得失、世事臧否。全书批判了东汉以来的政治和社会风气，倾向严刑峻法。有中华书局1958年重印《诸子集成》本。

《韩愈集》，唐韩愈撰。原为《韩昌黎文集》，有上海古籍出版社1986年版，分为赋、古诗、联句、律诗、杂著、书、启、祭文、碑志、行状、表状等部分，共40卷，并有外集10卷、附录等部分。其中体现了韩愈以“道统”为根本的法律思想。岳麓书社据此于2000年出版《韩愈集》。

《柳河东集》，唐柳宗元撰。45卷，外集2卷，补遗1卷。作者字子厚，河东（今山西永济）人，贞元进士，曾参与政治革新集团，败后贬为永州司马，改柳州刺史。是集由刘禹锡辑成，其中主张变法改革，体现了作者唯物主义思想和进步的社会政治观。有中华书局1960年排印本。

《白居易集》，唐白居易撰。白居易生前曾亲自对自己的诗文进行编集、整理。南宋绍兴年间所刻《白氏长庆集》71卷，包括古诗、格律诗、碑碣、墓志铭、书序、议论状、制诰、奏状、策林、判，并有诗文外集。其中反映了白居易的刑、礼“迭相为用”的思想。中华书局据此为底本加以校勘标点，于 1979 年出版有《白居易集》。

《范文正公文集》，北宋范仲淹撰，20 卷、别集 4 卷、补编 5 卷。作者为北宋名臣，为官清正，政治上力主改革，提出明陟黜、抑侥幸、均公田、厚农桑、修武备、减徭役等主张，此书中有所反映。有中华书局 1984 年版。

《包拯集》，10 卷。宋包拯撰。包拯字希仁，庐州合肥（今属安徽）人，天圣进士，曾任龙图阁大学士、知开封府。一生为官清廉刚正，不畏权贵，执法公正，其故事在民间广为流传。是书反映了其政治法律思想。有中华书局 1963 年校正本。

《欧阳文忠集》，北宋欧阳修（1007—1072）撰，153 卷，附录 5 卷。欧阳修字永叔，号醉翁、六一居士，庐陵（今江西吉安）人，天圣进士，曾修《新唐书》《新五代史》，官至参知政事、兵部尚书，卒谥文忠。主张兴利除弊，为北宋中期政治革新人物。有《四部丛刊》本、《四库备要》本。

《王文公文集》，又称《临川先生文集》《临川集》，北宋王安石撰。包括各类诗文、奏议、杂著等，共 100 卷，约 60 万字，集中体现了作者的变法改革和朴素唯物论思想。有 1974 年上海人民出版社排印本。

三、理学与异端类

《朱子语类》，亦称朱子语录，南宋黎靖德汇编，140 卷。朱熹既殁，门人各记其所闻之语，从嘉定八年（1215）起始刻，至咸淳六年（1270）编成今书，分为 26 门，是朱熹一生从事教育工作所保存下来的师生间问答的记录，采取语录体形式，反映朱熹“以理为本，理在气先”的哲学思想和“格物致知”“天命之性”的人性论，强调“天理”“人欲”的对立。书中认为主宰世界最根本的是“理”，构成世界一切事物的具体材料是“气”，理产生气，并涉及哲学、自然科学、政治、史学等多方面，是后世科举考试的必读书。有明成化、清光绪刻本，中华书局 1986 年版。

《四书集注》，南宋朱熹编著。南宋时期，社会矛盾、民族矛盾都很尖锐。朱熹任官期间，执著于传授孔孟之道，创办学校。朱熹认为教人孔孟之道，颁布实施礼教应该以《大学》《中庸》《论语》《孟子》为基础，然后再扩大范围。于是他将平时用功最深的四部书以及他所做的注释合编为《四书章句集注》（即《四书集注》）一书，通过整理注释，把先秦以来的儒家思想纳入了自己学说的轨道。《四书集注》包括《大学章句》1 卷、《中庸章句》1 卷、《论语集注》10 卷、《孟子集注》14 卷。该书继承汉代以来儒者用注经的形式传播儒学的传统，汇集了历代对四书的注释，加入朱熹的训诂、解释，阐述自己的理学观点，宣传封建伦理思想。《四书集注》发行初期只在朱熹弟子中传播，到元朝仁宗延祐年间（1314—1320）恢复科举时，规定“四书”是国家考试主要科目，并且以朱熹的注释为标准，从此《四书集注》成为官方规定的必读书，也是启蒙教育的必读书。有北京古籍出版社 2000 年版。

《大学衍义补》，明丘濬（1420—1495）撰，共 164 卷。丘濬字仲深，琼山（今属海南省）人，景泰进士，曾为礼部尚书、文渊阁大学士。南宋真德秀撰《大学衍义》，此书加以增补，故名，分正朝廷、正百官、明礼乐、备规制、慎刑宪等12目，119条，上迄唐虞，下至五代，录经理天下之崇言宏议，发挥儒学，列举治国要义。有明代弘治元年（1488）与万历三十三年（1605）刻本。

《藏书》，亦称《李氏藏书》，明李贽（1527—1602）撰，68卷。贽号卓吾，泉州晋江（今属福建）人，官至知府，后弃官讲学，讲学内容被视为异端邪说。书成于万历十年至十八年（1582—1590）间，论述战国至元亡人物800余人，以独特标准加以评价，抨击儒学与封建道德标准，被统治者污为“倡乱道”，列为禁书。有中华书局1959年标点本。

《明夷待访录》，清黄宗羲撰。黄宗羲字太冲，号南雷，又号梨洲，学者称梨洲先生。浙江余姚人。其父黄尊素为明末东林党名士，被太监魏忠贤陷害而死，黄宗羲为父报仇，既而领导东林党后身复社坚持反太监斗争。参加武装抗清，明亡后隐居不仕，著述终生。《明夷待访录》共21篇，集中阐发了他的社会改革思想。此书以批判君主专制为中心，全面提出了作者的社会改革思想，并提出学校应该成为议论时政之所。书中还批判了重农而轻工商的传统经济思想，主张使财富投入流通，以发展经济。正因为有反封建的启蒙性质，该书在清朝被查禁。直到清末变法维新，此书得到刊印，广为传播。

《潜书》，清唐甄（1630—1704）撰，97篇。甄号圃亭，四川达州人，顺治举人，曾任知县。作者信奉王阳明学说，反对宋儒只谈心性不讲事功，主张人与人平等，反对君主专制，斥责历代帝王均为“贼”。北京古籍出版社1955年整理出版排印本。

四、晚清变革类

《林文忠公政书》，清林则徐撰，37卷，共151篇。有关禁烟、抗英斗争问题，分别载于湖南、使粤、两广奏稿各卷中，是研究鸦片战争、林氏思想的重要资料。有国学整理社1936年版。因拘守编辑文集旧例，年月皆被删去，不便考核，且校刻不精，亦非全部奏稿。中华书局1965年版《林则徐集》收奏稿580余篇，较为齐全。

《龚自珍全集》，清龚自珍撰，不分卷。自珍号定盦，浙江仁和（今杭州）人，道光进士，主客司主事，后辞官南归。其处晚清动乱之世，洞悉清廷政治腐败，希图改革，任用贤能，挽救颓势。是书为近人王佩诤辑校，搜罗较全，共11辑。有中华书局1959年版。

《资政新编》，清洪仁玕（1821—1864）撰。仁玕广东花县人，洪秀全族弟，曾赴香港，后封“天国”干王，总理朝政。是书在咸丰九年（1859）刊印，系向洪秀全提出的建议书，经洪秀全批准，公开颁行。书中针对太平天国时弊，提出仿效西方资本主义制度，实行经济、政治、文化、社会领域诸多改革措施，并采用新的刑法制度。上海人民出版社1956年有《太平天国文选》本。

《盛世危言》，清郑观应撰。观应字正翔，香山（今广东中山）人，曾为英商买办，任上海机器织布局总办等，近代早期资产阶级改良主义者。书中主张学习西方科技，实行改革，富国强兵。其书包括5卷本、14卷本和8卷本三种，分别刊于1894年、1895年和1900年。

《大同书》，清康有为的代表作。康有为字广厦，号长素，广东南海人。甲午战争后，激于爱国热忱，于1895年5月发动“公车上书”。以后光绪帝采纳其变法建议，于1898年下诏维新变法。变法失败后，康有为逃亡海外，组织保皇会，思想趋于保守，曾参与军阀张勋的复辟，拥戴溥仪为皇。《大同书》揭露了封建社会与资本主义社会的黑暗，根据《公羊传》三世说和《礼运》小康、大同说，把人类社会发展分为乱世、升平世、太平世（即大同世），描绘了所谓“无邦国、无帝王、人人平等、天下为公”的乌托邦式的“大同社会”，为当时苦难的中国展示了一幅理想社会的蓝图。书中认为人们痛苦的原因是不能“仁爱”，如果人们能够相互仁爱，凭借“去苦求乐”的人性，不需要斗争，大同世界就可以实现了。

《孔子改制考》，清康有为撰，21卷。光绪二十二年（1896）成书。该书认为不假托古书，不能取信于今人，《六经》皆孔子为托古改制而作。又以公羊据乱世、升平世、太平世为人类发展三阶段，证明维新变法是据乱世进入升平世的必然性，从而为变法作舆论准备。有1920年《万木草堂丛书》本。

《仁学》，清谭嗣同著。作者字复生，号壮飞，湖南浏阳人。出身官僚地主家庭，青年时代游历各地，广泛接触社会。中日甲午战争后，思想和立场发生很大变化，积极投身于康有为为首的改良派的变法维新运动。因其改革主张受到顽固派阻挠，不能实现，感到十分苦闷，一度转而研究佛学，写下《仁学》。1898年，参加戊戌变法，失败后为唤醒国人，慷慨赴死。《仁学》内容庞杂，其中充满自相矛盾的观点，就其历史内容来说，总体上是一部反对封建制度、要求发展资本主义的宣言书。

第三节　历史典籍类

一、两汉史籍

《史记》，司马迁撰。迁字子长，西汉左冯翊夏阳（今陕西韩城）人。官太史令。《史记》为我国第一部纪传体通史，计12本纪、10表、8书、30世家、70列传，共130篇，52万余字。所载上起黄帝，下至汉武帝时期，资料搜集广泛，叙述可靠，论断精辟，文笔生动，其中有关秦朝至汉初的记载尤为详细。最后有《太史公自传》，叙述家世、撰书经过、意旨和史学见解，提出“究天人之际，通古今之变，成一家之言”的写作宗旨。后人注释主要有南朝裴骃《集解》、唐代司马贞《索隐》和张守节《正义》三家旧注。《史记》对传统历史学与文学影响深远，有中华书局1959年标点本。

《汉书》，班固撰。作者为东汉扶风安陵（今陕西咸阳东）人，继承父业，完成该书。后任兰台令史，曾随窦宪出击匈奴。《汉书》为我国第一部纪传体断代史，120卷。武帝中叶以前事迹，多采自史记，并创《百官公卿表》《刑法志》《艺文志》与其他多种表志。对后世史书影响很大，历来为研究者所重视。有唐初颜师古等注。其中卷二十三《刑法志》，叙述了刑法起源的传说，春秋战国至秦汉刑法的发展，着重于文景时期废除肉刑，阐述恤刑思想。《汉书》文字较艰深，有东汉服虔、应劭等作音义，唐代颜师古、清代王先谦等作注，有 1962 年中华书局标点本。

《后汉书》，范晔撰。晔字蔚宗，南朝宋顺阳人，在宋官至尚书吏部郎，因被告发谋反而遭处死。该书记载东汉一代历史，今本 120 篇，分 130 卷。作者博采前人资料，自订体例以类叙法编次，多录奏疏文章。每篇末，论后附以“赞”，新增《党锢》《宦官》《文苑》《列女》等类传，结构严谨。有唐代李贤注。有中华书局 1956 年标点本。

《东观汉记》，东汉刘珍等撰，今为 22 卷。该书经东汉几代史学家相继撰修，以纪传体论述东汉史事，曾与《史记》《汉书》合称“三史”。由于范晔《后汉书》行世，《东观汉记》浸微，逐渐散佚，清代始有辑集补遗。

二、三国两晋南北朝史籍

《三国志》，西晋陈寿（233—297）撰，共 65 卷，记载魏文帝黄初元年（220）至晋武帝太康六年（280）间魏、蜀、吴三国史实，其中多涉及东汉制度。包括魏志 30 卷、蜀志 15 卷、吴志 20 卷，无表志。该书将三国分成三书，魏列本纪称帝，蜀、吴为传称主，在断代史中别创一格。因记载过于简略，又缺少志、表部分，有南朝裴松之为之作注，侧重史实增补与考订，引书 159 种，增补史料多于原书。至宋文帝元嘉六年（429）告成。《三国志》有中华书局 1959 年标点本。

《晋书》，唐房玄龄（579—648）等监修，130 卷。书成于贞观二十二年（648），记载两晋历史，载录各种原始文献甚多，并援《东观汉记》体例，创载记 30 篇，记载北方各少数民族政权史迹。唐太宗李世民亲自为《晋书》四篇传记写了史论。其卷三十《刑法志》介绍东汉至魏晋刑法的变化，介绍魏律、晋律的制定与篇目，引述了律学家的观点，以及朝臣关于废除肉刑的讨论。该书作者试图对晋朝的治乱兴亡进行探索，文字比较华丽，但对永嘉以后到东晋的一些建置和演变记载过于简略，也包含一些错误和歧异。有中华书局 1974 年点校本。

《宋书》，南朝齐梁间沈约撰，100 卷。沈约（441—513），字休文，吴兴吴康（今浙江德清西）人。历仕三朝，官至尚书左仆射、尚书令。《宋书》记宋武帝永初元年至顺帝昇明三年（420—479）刘宋 60 年历史，多有称颂豪门世族处，材料繁富，志的内容尤详。唯于改朝换代之际和门阀大族诸多讳饰；不立《食货》《刑法》二志，尤为缺憾。有中华书局 1974 年校点本。

《南齐书》，原名《齐书》，北宋始用今名，南朝萧子显撰。萧子显（489—537），字景阳，南兰陵县（今江苏常州西北）人，齐高帝萧道成的孙子，入梁后官至吏部尚书，屡次参与编修官书。今本 59 卷，记载南朝齐的历史，约于梁天监十三年（514）后成书。体例近于《宋书》而有所变通，保留一定原始资料，文字简洁。但不立《食货》《刑法》《艺文》三志属于缺漏。有 1972 年中华书局点校本。

《梁书》，唐姚思廉撰，56 卷。姚思廉（557—637），字简之，吴兴武康（今浙江德清西），入唐为著作郎。《梁书》《陈书》均为姚察、姚思廉父子合著。贞观十年（636）成《梁史》，记南朝梁自萧衍建国至萧方智亡国 56 年历史。收录较多诏册、奏表、书札等，也有隐讳、文饰与遗漏。本纪后有魏徵《史论》。有中华书局 1973 年点校本。

《陈书》，唐姚察、姚思廉父子撰，36 卷。书成于唐贞观十年（636），记陈武帝永定元年至后主祯明三年（557—589）间 33 年的历史，是现存比较原始的记载，体例多同于作者的梁书，本纪后有魏徵《史论》。版本亦同于《梁书》。有中华书局 1972 年版。

《魏书》，北朝魏收撰，130 卷。魏收（506—572），字伯起，巨鹿（今河北平乡一带）人，官至尚书右仆射。书成于北齐天保五年（554），后修两次，记北魏道武帝建国至孝静帝灭覆（386—550）的历史，材料充实，创《官氏志》《节义传》，《食货志》于北朝人著述中仅见，改《刑法志》为《刑罚志》。卷一百一十一《刑罚志》介绍北魏一代自创建以来法律制度的沿革，包括对于立法与司法的讨论。全书载入大量诏令、奏议，篇幅臃肿，也保存了一些有价值的原始资料，如关于均田制和关于长尺大斗以及赋税的奏疏等，对于了解北魏经济制度有价值。有中华书局 1974 年校点本。

《北齐书》，原称《齐书》，后改用今名。50 卷。李百药撰。李百药（565—468），字重规，安平（今属河北）人，入唐后任中书舍人、散骑常侍。贞观元年（627）奉诏修齐书，按父旧稿兼采他书，经 10 年完成。记东魏建国至北周灭北齐 44 年历史，资料甚详，但无表、志。北宋后散佚甚多，仅存 17 卷，后人有所补录。有中华书局 1972 年校点本。

《周书》，唐令狐德棻撰，50 卷。令狐德棻（583—666），宜州华原（今陕西耀县）人，世族出身，曾参与反隋。入唐后为秘书丞，多次参与官书的编写。奉太宗诏修周书，记载北朝周的历史，贞观十年（636）完成。其条理清晰，保存不少原始资料。推崇西魏、北周世族。在资料方面有所舛误，仍不失为研究当时历史的原始材料。原书至宋代已佚，后人曾予以补录。有中华书局 1971 年标点本。

《南史》，唐李延寿撰，80 卷。李延寿，唐初相州人，官至符玺郎，在太宗时代曾参与史书修撰，继其父李大师编纂南、北史。书成于唐高宗显庆四年（659），记南朝宋初至陈末 170 年历史。各朝前后贯穿多，通为一编，较为简洁，亦多正史以外材料。该书在唐朝已经统一的背景下，打破了朝代断限，通叙北朝各代历史，尤其突出门阀世族的地位。有中华书局 1975 年点校本。

《北史》，唐李延寿撰，100 卷。书成于高宗显庆四年（659），记北朝与隋朝共 233 年的历史，较为简洁，其中突出门阀世族的地位，用家传形式而不按时代先后编次列传。与记载南北朝的其他各部史书相比较，从史料的角度说长短互见。本书也有一些史实错误，还掺杂进一些神鬼故事、谣言谶语等。有中华书局 1974 年校点本。

三、隋唐五代宋辽金史籍

《隋书》，唐魏徵、长孙无忌等奉敕于唐朝贞观年间撰，85 卷。魏徵（580—643），字玄成，馆陶（今属河北）人，入唐官侍中。无忌（？—643），字辅机，河南洛阳人，太宗长孙皇后兄，官至同中书门下三品。该书记载隋朝三十八年历史，保留原始资料甚多。上溯汉魏，以详今略古、详北略南为特征。其中十志部分记载梁、陈、北齐、北周和隋五朝的历史。卷二十五《刑法志》，综述南朝梁陈法律的源流与司法的延续，北朝齐、周法律的概况，以及隋朝两代君主立法与司法的得失。有中华书局 1973 年点校本。

《旧唐书》，原名《唐书》，与欧阳修等《新唐书》对称，改用此名，纪传体史书。后晋时高祖诏令编著，至后晋少帝开运二年（945）完成呈上。题刘昫撰。刘昫（888—947）为后晋宰相，曾予监修。200 卷，记唐朝历史，保存原始资料较多，大抵于唐前期叙次有法，中期较略，晚期不免杂芜，有些地方又过于简略。可以与《新唐书》对照阅读。文笔有特色。其中卷五十《刑法志》叙述了唐前期自武德、贞观、永徽至开元诸律包括《唐律疏议》的立法过程及司法实践，阐述了律令格式的演变，以及唐代中后期的刑罚制度。有 1975 年中华书局校点本。

《新唐书》，宋仁宗时设立书局，重修唐书，欧阳修（1007—1072）、宋祁（996—1061）主撰。欧阳修字永叔，号醉翁，庐陵吉水（今江西吉安）人，天圣进士，官至参知政事。该书 225 卷，对于唐代史实有不少增补，新增“卓行”“奸臣”“叛臣”“逆臣”四目。十三志大多详于旧史，并增加了过去没有的《仪卫志》《选举志》《兵志》。作者批评《旧唐书》对忠奸善恶不加揭示，并秉承孔子修《春秋》之意，进行所谓“忠奸顺逆”的褒贬。列传中保存了一些《旧唐书》未载的史料。其卷五十六《刑法志》，叙述唐前期诸律、律令格式与五刑制度，以及历朝司法恤刑。最后综述唐代法律演变。有中华书局 1975 年点校本。

《旧五代史》，题宋薛居正撰。原称“五代史”，与欧阳修《新五代史》对称，改称《旧五代史》，共 150 卷。薛居正（912—981），后唐进士，宋初任门下侍郎平章事（宰相）。编写目的是总结五代割据教训，为巩固宋朝统一服务。书中保存较多原始资料，书成于北宋开宝七年（974），叙梁、唐、晋、汉、周五代资料甚详，首创《选举志》。卷一百四十七《刑法志》分叙五代立法与司法，尤其阐明编敕、刑统的由来。有中华书局 1976 年校点本。

《新五代史》，北宋欧阳修撰，74 卷。皇祐五年（1053）成书，记后梁开平元年至后周显德七年（907—960）共 53 年历史。仿《史记》体例，用《春秋》笔法，以五代本纪、列传各为一编。十国史事，则概入世家。作者总结五代历史的经验教训，说明了割据现象的原因。体例上，打破朝代界限，把五朝的本纪、列传综合在一起，依时间先后编排，并且补充了《旧五代史》所没有的一些资料。有中华书局 1974 年点校本。

《宋史》，元朝官修，以脱脱（1314—1355）等为都总裁，揭傒斯（1274—1344）等为总裁，共 496 卷，顺帝至正五年（1345）成编。在二十四史中，宋史以卷帙浩繁著称。保存史料丰富，对宋代政治、法律、职官、经济、文化等方面均有反映。所收列传达 2 000 多人。全书大致以北宋编排较佳，南宋理宗以后疏漏较多。《宋史》鼓吹程朱理学，创《道学传》。编者站在元朝立场上，是非褒贬多有不当，内容亦多芜杂、错误，文字不加修饰。其卷一百九十九至二百一《刑法志》包括三篇，第一篇叙宋代编敕与刑罚，以及司法程序。第二篇，列举司法案例，阐述宽严刑事政策的变化。第三篇，叙刑罚适用的变化。有中华书局1977年点校本。

《辽史》，元代官修，以脱脱等为都总裁，揭傒斯等为总裁，160卷，顺帝至正四年（1344）成书。记载辽政权200多年历史，兼叙辽以前契丹族和辽末耶律大石建立的西辽历史。该史以宋、辽、金三家“各为正统”为原则，记述较为充实，但偏重于族内纷争与宫廷政变。卷六十一至六十二《刑法志》分上下两篇，分述辽朝前后的立法与司法。有中华书局1974年点校本。

《金史》，元脱脱主持修撰的史书，共135卷。此前学者搜集的金朝史料，为金史的修撰打下了基础。元顺帝至正四年（1344）修成。《金史》比较系统地记载了女真等民族早期的历史，为金代的各项制度、行政区域、自然现象等提供了不少有用的资料。其卷四十五《刑志》叙述金朝法律的演变。有中华书局1975年点校本。

四、元明清史籍

《元史》，纪传体史书，明代官修，以李善长（1314—1390）为监修，宋濂（1310—1381）为总裁，210卷，洪武三年（1370）开局修撰，因多抄录元朝官修史籍，当年就已完成。记述蒙古帝国和元朝160年历史，其体例变通诸史，大致按元民族等级划分，诸志各篇均甚充实，但芜杂及错误较多。其卷一百二至一百五《刑法志》，分四篇，按法律篇目叙述。篇一叙名例、卫禁、职制上，篇二职制下、祭令、学规、军律、户婚，篇三食货、大恶、奸非、盗贼，篇四诈伪、诉讼、斗殴、杀伤、禁令、杂犯、捕亡、恤刑、平反。初刊于洪武三年（1370），有1976年中华书局校点本。

《新元史》，近代柯劭忞撰，257卷。劭忞（1848—1933）字凤荪，号蓼园，胶州（今山东胶县）人，光绪进士，曾为清史馆总纂等。作者素有研究元史之志，1920年书成，纠正《元史》不少错误，但史学观点陈旧。卷一百二至一百三为《刑法志》，分上下篇，内容包括法典制定、法典内容、条格、敕令等。1921年北京政府将此书列为“正史”。有开明书店《廿五史》本。

《明史》，清代明史馆纂修，题张廷玉（1672—1755）撰，332卷。是书凡四修，初修于顺治二年（1645），再修于康熙四年（1665），康熙十八年复诏博学鸿儒五十人分撰，万斯同（1638—1702）等参与。雍正元年（1623）复以张廷玉为总裁，增删原稿，至雍正十三年定稿。材料搜罗较备，编次谨严，考订颇精。唯于建州女真和南明史迹均有意删除。卷九十三至九十五《刑法志》分三篇，其一叙明律、问刑条例的制定与内容。其二叙司法机关的构成与职能、刑法的适用，其三叙法外机关的肆虐。有中华书局1974年校点本。

《清史稿》，近代赵尔巽主修，529卷。赵尔巽（1844—1927）字公镶，汉军正蓝旗人，同治进士，曾任四川总督。1914年被聘为清史馆长，领修此书，1927年完稿。记事始努尔哈赤称汗，终清室覆灭。新创《交通》《邦交》二志。撰者歌颂清廷，谩骂革命，鼓吹复辟，又错讹重复。其卷一百十七至一百十九《刑法志》分三篇，其一叙大清律、现行则例，及晚清刑民律的制定；其二叙刑罚制度及晚清刑罚改革；其三叙司法机关、诉讼制度及晚清变法。有关外、关内等5个版本。有中华书局1977年标点本。

五、通鉴类史籍

《资治通鉴》，北宋司马光编著。司马光（1019—1086），字君实，陕州（在今山西）夏县人，宝元进士，神宗时翰林学士。后因在变法问题上与王安石政见不合，退居洛阳，潜心读书著史15年。至哲宗即位，归朝为相。司马光深感《史记》以后没有一部比较简明完整的通史，于是设立书局，搜集人才，用19年时间主持编写《资治通鉴》，共294卷，记载从周威王二十三年（前403）至周世宗显德六年（959）间1362年的史实，按年编次，取材博综，各种资料达300种以上，内容以政治、军事为主，专详治乱兴衰，着重叙述历代重大政治事件的发生发展，突出记载战争的谋略和经过，也记载重要人物的言行事迹，旨在为统治者提供国家治乱兴衰的借鉴。总体上记载准确，内容详备。宋元之际胡三省为书作注。有中华书局1956年点校本。

《续资治通鉴长编》，编年体史书，南宋李焘撰，今本520卷。李焘（1115—1184），字仁甫，眉州丹陵（今属四川）人，绍兴进士，官至礼部侍郎。仿《资治通鉴》体例，历40年作此书，成于淳熙十年（1183），记事始建隆，终靖康，保存大量史籍轶篇。有中华书局点校本。

《续资治通鉴》，编年体史书，清毕沅撰，230卷。毕沅（1730—1797），字秋帆，镇洋（今江苏太仓）人，乾隆状元，官至兵部尚书。以前人《资治通鉴》续作未尽完善，延请当时学者另著此编，历时20余年，成于乾隆末年，上接《通鉴》，始北宋建隆元年，终元至正三十年（960—1370），对南明抗清者有所表彰。有光绪铅印本。

第四节　法典与制度类

一、法典类

《唐律疏议》30卷，题唐长孙无忌等奉敕撰，是我国完整保存下来的最早的一部古代法典。原名律疏，后人以其所疏为唐律，文中又冠以议曰，故名之《唐律疏议》。唐代初期至前期，曾先后颁行过武德、贞观、永徽、开元四部法典，均称唐律，分别为名例、卫禁、职制、户婚、厩库、擅兴、贼盗、斗讼、诈伪、杂律、捕亡、断狱等12卷，共500条（一说502条）。《唐律疏议》本身并未说明所注疏的是哪一部唐律，一般认为是由长孙无忌主持对永徽律的注疏。长孙无忌（594—659），河南洛阳人，唐太宗贞观时名臣。唐高宗即位，为解决律在施行过程中无权威解释而产生的弊病，永徽三年（652）命太尉长孙无忌等主持召集熟悉律条者逐条疏解，次年成“律疏”三十卷，颁于全国。律疏每条先引述律条，次以疏议详细解释律条，未尽之处又设“问”“答”，进一步结合司法实践及疏议加以说明。《唐律疏议》的疏议部分在唐代具有与律文同等的法律效力，司法机关在司法实践中必须加以遵循。《唐律疏议》对后世的立法与司法有深远影响，并流传至中国周边国家，为中华法系的代表作。有中华书局 1996 年笺解本。

《宋刑统》，全称《重详定刑统》或《重定刑统》，又称《建隆刑统》，宋代法典。宋太祖建隆四年（963）命工部尚书判大理寺窦仪等撰，依后周《显德刑统》参酌详定而成，将有关刑事的敕、令、格、式载于律文各条之后，并以刑律分类为门，为综合性刑事法规。《宋刑统》篇目与唐律相同，分 12 篇，30 卷，并多引旧有律疏。其不同在于篇下分 213 门，以律、门、条垂直类属，附有晚唐以来敕令格式。《宋刑统》终宋世而行用。有中华书局 1984 年本。

《庆元条法事类》，南宋法典。南宋右丞相谢深甫等编，是宋代法令汇集，聚集北宋初年至庆元年间 240 年所行的各类法条，嘉泰二年（1202）编成，437 卷，分为 16 门，门下分类，按敕、令、格、式、申明、旁照等排列，翌年颁行，后大部散佚。有 1948 年燕京大学印本，仅存 20 册 36 卷，对于研究南宋法律弥足珍贵。

《通制条格》，元朝建立后，法律很不完备，为便于官府审讯断狱，仁宗下令将元朝历代颁布的有关法令文书斟酌损益，类集折中，汇辑成书，经增删审核，定名《大元通制》，于至治三年（1323）刊行，主要包括制诏、条格、断例三部分。条格大体相当于前代的令，是元代在民事、行政、财政等方面的重要法规。《大元通制》已佚，后将其残存的条格部分辑录《通制条格》。共 22 卷，包括户令、学令、选举、田令、赋税、捕亡等 19 篇目，是研究元代民事与行政法律的重要资料。中华书局 2001 年出版有《通制条格校注》。

《大明律》，明代主要法典，经三十年编修始成。朱元璋集团平定武昌时曾命左丞相李善长总裁律令，提倡法贵简当，革除繁芜，并颁发《律令直解》。洪武六年（1373）重加编制，次年书成，“篇目一准于唐律”，计 606 条。洪武二十二年又加以“整齐”“以类编附”“名例律冠于篇首”。至洪武三十年（1397）最后定稿，篇目为之一变，分名例及吏、户、礼、兵、刑、工共 7 篇，30 卷，460 条。称《更定大明律》，颁于天下，令“中外决狱，一准三十年所颁”；群臣议更改者坐以变乱祖制之罪。其规定贯穿“明礼以导民，定律以绳顽”，颇多严酷。有法律出版社 1999 年版。

《问刑条例》，明代法律。“问刑”即审讯断狱，“条例”指律文之外，各官司题奏获准施行并“因时推广”之判例或条例，为判案依据。条例作为一种法律形式在明初即已存在，用以补律文之不足。由于例的数量迅速增长，缺少稳定性与系统性，弘治十三年（1500），刑部尚书彭韶等删定《问刑条例》，共 297 条，自此律例并行。嘉靖时续修《问刑条例》，共 376 条。万历续修《问刑条例》，共 382 条，开创以“律为正文，例为附注”、律例合编刻印的体例，名为《大明律集解附例》。这种律例统为一体的编制方式为清代所沿袭。黑龙江人民出版社 2006 年版《中国律学文献》收有影印本。

《大清律例》，清代主要法典。清朝入关，沿用明律，顺治元年（1644）准奏编律，三年（1646）成，名《大清律集解附例》，翌年颁行，是为清朝入关后第一部完整的成文法典，共7篇30门459条，附例434条。康熙时颁有《现行则例》264条，并编入例中。雍正时修律，其律后附例载旧例321条，包括“原例”（顺治三年律中旧例）、“增例”（康熙间所定例文）、“钦定例”（雍正时所定之例）三种，命名为《大清律集解》。乾隆时再加修订，于乾隆五年（1740）完成，定名《大清律例》，“刊布中外”。《大清律例》的编修前后历经近百年，其结构形式与明律相同，分为名例、吏、户、礼、兵、刑、工律共7律、30篇、47卷、30门，436条，附例1 049条。体例严谨、条文简赅，集历代法律之大成。《大清律例》制定完成后，律文不再修订，而屡次修订增加例文以补律文之不足。至同治九年（1871），例已增至1 892条。以后未再修例。有法律出版社1999年版。

二、会要类

《秦会要》，清孙楷（1870—1907）撰，26卷。书成于光绪三十年（1904），介绍秦朝典章制度，包括世系、职官、选举、民政、刑法等14门，分隶301目。有光绪三十一年（1905）刊本。徐复《秦会要辑补》重加补充厘定。

《西汉会要》，南宋徐天麟撰。天麟字仲祥，临江人，开禧进士，曾任权知英德府。该书70卷，包括15门376事，主要取材于《史记》《汉书》而加整理，其中刑法门分为刑制、律令、疑谳、议贵、矜老弱、赎罪、恤刑、女刑、大赦、断狱数等部分。书于宁宗嘉定四年（1211）呈进。有上海人民出版社1977年点校本。

《东汉会要》，南宋徐天麟撰，40卷。继《西汉会要》而作，主要取材于《后汉书》，并参考《后汉纪》等，分为帝系、礼、乐、舆服、文学、历数、封建、职官、选举、民政、食货、兵、刑法、方域、蕃夷15门，系384事。有一定的资料价值。上海古籍书店1978年出版校点本。

《三国会要》，近人杨晨（1845—1922）撰，22卷。杨以陈寿《三国志》无志，博采资料于光绪间编撰成书，分为帝系、历法、天文、五行、方域、职官、礼、乐、学校、选举、兵、刑、食货、庶政、四夷15门，系84目，对清人研究成果颇有吸收。有江苏书局本、崇雅堂本、1956年中华书局本。

《唐会要》，北宋初王溥撰。王溥（922—982），字齐物，并州祁县（今属山西）人，五代后汉进士，历仕后汉、后周，入宋进司空、同平章事，监修国史。王溥在唐德宗时苏冕和唐宣宗时宰相崔铉分别主修会要（今均佚）的基础上重新编次修撰，又采唐宣宗朝以后的史实，成《唐会要》100卷，原分15门，别为杂录附于篇末，于建隆二年（961）进呈宋太祖。该书体例近于《通典》而专于一代，为现存最早的会要体史籍。今本514事目，其多用原始资料，载唐代典制沿革甚详，并载人物事迹，可视为通典续编。包括帝号、诸王、封禅、郊仪、社稷、舆服、雅乐、学校、氏族、功臣、封建、官号、举贤、嫁娶、租税、户口、关市、榷酤等部分。北宋曾刻板印行，明末清初钱谦益所编书目有所著录，以后出现多种抄本，有中华书局1955年、上海古籍出版社

1991 年重印本。

《五代会要》，宋王溥撰。成书于建隆二年（961），原 50 卷，今本 30 卷，叙载五代典章制度共 279 事目，包括帝号与宫中制度、礼乐、刑、官制、租税等，内引诸朝诏令、奏议颇多。1978 年分别有中华书局、上海古籍出版社标点本。

《宋会要辑稿》，清徐松（1781—1848）辑，366 卷。宋会要原稿 2 200 余卷，后残稿遭火焚毁损大半乃至不见踪迹。清嘉庆间松任唐文馆提调兼总纂官时，借机将《永乐大典》中宋会要遗文录出整理，未及完成而卒。此后辑稿几经易主整理。1931 年北平图书馆购得此稿，由陈垣主持分编为 27 门 200 册，是为今本。所记详于宋代典制，尤其为食货、职官等门，是研究宋代经济、政治最为集中的资料。中华书局有 1957 年原稿缩印本。

三、通典、通考、会典类

《通典》，唐杜佑撰。杜佑（738—812），字君卿，京兆万年（今陕西西安）人，曾任县丞、州刺史、户部侍郎等。用 36 年撰成《通典》200 卷，是我国第一部典章制度专史。主要记载自传说中的黄帝至唐天宝间典章制度沿革流变，分为食货、选举、职官、礼、乐、兵刑、州郡、边防八典，几乎囊括各方面的所有制度，每典又分若干子目，在子目中以朝代为经，以有关内容为纬。1937 年，商务印书馆有万有文库本，2000 年浙江古籍出版社有影印本。

《通志》，宋郑樵撰。郑樵（1104—1162），字渔仲，南宋兴化军莆田（今属福建）人。主张抗金，未得重用，隐居著书，其作大多散佚。《通志》共 200 卷。高宗绍兴三十一年（1161）完成，记述三皇五帝至隋朝，依各史抄录，分本纪、年谱、略、世家、列传等部分。其中略有氏族、职官、选举、刑法、食货等二十，为全书精华。《通志》与《通典》《文献通考》合称“三通”。有中华书局 1987 年影印本。

《文献通考》，宋马端临撰。马端临（1254—1323），字贵舆，饶州乐平（今属江西）人，出身于丞相家庭，曾在国史院任编修官。历 30 余年编成《文献通考》384 卷，记载上古至南宋典章制度沿革，内容广博，叙述翔实。以田赋、水利、钱币、户口等经济类为开端，卷一百六十二至卷一百七十三为刑考，共 12 卷，其中包括“刑制”，叙述上古至宋代法律制度，以及徒流、详谳、赎刑、赦宥等部分。有商务印书馆 1937 年万有文库本、浙江古籍出版社 2000 年影印本。

《元典章》，原名《大元圣政国朝典章》，为元圣旨条画、律令格式和司法判例集编，元代主要法典。共 60 卷，附新集 2 册不分卷，共 10 门，凡 373 目，每目下再分若干条格。英宗至治年间（1321—1322）官修。分为诏令、圣政、朝纲，台纲、吏部、户部、礼部、兵部、刑部、工部 10 门，系 373 目，所收资料自元世祖中统元年迄仁宗延祐七年。所收资料较元史为详，为研究元代政治、法律、经济、风俗的重要资料。创六部为纲的编制体例，为明、清制律所本。由于抄本流传，残缺失次，旧有沈家本刻本，近人陈垣有《元典章校补》，1957 年中华书局合刊之。

《南台备要》，元刘孟琛等撰。作者曾任元朝江南行御史台令史，因此将有关江南行御史台的典章制度资料加以汇编。原书佚，现存版本从永乐大典中辑出。

《明会典》，原称《大明会典》，明官修，凡三次，初修本为正德会典，徐溥等奉敕撰，180 卷，书成于弘治十五年（1502）。重修本称续修大明会典，霍韬等奉敕撰，53 卷，成于嘉靖二十八年（1549）。三修本为万历重修会典，申时行等奉敕撰，为通行本。体例仿唐六典与元典章，以官职为纲，统载行政机构职掌、沿革、掌故、事例及冠服、仪礼等。有万历刻本及万有文库本。

《清朝通典》，原名《皇朝通典》，清嵇璜、刘墉等撰，100 卷。书成于乾隆五十二年（1787），记清前中期典制，自清开国至乾隆五十年（1616—1785），共分九典，取材多自《清朝文献通考》。有浙江古籍出版社 2000 年影印本。

《清会典》，或称《大清会典》。清官修，创修于康熙三十二年（1693），迭经雍正、乾隆、嘉庆、光绪各朝增纂，先后修成会典。体例因于明会典，唯自《乾隆会典》以下，均以则例另行成书。通行本为光绪会典，昆冈等奉敕撰，成于光绪二十五年（1899），100 卷，以职官为纲，分叙各衙门，以及垂帘听政、亲政礼制等事。于各机构均详其编制、职掌、因革、掌故等项。以《万有文库》本较为通行。

《清朝文献通考》，原称《皇朝文献通考》，乾隆敕编，300 卷，总裁张廷玉等，记事起清朝开国，讫乾隆五十年，分 26 考，大体包罗清前、中期主要行政典制和社会经济制度资料。有光绪间浙江书局本、万有文库本。

四、官制礼制与诏令类

《汉官六种》，清孙星衍辑。《汉书·百官公卿表》对官制未加分类详述，对六百石以下官职亦所遗漏。《汉官六种》为东汉时期陆续产生的六部有关汉代官制仪式的著作总称。这六部著作是：(1)《汉官》1 卷，作者、成书年代不详；(2) 王隆《汉官解诂》1 卷，原名“小学汉官篇”，以童蒙之书形式出现，胡广解诂。(3) 卫宏《汉旧仪》，叙述西汉制度，原书久佚，各家辑本所作卷数不一。此书多集西汉杂事，包括皇帝起居、官制、名号职掌、中官及太子制度、二十等爵。有《四库备要》本收录。(4) 应劭《汉官仪》10 卷，后代史注及唐宋类书多引此书。(5) 蔡质《汉官典职仪式选用》1 卷。(6) 三国吴丁孚《汉仪》1 卷。以上各种至唐均有散佚，至宋仅存少量。历代辑佚最有成就者当推孙星衍，所辑颇能吸收众本长处而编排。有中华书局 1990 年版。

《唐六典》，亦称《大唐六典》，旧题唐玄宗撰，李林甫等注，实则由张说、张九龄等主修，30 卷。开元二十六年（738）成书，记唐官制。首列三师、三公，次尚书、中书、门下诸省，于尚书省下分叙六部，以象周礼六官，均载其职司、官佐、品秩及章程、令式，并注诸官沿革，间或涉及户等、科差、绢布、贡赋、职田、兵募等。通行有清扫叶山房本、广雅书局本。

《唐大诏令集》，北宋宋敏求（1019—1097）编，130 卷。敏求字次道，赵州平棘（今河北赵县）人，赐进士及第，官至龙图阁直学士。书成于熙宁三年（1070），共分

13 门，154 目，收文 1 963 篇，其中对当时政治、经济、法律、选举、职官、婚姻制度及民族关系多有记叙，亦多反映社会的资料。有商务印书馆 1959 年排印本。

《大唐开元礼》，150 卷，唐开元间官撰。当时学士张说提出折中《贞观礼》《显庆礼》等书，以定礼制，因有此编，诏令徐坚、李锐等修成，包括吉礼、宾礼、军礼、嘉礼、凶礼等部分，系 226 目，为唐科举考试必读之书，及研究唐代礼法资料。有民族出版社 2000 年版。

《御史台记》，唐韩琬撰，原 12 卷，今存 1 卷。琬字茂贞，南阳（今属河南）人，曾为监察御史，开元中迁殿中侍御史。是书载唐初至开元五年（717）间御史大夫、御史中丞、监察御史等御史台官制建制沿革故实，并有人物传。今本辑自唐人小说等书，仍有一定参考价值。有清代刊本。

《宋大诏令集》，宋绶后人（佚名）编于南宋绍兴间（1131—1162），原 240 卷，现存 196 卷，分为 17 门，收北宋九朝诏令 3 800 余篇，约 130 余万字，多取材于北宋各朝官私所修政书及有关档案，有宋史所未载。有中华书局 1962 年校点本。

《大金集礼》，金朝修撰，不著撰人，40 卷，分尊号、册谥、诏命、祠祀、朝会、宴飨、仪仗、舆服等门，是金朝礼制的汇集。有中华书局 2017 年点校本。

第五节　其他文献类

一、字书、家训类

《说文解字》，俗称《说文》，字书。许慎撰。许慎（约 58—147），字叔重，东汉古文学家，曾跟经学家贾逵学习，学识渊博，负有盛名，人称“五经无双许叔重”。历时 22 年，建光元年（121）成书，旨在分析文字形体结构，探究原始意义。全部字头按部首排列，共分 540 部首。收字 9 353 个，分为 14 篇，另有序 1 篇，收字 9 353 个，其中重文 1 163，释文 13. 3 万余字。所收字体以小篆为主，在释文中列古文、籀文等异体为重文。为我国第一部字典。释文以许慎自己的解说为主，有时还引用先秦诸子、儒家经书来说明字形、证明字音，解释字义，并根据战国以来文字理论，提出了象形、指事、会意、形声、转注、假借等造字法的“六书”说。该书是许慎整理当时众多经学家、文字学家研究成果的一部总结性著作，保留了先秦的大部分字体，以及汉代以前对这个字的解释，提出了较系统的文字理论，是研究古文字学和古汉语不可或缺的典籍。今本每卷分上下，共 30 卷。《说文解字》在流传过程中，有不少的仿作或篡改。北宋时徐铉等人奉诏校订《说文解字》，此本即现在的通行本《说文解字》。清代段玉裁有《说文解字注》。今本《说文解字》以毛氏汲古本为最早，中华书局 1963 年有影印本。

《颜氏家训》，颜之推作。颜之推（531—约 590）字介，琅琊临沂（今属山东）人，出身仕宦之家，由南朝入北齐，一生流离，遭遇三次亡国之变，历仕四朝之官，累官黄门侍郎，多次险遭杀身之祸，身怀忐忑之虑。晚年为了用儒家思想教训子孙，鼓励子孙继承家业，扬名于世，根据自己的经历和体验，写出中国古代第一部较完整的家训著作《颜氏家训》。书成于隋开皇间，分20篇，述立身治家之法，辩证时俗之谬并训诫子孙。宋本7卷，明本合为2卷。为现存最早的家训。有上海古籍出版社1980年《颜氏家训集解》。

《朱子家训》，一名《朱子治家格言》，清初朱柏庐著。朱柏庐（1627—1698），江苏昆山人，诸生，入清隐居教读。该家训不分卷，为作者教子之语，颇多总结生活经验，要求子女勤劳节俭，安分守己，其言通俗易晓，其事亲近易行。坊间多有刻本。

二、笔记、案狱类

《大唐新语》，唐刘肃撰，13卷。刘肃曾任江都浔阳主簿，元和二年（807）成书，仿《世说新语》体例，凡30门、353条，多采国史旧闻，记唐初至大历年间逸闻杂事，大多有关政事、典制、人物、学术之类。有1957年古典文学出版社校点本、1984年中华书局校点本。

《唐摭言》，15卷，五代王定保撰。王定保，南昌（在今江西）人，唐末进士，善文辞。作为笔记小说，《唐摭言》以唐代科举制度为中心，记载了科举制度的产生、当时的社会风气和风俗，文人墨客的逸闻趣事，介绍了唐代科举尤其是进士科的起源、沿革和详细过程，有助于我们对唐代科举制度的了解和研究。有上海社会科学院出版社2003年校注本。

《疑狱集》，五代和凝、宋和㠓父子合撰。和凝，郓州须昌（今山东东平）人，字成绩，梁朝进士，官至左仆射。和㠓，宋太平天国进士，官至水部员外郎。㠓增父所编，取古今史载听讼断狱、辨雪冤枉等故事编次而成，俾司宪者触类旁通，以资启发。于雍熙上表之。《宋史・艺文志》《文献通考》等皆有著录，清代收入《四库全书》。书分上中下三卷，共67条。今传分为4卷、79条，卷四恐为后人所增。今有复旦大学出版社1988年校释本。

《折狱龟鉴》，宋郑克撰。郑克，开封人，字武子，宣和进士。南宋初曾任建康府上元县尉、湖南提刑司干官。因和凝《疑狱集》所录未臻详尽，采集旧闻，补充所缺，搜集历代破案案例，意尚德缓刑，所辑故实务求广博，其所辑故事多见正史，有的则出于墓志或小说，文字上常有删节，情节亦有变动，颇为宏博精审。原为20卷276条、395事，现存8卷20门，为收入《四库全书》时所分定。1927年商务印书馆铅印本收入《说郛》。今有复旦大学出版社1988年校释本。

《棠阴比事》，宋桂万荣撰，明吴讷删补。1卷，附录1卷。桂万荣，鄞县（在今浙江）人，官知府。此书在五代《疑狱集》和宋《折狱龟鉴》基础上，从正史、野史、名人笔记中选出一些案例，于宋嘉定四年（1211）成书，2卷，144条。删补本删去64条，增补50条，今本130条。以事之大小为先后，显示通过实地勘验调查案情原委、取得确凿证据而破案。有群众出版社1980年版《棠阴比事选》。

《洗冤集录》，法医典籍。南宋宋慈撰，5卷。宋慈（1186—1249）字惠父，福建建阳人，南宋嘉定进士。官主簿、县令、通判。淳祐七年（1247）成此书，详述法医经验，分条令、检复总说、疑难杂说、验骨、尸首异处、服毒、病死、杀伤等51目。最早有南宋湖南刻本。群众出版社1980年有校译本。

《名公书判清明集》，南宋的一部诉讼判决书和官府公文的分类汇编，旧时已经部分散佚，经重新辑录而成。序作于宋理宗景定二年（1261），初刻当在是年或稍后。书中所列书判作者名单，有自朱熹以下28人。辑录本包括官吏、赋役、户婚、人伦、人品、惩恶等门，分为14卷，并有附录。是研究宋代特别是南宋中后期社会、经济、婚姻、析产等的珍贵资料。有中华书局据明刻本辑录1987年版。

三、汇编、类书、丛书类

《白孔六帖》。又称《唐宋白孔六帖》，类书，唐白居易（772—846）编，宋孔传续编，100卷。白居易辑前代典故词语、诗文佳句汇辑《白氏六帖》，分235目，1 367门，其引证杂乱无序。北宋孔氏仿其体例，续作《六帖新书》又称《后六帖》，30卷，成于南宋绍兴间。分1 371门，为加区别，后人冠之以“白氏”“孔氏”之称。至南宋末年将两书合并刊刻，名《唐宋白孔六帖》，共100卷，析为1 399门，颇芜杂，其中涉及法律资料。民国吴兴张氏刻有《白氏六帖事类集》30卷。

《太平御览》，类书，北宋李昉等奉敕编，1 000卷，目录10卷。李昉（925—996），曾预修《太祖实录》《文苑英华》《太平广记》，太宗太平兴国八年（983）成此书，是书在前代类书基础上修葺增删而成，约470万字，包括封建、职官、礼义、刑法等55部、5 426类。其中引书2 579种，今十之七八已佚，资料浩博，整齐可观。1935年《四部丛刊》三编有影印宋本。

《永乐大典》，类书，解缙等奉敕编，原22 877卷，凡例、目录60卷。解缙（1369—1415），江西吉水人，字大绅，洪武进士，奏中书庶吉士。永乐时入内阁参与机务，任翰林学士，颇受明成祖器重。后入狱被杀。成祖以古今事物散于众书，不易检阅，欲将经史子集诸家之书，析类辑为一编，而以韵统之，便于考索，遂于永乐元年（1403）敕缙主其事，至永乐六年成，收存历代重要典籍七八千种，约3.7亿字，装成11 095册，所存元以前古本秘笈皆备。清人从中辑出佚书数百种收入《四库》。至清乾隆间，颇多毁佚，咸丰、光绪间仅存64册，后经多方搜集、赠还、复制，共得720卷。1959年中华书局影印出版。

《历代名臣奏议》，明黄淮（1367—1449）、杨士奇（1365—1449）等编，350卷。永乐十四年（1416）淮等奉敕集此编，分为君德、内治、封建、仁民、田制、建官、选举、赏罚、慎刑、赋役等66门，收商周至元历代奏议；南宋至元诸篇，尤多为史书失载。明张溥有崇祯删正本。

《古今图书集成》，类书，清陈梦雷原编，蒋廷锡校勘重编，1万卷，总目40卷，附考证24卷。陈梦雷（1651—1741），字则震。侯官（今福建闽侯）人，康熙进士，康熙四十五年（1706）编成此书，雍正时经蒋廷锡（1669—1723）校勘重编，凡1万卷1.6亿字，分32典，6 109部。其中经济汇编分为选举、铨衡、食货、礼仪、乐律、戎政、祥刑、考工八典450部。所录多将原书整部、完整抄入。光绪间有上海图书集成书局铅字本和上海同文书局活字石印本。

《四库全书》，丛书，清乾隆间敕辑，79 327卷。乾隆诏各省访书呈送京师，于三十八年（1773）设馆修纂，以刘统勋、于敏中等16人为总裁、副总裁14人，以纪昀等为总纂，参与其事者凡4 403人。共收书3 460余种，7.93万卷。经校勘订正，厘定篇序，撰写提要，历时10年至乾隆四十一年（1776）综编抄录第一部，约9.97亿字，分经史子集四部44类又66子目，每书首冠提要一篇。所收自先秦至清初，于明代为数最多。《四库全书》对古籍保存整理有重要影响。同时删去大量有反清思想及“邪佞不雅”之书。以后相继抄成正本七部，分藏文渊、文源、文津、文宗、文汇、文溯、文澜七阁。晚清以后颇有毁损。1983年起，台湾商务印书馆与上海古籍出版社先后影印出版文渊阁本《四库全书》。

《四库全书总目》，古籍解题书目，亦称《四库全书总目提要》，清纪昀（1724—1805）总纂，200卷，与四库全书的修撰同时进行，又几经增删，约乾隆五十五年（1790）完成，分经史子集四部44类，66子目。介绍各书作者生平、内容大旨、著述渊源，考辨文字增删、篇帙分合、本书得失，评论版本优劣。中华书局1965年影印出版。

四、近代以来著作

《圣武记》，纪事本末体史书，14卷，清魏源（1794—1857）撰。作者有感于鸦片战争以来时势而作，道光二十二年（1842）书成，以后修订，内容包括七部分，下系42目，叙论清初至道光间军事活动，提出“以夷制夷”“以彼长技御彼长技”的观点，体现改革思想。有中华书局1984年点校本。

《海国图志》，清魏源撰。道光二十一年（1841），作者受林则徐嘱托，根据《四洲志》与其他文献编纂，罗列世界舆地与各国历史、政治及风土人情。书中主张学习西方科学技术与政治制度，提出“师夷之长技以制夷”。晚清有50卷、60卷与100卷各种版本。

《天朝田亩制度》，1853年冬，太平天国建都天京（今江苏南京）后，颁布的政治、经济、文化教育和社会生活方面的纲领性文件。提出废除封建土地所有制，实行“有田同耕，有饭同食”的原则，以二十五家作为农村基层单位的政社合一的组织，由民选的乡官两司马主持，但未能切实实施。《中国近代史资料丛刊·太平天国》第1册收录。

《历代刑法考》，清沈家本（1840—1913）撰。包括刑制总考、刑法分考、赦考、律令、刑具考、行刑之制考、死刑之数、唐死罪总类、充军考、律目考、汉律摭遗、明律目笺、寄簃文存等共86卷。撰者专心法律之学，平生著述甚富，其所著书后人刻有《沈寄簃先生遗书》，其甲编就是《历代刑法考》附《寄簃文存》，其中系统整理了我国法制史方面的资料，取材广博，考订精审，着重论述汉律、唐律及明律。有中华书局

1985 年版全 4 册。

《九朝律考》，近代程树德编撰。作者搜集、罗列公元 2 世纪至 7 世纪已经散佚的历代法律资料，对汉律、魏律、晋律、梁律、陈律、北魏律、北齐律、北周律、隋律 9 部法律条文及相关法律制度进行综合考证。中华书局 1925 年初版，并有 1963、2006 年标点版。

《历代刑法志》，近代丘汉平编辑。编者将历代 13 部正史中的《刑法志》（其中少数称《刑罚志》或《刑志》），加上所搜集整理《汉书・王莽传》（节录）、《后汉书刑法资料选》、《三国志魏书刑法资料选》、《南北朝刑法志》、《新元史刑法志》等，包括原注，裒辑于一书，便于查考。早期有商务印书馆 1938 年版。后有群众出版社 1984 年版。

《中国法律与中国社会》，瞿同祖著，中华书局 1981 年版。原由商务印书馆 1947 年出版，是作者根据其在云南大学和西南联合大学的中国法制史和社会史讲稿改写的，曾有英文版。本书根据充分的原始资料，分析研究中国古代法律的基本精神及主要特征，包括家族、婚姻、阶级、巫术与宗教、儒家思想与法家思想等章，揭示中国传统法律的文化内涵。最后有附录“中国法律之儒家化”。

《日本学者中国法制史论著选》，杨一凡、寺田浩明主编，分为先秦秦汉、魏晋隋唐、宋辽金元以及明清 4 册。该书收录 20 世纪以来日本学者的相关论文译文，其分别考证中国古代法律的源流、篇目、结构与内容，特别侧重于考古发掘研究成果的考证，体现了日本学界见微知著、以小见大的相关成果，是中日两国学界合作的成果。中文版四册共计 200 余万字。有中华书局 2016 年版。

阅读书目

1. 王世舜:《尚书译注・吕刑》，四川人民出版社 1982 年版。
2. 杨伯峻:《春秋左传注》，中华书局 1990 年版。
3. 杨伯峻:《论语译注》，中华书局 1980 年版。
4. 李汉秋:《孟子品读》，云南教育出版社 2008 年版。
5. 章诗同:《荀子简注》，上海人民出版社 1974 年版。
6. 任继愈:《老子新译》，上海古籍出版社 1978 年版。
7. 高亨:《商君书注译》，清华大学出版社 2011 年版。
8. 陈奇猷:《韩非子集释》，上海人民出版社 1974 年版。
9. ［唐］吴兢《贞观政要》，中华书局 2017 年版。
10. 刘俊文:《唐律疏议笺解》，中华书局 1996 年版。
11. ［清］黄宗羲《明夷待访录》，中华书局 1981 年版。
12. 丘汉平:《历代刑法志》，群众出版社 1988 年版。

思考题

1. 先秦儒家主要有哪些著作?

2. 先秦法家主要有哪些著作?
3.《唐律疏议》成书于什么时代，全书多少篇多少条?
4.《汉书》与《明史》的《刑法志》各讲了些什么?
5. 清代主要有哪些法典与会典、会要著作?
6. 中国古代关于破案与审判故事主要有哪些著作?
7.《中国法律与中国社会》一书有哪些主要观点，你是否赞同这些观点?

第八章　文学艺术中的法律因素

为更好地理解传统法律文化，除法律制度和思想外，我们还需要借助多样的古代文献，包括那些较为直接地反映社会各阶层观念的作品，如戏曲、小说、诗词、笔记、日记、谣谚等。审慎地利用文学作品，可以使我们获得更多的与民众态度和实践密切相关的体察，因为这些史料相对来说是民间化的，它们叙述的法律故事，绝大多数都涉及平头百姓，在一定程度上可以折射出他们的法律心态。

第一节　诗歌谣谚中的法律文化

一、《诗经》中的法律文化

诗歌是文学史上最先出现的文学体裁，也是法律文化历史最悠久的载体之一。《汉书》载："诗言志，歌咏言。故哀乐之心感，而歌咏之声发。诵其言谓之诗，咏其声谓之歌。故古有采诗之官，王者所以观风俗，知得失，自考正也。"[1] 中国自古便有以诗歌传情达意的传统，因此，诗歌中的法律内容往往表现为对现实生活中的法律现象和法律问题所产生的某种观感和体验，诗歌中对现实法律的感情、态度、评价和倾向一般也较为分明。

《诗经》是我国第一部诗歌总集，共收录自西周初年至春秋中叶大约500多年的诗歌305篇。《诗经》共分风、雅、颂三个部分。其中风包括15个国家的"国风"，有诗160篇；雅分"大雅""小雅"，有诗105篇；颂分"周颂""鲁颂""商颂"，有诗40篇。它们的创作年代很难一一具体指出，但从其形式和内容的特点来看，可以大体确定："周颂"和"大雅"的大部分是西周初年的作品；"大雅"的小部分和"小雅"的大部分是西周末年的作品；"国风"的大部分则是东迁以后至春秋中叶的作品。《诗经》中，"风"是带有地方色彩的音乐。15国风中，除"周南""召南"在江汉汝水一带外，其余13国风都在黄河流域。"雅"是周王朝直接统治地区的音乐。"雅"有正的意思，当时人们把王朝直接统治地区的音乐看成是"正声"。"颂"有形容的意思，它是一种宗庙祭祀用的舞曲。"大雅"的大部分和"小雅"少数篇章，跟"周颂"一样，都

[1] 《汉书》卷三十《艺文志》。

产生于周初比较繁荣的时期，意在为统治阶级歌颂太平，主要用于统治者朝会宴飨，内容主要是对祖先与神的颂扬，以及统治者生活的方方面面。[1] 因此，与法律相关的部分，多集中于雅和颂。《诗经》中虽未见“法”或“律”字，但其中已包含诸多与法律文化相关的内容。

《诗经》中所见与法律较密切的部分，首先是大量有关“天罚神判”的篇章。我们知道，人类的早期，认识和征服自然的能力极其微弱，人们无法解释千变万化的自然现象，对日月星辰、山川大海、飞禽走兽，以及祖先都怀有神秘感和极大的敬畏。人们一方面按照自己的形象塑造了众多人格化的自然神和祖先神，并将人类世界森严的等级结构投射到神的世界，一方面试图与神的世界建立联系。相传“殷人尊神，率民以事神”，殷商统治者认为自己的祖先是上帝的子孙，试图从血缘上找到充当上帝代理人的依据，因而有“天命玄鸟，降而生商”（《商颂·玄鸟》）的传说。周朝仍然延续了这一观念，在雅诗中，有不少宣扬神权和君权至上的内容。

譬如，上帝代理人的诞生，往往伴随着“神迹”。《诗经》中就有对周朝祖先后稷的母亲姜嫄于郊野“践巨人迹，感而生弃”故事的描摹：

> 履帝武敏歆，攸介攸止，载震载夙。载生载育，时维后稷。（《大雅·生民》）

还有不少诗篇的内容，都强调自己的祖先与上帝间的联系，如：

> 文王陟降，在帝左右。（《大雅·文王》）
> 昭事上帝，聿怀多福。（《大雅·大明》）

“天命”观念还表现在，人们幻想有全能的“上帝”在冥冥之中选择代理人，引导邦国的命运。如：

> 天监在下，有命既集。（《大雅·大明》）
> 上帝耆之，憎其式廓。（《大雅·皇矣》）
> 周虽旧邦，其命维新。（《大雅·文王》）
> 受禄于天，保右命之，自天申之。（《大雅·假乐》）

不过，久而久之，人们慢慢意识到了“天命”观念的缺陷。天命究竟何所从来？若是统治者行不义，那么天命的合法性何在？《诗经》里记载了不少民众的怨言，他们以悲苦的口吻追问，为什么少数人一生无所事事而享尽荣华富贵，他们有什么功德？为什么多数人一生辛勤劳苦仍旧衣食不周，他们犯了什么过错？这种对“天”的怀疑其

---

[1] 游国恩等主编：《中国文学史（修订本）》（一），人民文学出版社2004年版，第30、32页。

实就是民众对权威的正当性和妥当性的怀疑。为了回应这种天命观的观念冲击，统治者逐渐在“天命观”中导入了“德”的因素。即，“天命”并非不可更易，当上帝的代理者因“失德”而丧失民意时，上帝将重新选择有德行的“代理人”。这就是所谓的“天命靡常”“惟德是辅”之说：

> 侯服于周，天命靡常。……无念尔祖，聿修厥德。永言配命，自求多福。殷之未丧师，克配上帝。宜鉴于殷，骏命不易！（《大雅·文王》）
>
> 明明在下，赫赫在上。天难忱斯，不易维王。天位殷适，使不挟四方。（《大雅·大明》）

而“德”也逐渐成为考察统治者的重要指标。如诗经中有不少歌颂统治者德行的篇章：

> 假乐君子，显显令德，宜民宜人。（《大雅·假乐》）
>
> 岂弟君子，民之父母。……岂弟君子，民之攸归。……岂弟君子，民之攸塈。（《大雅·泂酌》）

一个好的统治者，不但要“明德”，还应“慎刑”。就像《大雅·皇矣》中提到的：“帝谓文王：‘予怀明德，不大声以色，不长夏以革。不识不知，顺帝之则。’”其中，“夏”即榎木和荆条，古人用作体罚工具；“革”即鞭革，亦是刑具，所谓“鞭作官刑”。“不长夏以革”，就是说“不齐之以刑也”。

此外，为人君者，只有“赏不越级，罚不滥施”，才能让人人不敢怠慢。就像《商颂·殷武》中所说，“不僭不滥，不敢怠遑”。如果一味倒行逆施，殷鉴不远，便会丧失“天命”，断送国运：

> 匪上帝不时，殷不用旧。虽无老成人，尚有典刑。曾是莫听，大命以倾。（《大雅·荡》）
>
> 其在于今，兴迷乱于政。颠覆厥德，荒湛于酒。女虽湛乐从，弗念厥绍。罔敷求先王，克共明刑。……天方艰难，曰丧厥国。取譬不远，昊天不忒。（《大雅·抑》）

愿望虽是好的，可惜的是，周朝统治者后来也逐渐走上与“明德”渐行渐远的道路。因此我们在《诗经》中，看到了大量的讽刺诗。如《鄘风·相鼠》，是讽刺周朝统治阶级制定礼法来束缚群众，而他们自己却超然于礼法之外。对此，诗人颇为尖刻地怒斥道：“人而无礼，胡不遄死！”《小雅·雨无正》对周幽王颠倒罪与非罪的界限不满，指出：“舍彼有罪，既伏其辜；若此无罪，沦胥以铺。”《大雅·瞻卬》再次抨击周幽王：“此宜无罪，女反收之；彼宜有罪，女复说之。”亦在指斥周王赏罚不当，失却民心。在这些例子中，礼、罪、辜等，都是中国古代的法律名词，均用于描述某种片段性的法律现象，赖以寄托作者愤怒、不满、讽刺之类的感情。这些称谓语已经广泛地使用在当时的诗歌中。

《诗经》除了反映当时的法律思想和民众对于统治者的态度外，也记载了一些民间的诉讼事件。如《召南·行露》：

谁谓雀无角，何以穿我屋？谁谓女无家，何以速我狱？虽速我狱，室家不足！谁谓鼠无牙，何以穿我墉？谁谓女无家，何以速我讼？虽速我讼，亦不女从！

孔颖达疏："此强暴之男，侵凌贞女；女不肯从，为男所讼，故贞女与对，此陈其辞也。"朱熹《诗集传》称："女子有能以礼自守，而不为强暴所污者，自述己志，作此诗以绝其人。……贞女之自守如此，然犹或见讼而召致于狱。"诗歌所描述的，是一桩与婚姻有关的诉讼案，而"雀角鼠牙"在后世也成为打官司的代称。

总之，《诗经》中所反映的"天命""天罚"观念，是导致传统王权尊崇的根源之一；而从周民族所使用的如"刑""命""礼""罪""辜""狱""讼"等与法律相关的语词中，可以大致推断出在西周、春秋时代，人们已经有了一定的法律观念和实践。随着诗歌创作的题材和手法日益丰富和成熟，诗歌与法律的联系也变得越来越广泛。

二、文人诗与法律文化

梁治平在《法意与人情》一书中谈到，诗不但是文艺的一种，更兼有论理的和政治的功用。孔子以为诗可以兴，可以观，可以群，可以怨，迩之事父，远之事君。这不但是《诗经》的传统，也是古代诗的一般功能。观诸历朝历代，从皇帝到士人，都曾以"法"入诗，抒发抱负、阐发对时局的议论，或是记录对社会的观察。

中国历史上很多帝王，都重视法律的作用。如唐代皇帝封禅祭祀歌辞《凯安四章》中，便有"戢兵天下安，约法人心改"一语。唐太宗李世民曾在《帝京篇》中写道："奉天竭诚敬，临民思惠养。纳善察忠谏，明科慎刑赏。"乐于纳谏、明赏慎刑，无疑是历代统治者对治理之术的精辟总结。

宋初皇帝务实求实，亦注重运用法律管理国家。宋太祖尝言："王者禁人为非，莫先于法令。"宋太宗也反复告诫臣下："法律之书，甚资政理，人臣若不知法，举动是过，苟能读之，益人知识。"因此，虽然"不战要荒服，无刑礼乐新"或是"南面而治"，才是统治者眼中的至治之境，但谁也不能否认，法律实在是治国不可或缺的工具。

除了帝王外，唐宋诗人中许多在朝为官者，亦强调法治的作用。如唐诗人储光羲，曾官至监察御史，他有《同诸公秋日游昆明湖思古》诗云："刑罚一以正，干戈自有仪。"宛陵先生梅尧臣在《长歌行》一诗中写道："富贵拘法律，贫贱畏笞榜。"意思是说，富贵之家要受到法律的拘束，贫贱之家也应畏惧法律的制裁，体现了其重视法律和平等的观念。唐诗人刘禹锡，诗文多反映时事和民生疾苦，白居易誉其为"诗豪"。他曾作《砥石赋》云：

石以砥焉，化钝为利。法以砥焉，化愚为智。武王得之，商俗以厚。高帝得之，杰材以凑。得既有自，失岂无因？汉氏已还，三光景分。随道阔狭，用之得人。五百余年，唐风始振。悬此大砥，以砻兆民。播生在天，成器在君。天为物天，君为人天。安有执砺世之具，而患乎无贤欤！

作者以砥石比喻法制，以宝刀比喻有才能的人，强调用法治国，便能培养杰出的人才。周武王善于用法，商朝遗留的风俗因此而醇厚，汉高祖懂得用法，杰出的人才便能汇集。汉代以后，随着法制的畅行或废止，治国之道也有得失，而唐朝建立，公布法令，砥砺人民，贤能者何愁不至？这是诗人贬谪朗州期间的作品，意在针砭时弊。在诗人看来，中唐权宦当道、贤才被贬、政治腐败、藩镇割据，都与当时的法治废弛有关。"法小弛，则是非驳，赏不必尽善，罚不必尽恶"；"法大弛，则是非易位，赏恒在佞，而罚恒在直，义不足以制其强，刑不足以胜其非"。[1] 正是因为法纪松弛、刑赏不明，社会才会出现各种乱象。

诗人们强调法律的作用，但反对一味重典治国。在传世诗文中，常常可以看到他们对"慎刑"的表述。如虞世南《赋得慎罚》便非常典型：

帝图光往册，上德表鸿名。道冠二仪始，风高三代英。乐和知化洽，讼息表刑清。罚轻犹在念，勿喜尚留情。明慎全无枉，哀矜在好生。五疵过亦察，二辟理弥精。幪巾示廉耻，嘉石务详平。每削繁苛性，常深恻隐诚。政宽思济猛，疑罪必从轻。于张惩不滥，陈郭宪无倾。刑措谅斯在，欢然仰颂声。

此诗为应诏之作，不无规讽之意，可以清晰地反映出诗人对轻刑慎罚的主张。再如杜甫《奉酬薛十二丈判官见赠》中"吾闻聪明主，治国用轻刑。销兵铸农器，今古岁方宁"；刘长卿《狱中闻收东京有赦》中"持法不须张密网，恩波自解惜枯鳞"；戴叔伦《奉同汴州李相公勉送郭布殿中出巡》中"省风传隐恤，持法去烦苛"等诗句，无不传达出法律应该去繁密、少苛酷之义。再如刘禹锡《早夏郡中书事》中"虚怀询病苦，坏律操剽轻"，表达了诗人欲在法律的实施过程中寻求一个平衡点，使法制的实施既能保障民众的物质生活，又不至于触犯和破坏社会秩序。

除了对法律的期许，唐宋诗中最常见的一类法律题材，就是诗人对法律相关社会现象的观察，这类诗常常深刻地反映出民生疾苦。如白居易在《秦中吟十首》里，曾有如下记述：

---

[1] 《刘禹锡集》卷五《天论》上篇。

国家定两税，本意在忧人。厥初防其淫，明敕内外臣：税外加一物，皆以枉法论。奈何岁月久，贪吏得因循。浚我以求宠，敛索无冬春。织绢未成匹，缫丝未盈斤。(《重赋》)

秋官为主人，廷尉居上头。日中为一乐，夜半不能休。岂知阌乡狱，中有冻死囚。(《歌舞》)

该组诗为揭露时政弊病和同情人民疾苦之作。诗前原序云："贞元、元和之际，予在长安，闻见之间，有足悲者。因直歌其事，命为《秦中吟》。"前一首揭露地方官吏于正税之外巧立名目，肆意搜刮民脂民膏，向皇帝进献邀宠，中饱私囊。后一首描写执掌刑法的官吏贪赃枉法，有钱有势者逍遥法外，穷苦无依者瘐死牢狱。作者亦曾有《奏阌乡县禁囚状》一文写道："县狱中有囚十数人，并积年禁系，其妻儿皆乞于道路，以供狱粮。其中有身禁多年，妻已改嫁者；身死狱中、取其男收禁者。云是度支转运下，囚禁在县狱，欠负官物，无可填陪，一禁其身，虽死不放。"可与上述诗文相互参证。

类似的诗作还有杜甫《述古三首》中："秦时任商鞅，法令如牛毛。"意在借秦政讽喻当时法令之琐细。清代仇兆鳌注曰："舜举贤致治，知本计也；秦苛法敛民，但趋末耳。谋国者奈何不知鉴哉。"[1] 还有苏轼的"保甲连村团未遍，方田讼牒纷如雨。尔来手实降新书，抉剔根株穷脉缕"。其中所描述的，是北宋神宗熙宁五年（1072）施行方田均税法后土地官司不胜其繁的景象。

除了这些作品外，一些从事过司法实务的诗人们，也留下了不少任司法官的心得。如我们熟悉的诗人陆游，曾在《秋怀》一诗中写道："颔须白尽愈落寞，始读法律亲笞榜。讼氓满庭闹如市，吏牍围坐高于城。"彼时诗人在严州兼理司法事，故有此句。"笞榜"即笞刑，俗谓"打板子"；"讼氓"即提起诉讼的百姓；"吏牍"即公文。通过诗句，我们可以一窥诗人理讼时的繁忙。还有诗人的《比得朋旧书多索近诗戏作长句》，作于淳熙十三年（1186）冬作于严州任所，亦是此类作品：

庭下讼诉如堵墙，案上文书海茫茫。酒酸肭冷不得尝，椎床大叫欲发狂。故人书来索文章，岂知吏责终岁忙。

如唐代诗人崔颢的《结定襄郡狱效陶体》，记述了诗人任职京城期间，被委托结一郡之狱，处理任上遇到复杂棘手案件的经历：

定襄诸小儿，争讼纷城市。长老莫敢言，太守不能理。谤书盈几案，文墨相填委。牵引肆中翁，追呼田家子。

---

[1] [清] 仇兆鳌：《杜诗详注》卷十二，中华书局1979年版，第1022页。

唐代诗人曹邺，曾官祠部郎中，洋州刺史。他的《奉命齐州推事毕寄本府尚书》一诗，是诗人为天平节度使推官时所作，描述了诗人奉命到齐州查办刺史贪赃枉法事件的经过。他在诗中描摹了作恶多端官吏的丑恶嘴脸：

> 州民言刺史，蠹物甚于蝗。……狱吏相对语，簿书堆满床。敲枷打锁声，终日在目旁。……截断奸吏舌，擘开冤人肠。

再如诗人陈襄为北宋庆历进士，曾任浦城县主簿，代行令事，断狱明决，不徇私情。他曾有诗云："我爱仙居好，公余日在房。忧民极反覆，责己未周详。法律行随手，诗书坐满箱。老来须向学，多病喜平康。"（陈襄《和郑闳中仙居十一首》）从中我们亦可一窥彼时司法官的日常。

另有一类地方官员撰写的论俗诗和劝农诗，则更多地反映了士人们在"美教化，移风俗"方面的努力。如熊守克《劝农十首》其十：

> 唆伊争讼真伊贼，劝你休和是你师。纵使胜来耕已废，得便宜处失便宜。

宋代何耕的《论俗诗》：

> 伤人利己事多端，唆讼尤为第一般。二竞力疲俱愿息，中人未了又经官。
> 写状唆人去入官，入时容易出时难。引人平地破家产，他在傍边冷眼看。

再如清初名臣于成龙的《忍字歌》：

> 但能刻刻忍在心，何难子孝与弟悌？不斗狠，不忿戾，太和宇宙皆元气。毋争讼，毋好事，各安耕凿享乐利。一忍不为少，百忍不为多。忍得终身坦荡荡，忍得片刻笑呵呵。无灾无祸好快活，大家来听忍字歌。

这些诗歌都质朴平实、明白如话，其劝导作用一目了然。总的来说，这一类作品，以民众为潜在的阅读者，其内容基本上都不脱"化民成俗"的窠臼。

三、民间谚语中的法律文化

谚语是民间集体创造、广为流传、言简意赅的艺术语句，是民众的丰富智慧和普遍经验的规律性总结。兼典雅、俚俗和流行于一身，有的亦经文人墨客润饰和改写，常以韵文和歌诀的形式留存。近人郭绍虞曾概括列举了对谚语特征的总结，大约有三：第一，谚语往往带有一种格言的性质，可以为人称引和奉行。第二，谚有传世通行之义，所以不管浅近俚俗，只要是民间流行的便可称之为谚。第三，谚是某种社会风俗的结果，它是时代的产物，能反映当时的某种情况。[1]

而与法律有关的谚语，是指人们在长期的生产生活实践中，用简要、通俗的语言体现对法律的看法、总结和概括，因其通俗易记，所以极易在社会广泛流传，有一定的教育启示作用。从谚语的知识性上来考察，法律谚语表达的是既有的法律规定、法律原则、法律精神、法律意识等；在民族性上，法律谚语是土生土长的中国传统法律文化的大众化表达。法律谚语是传统的中国人法律生活道理和法律生活经验汲取和养成的主要渠道和主要源泉。

儒家历来有追求“无讼”的理想。《论语·颜渊》中记载：“听讼，吾犹人也，必也使无讼乎！”这句话一向都被帝制中国的精英奉为道德目标。为达到“无讼”的目的，在相关的法律谚语中，有反映积极调处，息讼于未然的，如“冤家宜解不宜结”；有反映人们惧怕诉讼之心理的，如“饿死不做贼，屈死不告状”；有反映对起衅者在道德上的贬抑，将其视为恶行而加以指斥的，如“恶人先告状”等。古代中国人“无讼”的情结，不光来自于对涉讼后人力、财力大量投入的畏惧，而且也源于涉讼后结果的极大不确定性。所谓“一日官事十日打”，一旦涉足了讼事，不仅一时半会儿难以了结；而且一旦遇到糊涂官吏，“有理没理三扁担”，上门告状不管有理无理都会得到同样的惩罚。

既然中国是一个广土众民的大国，“天高皇帝远”，基层司法的实践必然良莠不齐。加之帝国基层官吏收入十分有限，便难免存在司法腐败的情形。在民谚中，如“官官相护”“官向官，吏向吏”，是说官府袒护有权有势者，未必能秉公办案；“堂堂衙门八字开，有理无钱莫进来”“天大的官司倒将来，磨大的银子罨将去”，则是说无论官司多大，有财者都可能通过钱财了结，无财者便成为权钱交易的牺牲品。而“县令县令，听钱调用”“十个衙门九个赃”“有钱者生，无钱者死”，是揭露和抨击司法腐败，直陈对官府的不信任。再如“只许州官放火，不许百姓点灯”，则是讽刺官吏横行无忌。

在告诉之后，一些案件可能因审理而得到公正的判断，但总有一些案件的当事者长期沉冤莫白。谚语“日月虽明，不照覆盆之内”，说的就是这个道理。既然案件在官府内得不到昭雪，求助无门的小民便只能诉诸民间的报应观念聊以自慰。民间报应观念认为，有神明可以勘透人间善恶，一切鬼蜮伎俩都难逃上天的洞察。所谓“明有王法，暗有神灵”“人恶人怕天不怕，人善人欺天不欺”。行善者和作恶者虽然在俗世得不到相应的对待，但是行善者自有“善报”，为恶者自受“天谴”。在这种罪业观里，“罪”指直接触犯了法律的行为，而“孽”则指违反了社会普遍道德准则的行为。前者会受到朝廷刑律的惩罚，而后者则会遭受“天罚”，受到鬼神的惩办。所谓“善恶到头终有报，只争来早与来迟”“多行不义必自毙”“天理昭彰，报应不爽”“法不罚人，天要罚人”等谚语说的都是这个道理。

再如民间流行的复仇观念。复仇是中国重视血缘关系的宗法制社会中伦理型文化的

[1] 参见郭绍虞：《谚语的研究》，载《照隅室古典文学论集》（上编），上海古籍出版社1983年版，第2页。

产物。根据儒家经典的论述，为与自己有伦理关系的人（尤其是父母）复仇，是具有合理性的；而中国古代法律中，对于同态复仇有一定的限制。在俗谚中，则仍然保留了民间浓重的复仇观念。如“杀人偿命，欠债还钱”“仇人相见，分外眼红”“君子报仇，十年不晚”、“有仇不报非君子”、“以其人之道还治其人之身”、“有冤报冤，有仇报仇”“冤有头，债有主”，等等。

除了以上所列举的类别，还有一类俗谚，反映了民众对于良好法制的期望。如“王子犯法，与庶民同罪”，反映出人们对于公平正义的追求。但是也有一些与现实状况不符，甚至可能误导人们的谚语，譬如“法不责众”“不知者不罪”。这些在罪与非罪边缘游走的言论，很可能会嗾使人们不按法律办事，甚至无视规则。

在谚语中，也有很多相异，甚至是自相矛盾的地方。每一句谚语，似乎都有其独特的语境，在一时一地都可能为人们带来启发或警示，但若放在一起看，便有可能显得方枘圆凿。比如我们非常熟悉的“法不容情”和“法不外乎人情”，再如“有冤报冤，有仇报仇”和“冤冤相报何时了”，都是“分则立，合则未必尽然”的例子。

总而言之，谚语虽然被视为乡民心灵世界的表达，但是这种表达与帝国法律、帝国衙门和乡土社会的独特语境密切相关，不同语境的人言说的角度有很大的不同。就像鲁迅曾说过的：“粗略的一想，谚语固然好像一时代一国民的意思的结晶，但其实，却不过是一部分的人们的意思。”“某一种人，一定只有这某一种人的思想和眼光，不能越出他本阶级之外。”“谣谚并非全国民的意思，就为了这缘故。”[1]

四、韵文歌诀与法律宣讲

诗歌作为一种体裁，还承担着一定的宣传和教化职能。由于百姓可能因不知法而误犯，是故颁布法令之后，一定要想方设法使百姓了解其内容。法律的讲读古来有之，《周礼》中即有关于法律宣讲的记载。直到清代，宣讲法律的活动仍时有进行。雍正二年（1724）的上谕中，就曾对地方官提出将法律“遍加晓谕”的要求。雍正帝认为，百姓之所以违法，乃是因为“愚贱乡民不知法律”之故，所以，欲使百姓守法，必先令其知法。所谓“民知法之不可犯、律之无可宽，畏惧猛醒”，遂能够“迁善而远过”。[2] 与这一要求相适应，各式各样的法律宣传应运而生。歌诀便是其中一种重要的法律宣传形式。

所谓歌诀，就是诗歌与口诀的简称。凡讲究对仗、有一定韵律的语言形式都被统称为歌诀。人们在生产生活中，为传播一些经验与知识，习惯将一些生活经验总结为朗朗上口的文字，这种形式常见于音乐、武术、天文、算术、中医药、养生等诸多领域。

宋元以降，人们就开始用韵文和歌诀来表达法律，以便读者记忆。如《宋史·艺文志》记载赵绪的《金科易览》、刘高夫的《金科玉律总括诗》、傅霖的《刑统赋解》以

[1] 《鲁迅全集》（第四卷），人民文学出版社 1981 年版，第 542 页。
[2] 《世宗圣训》卷二四《慎刑》。

及无名氏的《金科玉律》《金科类要》等书都非常典型，其中以《金科玉律》流传最广。因其首句均为“金科慎一诚”，故其又以《金科一诚赋》之名而广为人知。明代极为重视法律宣传，故明代日用通俗类书中，亦涵盖大量的法律歌诀。而清代是中国古代律学发展的鼎盛时期，流传下来的法律歌诀数量众多，形式也日臻完善。其中有代表性者，如《读律琯朗》《大清律例歌诀》《法诀启明》《大清律例歌括》《大清律七言集成》，等等。

张伟仁先生主编《中国法制史书目》中曾解释“琯朗”曰：“琯朗，星名。《嫏嬛记》据《实庵记闻》称旧俗‘男子于冬至夜候而祭之，得好智慧’。本书以此名之，谅系取其有助于读律之意也。”[1] 该书按照《大清律例》七篇30门的体系归纳成七言韵文而略作调整，即将“五刑赎罪”“六赃”“七杀”“八议”“十恶”五项在整个律例中具有特殊性的内容提出置于卷首，独立出来，各为一段，然后再按七篇30门的体系归纳成七言韵文，一门归为一段韵文。全书共歌诀762句，5 000余字，除此之外，并无其他内容。该书虽然表现为韵文歌诀的形式，但实为以司法实用为目的的律学著作，故编辑时尽量保留律例原意。其文简便纯粹，但其简略性也导致大量的律例条文都未能收入本书。作者运用“直画、圆圈、尖勾”等符号标记，使律例要点一目了然。

程梦元的《大清律例歌诀》，是一部全面介绍律例要旨的七言歌诀。全书共15 000余字，其中七言歌诀共1 638句，分三卷。前两卷按照律例的体例，分名例、吏、户、礼、兵、刑、工七个部分，下面再分30门，每门都用一段歌诀来讲这一门的律例要点；该书第三卷，则是摘要专讲办理命盗案件需要掌握的程序和要领。与《读律琯朗》不同，《大清律例歌诀》的歌诀部分，虽然遵循《大清律例》的结构顺序，但并非对《大清律例》各条例的简单编辑，而是选取官员在实践中所必须掌握的律例加以变化，再以七言韵文的形式汇集。譬如《大清律例歌诀》卷一“名例”条的文字是这样的：

民人犯徒至配所　遇赦照例释放宁　旗人若犯徒流罪　枷责枷号按等惩
贪赃官役徒流杖　概不准其折赎行　军犯家无次丁者　满杖依流收赎银
免死流犯亲老疾　枷号两月四十荆　两邻隐庇冒出结　杖徒治罪恶瞒情
流遣口外诸人犯　冬夏停其发遣行　解役若奸犯人妇　徒罪三年断不轻
监守自盗仓库者　文物官俱免刺痕　侵盗钱粮罪至死　本犯正法追赃银
一年不完限满者　妻子财产入官厅　流罪以下所侵物　年限不完罪等论
遇赦免罪追赃者　一年不满尚阳城　贪官赃役免死者　同妻辽阳去为民

其内容实际上仅采用了现行例的部分条文。该书因其明白晓畅，广受当时司法官员的欢迎，大大方便了学法者对法律的理解和记忆，也促进了清代的法律宣传。因此，该

[1] 张伟仁：《中国法制史书目》（上），台湾“中央研究院”历史语言研究所1986年版，第38页。

书乃是当之无愧的律例歌诀代表作品。[1]

中国传统文化的另一个重要方面就是“美教化，移风俗”。儒家经典中有所谓“不教而杀谓之虐，不戒视成谓之暴，慢令致期谓之贼，犹之与人也，出纳之吝，谓之有司”（《论语·尧曰》）的说法。只有教育百姓遵纪守法，向善弃恶，使社会风气保持良好状态，才能维持社会长久的和谐和国家的安定。历代统治者都很重视教化，而明清两代出现的圣谕宣讲制度，则标志着皇权的强化。圣谕宣讲由明代朱元璋开创，这种做法后来被清朝皇帝发扬光大。康熙亲政后，于康熙九年（1670）颁布《圣谕十六条》，通行全国，使庶民日常诵记。士子考试，定须默写。《圣谕十六条》的具体内容是：

敦孝悌以重人伦，笃宗族以昭雍睦；
和乡党以息争讼，重农桑以足衣食；
尚节俭以惜财用，隆学校以端士习；
黜异端以崇正学，讲法律以儆愚顽；
明礼让以厚风俗，务本业以定民志；
训子弟以禁非为，息诬告以全善良；
诫匿逃以免诛连，完钱粮以省催科；
联保甲以弭盗贼，解仇忿以重身命。

清朝皇帝颁行圣谕，目的既在于“弘敷教化”，遂要求每月初一、十五，由地方官员与军队将领，分别向百姓与士兵讲解。为此，地方官员撰写了种类繁多、花样迭出的圣谕诠释著作，其中就包括不少用“歌诀”形式宣讲的诠释著作。以“讲法律以儆愚顽”一条为例，其释文既有常见的七言韵文，也有模仿“三字经”形式创作的歌诀：

《圣谕绎谣》（陈崇砥）

笞杖徒流军绞斩，法不犯人人自犯。郎当枷锁赴牢笼，鬼火阴房天黯黯。
见者不禁为神伤，当之焉得不心惨。此皆作奸犯科人，清液扪心敢不敢。

《圣谕衍义三字歌俗解》（李来章）

弼礼教，用法律。制奸邪，惩淫佚。惜百姓，多愚蚩。或误犯，遭棰笞。
如瞽目，坠井坑。使已晓，必不行。盍令尔，作早计。熟律文，悉律意。
偶著令，例以名。亦讲究，知重轻。次乡村，首城市。凡童稚，暨妇女。
命老翁，与老妪。用土音，相传布。撮切近，择扼要。夕与朝，勤训导。
务使众，皆了然。如星日，悬中天。苟能兹，岂有误？罹刑章，遭事故。
独何幸，逢圣明。劳钦恤，笃好生。尔百姓，当自贺。留心记，得寡过。

[1] 张晋藩主编：《清代律学名著选介》，中国政法大学出版社 2009 年版，第 348—361 页。

由此可见，诗歌在宣传和教化方面，的确扮演了重要的形式。无论是律例歌诀还是讲谕歌诀，采用诗歌和口诀形式编制便于记诵的文字，来辅助某一类官方文本的普及和推广，乃是当时一种常见的现象。

第二节　传统戏曲中的法律文化

一、一枝独秀的包公戏

在考察中国传统法律文化时，将戏曲作为单独的一类加以剖析，不仅因为戏曲是广义文学的组成部分，是叙事文学，而且因为：首先，中国传统戏曲中一直有相当分量的公案剧，构成了一个在西方的戏剧中所不见，但为中国读者和观众熟悉的特殊文类。其次，由于表演的艺术，从理论上讲，戏曲可能比一般供阅读的叙事文学作品与普通民众更为接近，至少在传统的识字率不高的社会是如此。且由于戏曲必须依赖甚至迎合观众才能生存和发展，它可能更多受民众的影响，从而更多反映民间文化。

旧时戏曲传承逾千年，诸多传奇故事不断搬演于勾栏瓦肆，无数戏中人物你方唱罢我登场，经由代代艺人演绎，至今依旧十分鲜活。在这些戏曲人物中，包公无疑是传唱度最高的人物之一。

包公戏的搬演在宋金时期便已出现。宋代周密《武林旧事》卷十“官本杂剧段数”记载有《三献身》，“献”疑为“现”之讹。罗烨《醉翁谈录》卷一《小说开辟》公案类有《三现身》，《警世通言》中有《三现身包龙图断冤》，内容或许相同。金院本名目《打略拴搐》之《孤下家门》中有《刁包待制》一目。进入元代，关于包公的剧目创作达到高潮。据统计，现存元杂剧中，包公戏即有 11 种，已佚尚有名目存考的还有 9 种。[1] 此外，南戏《小孙屠》也以包公出场断案结尾，另有四部南戏已佚包公戏剧目。[2] 进入明清两代，包公戏均以传奇样式传写。明代包公戏有 9 种，流传于世的 5 种。明万历二十二年（1594），朱氏与耕堂梓行《新刊京本通俗演义增像包龙图判百家公案》。与宋元时期的包公故事相比，《百家公案》里面除改编宋元时期流传下来的包公审断权豪势要的犯罪故事之外，占比较大的是刑事案件和民事案件，其中谋财害命的案件极为普遍，占据十五回篇目，另有六个偷盗抢劫和两个家庭财产纠纷，与经济相关的案件占比篇幅高达二十回以上。其次是奸淫之事，《百家公案》中记载十五个。继

[1] 现存 11 种元代包公戏：《包待制陈州粜米》（无名氏）、《包龙图智赚合同文》（无名氏）、《神奴儿大闹开封府》（无名氏）、《包待制三勘蝴蝶梦》（关汉卿）、《包待制智斩鲁斋郎》（关汉卿）、《包龙图智勘后庭花》（郑庭玉）、《包待制智勘灰阑记》（李潜夫）、《王月英元夜留鞋记》（曾瑞）、《叮叮当当盆儿鬼》（无名氏）、《包待制智赚生金阁》（武汉臣）、《鲠直张千替杀妻》（无名氏）。已佚 9 种剧目为：《灰栏记》（彭伯威）、《包待制三勘蝴蝶梦》（萧德祥）、《包待制七勘货郎末》（汪泽民）、《开仓粜米》（陆登善）、《包待制判断烟花鬼》（张择）、《糊突包待制》（无名氏）、《包待制勘双丁》（无名氏）、《包待制智赚三件宝》（无名氏）、《风雪包待制》（无名氏）。

[2] 已佚 4 部南戏剧目为：《包待制判断盆儿鬼》《包待制陈州粜米》《神奴儿》《林招德》，参见钱南扬《戏文概论》，上海古籍出版社 1981 年版。

《百家公案》之后，约明万历晚期，《龙图公案》问世。该书故事系拼凑而成，大部分故事均来自于其他公案小说，其中四十八个故事直接来源于《百家公案》。[1]《百家公案》和《龙图公案》均是包公断案的故事集而并非剧本，但其编撰本身便吸收了宋元以来流传的包公戏，重要的是为后来包公戏创作提供了丰富素材，如出自《百家公案》之《秦氏还魂配世美》的《赛琵琶》已搬演于康熙末年的地方包公戏，后经各剧种不断创造与完善，形成经典剧目《铡美案》，至今盛演不衰。清代包公戏有目可查的有9种，其中有本流传的3种：朱佐朝《乾坤啸》、石子斐《正昭阳》和唐英《双钉案》。已佚6种。其中，《乾坤啸》《双钉案》《正昭阳》和已佚的《长生像》《四奇观》《雪香园》《琼林宴》《双蝴蝶》等传奇均取材于《百家公案》。近代京剧及地方剧种兴起，尤以京剧中包公戏种类最多。清末民初是包公戏的爆发时期，出现了大量的包公戏剧目，至今仍然在各种地方戏曲中上演的包公戏就有几十种，其中的《狸猫换太子》《秦香莲》《乌盆记》《铡包勉》《赤桑镇》《铡判官》《打龙袍》等剧目真可谓是家喻户晓，常演不衰。

纵观各时期包公戏，元杂剧中的包公戏在思想艺术方面高于其他时期的包公戏，而元杂剧包公戏的繁兴则在一定程度上折射出元代的司法现实以及当时百姓对元代法制的认知和态度。

蒙古族在入主中原之时尚带有浓厚的游牧民族气息，统治阶层缺乏法制理念。元朝初年没有制定法律，而是沿用金国《泰和律》。《元史・刑法志》记载："元兴，其初未有法守，百司断理狱讼，循用金律，颇伤严刻。"至元八年（1271），忽必烈虽然下令禁用金律并着手制定新法典，但直到二十年后（至元二十八年即1291年）元朝第一部法典《至元新格》才准奏颁行。该法典内容过于单薄，几乎没有涉及刑法，而且与一部真正的法典相比仍有一定距离，因此其颁布并没有根本解决当时法无定制的问题。元代律法缓弛，犯罪大量滋生，社会陷入混乱，特别是统治者凭恃特权，任意妄为。元朝实行民族歧视政策，蒙古人拥有无上特权，元朝官吏多为蒙古人、色目人，大多数不懂汉语更不懂律法，司法事务均交由孔目、令吏处理，因此贪赃枉法、徇私舞弊之乱象丛生，权豪势要则乘机而起，横行不法，欺压平民。"权豪势要"这一术语在元杂剧中频繁出现，有元剧研究者认为"是元代特权阶级的代名词，多是朝廷亲贵"，亦有进一步研究认为："权豪势要"不仅有蒙古贵族和色目贵族，也包括"汉人世侯"，其形成可能来自一批率先投靠蒙古统治者的地方豪族势力。[2]

元朝律法不振，上有贪官污吏、下有权豪势要的司法现实在元杂剧包公戏中有充分体现。诸如，《灰阑记》中的郑州太守苏顺外号"模棱手"，"虽则居官，律令不晓，但要白银，官事就了"。《神奴儿》中的县官上场诗"官人清似水，外郎白似面。水面打一和，糊涂做一片"。两个官吏的昏庸与贪财酷虐在戏文中被展现得淋漓尽致。另外，

---

［1］杨绪容：《百家公案研究》，上海古籍出版社2005年版，第263、275页。

［2］徐忠明：《包公杂剧与元代法律文化的初步研究（上）——以清官的司法为范围》，《南京大学法律评论》1996年第2期。

《鲁斋郎》中鲁斋郎自白“街市小民闻吾怕，则我是权豪势要鲁斋郎”。《蝴蝶梦》中的葛彪“打死人不偿命”，“只当房檐上揭片瓦相似，随你那里告来”。《生金阁》中的庞衙内“若打死一个人，如同捏杀个苍蝇相似”。《陈州粜米》中刘衙内的儿子小衙内和女婿杨金吾称“但是值钱的，我和俺父亲的性儿一般，就白拿白要，白抢白夺”。这些杂剧充分暴露了权势的暴虐不法。

元代吏治腐败，地方上权势横行霸道，广大人民深受其害，心中迫切期望有清官出来肃清吏治，惩治权要，这在元代已形成一种普遍的社会情绪。当这种情绪在残酷的社会现实面前无法得到有效宣泄时，便转向虚拟的艺术世界。在戏曲中塑造出刚正不阿、秉公执法、为民请命的清官包公形象，通过舞台上的包公来寄托人们改变现实社会中不公和无序的愿景。清官戏尤其是包公戏的数量之多、流传之广、影响之大，集中体现了中国社会长期存在的清官情结。

入宋以来，“清官”一词被用以表示官吏“公正廉洁”的政治品格和职业道德。譬如元好问所谓“能吏寻常见，公廉第一难。只从明府到，人信有清官”即是。中国古人期盼“清官”，这说明在中国古代社会里“清官”是客观存在的，却又是非常之少的。古代有关“清官”的传说以及各类文艺作品对于“清官”的夸张描写和神话宣传，也说明了这一点。[1]

中国传统政治文化崇尚王权与人治。君主独揽立法、司法、行政、军事等大权，并以王权为核心构建一整套官僚体系。王朝推崇人治而缺乏法治。遇到明君贤臣，社会尚且太平，但更多时候则是贪官污吏充塞，吏治腐败，社会动荡混乱。平民百姓位于社会下层，处于孤立无援的弱势地位，渴求有位清官能挺身而出，为民做主，正如《灰阑记》中不幸女子张海棠的唱词“我这里哭哭啼啼告天天又高，几时节盼的个清官来到”。清官情结是现实中民众渴求公平与正义的一种真实情绪表达，而以包公戏为代表的清官戏，则通过舞台演绎的直观方式将清官情结进一步强化并流传下来。

历史上的包公即是清官之典范。《宋书·包拯传》记载：“拯立朝刚毅，贵戚宦官为之敛手，闻者皆惮之。人以包拯笑比黄河清，童稚妇女，亦知其名，呼曰‘包待制’。京师为语之曰：‘关节不到，有阎罗包老。’……拯性直，恶吏苛刻，务敦厚，虽甚嫉恶，而未尝不推以忠恕也。与人不苟合，不伪辞色悦人，平居无私书。虽贵，衣服、器用、饮食如布衣时。尝曰：‘后世子孙仕宦，有犯赃者，不得放归本家，死不得葬大茔中。不从吾志，非吾子若孙也。’”

元杂剧中的包公与历史上的包公一样，以清官身份出现，且更富有夸张性和传奇性。《陈州粜米》中称“包龙图那个铁面没人情”“（包）待制为官尽忠报国，激浊扬清；如今朝里朝外，权豪势要之家，闻待制大名，谁不惊惧？诚哉，所谓古之直臣也！”《灰阑记》第四折包公上场自称“敕赐势剑金牌，体察滥官污吏，与百姓申冤理枉，容老夫先斩后奏。以此权豪势要之家，闻老夫之名，尽皆敛手；凶暴奸邪之辈，见老夫之

[1] 徐忠明：《法学与文学之间》，中国政法大学出版社2000年版，第66页。

影，无不寒心”。《包龙图智赚合同文字》称“（包公）清耿耿水一似，明朗朗镜不如”。《盆儿鬼》称“法正天心顺，伦清世俗淳。笔题忠孝子，剑斩不平人。……老夫秉性正直，历任廉能，有十分为国之心，无半点于家之念”。《后庭花》称“钦承圣敕坐南衙，掌刑名纠察奸诈……莫说百姓人家，便是官宦贤达，绰见了包龙图影儿也怕”。

前文已述，元朝权势横行。这些人“以强凌弱，以众害寡，妄兴横事，罗摭平民，骗其家资，夺占妻女，甚则伤害生命，不可胜言。交结官府，视同一家。小民既受其欺，有司亦为所侮，非理害民，纵其奸恶”。[1] 在元杂剧中，面对恶霸的欺凌，平民百姓有奋起反抗者，典型如《陈州粜米》中的张懒古上场时唱道：“做的个上梁不正，只待要损人利己惹人憎。他若是将咱刁蹬，休道我不敢掀腾。柔软莫过溪涧水，到了不平地上也高声。他也故违了皇宣命，都是些吃仓廒的鼠耗，咂脓血的苍蝇。”张懒古并非软弱可欺之人，在粜米时目睹小衙内贪赃枉法，心中不平，不仅据理力争，而且愤然骂小衙内和杨金吾“你这两个害民贼，于民有损，为国无益”。最后竟被小衙内用紫金锤活活打死。然而，像张懒古这样的人毕竟少数，更多平民百姓选择忍气吞声。《鲁斋郎》中，银匠李四妻子被鲁斋郎霸占，身为郑州孔目的张珪反劝李四“你不如休和他争，忍气吞声罢；别寻个家中宝、省力的浑家。”后来鲁斋郎又看上张珪的妻子，张珪居然认为“他便要我张珪的头，不怕我不就送去与他；如今只要你做个夫人，也还算是好的”，毫无反抗，俯首帖耳将妻子送上门去。张珪作为官府吏员，遭遇尚且如此，平民百姓可想而知。在恶霸为非作歹，而百姓深受其苦却无力伸张正义时，清官的出现才更显社会价值。在元杂剧中，包公常在第三、第四折出场，此时冤情已现，需要包公来断清案情，评判冤屈，惩治凶恶。

值得注意的是，包公戏中的包公在摧折权豪势要时面对的体制压力。这些权势之家不乏数朝数载累代簪缨之族或深得圣恩垂怜之辈，其背后的政治权力关系网乃至皇权的支撑无疑给包公断案带来极大压力。因此，虽然在戏剧中包公拥有“敕赐势剑金牌”，后世的包公戏中更是演变为御赐铡刀，可以当场行刑，先斩后奏，但元杂剧中包公与权势的正面交锋少，而是以智取胜居多。如《鲁斋郎》中，鲁斋郎为皇帝宠幸，包公只好通过“鱼齐即”添加笔画瞒过皇帝，才能“矫旨”将其斩首。包公戏中往往会重点突出包公“智”的一面，作为艺术作品，固然可以增加戏剧效果，但是更为重要的是，如果不这样做，包公摧折豪强的目的几乎无法实现。

而与清官对立出现的则是贪官污吏，也包括昏官庸吏。元初官吏不设俸禄，贿赂之风甚盛，在民刑诉讼上敲诈勒索也成为官吏的重要财源。整个元代吏治败坏。元杂剧对大小官吏的贪污腐败均有过充分描述：如《灰阑记》中的郑州太守苏顺与赵令史狼狈为奸，“今后断事我不嗔，也不管他原告事虚真；笞杖徒流凭你问，只要得的钱财做两分分”。《神奴儿》中的宋令史上场时自报家门，称“表字赃皮，在这衙门里做着个令史。你道怎么唤做令史？只因官人要钱，得百姓们的使；外郎要钱，得官人的使，因此唤做

[1] 《元典章》三十九《刑部》卷一《迁徙·豪霸凶徒迁徙》。

令史”。《灰阑记》中的衙役在押解张海棠的途中也不忘索取财物，“肚中饥饿了，有什么盘缠使用，也拿出些来，等我们买碗酒吃，好趱路去”。甚至连《蝴蝶梦》中包公的长随张千也向被告母亲索要钱物，称“灯油钱也无，冤苦钱也无，俺吃着死囚的衣饭，有钞将些来使”。元代官僚除贪污腐败之外，昏聩无能也是一大特征。由于府州县长官均由蒙古或色目上层分子担任，大多不懂汉语，不识汉文。赵翼《廿二史劄记》载“世祖时尚书留梦炎等奏，江淮行省无一人通文墨者”。这些官吏在元杂剧中的形象便是“虽则居官，律令不晓”“已入公门，目不识丁”“萧何律令不曾精，才听上司来刷卷，登时唬的肚中疼”。吏治如此，身负冤屈的百姓才需要包公这样的清官出来主持正义，并惩治贪官，整肃吏治。

应该说，包公戏中包公通过摧折权豪势要和整肃吏治展现出的清官形象是专制皇权统治的需要，也是身处专制时代的平民百姓寻求公平正义的寄托。然而，包公虽欲伸张正义，但统治阶级以强大的势力维护自己的利益，包公与这些权豪势要以及贪官污吏的抗争便转化为与统治阶级的抗争。遗憾的是，在以王权为核心的中国政治体系中，包公也只能成为王权的工具，用以维持王权的统治。

二、传统戏曲中情理法的冲突

“天理”“人情”在中国传统法律思想体系中是与“国法”息息相关的两个重要观念。天理，即天之道、天之理，天理虽无统一规范或标准，但天理存于人心，是自然界的普遍真理和人类社会应共同遵守的生活准则。《庄子·天运》言“夫至乐者，先应之以人事，顺之以天理”。《礼记·乐记》亦言“好恶无节于内，知诱于外，不能反躬，天理灭矣”。人情，概念较为复杂，或曰私情，包括亲情、爱情、友情等人类正常的情感诉求以及由这类普遍的情感所构建起来的人际关系，所谓“法不容情”，便是要求司法实践中避免受个人私情所干预。但人情更多时候指人之常情，抑或是民情或民心，包括社会公认的风俗习惯以及大众普遍认可的行为准则。

自古至今，人们理想的法律是“天理”“国法”“人情”的三位一体，和谐统一。法体现着天理。《尚书·皋陶谟》载：“天叙有典，敕我五典五惇哉；天秩有礼，自我五礼有庸哉；同寅协恭和衷哉；天命有德，五服五章哉；天讨有罪，五刑五用哉！”《汉书·刑法志》：“故圣人因天秩而制五礼，因天讨而作五刑。”而在立法与司法过程中，则注重“法不外乎人情”。管子主张“令顺民心”。唐颜师古注解《汉书·循吏传》：“循者，顺也。上顺公法，下顺人情也。”宋郑克在所编《折狱龟鉴》中给“严明”作注：“夫所谓严明者，谨持法理，深察人情也”。清代学者余廷灿《捕奸议》：“情也，法也，理也，同实而异名者也。揆之情而不安，则俱不安也。”

尽管中国自古以来在制定法律时都强调“明天理，顺人情”，但天理、人情与国法的三者统一毕竟只是理想状态，在现实司法实践中，仍会出现大量“合法而不合理”或“合理而不合法”的情形。在传统戏剧中，情理法的冲突也屡见不鲜。

中国传统戏曲中经常会有鬼神登场的情节，尤其是有冤屈不平之事发生，凭借包括司法在内的自然力量无法解决时，便往往诉诸神灵。以下试举几例：

关汉卿《感天动地窦娥冤》为元杂剧之代表作品，不仅为诸多文学研究者所重视，亦屡屡为法律学者所提及。剧中张驴儿为霸占守寡的窦娥，试图以放有毒药的羊肚汤毒死窦娥的婆婆蔡婆，不曾想羊肚汤被张驴儿之父喝下。张父死后，张驴儿胁迫窦娥“私休”不成，将窦娥告到官府，诬告窦娥药死张父。公堂之上，窦娥为免蔡婆吃刑杖之苦，被迫招认，遂被押赴刑场问斩。刑场上窦娥发下三桩誓愿：若有冤屈，则血飞白练、六月飞雪、楚州亢旱三年。窦娥死后，三桩誓愿均得以应验，后窦娥以鬼魂显灵其父窦天章，冤屈得以昭雪。

在《窦娥冤》中，神灵虽未直接登场判决窦娥的冤情，但窦娥三桩誓愿均得以应验，则实质上表明窦娥的冤情“感天动地”，“天”已经认可窦娥含冤。剧中，窦娥坚守妇道，宁死不屈服于张驴儿；而在公堂上，又不愿公婆受苦，甘愿含冤受刑。以古代纲常来看，窦娥堪称节孝双全，窦娥的行为合乎天理，顺乎人情，却“没来由犯王法，不提防遭刑宪”。窦娥冤案的悲剧性实实在在产生于当时的司法体系之中，而当“国法”不能解决冤情时，窦娥也只好“叫声屈动地惊天”，让苍天作证自己的清白。

与窦娥冤之感天动地相似，中国传统戏曲中一个常见的场景是神灵判罚。如清花部戏代表作《清风亭》，张元秀夫妇含辛茹苦将弃婴张继保收为养子，抚养成人，却在清风亭被张继保生母周氏带走，张氏夫妻遂每日在清风亭盼子归来，为老病所缠，沦为乞丐。张继保高中状元，路过清风亭，张氏夫妻上前相认，不料张继保忘恩负义，不肯相认，只施舍给老夫妻“铜钱二百”作罢。夫妻悲愤难忍，相继碰死在亭前，而张继保也遭雷殛而死。

《清风亭》的故事情节触及到儒家思想中不断提及的“孝”。在中国传统的家国理念中，“孝”的重要性无以复加。“夫孝，天之经也，地之义也，民之行也。”“天地之性，人为贵。人之行，莫大于孝。”儒家提倡孝，以修身齐家治国为出发点，则孝可劝忠，所谓“夫孝，始于事亲，中于事君，终于立身”“君子之事亲孝，故忠可移于君”。儒家重视孝，在儒家看来，孝是天经地义的事情，可以说是天理，则自然视不孝为人间之大罪，“五刑之属三千，罪莫大于不孝”。历朝历代也多将不孝引入法典，施以刑罚，有时甚至相当严厉。如隋《开皇律》把“恶逆”和“不孝”均列入“十恶”，其中恶逆大多为谋杀长辈亲属，但殴打祖父母或父母也同样被视为“恶逆”。《唐律》规定，“骂祖父母、父母者，绞。”《大明律》规定，“凡骂祖父、父母，及妻、妾骂夫之祖父母、父母者，并绞。（须亲告乃坐）”《大清律例》也有同样规定。

《清风亭》中张继保自然属于不孝子。需要说明的是，《清风亭》中张氏夫妻虽然为张继保之养父母而非亲生父母，但张继保依然需要尽孝。《文帝孝经》载：“生我之母，我固当孝，后母庶母，我亦当孝。母或过黜，母或转嫁，生我劳苦，亦不可负。生而孤苦，恩育父母，且不可忘，何况生我。”《大明律》“称期亲祖父母”规定：“其嫡母、继母、慈母、养母与亲母同。”清沈之奇注解清律称：“在遗弃子，身受抚养之恩，无异所生。”剧中张继保不认张氏夫妻，而且谩骂二老，更未尽到赡养义务，而试图以“两百铜钱”打发，最终逼死张氏夫妻。《清风亭》剧本出于清代，剧中朝代为明代，前文已经提及，明清律例中对骂父母均处以绞刑。对于不赡养父母，明清律例均处以杖刑，“凡子孙违犯祖父母、父母教令及奉养有缺者，杖一百”。而对于逼死父母，《大明律》规定：“子孙威逼祖父母、父母，妻妾威逼夫之祖父母、父母，致死者，俱比依殴者律斩，奏请定夺。”清律则按照情节轻重，有所区别，若审有触忤干犯情节，即拟斩决；若无，拟绞候。

因此，即使在现实世界中，依照当时的法律来看，张继保的不孝行为也足以被判以死刑，但在剧中仍然选择以神判的方式让其受雷殛而死。雷殛的设计固然有出于戏剧效果的艺术考虑，但是，设若将《清风亭》的故事放到中国古代真实的司法体系中考量，除非有所谓的“清官”出现，否则张继保大概率会逍遥法外。毕竟张氏夫妻只是普通的贫苦百姓，甚至已经沦为乞丐，而张继保则身为朝廷状元，其亲生父母亦是当朝贵胄，在古代官官相护的政治环境中，张氏夫妻通过司法途径很难获得真正的公平，但“天理昭昭”，现实法律中无法解决的问题，终究逃不过天理的制裁，神判也就在舞台上自然呈现，其效果则震撼人心。

戏曲舞台上“神判”的情形屡屡出现。又如，越剧传统剧目《情探》中书生王魁落难之际得名妓敫桂英相助，结为夫妻，王魁后赴京赶考得中状元后忘恩负义，休弃桂英，桂英在海神庙哭诉王魁罪状，“求神圣，勾王魁，与我质证”，并自缢身死，最后海神准桂英诉状，差判官司小鬼活捉王魁。王魁故事在宋朝即开始流传并演变为剧本搬上舞台，具体情节多有出入，但王魁负义遭报大抵一致。明万历年间王玉峰作《焚香记》，但为王魁负心翻案；清末《活捉》成为川剧流行剧目之一，后演变为川剧传统名剧《情探》。新中国成立初期田汉作京剧《情探》，后来又在《焚香记》基础上去粗存精，改编成越剧《情探》，遂成越剧傅派经典剧目。

戏曲舞台上的神灵事件往往成为含冤受屈的弱势群体寻求公平正义的终极力量。从法律角度审视，这是现实传统社会中司法不力、平民百姓冤屈无处伸张的一种艺术写照。正如郑振铎先生所说：“把鬼魂报冤的事，当作了全剧的最要紧的关头，明显的可见当时对于这一类作奸犯科的令史们，用人力是无法加以制裁的。故不得不用了人力以外的力量。”[1] 所谓：“国乱无政，小民有情而不得申，有冤而不得理，于是不得不诉之于神，而诅盟之事起矣。……于是赏罚之柄，乃移之冥漠之中。”[2] 国人对天存有敬畏之心，尽管奸凶之徒有时可以逃脱现实法律的制裁，但“湛湛青天不可欺”，“举头三尺有神明”，人们相信，神灵的裁决无疑是公正、公平和正义的。正因如此，虽然窦娥在刑场上指责“地也，你不分好歹何为地。天也，你错勘贤愚枉做天！”但她仍然相

[1] 参见郑振铎：《元代“公案剧”产生的原因及其特质》，载《郑振铎全集（第四卷）：中国文学研究（上）》，花山文艺出版社 1998 年版。

[2] ［明］顾炎武：《日知录》卷二《罔中于信，以覆诅盟》。

信“你道是天公不可欺，人心不可怜，不知皇天也肯从人愿”。这或许只是一种绝望中的希望。

可以说，戏曲中的神灵应验以及神判等现象的出现，是法律世界中“天理”的一种艺术展现与表达，帮助人们解决现实司法中无法解决的矛盾冲突，实现惩恶扬善的伦理理想。而这种艺术处理方式，无疑是为大众所欢迎的。以《清风亭》为例，清代经学家焦循在《花部农谭》中记载“……演《清风亭》，其始无不切齿，既而无不大快”。戏中张继保对养父母的行径令戏外观众“无不切齿”，而其随后遭到雷殛的报应则让观众“无不大快”。神判对舞台上矛盾的处理在现实观众心中产生了共鸣，而这类神灵剧情流传至今，仍然常演不衰，也从一个侧面展示了“天理昭昭，报应不爽”这一普世价值的社会力量。

上文提及，“人情”与“天理”是中国法律文化中两个重要观念。中国古代法律体系的构建过程中，“情”不断渗透，甚至成为法的基本原则，影响着立法与司法。其中，法律对血亲复仇的态度则是一个颇具代表性的例子。

复仇在古代中国社会乃至国外均极为普遍。《礼记·曲礼》云：“父之仇弗与共戴天。”孟子曰：“吾今而后知杀人亲之重也，杀人之父者人亦杀其父，杀人之兄者人亦杀其兄，然则非自杀之也，一间耳。”[1] 瞿同祖曾说：“在一个缺乏政治力量维持公正的社会中，允许私人自行寻求赔偿自不足为怪……但当法律机构发达之后，生杀予夺之权被国家收回，私人便不再有擅自杀人的权利，杀人便成为犯罪的行为，须受国法的制裁。”[2] 先秦游侠之风盛行，有好打抱不平专为人报仇之刺客，彼时复仇似乎较为自由，然而到汉代便已有律法禁止复仇，后世除元朝规定子报父仇无抵罪责任之外，唐、宋、明、清等法律均禁止复仇。

但是，复仇的习惯深入人心，尽管历朝法律禁止复仇，但复仇事件仍时有发生。更重要的是，社会舆论对于复仇者普遍倾向于同情和赞扬，甚至司法官吏和皇帝也不例外。《晋书》载桓温之父为人所害，“温时年十五，枕戈泣血，志在复仇”，后手刃仇人之子，“时人称焉”。汉陈公思为叔报仇，还府归死，太守太傅胡广原遣之。唐梁悦为父报仇，投县请罪，唐宪宗认为：“复仇杀人，固有彝典，以其申冤请罪，视死如归，自诣公门，发于天性。志在殉节，本无求生之心。宁失不经，特从减死之法。”宋代律法虽然禁止复仇，同时又规定，子孙复仇者由有司具案奏取敕裁。从法律的角度看，因为复仇而杀人，理应接受法律制裁；但从“人情”角度来看，人们似乎更倾向于赞赏复仇行为，而对法律施加的处罚不以为然。历朝历代也不乏对复仇者减罪甚或免罪的情形。在针对复仇的态度上，“人情”无疑与“国法”产生了冲突。

我们再把目光投向传统戏曲。复仇亦为中国戏曲舞台上常见之情节，典型者如《赵

[1] 《孟子·尽心上》。
[2] 瞿同祖：《中国法律与中国社会》，中华书局2003年版，第75—77页。

氏孤儿》。赵氏孤儿的故事在《左传》和《史记》中便有所记载，后经元代纪君祥写入杂剧《赵氏孤儿大报仇》成为中国悲剧文学之代表作品，被搬上舞台，传演至今。王国维在《宋元戏曲考》中评价其“即列于世界大悲剧中亦无愧色也”。故事大致情节为，晋国宰相赵盾与权臣屠岸贾不和，屠岸贾矫传君命，杀死赵氏满门。赵盾儿媳是晋公姐姐，身怀有孕，躲进宫中生下赵氏孤儿，后托孤于医官程婴，赵氏孤儿长大后获取真相，杀死屠岸贾，成功复仇。

《赵氏孤儿》突出体现了中国自古以来强烈的复仇意识，以及围绕复仇主线所展示的中国传统忠孝节义的社会伦理。剧中赵氏孤儿不仅手刃仇人，而且将屠岸贾满门尽皆杀死。复仇者将仇人杀死后，还意犹未足，一直到将仇人的亲属尽行杀死才泄恨而去，这种现象在现实历史中也不乏个例。晋朝沈充兵败被吴儒诱获，死前对吴儒言道：“尔大义全我，我宗族必厚报；若必杀我，汝族灭矣。”吴儒仍然杀死沈充，后来据史载，“充子劲，字世坚，即潜报仇，族灭吴氏”。值得注意的是，赵氏孤儿在剧中其实被屠岸贾认为义子，屠岸贾对其实际上有养育之恩，但在家族仇恨面前，这种养育之恩全为复仇意识所遮盖。

同为复仇故事的昆剧《白罗衫》，几经流变之后，如今呈现在舞台上的版本似乎对家族仇恨与养育亲情有了更深入的思考。《白罗衫》为传统老戏，故事原型来源于《太平广记》中的《崔尉子》《陈义郎》《李文敏》三则唐传奇。明末清初，该故事经文人写成传奇《罗衫记》。故事情节是，苏云中进士后携妻郑氏赴兰溪知县任，为水寇徐能所劫，夫妻离散，其子被徐能收养，长大成人，取名徐继祖。十八年后，继祖官御史，因罗衫作为信物获知真相，受命审理此案，擒诛徐能，一家团圆。20 世纪 80 年代经江苏省昆剧院改编成昆剧《白罗衫》上演。改编后的《白罗衫》，突出了主人公在血缘亲仇与养育之恩中间的艰难取舍。事实上，在明清传奇中，便已依稀描述了徐能与徐继祖之间的父子之情：“一自途中相抱，如获珍宝依稀。三年乳哺甚心机，五六双垂丫髻。七岁延师训读，顽劣犹恐打你。见你欢笑我心喜，百样忧愁皆弃……”正是这种养育之情，使得徐继祖在国法和人情之间无法抉择，最终艰难地决定处决徐能，但“原情论理，本当饶恕”，于是将奶公的次子“螟蛉与你，接代徐氏香烟”，将徐能从宽绞死，好生成殓。

上述论及的戏曲中所展示的家族复仇与养育亲情之间的冲突，只是中国传统复仇理念与法律冲突的一个小小缩影。古代的复仇行为，经儒家提倡，已经成为一种维护家族共同体的孝行，对封建立法、司法产生了深远的影响。人们认为，复仇是符合人情的，而符合人情也就意味着符合天理。为复仇将仇人杀死，固然违背国法，但如不复仇，则有悖孝道而不为人情所容，这就是情与法的冲突。而无论是传统中国还是近代，这种复仇的行为一直都得到人们基于情理的赞赏和法律的宽容。[1]

---

[1] 民国便有奇女子施剑翘，为报父仇，刺杀孙传芳，后被捕入狱，但社会各界纷纷声援，呼吁政府释放或特赦施剑翘。冯玉祥等人亦联名上书国民政府，营救施剑翘，在各方压力下，1936 年国民政府下令将施剑翘特赦。

第三节　公案小说的法律因素

一、公案小说的历史

文学描写人生，法律与民众生活的关系是如此密切，自然也成为了文学描写的对象之一。首先需要说明的是，小说和戏剧间其实存在千丝万缕的联系。有许多大家熟知的戏剧作品其实都来源于小说，如清初剧作家朱素臣的《十五贯》故事，便是脱胎于《醒世恒言》中的《十五贯戏言成巧祸》，而后者又来源于宋代话本《错斩崔宁》。再如世人耳熟能详的窦娥冤故事原型，便来自《搜神记》的“东海孝妇”。但小说与戏剧的不同之处在于，戏剧重情境，而小说重摹写。与戏剧相比，小说有更宽广的空间，允许作者展开不同体裁的尝试。譬如我们常常可以在公案小说中看到非常详尽、趣味横生的“拟判”，这也为我们考察法律文化，提供了更多样的素材。

回顾文学史便会发现，公案小说已经拥有很长的历史。考“公案”一词，在宋元典籍中通常具有如下几种含义：一是官府的案牍，二是案件，三是官吏审案时所用的桌子，四是禅门公案，即前辈禅师获得禅悟体验成功的记录。[1] 而所谓“公案小说”，如果依照比较宽泛的定义来说，则是指以官吏审案为内容的小说作品。如果以此为定义，在我国古代小说中，有数量相当惊人的作品都属于公案一类。据记载，西汉《说苑·贵德》篇中有一则名为《于公》的故事，是我国历史上最早的文言公案小说，也是后世窦娥故事的雏形。在唐传奇中，也有不少公案小说，如《谢小娥传》《绿翘》《陈义郎》《赵和》《刘崇龟》等，其中不乏曲折离奇的佳作。宋代出现了不少法律相关的著述。其中包括法医学相关著作，如郑克《折狱龟鉴》、桂万荣《棠阴比事》；诉讼判词和官府公文的分类汇编，如《名公书判清明集》。后者将案件分门别类的编纂方法，对后世的公案小说有明显的影响。这些法律相关文献，都成为时人创作公案小说的素材。这一时期的公案小说中，较有代表性者，如洪迈《夷坚志》中的《乘氏疑狱》《毛烈阴狱》《袁州狱》《西内骨灰狱》，等等。元代也产生了大量的公案文学作品，但多属公案杂剧，流传下来的约有二十多种，如《窦娥冤》《灰阑记》《陈州粜米》等。这一时期的作品虽然数量不多，但对后世有很大影响。公案杂剧展现出了文学作品的批判力量，在讽刺黑暗吏治的同时，还塑造了一批清廉公正的清官形象。明清时，产生了数量众多的文言公案小说。明代中期以后是其发达时期，代表作品如汇集了公案故事的小说集《百家公案》、蒲松龄的《聊斋志异》，等等。后者中有《胭脂》《席方平》《冤狱》《折狱》《太原狱》《潞令》《放蝶》等佳篇，其艺术成就之高，标志了短篇文言公案小说创作的最高成就。这一时期作品的主题，大部分由揭露黑暗政治转向对清官的歌颂。

---

[1] 参见张国风：《公案小说漫话·“公案”的名与实》，江苏古籍出版社 1992 年版。

较之文言小说，白话小说发展较晚。宋元话本中诞生了最初的短篇白话小说，其中如《错斩崔宁》《简帖和尚》《宋四公大闹禁魂张》《汪信之一死救全家》《三现身包龙图断冤》等，行文成熟，情节跌宕，有较高的艺术价值。据统计，公案小说在明人创作的短篇白话小说中，占据了相当大的比例。比如“三言”“二拍”，便是其中的代表。“三言”中的《卢太学诗酒傲公侯》《乔太守乱点鸳鸯谱》《玉堂春落难逢夫》《陈御史巧勘金钗钿》《沈小霞相会出师表》《滕大尹鬼断家私》；“二拍”中的《姚滴珠避羞惹羞，郑月娥将错就错》《恶船家计赚假尸银，狠仆人误投真命状》《硬勘案大儒争闲气》《神偷寄兴一枝梅》都属佳篇。

公案小说形式多样，各有所擅。故有学者将其分为四种类型：

第一种，案牍累积型。如和凝《疑狱集》、郑克《折狱龟鉴》《皇明诸司公案传》《皇明诸司廉明奇判公案传》《明镜公案》《详情公案》《详刑公案》《律条公案》《神明公案》等。此类案例集并非严格意义上的小说，仅收录刑狱案情，篇幅较大。

第二种，清官型。其来源有二，一为作者搜集公案故事汇集而成，如《包龙图判百家公案》《海刚峰先生居官公案传》《新民公案》等；二为民间曲艺发展而成，如人们耳熟能详的《三侠五义》《施公案》《彭公案》等。此类型以长篇公案小说居多。

第三种，混合型。即公案与其他类型题材作品混合。如公案武侠小说《三侠五义》、英雄传奇小说《水浒传》等。

第四种，单纯型。即围绕人物或事件形成的公案作品。如《警富新书》《钱塘狱》等。[1]

除以上罗列的公案小说外，非公案类古典小说中，与狱讼有关的情节更是不胜枚举。如白话古典小说的高峰《红楼梦》《金瓶梅》等著作，都蕴含了非常多的法律文化资源。囿于篇幅，本节仅将讨论的范围限定在公案小说一类。

二、公案小说中的审案情节

公案小说涉及的案件类型众多，除了少数关系公族亲贵者，其实大部分还是发生在普通民众之间的案件。这些案件既包括命盗案件，也包含数量更多的户婚田土纠纷事件。公案小说中这种平民化的情节设计，与其读者的身份不无干系。对于升斗小民来说，与自己的生活密切相关的琐细事件，无疑更能够唤起他们的共鸣。

就清代遗存的档案来看，审判户婚田土等民间细故，一般尽量交由民间社会自行调停，一旦诉诸司法，即由州县自理，司法官需要遵循情理、风俗等原则，并不一定完全依照律例裁决；而对于可能判处徒、流、死刑的命盗重案，审判一般要依照律例裁决。州县官员有权审理辖区内民刑事案件，在审理时具有较大的自主性。司法官员的德行和能力关乎一地百姓的利益，他们对于案件的处断也影响着当事人的命运，因此，公案小说中往往浓墨重彩地刻画他们的形象，进而将底层民众渴盼和崇拜清官的心态体现得淋

[1] 柳依：《浅论我国古代的公案小说》，《学术月刊》1998年第2期。

漓尽致。

公案小说中的司法官判案，既不是一味描摹现实生活中司法官的所作所为，也并非一味想象虚构，而是在现实的基础之上，根据作者的创作意旨，运用创作技巧，进行一定程度的拟制，使之富有戏剧性和文学色彩。因此，公案小说中所描写的审案程序和手段，与现实生活中的司法活动，往往存在着相当大的差别。有学者总结，公案小说中的州县官在处理诉讼案件时，一般采取如下审理方式。[1]

一是凭个人直觉断案。这种断案方式据说来源于子产听声辨奸故事的启发：

> 郑子产晨出，过东匠之闾，闻妇人之哭，抚其御之手而听之。有间，遣吏执而问之，则手绞其夫也。异日，其御问曰："夫子何以知之？"子产曰："其声惧。凡人于其亲爱也，始病而忧，临死而惧，已死而哀。今哭已死不哀而惧，是以知其有奸也。"

类似的审断思路在公案小说中一再被援用。比如上述妇人"哭声半悲半喜"的情节，便被用在了《龙图公案》白塔巷一节的包公身上。毫无疑问，司法官在审理时，需要凭借个人的直觉审断，即观察当事人的外貌、言辞、神色等表观，来作为审判其是否有罪的依据。但在实际的断案中，很少会有人这样轻描淡写地处置案件。由于小说作者更希望给读者"顿悟"式的体验，因此在审断的方式上，会更加强调机巧。

二是靠"诈术"断案。即用计谋迷惑或欺骗当事人，诱使其说出真相，从而审明案情。譬如利用民众的迷信心理，采取装神弄鬼的方式给作恶者施加压力，迫使其吐露实情。或是巧设计谋，诱使当事人说出事实真相。如《十五贯》传奇中，况钟假扮测字先生诱使娄阿鼠吐露案件的真相，便是非常典型的例子。小说中亦有许多类似审断，如民间类型化的"清官审石"故事等。从艺术手法上来看，这种技法具有较强的戏剧性，可以增强小说的趣味和悬念，因而成为公案小说中较常采用的一种模式。

而关于户婚田土方面的民事纠纷，特别是婚姻方面的纠纷，从公案小说的情节来看，司法官员常根据案情对法律条文进行灵活变通。对于干犯律条或是名教的婚恋关系，小说作者常常给予支持。譬如《三言二拍》中的《钱秀才错占凤凰俦》《乔太守乱点鸳鸯谱》诸篇，以及《明镜公案》中的《王御史判奸成婚》，都属此类案例。在这些故事中，作者都对当事人的结局作出了富有人情味的安排。

对于小说的作者来说，难免需要考虑读者的口味。人们在闲暇时读小说，既有鉴赏之心态，也有参与的心态，抑或兼而有之。根据鲁迅先生的研究，传统中国人读小说，偏重于参与心态，这种参与心态，加上受佛家报应观念的影响，便形成了整个民族追求"大团圆"的喜剧式审美心态。[2] 这便使作者更倾向于杜撰与律文不合，但更容易为

[1] 苗怀明：《中国古代公案小说史论》，南京大学出版社 2005 年版，第 288 页。

[2] 李启成：《文学作品、司法文书与法史学研究——以审理"妄冒为婚"案件为中心的研究》，《政法论坛》2010 年第 2 期。

读者在感情上所接受的情节。

此外，公案小说也具有一定的教化功能。所谓“以通俗小说为手段，补正规经典教化之不足”。公案小说中所表达的，一般以劝诫居多，表现出浓厚的伦理道德观念，劝诫的内容，无非是有关名节、贪淫、悍妒、偷盗、谋财害命、停妻再娶等行为。所以小说家对于人物命运的安排，常诉诸天理、人情而非法律，旨在惩恶扬善，警醒世人，涤净人心，维持社会秩序。因此，我们不能把小说中的情节当作历史上真实发生的事件来看待。

三、古典小说中的判词

公案小说中的判词也是小说作品中不可或缺的一个组成部分，大部分出色的公案小说（尤其是话本小说）中的判词，往往对小说中各个人物形象的塑造和故事情节的最终完成等各方面，起到极为重要的推动作用。但是事实上，文学作品中的判词，与档案文献中的判词亦是大相径庭。甚至可以说，此类小说判词虽表面上具备判词之形，其实质上却大行其文学性之实。

根据对三言二拍和《型世言》中的二十篇有判词的公案小说作出的大致统计分析，得出：“这二十篇判词以骈体为主，有十四篇采用骈体，一篇采用诗歌体，五篇采用散体，与书判体公案短篇集有较大的不同。”[1] 事实上，明清公案小说判词，作为出自文人之手或经由其手润色而成的拟判，经常“骈四俪六”，注重结构和音韵上的美感，其节奏往往铿锵有力，朗朗上口。其文辞多用典故，而显得文采斐然。

但是，古代司法官真实的诉讼判词中，鲜少这类炫技式的创造，而多追求文字平实，浅显易懂。毕竟在读写并不十分普及的时代，使当事人清晰地知晓案件的最终走向才是司法的目的，这也是判词作为公文的用途和功能使然。尽管唐以后的判词，对之前朝代的骈判格式有所继承，但是随着时间的推移和判词本身体制的不断发展，明清时的诉讼判词愈来愈趋于质朴，摒弃了徒具华丽的撰文形式，散体成为判决文书的主要形式，即使用典也较为贴切自然。因此，在明清判词中，“骈判逐渐被淘汰，散判占绝大多数。叙事清楚、说理分明、文理通畅、语言平实是制判的基本要求”。[2]

而明清公案小说判词的判决结果，往往乐于迎合市民阶层的价值观，在某种程度上反映出了升斗小民的价值观和思想观念。如冯梦龙《醒世恒言·乔太守乱点鸳鸯谱》中的判词，便突出地代表了当时市民阶级的趣味：

> 弟代姊嫁，姑伴嫂眠。爱女爱子，情在理中。一雌一雄，变出意外。移干柴近烈火，无怪其燃；以美玉配明珠，适获其偶。孙氏子因姊而得妇，搂处子不用逾墙；刘氏女因嫂而得夫，怀吉士初非炫玉。相悦为婚，礼以义起。所厚者薄，事可

---

[1] 苗怀明：《论中国古代公案小说与古代判词的文体融合及其美学品格》，《齐鲁学刊》2001年第1期。
[2] 汪世荣：《中国古代判词研究》，《法律科学》1995年第3期。

权宜。使徐雅别婿裴九之儿，许裴改娶孙郎之配。夺人妇人亦夺其妇，两家恩怨，总息风波。独乐之不若与人乐，三对夫妻，各谐鱼水。人虽兑换，十六两原只一斤；亲是交门，五百年决非错配。以爱及爱，伊父母自作冰人；非亲是亲，我官府权为月老。已经明断，各赴良期。

小说中的孙玉郎与慧娘，各有婚约却私定终身，但因家长们互相争执不休而对簿公堂，然而乔太守不仅没有自命名教的捍卫者，反而怜惜二人，有心成全。小说中的“街坊乡邻”，则态度鲜明地表达了对这一判决的支持：

此事闹动了杭州府，都说好个行方便的太守，人人诵德，个个称贤。自此各家完亲之后，都无说话……太守不予处分，反作成了孙玉郎一段良缘。街坊上当做一件美事传说，不以为丑。

小说借此表明，尽管乔太守的判决与礼法伦常相左，但因代表了广大下层市井小民的意愿，故而被交口称赞。由此可见，在思想倾向方面，明清公案小说中的判词，往往偏向于体现市民的价值观念，甚至不惜与礼法伦常相左。而明清实际的诉讼判词则偏向于维护礼法伦常。因此，两者并不是一回事。

四、作为史料的文学作品

从上述分析，我们可以对公案小说中的法律因素有一个大致的概念，即，这些公案小说的创作者，具有一定的法律知识，但不一定有足够的法律知识修养和司法实践。小说创作的目的并不在普法，而是为阐述某种价值观念，或维护某种伦常秩序。因此，为推动故事情节的发展，小说家们笔下的司法官常常不依循法律断案。这恰好提醒我们，从文学作品出发来考察法律文化是可行的，然而将文学作品作为研究传统法律制度史料，则须十分谨慎。

余英时尝言：“本来材料是任何学问的必备条件，无人能加以忽视。但相对于研究题旨而言，材料的价值并不是平等的，其间有主客、轻重之别。”[1] 那么，在法史研究中，对研究材料的恰当选择与其研究结论的可靠性之间，便存在着必然的联系。利用基本材料不一定能达致较为准确的研究结论，但光靠或者主要靠以虚构想象为特征的文学作品是一定不能得出接近事实的研究结论。

在法史研究能利用的所有材料中，其重要性有基本的位差存在。这种位差，简言之，就是“包括档案资料、传世法典、正史、方志，乃至习惯调查和家法族规在内的基本材料，较之包括各种野史笔记和文学作品在内的其他材料具有更大的资料价值”。而作为文学作品对法史研究最重要的作用，就在于“补基本材料之不足，帮助研究者

---

[1] 余英时：《文史传统与文化重建》，生活・读书・新知三联书店2004年版，第299页。

‘质疑’某些利用基本材料所进行研究的错误或不足，促使研究者进行深入的思考”，即所谓“互相支持、互相弥补、互相释证”。[1] 但是，不能仅凭野史笔记或文学作品里的记载就得出结论、创出新说，让初学者以为，仅凭可阅读性强的文学作品、野史笔记，即可进行“轻松”的法史研究。

在分析文学作品中关于法律问题的记载是否能说明所要研究的问题时，必须将该文学作品作为一个整体，思考作者创作的动机、整个故事的谋篇布局，具体分析相关法律和司法情节在其中处于什么样的位置，作者是否具有足够的知识和经验来创作此等跟法律和司法有关的故事情节，然后在此基础上判断该材料能否说明所研究的问题，或者在多大程度上能解释该问题，然后才能够加以利用。

阅读书目

1. 苏力:《法律与文学：以中国传统戏剧为材料》，生活·读书·新知三联书店 2017 年版。
2. 梁治平:《法意与人情》，中国法制出版社 2004 年版。
3. 徐忠明:《法学与文学之间》，中国政法大学出版社 2000 年版。
4. 郭建:《古人的天平：中国古典文学名著中的法文化》，当代中国出版社 2008 年版。

思考题

1. 我们是否可以借助古代诗歌作品来探讨中国传统法律问题?
2. 怎样看待包公戏中蕴含的法、情、理因素?
3. 古代公案小说与史实是什么关系?
4. 在古代一部文学作品所描述的各种证据之间，什么样的关联才是不牵强的，才是有说服力的?
5. 古代小说在人物塑造、情节安排等方面有哪些特点，流露出什么样的思想情感和文化心态?

---

[1] 徐忠明:《法学与文学之间》，中国政法大学出版社 2000 年版，“自序”第 5 页。

第九章　传统宗族制度

中国传统社会具有宗族特征，宗族成员互相间以血缘关系或者姻亲关系互相连结，一个村甚至一个乡往往主要也是一个或若干个宗族占据主要地位。在宗族内部，则往往具有比较严密的组织结构和一整套的族规家法，宗族制度从而构成了中国封建时代的社会基础，受到历代统治者的重视，传统法律文化也打上了明显的宗族烙印。

第一节　宗族的组织与事务

一、宗族概念、祠堂与组织

《说文解字》说，宗者，“尊祖庙也”。又同姓曰宗，如《诗经·大雅》中有“宗子维城”一语。族者，聚也。如《尚书·尧典》中有“以亲九族”，再如《诗经·周南》有“振振公族”，《传》解释曰：“公族，公同祖也。”

宗族作为一种由父系氏族与部落蜕变而来的社会细胞，是源自同一祖先并吸收了若干外来成分而衍生、由宗子与族长统领的若干家族组合而成的血亲及姻亲系统。

早在商代，就有了对宗族的记载。如甲骨文中“贞：翌乙酉其登祖乙飨”（“登祖乙飨”，意为进飨食之祭于先王祖乙）；“其告在后祖丁，王受佑”（“其告在后祖丁”，意为行告祷之祭于先王武丁）；“贞于五示告：丁、祖乙、祖丁、羌甲、祖辛”（于五位先王神主行告祷之祭）；[1] 又如：“其又（祐）于夒”；“祭小甲”（殷代先王庙号曰甲者，均在甲日祭祀）；“贞，今来乙卯祐于成十牛”。[2] 西周早期国器《过伯簋》铭文：“宗室宝尊彝”（制作宗庙中的宝贵礼器）。[3] 周代确立的一些审判原则，着眼于宗法制度下家族的延续，严厉惩治不孝罪。如《尚书·康诰》指出：“元恶大憝”，也就是“不孝不友”的人，应该“刑兹无赦”。《周礼·司寇·掌戮》：“凡杀其亲者，焚之。”[4] 这些都是文献中有关早期宗族的记录。至宋代以后，特别是在明清，宗族制度有了大的发展。

---

[1] 韩江苏等编纂、王宇信释译：《甲骨文精粹释译》，云南人民出版社2004年版，摹片421（2）、423（1）、375。

[2] 李圃选注：《甲骨文选注》，上海古籍出版社1989年版，第269、296、301页。

[3] 《金文今译类检》编写组：《金文今译类检》（殷商西周卷），广西教育出版社2003年版，第3页。

[4] 《左传·昭公二十年》引《尚书·康诰》。

祠堂又称宗庙，是宗族祭祖的地方，是祖宗灵魂所寄、宗族精神所托，受到宗族极端的重视。在祠堂中祭祖，是族人在宗子或族长率领下，通过一定的仪式，沟通人神，怀念祖先并受到道德伦常教育，同时在祖宗面前确认族人间血缘关系、进而加强“亲亲”“尊尊”等级秩序与彼此感情的活动。近代以来，各地宗族纷纷建造祠堂，而且伴随社会上的奢靡之风，建造祠堂追求壮观。

传统上，每个宗族内部都有十分严密的组织系统，其宗族首领——宗子、族长，以及宗族内部各级组织的执事人员，分别拥有一定的职权。

如《礼记·祭统》：“宗子主祭大宗”。嫡长子是宗子，又称族主，通常由大宗世袭，继承父祖的地位。宗子是宗族的精神领袖，拥有主祭权，负责率领余子祭祀祖先，宗子“上奉祖考，下壹宗族……使主祭祀”；[1] “上承宗祀，下表宗族，大家不可不立”；“古昔盛时皆由此（宗子）休隆治道，敦睦风族”。[2] 宗子即使年幼，也要有象征性的主持活动：“主祭虽幼，伯叔尊行助祭俱在旁列”。由于宗子“持匕鬯，所责非轻”，因此族中长辈皆注意教育培养宗子，“以培祖宗元气”。宗子若顽劣不肖，由长辈“引入祠堂，责以大义”。宗子实在无法承担主祭重任的，或者从余子中择人代之，或者并不撤换，而另以他人摄祭即代理：“教而不悛，则姑立摄祭一职。然虽有摄祭，而宗子之位仍自不易。”[3]

宗族内的族长，有时称宗长、宗正、族首、族总等，有的宗族设有正、副族长。他们是全族实际的监督者和统率者，具有教令权与惩戒权（包括送惩权）、统理财产权、婚姻决定权等。族长应该具有比较相称的品行与威望。其产生，由前任族长指定或族内推选。多数宗族主张公举：“若年髦衰朽、懒于理事，理宜合族公举，毋滥毋拘。”[4] 有的宗族立族长，只考虑品行与才能，并无其他条件。如山西尉迟氏“于族中选有才行者为族长”。当然，前任族长可以举荐，“继任者即由前族长自举，他人不得干预”。这样就免不了出现年少当选者。相传有一族长所举代己之族长才十四岁，“然诸人皆唯唯受教”，“不敢惰令也”。[5] 早在明代，广东南海《霍氏家训》就说：“凡立家长（族长），惟视才贤，不拘年龄”。[6] 族长有繁多的宗族事务要管理，“不拘年龄”，事实上是不可能的，只是年龄条件不很严格，而更强调德行与才干而已。有的宗族明确要求在考虑品行与才能的前提下，综合考虑辈分与年龄：“凡宗长须有齿有德有爵”，如不可得兼，“惟德为主”，特别强调“其人须心地光明，器量宏远，才识精练，而又谨恪持重，秉正不阿，严而有恩，方可克胜”。族长力不胜任的，由“宗子会族老具词，告祖革黜，更议别立。其或自揣不胜，亦准辞职”。[7]

---

[1] ［清］光绪安徽《茗州吴氏家规》。
[2] ［明］万历浙江《余姚江南徐氏宗范》。
[3] ［民国］江苏《溧阳中梅刘氏续修家乘》卷二《宗训》。
[4] ［清］光绪浙江《三衢清河张氏宗谱》卷首《祠规》。
[5] ［民国］瞿兑之：《人物风俗制度丛谈》三八《大族制》。
[6] 转引自史凤仪：《中国古代的家族与身分》，社会科学文献出版社 1999 年版，第 89 页。
[7] ［民国］江苏《溧阳中梅刘氏续修家乘》卷二《祠规》。

宗子体现了宗族内的世袭关系，族长则体现出宗族内的选贤要求。宗子与族长之间存在互相监督与牵制作用，同为族内最高管理者。当然，由于嫡长子在家族中的特殊地位，在有些情况下，还是以嫡长子为族长，“一人最长者为家长”，亦即以宗子兼任族长：“若宗子贤即立宗子为家长，宗子不贤，别立家长。”[1] 这样，就在家族内把主祭权与族内事务的管理监督权统一了起来。

宗族中辈分最高者、在籍官员、有财势者及生员等，即所谓“族尊”或“尊属闲官”“闲散望重者”，大多也有参与族议、决定重要事务的资格。如近代湖北士绅，是通过参加科举考试而取得功名的群体，受过相当程度的文化教育，不少是官员与殷实之家。士绅或当教师，或在地方上或宗族内担任书办或管事一类的职务，所以宗族事务和祠堂公产也被士绅控制，不少士绅同时也是地主和族长。

有的宗族规模庞大，枝蔓错综，往往根据血缘亲疏，分成若干支、户或房，分设支长、户长或房长。他们受族长领导，管辖其一支、一户或一房的事务。譬如房长，“各房有事，房长处分，各宜同心协力，以佐家政”。重要事项须呈报族长：“如有事干重大及顽梗不服，乃呈于祠”。族长有权任命，也有权将他们撤换：“如有受贿贪杯、偏袒是非及退诿不胜任者，宗长即易其职。如各为营私植党，方正不容，不获伸其公论者，亦准辞职。”在支、户或房下，则为各自独立的小家庭，各有家长。

宗族内除了以上纵向关系外，在宗族一层还有横向关系，即族长下所设分掌职责的执事人员，他们分别管理全族的族籍、田产、税粮、赏罚、出纳等事务，以制约族长。各执事者为推选或指定产生。其常见者如：祠正，负责协助族长处理重要事务；族正，负责监督宗族内外，协助维护地方秩序；宗正，协助族长处理宗族事务。“公举品行端方者为宗正，执掌祠内一应事务，佐宗长而经理之”；宗辅、宗弼，协助族长处理宗族事务；总管，经理宗族钱粮出纳事宜；司令，负责宣布、执行族规或族长决定；宗史，负责编写族谱；宗书，负责记录族中发生的要事；宗理，即会计，负责族产出入账目登记；宗赞，即祭祖时的司仪，负责宣布程序，引领祭拜步骤；宗祝，负责祭祖时宣读祭文；宗序，负责祭祖时唱名排序；宗值，负责宗族日常杂务。

以上执事人员大致可分两类，一类是具体掌管宗族事务的，如宗辅、宗弼、总管、宗史、宗书、宗理；另一类纯粹是仪式需要的，如宗赞、宗祝、宗序。从总体上看，宗族是帝制中国的缩影，宗族组织在某种程度上反映了传统政权的组织结构。宗子，如同君主；族长，如同宰相；宗族执事人员，如同中央各部大臣（如尚书、寺卿之类）；而支、户或房，乃至家庭，也恰如各级地方区划。帝制中国本来就建立在无数个宗族的基础之上。

二、宗族事务与族产

宗族对外有防御、保证本族安全的任务。许多宗族都重视修建防御设施，尤其是靠

---

[1] [宋] 罗大经:《鹤林玉露》丙编卷五《陆氏义门》。

近边远地区的宗族，往往依托村庄山寨修筑工事进行防御。山东《临沂县志》载，胡善承“咸同时出赀筑堡，以全乡里，人皆义之”；同治时，捻军过境，有鸿印者“率村人固守，安堵如故”。2009年5至6月，在文水县西部山区的苍儿会乡的三巴川地区，山西文物考古部门对防范外族的明代及其以及更早的寨峁进行调查，发现其中李家庄寨峁保存完整，整个建筑依托山势、略加修正后用石块和石片垒筑而成，西南角处有瞭望台；岳家庄寨峁内有通道、石室；龙兴寨峁位于山顶西部，呈方形，边长约35米，全部用石块和石片垒筑而成。[1]

宗族对内具有和睦族人关系、维持社会稳定的功能。如元代王结《文忠集》卷六《善俗要义》睦宗族条载：“人家宗族，虽有不同，溯其源流，皆吾祖宗之后，是祖先一身分为吾群从诸父昆弟也。苟能以此思之，则近者固宜亲爱，远者亦当辑睦。吉凶庆吊，随宜往还，伏腊岁时，称情欢会，相爱之意深，相亲之情厚，恤其患难，助其贫乏，子孙化之，乡里效之。”

各地族规、家训等都规定了宗族在这方面的作用。相应地，宗族承担了调解族内纠纷的职能。倘族人有家务相争，告诸族长，由族长处理，或由族长纠合族内其他职事人员、族尊等在宗祠议论，决定处置。“一族之中凡有是非曲直之事，新禀族长，听其处分。”“遇内外事，辨是非，争曲直，端取决于家长，而其人亦居之不疑。”[2] 苏州范氏，“向推一人为族长，设公案听断一族之事”。[3]

族产是维系宗族、体现宗族存在的重要经济手段，是宗族延续的经济基础。其作用大致上有以下几种：

族产可用以提供祭祀经费，包括祭田（祠田）和屋宇。浙江浦江《郑氏规范》载，“拨常稔之田一百五十亩（世远逐增），别蓄其租，专充祭祀之费”；“子孙永远保守，有言质鬻，以不孝论”。宋代福建闽县黄氏有祭田四亩多，“每岁供纳谷十六石，充祭祀之用”。[4] 福建建阳傅氏，万历间建祠，“遂以二百亩为春秋祠祭之需”，顺治时又买杨梅滩田一千二百把，年收折色若干，“充祭费用”；又“展辟祠前左右基址筑店房五十进，……添祭之用”。[5] 宗族有时逢年过节举办一些围绕着祭祀的文化活动，经费也由族产支出。

族产亦用来设立公益，包括修路、架桥、设渡等，最常见的，则是用来赈济抚恤贫困的族人。范仲淹说：“吾吴中宗族甚众，于吾固有亲疏，然以吾祖宗视之，则均是子孙，固无亲疏也。吾安得不恤其饥寒哉？且自祖宗来，积德百余年，而始发于吾，得至大官。若独享富贵，而不恤宗族，异日何以见祖宗于地下，亦何以入家庙乎？”范氏义庄“日食人米一升，岁衣人衣一缣，嫁女者钱五十千，娶妇者钱二十千，再嫁者三十

[1] 李雁：《山西文水苍儿会寨峁调查报告》，载《文物世界》2013年第1期。
[2] ［清］同治江苏《云阳郑氏宗谱》，清咸丰台湾府《噶玛厅志》卷五《风俗》。
[3] ［民国］瞿兑之：《人物风俗制度丛谈》三八《大族制》。
[4] ［清］黄幹：《勉斋集》卷三四《始祖祭田关约》。
[5] 陈支平：《近500年来福建的家族社会与文化》，三联书店上海分店1991年版，第56页。

千，再娶者十五千，葬者如再嫁者之数，葬幼者十千。族之聚者九十口，岁入粳稻八百斛。以其所入，给其所聚，霈然有余而无穷”。[1] 自从范仲淹创义庄以后，为了保护宗族正常生活秩序，一些宗族分别建立有公共救济机制。清代陆以湉说，“思田不可遽得，以六百万钱入质库，岁得息钱四十二万。族中之茕独五十以上者，妇女寡而不嫁者，幼孤无养者，废疾者，计日给米五合、钱十文，青年守节者倍之，冬夏各给以衣帐。敛死者，买公地葬之。”“窃思，尊祖收族之道，莫善于义田，自文正公创始后，效法者代不乏人。”“诚使世之拥高赀者，皆能遵而行之，其有裨于风俗人心岂浅鲜欤?”[2]

一般宗族比较重视子弟教育。资助族中子弟就学、参加科举考试或奖励考试及第者，也是族产的重要用途。在山西晋中的古民居建筑中现存众多匾额，具有珍贵文物价值。其张挂在各大院的大门、院门、厅堂、楹柱等显眼位置，很能体现出宗族对于子弟学养的恺切寄望。如乔家大院现存“书田历世”“百年树人”“读书滋味长”；有的如“养心斋”“学吃亏”“静观”“洞达”“乐天轩”“凝瑞气”“安命养福”等。对于违反族规的子弟，要进行惩戒：“子弟有过，家长会众子弟，责而训之。不改，则挞之；终不改，度不可容，则告于官，屏之远方。”[3]

族产还被充作宗族公共墓地，特别是为那些贫困不能殡葬的族人提供墓地，有善庄、族阡、义冢等名称。浙江海宁查氏“中宪公，于乾隆二十五年，捐许家跳墙地拾亩一分，为合族义冢”；族人“有贫乏原葬者，具奉告之族长及裕公，司事查明属实，距葬期五日内，每棺给费一千六百文”。[4] 浙江平湖有张氏族阡，乾隆四十八年(1783)，由一举人捐立；又有徐氏族阡在新仓坊，亦由监生捐立。又有许氏族阡在青莲坊，由监生捐立，用以“瘗族人无力营葬者”，“以葬族姓之无力者”。[5]

三、宗族与地方秩序

要理解传统宗族，便不能忽视其在维护地方秩序中发挥的重要作用。所谓“古之王者不忍以刑穷天下之民也，是故一家之中父兄治之，一族之间宗子治之。有其不善之萌，莫不自化于闺门之内，而独有不率教者，然后归之士师矣”；“是故宗法立而刑清，天下之宗子各治其族，以辅人君之治”。[6] 简而言之，若是宗族都能够息“不善”于未萌，君主便可以实现“南面而治”的至治之境。

宗族对其成员的管理，通常表现为以家法族规约束族人。族规作为族人共同遵守的行为规范，通常由族长主持修订，在全族范围内具有强制性。族人违反族规的，通常由族长会同宗子、族尊等在宗祠当众处罚，以示警戒。“不顺父母、凌犯长上者，有伤伦理者，告知宗子、族长，严加扑责。”“宿娼赌博、在街酗酒无赖，族长聚族人捉入祠

---

[1]《范仲淹全集》(中册)，四川大学出版社 2002 年版，第 1174、1169 页。

[2]［清］陆以湉:《冷庐杂识》卷五《义田》。

[3]［宋］罗大经:《鹤林玉露》丙编卷五《陆氏义门》。

[4]［清］浙江《海宁查氏族谱·义冢》。

[5]［清］光绪浙江《平湖县志》卷四《义产》。

[6]［清］顾炎武:《日知录》卷六《爱百姓故刑罚中》。

内，谅事轻重，扑责记过一次，三犯不改，不许入祠。”[1] “族人有讼，不鸣之官而鸣之祠。评事议之，族长判之，行杖者决之。”[2] 严重违反族规的行为如“干名教，犯伦理者”，族长甚至能“缚之而沈（沉）之江中以呈官”。[3] 违反宗族原则的，甚至可能受到法律制裁：“襄邑人周威，父为人所杀，不雪父冤，有状和解。明宗降敕赐死。”[4] 得益于家族管理的分流，许多程度较轻的讼争都在家族内得到解决，显著减轻了幅员辽阔的帝国基层治理的负担。

在乡村中，除宗族外，还有由官府设立的基层组织，如约、牌、保、甲等，通常采取十进制，民户互相承担连带责任。这种制度具有特殊的作用：一是协助催税纳粮，二是对百姓进行教化、排解纠纷，三是使百姓互相监视。由于乡村中常见族系聚居，一村甚至一乡大多属同族，就有可能使基层组织与宗族合二而一。约、保、甲等长，有时亦由宗子、族长等乡绅兼任，一套班子两块牌子。这样，基层组织与宗族得以互为呼应，共同维护社会基层秩序。宗族与地方秩序的密切程度，在清代表现得最为明显。太平天国起义爆发后，清朝命令各省在籍官员在家乡举办团练，这给宗族的发展提供了一个有利机会。湘、淮军就是依靠地方宗族势力而崛起，湘、淮系集团在政治上的得势又促使宗族势力膨胀。而在太平天国运动发展与趋向失败的过程中，各地地主武装控制下迅速扩张的宗族势力得以进一步规范化与严密化。许多地区的大户望族纷纷修葺宗祠、厘定族规、撰修宗谱、复建义庄，整顿族田的经营管理，以对抗太平军，铲除新的革命运动的土壤。

此外，宗族首领，大体是地主乡绅，是地方上的头面人物，与地方官府存在密切的联系，其权威得到官方认可。在审理涉及宗族成员的案件时，官府往往向族长征求意见：“凡涉公私事宜，（族长）得与佐领平章赞画。虽无秩禄，亦官身也。”[5] 官府有关地方政治、税赋、治安的决定，往往也要寻求宗族首领的支持，才能得以贯彻实施。社会基层组织日益与宗族势力互相混合。例如清代的里甲制，其编制往往照顾到宗族的地缘与血缘的分布，里甲制与宗族结构在一定程度上重合。里甲的首脑，几乎全是宗族的首领所担任。里甲只有经过宗族，才能发挥相邻连坐、互相监督的功能。换言之，代表官府的社会基层组织除非与宗族相结合，否则难以在农村中发挥作用。

这种宗族势力的强化，实则存在一定的弊端。虽然宗族使地方秩序得到暂时的巩固，使其在内忧外患的严重局面下得以延续相当长的时期，但是，从长远来看，宗族的发展及其与基层组织的混合意味着地方势力的膨胀，容易出现地方独立的趋势，对中央滋生一定的离心倾向，又威胁到朝廷的统治。因此清朝又对宗族势力有所限制，包括规

---

[1] ［清］光绪江苏《晋陵陈氏续修宗谱》卷首《家规》。
[2] ［清］刘献廷：《广阳杂记》卷四。
[3] 林永匡等：《中国风俗通史》，上海文艺出版社 2001 年版，第 527 页。
[4] ［宋］孙光宪：《北梦琐言》卷十八《诛不孝》。
[5] ［清］福格：《听雨丛谈》卷五《族长》。

定族长上任要经官府备案，加强对宗族重要决定如立嗣、归宗等的干预，对宗族间纠纷的裁决，以及对宗族内重大案件的审断等。

第二节　宗族继承制度

一、宗祧继承与立嫡

继承制度，是人类历史上最古老、最基本的制度之一。中国古代特别是商周以后的继承，就是以宗祧继承为核心的继承。《左传·襄公二十三年》："（臧）纥不佞，失守宗祧。""宗"字的意思就是祖先、祖庙；又说"宗，尊也"，"所以长和睦也"。"祧"字特指远祖之庙。合而言之，"宗祧"就是祖先和宗庙，也就是祭祀。

中国古代敬天法祖，追终慎远，强调宗族的延续。古人认为，后代继承祖先，祖先就是鬼神，鬼神又接受上天的命令与差遣。因此，凡遇大事都要告祖。祭祀活动不但可以沟通人神，而且可以攀附上天，秉承天意。断绝香火就是断了与鬼神及上天的联系，罪莫大焉。宗庙是祭祀祖先的场所，也是宗族的象征。古人崇拜祖先，也很重视宗庙。凡是宗族，特别是明清时期，一般地说，大体上至少有一座宗庙。宗祧继承就是继承父祖在宗族中的地位，像父祖一样率领宗族成员在宗庙中祭祀、供奉祖先，沟通人神，以期世代有人奉祀祖先的香火，祈求祖先的护佑；进而整合宗族、团结族人，使家族和宗族得以延续和光大，使"天不绝嗣""世泽绵绵""后裔繁多"。

宗祧继承实际上是一种身份继承，但又与一般的政治地位或社会身份的世袭有所区别，它是宗族身份的继承，又是政治身份、社会身份世袭与财产继承的前提。传统意义上的继承首先是宗祧继承。古代称宗祧为"继承"，对于财产而不涉及宗祧的，称"承受"。古代的婚姻家庭制度、政治制度与财产制度，在很大程度上是围绕着宗祧继承而实现的。

区别嫡、庶，是实行宗祧继承的前提。在此基础上，要明确父亲的家长地位的继承人，叫做"立嫡"。这是宗祧继承的重要内容，是家族或宗族的头等大事。立嫡关系宗族的延续，多数朝代规定非常严格。因为宗祧继承不是宗族所有成员的权利，一般而言，只能是嫡长子的权利。如果没有可继承的嫡长子，就必须按照一定规则依次择立其他嫡庶子孙。

历代都有一些对没有嫡长子的情况下的补充规定。20 世纪 80 年代在湖北江陵县（今荆州市荆州区）城外发掘出土的张家山汉简中，记载汉初女子可以继承。稍早一些在内蒙古额济纳河流于烽燧遗址出土的居延新简，则有一些西汉后期到东汉的继承资料，其中的《破城子·探方五六》有"幼子承"三字；《甲渠候官·探方五》则规定"同产子皆得以为嗣继统"，余子也可以继承。

唐、宋都规定了在没有嫡长子时余子的继承顺序。唐户令："无嫡子及有罪疾，立嫡孙；无嫡孙，以次立嫡子同母弟；无母弟，立庶子；无庶子，立嫡孙同母弟；无母弟，立庶孙。曾、玄以下准此。”据此，唐代规定立嫡首先应该立嫡长子，无者立嫡长孙，无者依次立嫡长子同母弟及其他的嫡子，然后立庶子，无者立嫡长孙同母弟，然后立庶孙。以上顺序，依次替补，显示出嫡长子在继承方面的独特的优越地位，以及嫡子与庶子、长子与余子在宗祧继承方面的权利判然有别。

违反以上规则，也就违背了宗族制度，叫做“立嫡违法”。唐律：“诸立嫡违法者，徒一年。即嫡妻年五十以上无子者，得立嫡以长（意为立庶长子为继承人），不以长者亦如之。”明、清律规定稍轻：“凡立嫡子违法者，杖八十。其嫡妻年五十以上无子者，得立庶长子。不立长子者，罪亦同。”

对于宗祧继承，多数朝代实行父子相承，也有一些时期曾经实行兄终弟及的方式。《通典·礼四八》载，晋侍中庾纯云：“今王侯有爵土者，其所防与古无异，重嫡之制不得不同；至于大夫以下即与古礼异矣，吉不统家，凶则统丧，考之情理俱亦有违。按律无嫡孙先诸父承财之文，宜无承重之制（承重即嫡长孙因父亡而直接继承祖父）。”这一段是说，王侯贵族有爵位和封地的仍按古制嫡系承祧规则，大夫以下和普通百姓不依嫡系承袭，伯叔父继承顺位先于嫡孙，嫡子死应由其兄弟承袭，如无兄弟，再由嫡孙继承，即实行一定条件下的兄终弟及。又据《庆元条法事类》卷七七《服制》引南宋《服制令》规定：“诸嫡子死，无兄弟则嫡孙承重。若嫡子兄弟未终丧而亡者，嫡孙亦承重……无嫡孙则嫡孙同母弟、无同母弟则众长孙承重。”即嫡子兄弟有继承的优先权。这些都是比较特殊的现象。

二、立嗣、立继、命继与兼祧

立嗣，以及立继、命继，都是宗祧继承中的基本内容，是为防止家庭绝嗣而作出的规定。

所谓立嗣，即立后，指当事人在没有符合立嫡条件的亲生嫡庶子孙的情况下，采取弥补措施，另外选择、确立继承人，延续香火。《礼记·杂记》：大夫“无子，则为之置后”。汉初规定：“诸死事当置后”；“其自贼杀，勿为置后”。[1] 东汉建安七年（202），曹操攻破袁绍后下令说：“其举义兵已来，将士绝无后者，求其亲戚以后之。”[2] 唐户令说，“无子者，听养同宗于昭穆相当者”，也就是收养同宗相应辈分的人作为继承人，这就不限于大宗，凡无子者均可立嗣。

立嗣必须符合一定的条件。第一，立嗣应在被继承人年长病笃、确实没有亲生子之时进行。第二，如果被继承人已亡，有权立嗣的，必须是其夫死后能“孀守”，即夫死不嫁的妇人，或者是本族的族长、尊长。第三，立嗣必须选本宗昭穆相当者，就是立侄辈为嗣子。原则上，不应舍近求远。首先应该在近亲中寻找嗣子，如果没有，再在远房子侄辈中择立。立嗣更不可立异姓，所谓“神不歆非类，民不祀非族”“立他种以为

[1]《张家山竹简·置后律》。
[2]《三国志》卷一《魏书·武帝纪》。

后，阳若有继，而阴实灭也”。第四，独子不可出继，以免自家无后；同样，养子也不能因出继而使收养的人家绝嗣。第五，未婚而亡者、未成年人一般不得立嗣，“未闻有为下殇立嗣之理”。[1] 但如出征阵亡等未婚者例外。第六，如果其子未婚而亡需要立嗣，而其父又无别子者，应首先为其父立嗣。然后，待该嗣子生孙后，再由孙嗣已亡子。第七，一人不可同时出继为两家嗣子。第八，立嗣有良贱限制，必须符合门第等级。第九，立嗣要考虑家庭内的和睦关系，争立者，“硬欲为人之后”，“迫之命立”者不可立。第十，立嗣是族中大事，被继承人择立嗣子，一般要征询所在宗族“族尊”的同意，取得“通族佥同”。至于被继承人亡故的，虽然其妻妾可以提出择立意见，但宗族尊长往往有最后的决定权。他可以否决寡妻妾的意见而另外择立。第十一，立嗣必须“经官除附”，到官府办理手续，将嗣子户籍从原来所在地转移到被继承人所在地。在实际生活中，很多人家立嗣并不经过官府，官府经核实，也给予承认：“法亦有虽不除附，官司勘验得实，依除附法之文。”[2] 有时候，官府甚至直接插手立嗣事宜，为被继承人指定嗣子，这反映出专制政权对宗族制度的干预和控制。

侄子与被继承人同姓，有密切的亲缘关系，昭穆也相应，因此侄子承祀是普遍现象。例如，元代至元五年（1339），中书省枢密院呈：“平阳路民户郑堪净告：兄郑大见充军户，年老无嗣，合元将男挨哥承继祖业，充贴户津济正军，侍养郑大。都省议得：合将郑挨哥名籍除豁，令本人承继伊伯父郑大祖业，应当贴户身役。已后民户内有无子之家，军户内却有承继同宗弟侄，亦仰依上一体施行。”至元六年（1340），中书省户部呈：“南京路钧州阳翟县附籍范显户下驱口张春奴等告，本使范显及男山儿身故，今有怀州军户范总帅男范赞将引家小搬来本家住坐，昏赖范显事产。本部参详：范赞系范显亲侄，拟合承继伊伯户名当差，将抛下人口事产等物尽行分付本人为主，却于怀孟路范总帅户下除豁一丁差役。都省准拟。”[3] 这两个案例都是侄子“承继伊伯父”。

如前所述，立嗣的含义交广，既包括被继承人生前择立继承人的行为，也包括被继承人死后，由其寡妻或族长为其择立继承人的立继、命继。

根据宋代解释，立继，是当事人死后，因为无子，由其寡妻为他择立继承人并经族长同意，以延续家族的行为。“立继者谓夫亡而妻在，其绝则其立也当从其妻。”“凡立继之事，出于尊长本心，房长公议，不得已而为他人后可也。”

命继，是夫妻都已死亡，由丈夫的近亲尊长为之择立继承人的行为。“命继者谓夫妻俱亡，则其命也当推亲尊长。”“命继一事，所合区处，以绵一位嗣续之脉，以绝诸位睥睨之争。”从继承者方面来说，“其欲继绝，而得绝家亲尊长命继者，听之”，“以尽存亡继绝之义”。命继还应该由族长向官府“陈乞”，获得允许，有时甚至请官府插手寻找并指定嗣子。在此过程中，要尽可能地考虑当事人生前的意愿，照顾族人的感情，“参之以情，必情法两尽”，在同族中选择昭穆相当之人。命继实际上是在该家庭

[1] 《明公书判清明集》卷七《立继》。
[2] 《名公书判清明集》卷八《户绝》。
[3] 参见《通制条格》卷三《户令·户绝财产》。

户绝的情况下为其立嗣的弥补办法，更加清楚地显示出宗祧继承的重要性。

但是，有时候立继与命继的概念区分得并非很清楚。如有说石居敬夫妇将石岂子“命继为子”，“立继由族长，为其皆无亲人也。若父母存，当由父母之命”。又如说以兄为弟“立继”。又如为王怡立嗣，先由族长提出“命继”，后又由官府为之寻找到嗣子，则说是“即与立继讫”。[1]

南宋关于立继、命继概念的含混，导致其后这两个概念逐步消失其本来意义。在明末广东地区的判例集《盟水斋存牍》里，已经没有了立继与命继之分，只笼统地说“继子”“承继”“定继”“入继”。而所谓“立继”，有时泛指立嗣，包括宋代的立继与命继。例如，“陈真所得田屋剖为三分”，“一留以待承伟生有第二子，准其立继”；“（寡妻）符氏尚有膳田十亩有奇，符氏身没之后，当付之承伟次子，则不必有立继之名”。这两处所谓“立继”，都是指寡妻死后才立嗣子，意思相当于“命继”。又如，“黎梁故绝，前府审以宗儒之子名奇及黎赡诒之子士熹并继，业奉使司详允”，这是由官府确定嗣子；紧接着布政司针对此事谓“立继所以为亡者蒸尝计，择一次序相应者承之足矣”。[2] 这显然也是把寡妻已亡，由官府择立嗣子作为立继。因此，当时被继承人生前所立、寡妻所立、族尊所立嗣子，在名称上并没有什么区别。

立嗣关系一经成立，对于被继承人，嗣子就取得了继承宗祧和继承财产的权利，同时承担服从尚存被继承人（及其配偶）的亲权和教令，以及为被继承人祭祀、延续香火的义务。

如果兄弟二人关系协洽，而仅有一子，则可以实行兼祧，由该子娶二媳生孙，以分别继承两房的祭祀与产业，使兄弟二人身后均有人祭祀、继产。二媳各随翁姑生活，夫则轮流到二处居宿。兼祧者不脱离生父，只不过在继承本家的同时又出继叔伯，这与独子不可出继的规则并不矛盾。兼祧在明清时的农村十分盛行。对于兼祧，民间一般认为是娶两房妻，延续两个家庭。这种明目张胆的多妻制，是宗祧继承下的特有现象。碰到诉讼，官府自然不承认多妻，因此常将第二房妻按照妾处理，既解决兼祧的需要，又不致违反“有妻更娶”的律文。

三、择立外姓的方式

原则上，立嗣当然立同宗同姓，但不可立异姓的问题也并不绝对，有时候甚至有所变通。唐代武则天害死受高宗宠爱的韩国夫人（武则天姊）女儿贺兰氏以后，把罪责推到武惟良（武则天兄子）身上，将其处死，又“讽百僚抗表请改其姓为蝮氏，绝其属籍”。由于士彠（则天父）因此绝嗣，“乃以韩国夫人之子敏之为士彠嗣，改姓武氏”，“袭爵周国公”。[3] 以后，逐步形成立嗣中的变通现象，因为同姓如果没有人或者没有合适的人继承，就应该考虑用异姓填补：“国家不重于绝人之义也。如必曰养同

[1] 以上见《名公书判清明集》卷七《归宗》《立继》、卷八《立继》。
[2] ［明］颜俊彦：《盟水斋存牍》之《二刻谳略三卷·荡费继产陈泰来》《二刻谳略三卷·争继黎赡诒》。
[3] 《旧唐书》卷一百八十三《外戚传》。

宗，而不开立异姓之门，则同宗或无子孙少立，或虽有而不堪承嗣，或堪承嗣，而养子之家与所生父母不咸，非彼不愿，则此不欲，虽强之，无恩义，则为之奈何？是以又开此门，许立异姓耳。”如宋代规定被遗弃三岁以下小儿，虽异姓，听收养，即从其姓，“依亲子孙法”。这就意味着，如果立该小儿为嗣，也不加以追究。

当然，允许择立外姓只是极个别的例子，通常允许的是实行在同姓侄辈中自主选择嗣子的“爱继”。五代初期的浙江《上虞雁埠章氏家训》已经提出：“爱继者，本亲子侄当继，而又爱堂者为后，则以堂者继之；本堂子侄当继，而又爱从者为后，则以从者继之。此一定之理。若同姓不继，而取继于异姓，则与祖宗一脉流传之义毫无干涉，虽继犹斩也。”到明代，进一步总结了前代的经验，为减少被继承人与嗣子之间出现嫌隙的现象，从法律上赋予立嗣者根据自己的意愿，对自己不满意的嗣子通过官府予以撤换的权利。如《明律·户律·户役》中“择贤”“择爱”的规定：“凡无子立嗣，除依律令外，若继子不得于所后之亲，听其告官别立。其或择立贤能及所亲爱者，若于昭穆伦序不失，不许宗族指以次序告争，并官司受理。若义男、女婿为所后之亲喜悦者，听其相为依倚，不许继子并本生父母用计逼逐。”万历《问刑条例》亦明确规定了“择贤”“择爱”的条件：第一是被继承人无子孙可立，第二是“应继”嗣子与嗣父母不相和睦，第三是所择立者必须符合辈分，第四是必须禀告官府。凡符合这四项条件而“爱继”的，“不许宗族指以次序告争”。

立异姓为嗣，宗族成员一般不能接受；允许择贤择爱，则同样是立嗣制度上的一个重要突破，它允许嗣父母不按照法定顺序，而在同宗侄辈中选择自己认为贤能或所钟爱的嗣子，只要符合相应条件，旁人不得干预，嗣父母因而有了一定范围内的选择权，个人的意愿得到了一定的尊重。这样，就在某种程度上否定了法律所规定的立嗣不得舍近求远、“只合于近亲中择昭穆相当人”、“固不当舍其（近亲）子而立远族”的机械的原则，使立嗣行为有可能建立在继承人品行或其与嗣父母感情的基础上，因而广受欢迎。这对于增强立嗣制度乃至宗族制度的活力，是有明显意义的。

在《盟水斋存牍》里，不乏这类例子。就立嗣的原则说，应该严格核实被继承人与嗣子之间的宗族关系，“考之宗枝”，防止昭穆颠倒，亲疏混淆；对于符合条件的候选人，应该从长到幼，依此择立。然而，择贤择爱也得到了官府的认可。如有方最圆之寡妻陈氏“立爱”，以远房远昌为继，“伦序相应”，“为茕茕未亡人所钟爱，则嗣最圆者，舍此谁属耶”！官府予以承认。伍肇平无子，应由其侄于灿继承。然两人素不相得。肇“属纩之日嘱立从房幼子大悦抚长承祧，立其所爱也”。于灿心有不甘，还要争夺，官府予以驳回，并称“于灿欲为人后而先失其欢心，非孝悌中人也，合杖以惩”。[1]

清代也规定在无子立嗣的情况下，若应继之人平日先有嫌隙，可以在昭穆相当的亲族内“择贤”“择爱”，听从其便。

归宗，即本家或本族成员出为他家或他族成员后，因故返回本家或本族。例如本宗

[1] ［明］颜俊彦：《盟水斋存牍》之《一刻谳略一卷·争继方钟棠等》、《一刻署府谳略一卷·争产伍于灿》。

族女子出嫁到他族，因为夫死，或者因为被出而返回本族，即所谓归宗女。更常见的是所抚养的养子或养女，或者所立嗣子，因为各种原因而返回本族或本生父母。根据宋代户令，“诸养同宗昭穆相当子孙，而养祖父母、父母不许非理遣逐”。但出于以下原因可以由养（嗣）父母或者由官府命令遣还：（1）昭穆不顺。“阿张昨以所命继子是李学文亲堂弟、昭穆不顺为词，本府遂勒令归宗，别令命继。”（2）继承本家。出嗣为他子，本家至少应该有两个儿子，一般以其长子继承本生父亲，次子出嗣。如果长子死亡，本生父亲失去了继承人，出嗣子就应该归宗成祧。（3）子随母嫁，义父死后应归宗。这是为防止与义父的家族成员发生冲突。（4）不肖。如养子破荡家产，“背所养，从所生”，与养父母“各居异食”，不仅法律允许遣逐，而且官府会“勒令归宗”，情节严重者，决杖、编管。不得归宗也有各种原因。从原则上说，一旦被立嗣，“既无显过，安可切切然以去之”；“昭穆既顺，且无显过，自无遣逐之理”。又如，出嗣子荡尽所继之家财产，为贪图本家财产又提出归宗，这样又可能在本家引起纷争，因此官府不应予以同意。如果因贪图财产，以欺诈而“妄认归宗”，更应该受到惩罚，“勘杖八十”。[1]

中国人的宗族观念沦肌浃髓，根深蒂固。与西方相比，中国的文化具有很强的连续性，就多数人而言，中国人尊祖敬宗，家庭和家族观念浓厚，多少年来，中国人的这种观念都未曾改变。近代以来，宗祧继承虽然日趋衰落并失去了法律的支持，却又通过一些新的途径，在社会上特别是农村不断地表现出来。实际上，如果排除了家长制、多妾、嫡长继承、立嗣、继承局限于男性以及狭隘的宗族观念等成分，宗祧继承中的一些内容，便成了无可无不可的形式。至于在尊老育幼、男女平等，以及经济保障和遵守法律的基础上，采用适当的形式，有意识地沿袭前代定期祭祀先人的做法，追溯先人的足迹，缅怀先辈筚路褴褛的业绩，并且通过族谱族规等教育和管束族中子弟、资助教育、赈恤贫困族人、兴办地方公益等方式，团结族人，共同为地方的稳定和发展做出贡献，则是目前不少地方家庭和家族的普遍做法。

四、财产继承的形态

自从父系家长制产生以后，就出现了家庭财产。宗族制度下，家庭是宗族的延续，家庭财产通常是宗族财产的一部分。财产继承是历代继承制度中最古老、最具实质内容的部分，充分体现了遗产转移的实质。其他各种继承如果不与财产继承相联结，也就失去了一大半的意义。战国末年，秦国大将王翦向秦王“请园池为子孙业”；宋太祖鼓励石守信等诸将交出兵权，“多积金、市田宅以遗子孙”，都是要广置产业，把家产世代传下去。

古代家庭财产一般包括田产、店宅、屋宇、杂产、牲畜等生产资料和生活资料。财产继承主要是比较富裕的社会中上层，如贵族、官僚、地主、商人等的专利。一般的自耕农、工匠等，靠平日辛勤劳动，积铢累寸，也希望把攒下的一份有限的家产传给子

[1]《名公书判清明集》卷七《归宗》、卷八《立继》。

孙。如告诫子孙“吾自度才分，足以觅食，所余薄田亦是活汝曹”，使“汝曹得免饥寒”。[1] 最贫困的人如佃农、雇工、奴婢、乞丐等每日为温饱挣扎，入不敷出，谈不上有什么家财，也就没有财产继承可言。贫富悬殊，正所谓“今有幼未成丁，而承袭世资家累千金者”“又有年齿已壮，而身居穷约，家无置锥者”。[2] 从法律的角度说，合法的财产继承一律受到保护；而从社会的角度说，历史上的财产继承，从来都被打上深刻的阶层与时代烙印。

有人认为，古代“莫不以宗祧继承为前提，对于财产继承，悉委诸社会的习惯，而视为无足重轻”。这是一种偏颇的观点。实际上，历代都非常重视财产继承，财产继承是与身份继承紧密联系在一起的，是身份继承的一种本质体现。“人之无子，而至于立继，不过愿其保全家业，而使祖宗之享祀不忒焉耳。”[3] 只有保全了家产，才能奉其烝尝。如果没有财产继承，各种类型的身份继承也就丧失了经济上的意义，成为一纸空文。而且，财产继承并不仅靠习惯调整，历代都有一些涉及财产继承的法律规定。尤其是唐宋以后，财产继承的法规相当明确。被继承人死亡后留有遗产的，其子女、亲属或邻居、乡里应申报官府，不得私自隐瞒。

家长在家庭内具有绝对的权力，表现在可以管教或打骂子女，决定子女的婚姻，以及儿子的教育、职业等事项方面。特别是家长拥有家庭财产的所有权。子女未经家长同意，不得处分家庭财产，更不能要求分家。战国时期商鞅曾经从法家发展生产以征收更多赋税、富国强兵的要求出发，规定“民有二男以上不分异者，倍其赋”，鼓励分产建立小家庭，但那只是秦国短时期内的政策，具有强烈的功利色彩。汉初恢复了小农经济，推动一家一户经济单位的盛行。到西汉中期以后，统治者将儒家三纲五常作为指导思想，牢固地树立了宗族制度与观念。在通常情况下，子女擅自“别籍异财”，意味着从家庭分割财产，也表示提前继承父亲的“遗产”并独立生活，这种现象是被绝对禁止的，法律亦对此加以确认。唐代将“祖父母、父母在，别籍异财”列入“十恶”中的不孝。其中，“别籍”和“异财”只要犯了一样，便可依法惩治，根据《唐律·户婚》的规定要“徒三年”。如果父母要求儿子分家，则罪在父母。

而分财异居，是历代财产继承的主要形式。随着经济的发展和人口的增加，不断出现家族或宗族裂变的趋势。一个家族，父母尚在，若干儿子已经娶妻成家生子，越来越感觉有必要组成独立的经济单位，如果坚持不准分家，实则很难实行。早在东汉时，“察孝廉，父别居”，就不是个别现象。南朝刘宋军府录事参军周殷说：“今士大夫父母在而兄弟异居，计十家而七；庶人父子殊产，八家而五。其甚者乃危亡不相知，饥寒不相恤，忌嫉谗言，其间不可胜数。”[4] 从晚唐开始，民间分居异财的现象更为普遍，禁止别籍异财的律条再也无法阻挡了，法律因而做出相应的改变。太平兴国八年（983），

[1]《清代稿本百种汇刊》第36册，台北文海出版社1982年版，第199页。
[2]《文献通考》卷三《历代田赋之制》。
[3]《名公书判清明集》卷八《立继》。
[4]《宋书》卷八十二《周朗传》。

北宋政府规定："除川峡民祖父母、父母在别籍异财弃市律。"[1] 到绍熙三年（1192），南宋户部便做出了一个具有普遍效力的规定："凡祖父母、父母愿为摽拨而有照据者，合与行使。"[2] 自此，只要父母同意，并有字据，别籍分财即属合法，实际上是默认了异财的法律地位。明代继续规定，别籍异财必须由祖父母、父母亲告才受理，在祖父母、父母同意的情况下，不受法律追究。清代沿袭明代规定，是否惩处分财异居，关键还是要看父母的态度，如果不控告，就意味着默认，官府就不加制裁。因此，一方面是统治者提倡封建伦常，褒扬世代同居的大家族，维护宗族秩序；另一方面，分财异居的现象却日益增多，无法遏制。两者矛盾的结果，使在严丝合缝的宗族表象之下的裂痕日益扩大。

法定继承是宗祧继承在财产领域的表现。一般来说，有以下几条原则：第一，在家庭内，儿子是父亲的直系晚辈，对于家庭财产，具有当然的继承权。即使对其有抚养之恩的旁系长辈，也不能剥夺儿子的继承权。第二，异姓原则上不能继承遗产。所收养异姓子只能继承少量财产；其若归宗，不得将所分得的财产带回本宗。第三，关于各继承人的分割数额，古代的传统做法是诸子平分。西汉初年陆贾有千金、五子，析产时每子得两百金。唐代，父殁后三年内，由其子平分田宅、邸店、部曲、奴婢等财产。唐户令："应分田宅及财物者，兄弟均分。"宋代，也是"诸子均分"，"祖户田业""岂有不行均分之理"。[3] 同时，兄弟未娶者，虽不均分财产，但预给娉财。宋代立继子与亲生子继承权相同，可以依法得到应得的全部财产；在命继的情况下，由于被继承人夫妻均已死亡，嗣子不须承担赡养责任，因此所分得的遗产较少。第四，族田是宗族的共同财产，由宗族成员共同继承，主要用于祭祀祖先和资助族内的困难成员，平时则由各家庭轮流看管并向佃户收取租米，分享收益。族田不予分割，也禁止族人擅自处置。第五，如果没有任何儿女，遗产分配给近亲；没有近亲的，由官府没收充公。

历代妇女既不能参与宗祧继承，也没有政治身份继承权，一般情况下也无所谓社会身份的继承。其继承权主要表现在参与遗产的分割上，但也与男子的财产继承权不平等。就财产继承来说，只有未嫁女在"户绝"即没有任何兄弟的前提下，才能继承一部分遗产。寡妻不能独立成为户主，"为人妻者不得为户"，也没有独立的财产权；即使是自己的嫁妆及所继承的娘家财产，也要并入夫家财产，甚至可能被作为夫的遗产由子女分割。寡妻也不能继承丈夫的遗产，只能靠子养活，寡妻最多代为保管遗产而已。在一个家庭中，儿子是父亲遗产的主要继承人。

从唐代后期到宋代，财产关系比过去有所发展，人们的继承观念也有一些变化，女儿的独立人格在一定程度上得到承认。表现在其继承权上，即使家中有兄弟，未嫁女也可以获得一份遗产。在"户绝"的情况下，女儿的继承权、立继和命继以及近亲的继

[1] 《宋史》卷四《太宗纪上》。
[2] 《名公书判清明集》卷一〇《兄弟》。
[3] 《名公书判清明集》卷四《争业上》。

承权等问题被纠缠在一起，其中只有未嫁女才真正享有完整的继承权，她可以继承除丧葬等费用外的全部或大部分遗产。其他继承人，如归宗女、出嫁女、命继子、近亲等，则享有部分财产继承权。本来，“户绝”意为没有男性子孙，这种明显宗祧性质的规定是完全排斥妇女的。但是，正是由于“户绝”概念的存在，使无宗祧继承权的女儿具有了获得继承权的空间，从而打破了宗祧继承的藩篱。这在继承法上是一个突出的变化。但是在南宋以后，除非是“户绝”，女儿的继承权又遭剥夺。

女儿参与继承，是对历代男子垄断继承权的一个否定，实际上分享了男子的继承权益。本来，儿子可以继承全部遗产；而在南宋，不但户绝时财产由女儿继承，而且有儿子时，女儿也可参与继承，未嫁女就要分走儿子继承份额的一半，其份额甚至多过命继子。这样，女子的经济地位有所提高，与男子垄断继承的惯例产生了利益上的冲突。历代有不少继承纠纷，就是因为家中的儿子或嗣子企图独吞遗产，竭力压制女儿的继承权而引起的。因此，女子参与继承，对男子垄断继承的挑战是相当广泛的。

中国古代，在法定继承的同时，也存在遗嘱继承。古代遗嘱称遗命、遗言或遗令，最早见于《左传·哀公三年》及《后汉书·樊宏传》等著作。秦汉遗嘱继承已出现，社会承认根据赡养情况所立遗嘱有效。宋代法律对遗嘱做了详细规定：第一，遗嘱必须“证验分明”，强调对有疑问的遗嘱要通过核对笔迹，确定其真伪。第二，立遗嘱人必须神智清楚，所立遗嘱必须是立遗嘱人真实意思的表示。第三，所立遗嘱“必须宗族无间言”，即得到宗族的同意，方为有效。第四，遗嘱必须“经官给据”“经县印押”“官给公凭”，得到官府的认可。这些规定有助于防止遗嘱争讼，但也限制了立遗嘱人处分自己遗产的权利。在一定的情况下，也可口头遗嘱。当法定继承与遗嘱继承发生矛盾时，遗嘱具有更高的效力。伪造遗嘱，是另一类犯罪。凡“遗嘱非真”而“骗取钱财”者，皆受“勘杖一百，编管邻州”的刑罚。[1] 明清时期，遗嘱继承仍然有重要地位，订立遗嘱须有族人或见证人在场，并多用书面形式。

第三节　族规效力与族谱内容

一、整饬门户的族规

南北朝曾经出现撰写家训的热潮，以调整世族内部关系，其中有代表性的就是北齐颜之推的《颜氏家训》，以后也未尝降温。家训往往是在一些有影响的尊长垂暮之际，总结自己的平生经历和对世事的看法，以遗训的形式确定一些治家、治族的规范，使子孙能在其身后维持家庭或宗族的发展。如北宋包拯在遗训中特别强调为官清正：“后世子孙仕宦有犯赃滥者，不得放归本家。亡殁之后，不得葬于大茔之中。不

[1]《名公书判清明集》卷八《遗嘱》。

从吾志，非吾子孙。”[1] 比较完整的家训，经整理后就成了家法族规，对全体族人有效。有的家法族规则是在建立宗族组织之际，由族尊针对宗族内的具体事项而共同议定的。在修族谱时，会碰到哪些内容应记载、哪些内容不应记载的问题；犯有过失的族人，也会受到从族谱除名的惩罚。于是，谱例作为家法族规的组成部分，就被逐步推广。如果说，族谱以纵向记载宗族历史为主，家法族规则以横向规定宗族规范为主。

目前能见到的最古老的家法族规，出自数世同居的江州“义门”唐代陈氏。从明初起，众多的高官显贵和社会名流纷纷订立家法族规（包括谱例、凡例、规条、宗约，以及单行性的祠规等）。明初宋濂帮助浦江郑氏完成的《郑氏规范》，成为家法族规的代表作。方孝孺订立的《宗仪》，大体沿用《颜氏家训》等传统家训的体例，其中已颇多强制性的规定。在明代中后期，尤其是到清代，人口有了很大增长，明初一夫一妻的小家庭已经发展为数十口至数百口的宗族，族人间血缘关系日益疏远，管理难度增大，订立家法族规的现象因此更加普遍。随着宗族活动的增多，家法族规的体例渐趋完整，内容得以逐步充实。

一般地说，家法族规以传统伦常为依据，规定族人行为规范及族内事务。其体例相近，篇幅可从数条到二三十条不等。主要内容有：

（一）宣扬伦常，惩罚不肖子孙

有的族训规定子孙必须务正业、谨言行。五代初浙江《上虞雁埠章氏家训》：“传家两字，曰读与耕。”有的族训强调修身，提倡美德，严禁游手好闲。《武肃王钱镠遗训》要求“子孙绍续家风，宣明礼教”；“倘有子孙不忠、不孝、不仁、不义，便是坏我家风，须当鸣鼓而攻”。明代工部主事王重光家训云：“所行者皆道义之事，非道义之事，勿汝行也，慎之而已矣；所友者必皆读书之人，非读书之人，勿汝友也，远之而已矣。”[2] 有的规定，族中如有赌博、酗酒、游荡等“不法之人”，“该族首房长传伊父兄带同子弟入祠，凭加惩戒，并取具悔约。倘父兄徇纵，刁不服理，许该祠族速行禀究”；[3] “纵容子弟，不严约束，行凶帮恶，置若罔闻，一经犯事，势必连累族人，惹出无穷烦恼。犯此者除将子弟重惩外，并罚其父兄之教不先”。[4] 光绪安徽《寿州龙氏家规》禁止族人“著异样服色，戴异样头巾”，“或以嫖赌而败家，或以浮浪而没产”，“以及俳优、窃盗”。对于严重违反族规、败坏家风者，规定削籍并驱逐。

（二）确定家族日常秩序

如尊卑关系：“弟不得先乎兄，侄不得并乎叔，妾不得并乎妻。而为兄为叔为妻者，亦当以礼自守，毋挟尊以压卑。”[5] 要求男女大防，禁止闲杂人等进门，不让妇女任意

[1] 转引自费成康：《中国的家法族规》，上海社会科学院出版社 1998 年版，第 15 页。本节所用部分族规资料转引自该书，特此说明。

[2] ［清］王士禛：《池北偶谈》卷五《先忠勤公家训》。

[3] ［清］光绪冠英堂刻本《张氏六修族谱》载道光祠规。

[4] ［清］咸丰湖南《湘阴狄氏家规》。

[5] ［清］光绪安徽太平《起霞刘氏家规》。

外出。宋代袁采《世范》："屋之周围，须令有路可以往来，夜间遣人十数遍巡之。居于城廓，无甚隙地，亦为夹墙，使逻者往来其间；若屋之内，则子弟及奴婢更迭巡警。"还要严肃上下，包括妻妾、主奴关系，"明嫡庶"，维护主母的尊严，防止摒正室，宠侧室，妻妾乱位。

（三）关于分家

主要是强调兄弟间的谦让互助。如明代《杨忠愍公遗笔》：兄弟"不可各积私财，致起争端；不可因言语差错、小事差池，便面红耳赤"。清康熙江苏《毗陵长沟朱氏祠规》："兄弟分家，义让为美，不得霸占，以失手足之情，而伤父母之心。有恃强攘夺者，族长查明，押号均分，照攘夺之多寡，酌量示罚。"

（四）规定宗祠管理事宜

强调保持宗祠的安全、洁净与庄严。如清代湖南《湘阴狄氏家规》："祠宇以妥先灵，自应打扫洁净。凡家用器具，不得混置，致干亵渎。违者带祠扑责。"广东《东粤宝安南头黄氏族规》："祖宗祠宇所以妥先灵、行礼祭，宜洁净也。况建造艰难，修葺匪易，可不为之珍惜乎？吾族姓宗人，于堂寝廊庑，不许堆积什物及系牛马，以致坏垣墙、秽处所。夫然后体统尊严，而先灵永妥矣。"

（五）规定祭祀事宜

在祭祀的时节与仪式方面，如规定"本祠每岁元旦一祭，清明一祭，冬至一祭"；[1] 有的说："吾家自远祖以来所立家规：凡先世考妣生日、忌辰，家中必当设祭；冬至、中元则有合祭之礼；岁首、岁除、端午、中秋亦如之。新岁暨清明，必相率扫墓，古人所谓上冢也。"[2] 在祭祀的对象与内容方面，清代广东南海《潘氏典堂家规》规定："大宗祠体宜尊崇。自始祖考妣而下，止应妥祀长二三四房（该族始祖有四子）二世祖神主，以序昭穆，敬存房分；其余各主陪祀，或以功论，或以捐资，原非常例。嗣后各房欲陪祖祀者，只许陪祀小宗。"福州《通贡龚氏支谱·祠堂条例》强调："祖功与宗德，木本水源深。葬以礼，祭以诚，追远报本无穷尽。欲见枝叶茂，先须笃本根。"并规定遇喜事要"报喜，告祖宗也"；"报时用报单二条，一贴祠堂壁上，一选司年者登簿"。出仕担任各级官员，以及"乡饮大宾""毕姻""得男""乔迁"报喜时应向宗祠捐献"喜金"，用以购置祠产。

（六）关于立嗣

家法族规是规范宗祧继承的重要形式，因此有关立嗣的条文甚为详尽。立嗣首先是应继，按当时的继承程序选择嗣子。立作嗣子的，必须是下一辈人；而独子、长子、长房等不可出继。吴越钱惟演《临安钱氏谱例》："宗族承祀者，必推本宗该继子承之。此乃昭穆相应，礼之大体。"南宋江苏《锡山邹氏家乘凡例》："凡子孙无嗣者，以亲兄弟次子承继。若亲兄弟无可继者，于堂兄弟之子继之。由亲及疏，以次而继，不许变乱

---

[1] ［清］同治浙江《慈水干溪章氏重修宗谱》。
[2] ［清］光绪四川《合江李氏族规》。

宗法。如无可嗣者，生前命立本宗昭穆之子，必须咨禀宗长、房长后，听取继。”也有一些族训规定可以爱继。但有严格的限制，主要是不可立异姓之人。为防止异姓乱宗，不少宗族都强调谱牒中须注明外来螟蛉及赘婿的情况，并不许他们及其后裔充当宗族首领，干预宗族事务。同治《东粤宝安南头黄氏族规》：族有乏嗣者，至亲应继，不论家资厚薄，“以必继为主。若至亲无可择，当择房亲；房无可择，当禀请房亲及族内尊贤，择同族合昭穆者，以承宗祧。不许取异姓为后。倘若取异姓之子为后，不许入祠列谱。盖一本同源，不失所亲也。”

由于宋代已经出现允许立异姓嗣子的情况，而在现实生活中也确实存在这种需要，因此对于异姓养子与赘婿在宗族中的地位，后来有的宗族也依例给予承认：“继子赘婿，本有乱于宗祧，缘迭遭兵燹，乏嗣者多矣。持此意以行，恐九原有馁而之痛。故仍宗前列，听其入谱。至于继赘之后，又以本族为嗣者，则以本族为先，继赘次之。齿之轩轾，有所不计，亦周之宗盟异姓为后之意也。”[1] 据此，在一定的条件下，允许异姓入继。如果入继后，宗族又择立本宗嗣子的，则以本宗嗣子为先，异姓为后。

（七）调整婚姻关系

规定嫁女娶妇要门当户对，禁止同姓为婚，订婚后禁止反悔。有的族训规定，男子到了三十或四十尚无子嗣的应该纳妾，终身不娶的是大不孝。有的规定族人在丧妻后可以续弦；只有四十以外没有子嗣、没有侄子可作继子者，才可纳妾。一般视寡妇改嫁为罪恶，至少也要在谱牒中略去她们的生平，或不让她们的牌位进入祠堂。

（八）族产管理

原则上实行各房轮流经营，互相监督制约。有的宗族规定：“祠内公帑，二总管轮年分办，互相监制。设立总簿三本，一存宗长、宗正稽查，一存二司令查弊，一授轮年总管办理。清明日将所费若干，所存若干，对眷清楚；冬至日将本若干、利若干，取齐算明，交付下年总管。”[2] 同时，强调堵塞族田收租过程中的漏洞，“值年首家邀本房房长同往收租，董事随时监察。收晒完毕，面同量斛过秤。谷存祠仓，恩牌注明原斛数。粜时亦面同议价”。[3] 对于管理族产不善者要给予处罚：“禁经营公账出入不清。祖宗公事糊涂不理，通族共追，押算赔偿，议不叙用”；同时，“禁公堂祭田盗卖盗买、垦削坟茔、私砍松柏。犯者追还，再行议罚”。[4]

（九）规定丧葬与墓垅事宜

清许汝霖《德星堂家订》：“寿器当密为储备”，坟垅“不必远求，但宜预访，或邻近山川，犹有遗穴；或祖宗坟墓，尚可附棺。随分量力，择而取之”。康熙《菱湖孙氏五支三房墓祭规约》：“坟墓庐舍，历久必须修葺。扫墓时逐一看验，应修葺者酌量料理。荫木亦宜查察，培植不得忽略。”清代安徽《寿州龙氏家规》：“凡我族人，有希图

[1] ［清］光绪江苏《王氏三沙全谱凡例》。
[2] ［清］光绪江苏武进《延政王氏宗规》。
[3] ［清］宣统浙江余姚《开原刘氏祠规》。
[4] ［清］宣统江苏常州《韦庄张氏宗谱·宗禁》。

吉穴，在公祖坟山强行添葬者，族众无论尊卑，立时掘起，另罚猪、羊祭坟，随在墓前重责四十。”

家法族规一旦制定，即在其全家全族内具有效力，全体家人或族人必须严格遵守。如果有违反的现象，要给予惩治。惩治一般要由族长决断并在宗祠执行。族规中规定的惩治方式大致有两类。一类是一般性规定，并不明确具体方式，如“量情议罚”“合族惩之”“鸣鼓而攻之”“天灾临之”等。另一类则根据违反族规的情节与程度不同，规定了具体惩罚方式，包括切责、改正、罚跪、罚钱、箠之、不准入谱、削除族谱、惩罚相关亲属、呈官究治等。康熙江苏《毗陵长沟朱氏祠规》：“族中子弟以孝悌为先。如不孝不悌，确有实据，或父兄出首，或乡党公举，不孝责四十板，不悌责二十板；再犯复责；三犯为人类所不齿，逐出祠外。”“以不孝论”，则是适用法律中的不孝条款，同样是请求官府给予判决。至于客家宗族，如果异性之间发生有伤风化之事，男性当事人要在宗祠接受一百重棍的体罚乃至被打死，女性当事人不是被装在猪笼里沉潭，就是被卖到深山远地。这种现象在清代后期比较常见，实际上已经超越了族规的权限，并有悖于法律了。

二、辨别源流的族谱

祭祖是追思祖先的恩德，纂修族谱（家谱、宗谱、谱牒）则记叙祖先的世系与业绩，及族人的分脉源流。唐代出现了家谱、宗谱、族谱的名称，但一直不严格区分这三者。元代、明代称族谱的比较多。现存清代谱中，苏南、皖南、浙江的大多称宗谱，湖南、江西的多称族谱。

谱牒起源很早，是早期由官方制定、适应宗法社会的需要而产生的。目前在传世的商代甲骨文中，保留着最古老的谱牒。据专家解读，有三篇甲骨文可以确认是谱牒。一件为容庚等编的《殷契卜辞》中的209号，一件为《库方二氏藏甲骨卜辞》1506号，另一件为董作宾《殷墟文字乙编》4856号。周代已经“定世袭辨昭穆”。例如需要分封贵族、任命官员时，就要用谱牒考辨其出身门第；而一旦宗子无子，又要尽可能从关系最近的同辈子侄中找继承人，也常要借助于谱牒的记录，被称作“某氏谱”或“某氏世谱”。

在文献中，有关汉代谱牒的记载已经比较详细。高祖七年（前200），“置宗正官以序九族”。[1]《后汉书·百官志三》注：宗正“掌序录王国嫡庶之次，及诸宗室亲属远近，郡国岁因计上宗室名籍”。这是宗室的家谱，如应劭的《氏族篇》。汉代不少士大夫也有自己的谱牒，如《扬雄家牒》《邓氏官谱》等。这些谱系，或源于《春秋》，或效仿《史记》，“绳绳秩秩，各归其宗，使千余年湮源断续之典，灿然在目”。[2]

曹魏以后实行九品中正制，以家世渊源为依据，世家大族迫切需要谱牒确认其等级

[1]《汉书》卷一下《高帝纪下》。
[2]《通志》卷二十五《氏族略·氏族序》。

身份。六朝时期盛行编修族谱。柳芳《氏族论》说：“魏氏立九品，置中正，尊世胄，卑寒士，权归右姓已。其州大中正、主簿、郡中正、功曹，皆取著姓氏族为之，以定门胄，品藻人物。晋宋因之”；“有司选举，必稽谱牒，而考其真伪。故官有世胄，谱有世官”。[1] 为了分清家族门第，南北朝时人们除了编有本家族的谱牒之外，也编有如《百家谱》《河南官氏志》之类的郡姓、州姓谱，将本州、本郡的大小家族、等第区别记录。萧梁时期阮孝绪的《七录》记载，当时的谱牒著作已达一千余卷，成为世家大族垄断政权的依据。由此形成“官有簿状，家有谱系。官之选举必由于簿状，家之婚姻必由于谱系”“凡百官族姓之有家状者则上之，官为考定详实，藏于秘阁，副在左户”的状况。[2]

南北朝的世族门阀到唐代仍然有很高的地位。唐太宗为提高以皇族为首的新贵族的地位，诏吏部尚书高士廉等修成《氏族志》一百卷，将皇帝李氏抬高到第一等大姓。元和七年（812），宪宗又命太常博士林宝辑《元和姓纂》，于各族姓条其原系，考其郡望，子孙职位也都辑录。唐代著作郎孔至也撰有《百家类例》，此外还有《大唐姓系录》《衣冠谱》《开元谱》《永泰谱》《韵略》《韵谱》等。体例或以其族地望，或以其字四声，或以其字偏旁为主排列。“第海内族姓，以燕公张说等为近代新门，不入百家之数。”[3] 谱牒的修撰从属于门第品级，氏族志之类就是官修的谱牒。

晚唐以后，门阀贵族地主衰落。胡应麟说，谱牒之学以“六朝最盛”，“五代已还，不崇门阀，谱牒之学，遂绝不传”。[4] 实际上，北宋仍然有《玉牒》，“始于大中祥符，至于政、宣而极备”。其中包括“考定世次枝分派别而归于本统者”“至于子孙而列其名位者”“同姓之亲而序其五服之戚疏者”等部分，记载各贵族的世系。[5] 但就总的趋势说，大批庶族出身的士人通过科举登上仕途，作为记载氏族的谱牒已经逐渐失去意义，国家不再专设掌握谱牒之官。于是地方私修族谱之风大盛，而且渐及庶民之家。

宋代，仕宦之家普遍修谱，其目的与魏晋南北朝为了猎取直接的经济与政治利益不同，主要在于追溯祖先，团结宗族，实现宗祧继承。苏洵在《谱例序》中说：“自秦汉以来，仕者不世，然其贤人君子犹能识其先人，或至百世而不绝，无庙无宗而祖宗不忘，宗族不散，其势宜忘而独存，则由有谱之力也。”北宋范氏“旧有家谱”，唐末，其家从中原渡江，“不克归，子孙为中吴人”。又因“子孙流离，遗失前谱”，于是范仲淹“作续家谱而次序之”。[6] 欧阳修的《欧阳氏谱图》与苏洵的《苏氏族谱》，各创谱法，或直书，或横缀。特别是《欧阳氏谱图》，包括序、图、传三部分。序，叙述本族源流概况；图，即用表格列出祖先各房繁衍脉络，其中失名者代以“某”字，或直书“一子名亡”；传，即模仿史书传记体，依世次列各人的小传。欧阳修在谱末尾所附

---

[1] 《新唐书》卷一百九十九《柳冲传》。
[2] 《通志·氏族略·氏族序》。
[3] [宋] 王谠：《唐语林》卷二，又见 [唐] 封演：《封氏闻见记》卷十《讨论》。
[4] [明] 胡应麟：《少室山房笔丛·庚部》卷三九《华阳博议下》。
[5] [宋] 罗大经：《鹤林玉露》丙编卷三《玉牒》。
[6] [明] 叶盛：《水东日记》卷八《范氏家谱世系》。

《谱例》中说："谱图之法，断自可见之世，即为高祖，下至五世玄孙，而别自为世……宜以远近亲疏为别，凡远者疏者，略之；近者亲者，详之。""凡诸房子孙，各纪其当纪者，使谱牒互见，亲疏有伦。"这样的体例，既能够从整体上显示家族的渊源与发展情况，又得以突出介绍家族中的某些重要人物的生平事迹。后世的族谱体例，大多从此嬗蜕而来。

与官方族谱"别选举，定婚姻，明贵贱"的社会政治功能不同，私修族谱的功用，首先是辨别宗族源流，确定族人在宗族中的身份地位与相互关系；其次是记载宗族发展的历史，增强族人尊祖敬宗与团结互助的观念；第三是收录宗族财产数量与族规宗约，以利于宗族事务的管理与宗族的延续。因此，私修族谱具有发扬传统伦理道德的教化功能。清人指出："修谱本尊祖以联族，而联族又贵于考宗字也者。世次相承，虽支分派别，寔则原于一本，必此之同而后谓之族也。"[1] 强调了修谱在辨别宗族方面的功用。比起官修族谱来，私修族谱是传统继承制度中更广泛意义上的组成部分。

宋元以后，理学流行，增强了社会上尊祖收族的思想。印刷术的发展也为族谱由手抄转为刻印提供了物质条件。明清尤其是清代，在社会有意识的推动下，建祠、修谱盛极一时。从现存明清宗谱中可以看到南宋以后族谱发展的特点。一是族谱内容更为丰富，门类增加。除了原有的内容外，还有历次修谱的旧序、墓图、祖像及赞、传记、祠堂图、诗文、家法族规等。二是随着立祠堂、祭始祖现象的推广，庶民之家修辑族谱的风气十分盛行，"姓各有谱，凡支派必分列以序昭穆，故皆比户可稽，奸伪无所托"。[2] 嘉庆《旌德县志》卷一《风俗》说当地"姓名有谱，凡支派必分列以昭穆"。三是会合同一祖先下各房的大型宗谱的出现。如清乾隆四十五年（1780）修《新安武口王氏总谱》，参与者有江西乐平、德兴、婺源，皖南歙县、休宁，以及浙江淳安等各地支派达数十支。

对于入谱者，有的规定："族中生产，不论男女，一体报庄注册，载明年月日及父母名氏。"[3] 有的则有一定的年龄限制："男子五岁命名，始列于谱，或有未及十五而卒者，下次修谱即删去之，以其未成人故也。"[4] 各族谱有关女儿、嗣子、赘婿的记载通常比较谨慎，以免"乱宗"，但对节妇烈女的记载却是不厌其烦。清代，统治者竭力倡导封建伦常。如在安徽滁州，单光绪元年（1875）至光绪二十二年（1896）期间，受到"旌表"和"待旌""节孝"的妇女就有两百多人，其中不乏守节四五十年者。烈妇有许多是"夫殁绝粒"数日而死，或"夫殁投井""夫殁闻耗缢""夫殁仰药死"等。[5] 有的"不幸夫亡，动以身殉，经者刃者鸩者绝粒者，数数见焉。或称未亡人而代养而抚孤，嫠居数十年，始终完节"[6]。族谱中的大量篇幅都是这一方面的内容。

---

[1]［清］乾隆四川《眉山苏氏族谱谱例》。
[2]［清］嘉庆安徽《宁国府志》卷九《风俗》引《旌德县志》。
[3]［清］光绪苏州《彭氏宗谱·庄规》。
[4]［民国］四川巴县《衍瓷镇张氏族谱凡例》。
[5]［清］光绪安徽《凤阳府志》卷十九《列女》。
[6]［清］同治安徽《祁门县志》卷五《风俗》。

族谱记载宗族各支的渊源枝叶关系，祖先事迹，族人生卒、婚娶、生育、出仕等。如同治浙江《余姚朱氏宗谱》，卷首先列世系，推朱美甫为迁姚始祖，至五世永平公为一本显祖，生三子，衍为三大支，其中端二公迁居龙山之前，单传三代，至义甫公生三子，其中次子仲达公生德辰、德恭、德让。接着，又开列了自端二公以下六支与端三公以下一支共七大房的分支情况。对于不肖、出家者等，一般从族谱中剔除，表示断绝关系。光绪《广德州志》卷二《风俗》载："子孙不肖则削其名""其子孙有不才者不许入祠，谓之革祭祀"。有的规定："出家为僧道，是已与祖宗绝矣，于本人下削其生卒年月，直书'在某处为僧道'以绝之。其妻子无罪，俱得书后。若翻然悔改，来还俗者，仍书如例。"[1]

关于族谱中的资料，一般来说，族中有了大事，先登记于专门簿册，到下次修谱时再予以录入。光绪江苏《锡山匡氏宗谱》："祠中设立簿籍。族内添丁，即入祠，书明世数，及生年、月、日于上；殁后奉主入祠，即书卒年、月、日于上，兼略叙生平行实数语，以便日后登谱。"修谱时，各支子孙还要把原谱未载的先祖"传铭行述"即生平事迹送到撰修者处，由其采入谱中："凡子孙有乞言，干巨笔以传其先人者，送到悉为刊入。余或其人可法，而子孙未将传铭行述送到，宁缺以俟续修补刊。"有的宗族规定生子入谱必须交钱："每产一丁，捐钱一百文入祠，作春秋祭费，永以为例。冬春得子者，于春季赍钱上谱；夏秋得子者，于祭秋（当作"秋祭"）赍钱入谱。"[2] 除了采自上述登记事项及子孙送到的行状外，族谱中的内容还摭取于前世留下的文献材料："事迹俱取国史馆列传、奏报、志乘、平定粤匪纪略，及传序、志铭、丧碣、诗文、年谱各种编入，无者从略。"[3]

族谱记载的一项重要内容是立嗣情况。族人立嗣或出继同族，族谱中应该加以注明："凡无子择绍，必于同宗行序应入绍者，书取某人第几子；为嗣出继者，必书出继某人为子。"[4] 有时本族谱也不再列名。光绪江苏《蓉湖柳荡刘氏宗谱·新增例言》："出嗣某某，旧谱于本生父之下，不复列名，因之有次子而无长子，有长子而无次子。"但是，如果以异姓为嗣子或出继异姓，谱中是否应加以记载，众说纷纭，大致有三种说法：(1) 一般认为族谱中不应记载："出继别姓者不书，盖为人子者，悖本生而为他人嗣，罪莫大焉，故摈弃弗录。"只要那些"幼失怙恃，孩幼无知，事非由己，情有可矜，及长欲归宗，考验确实，方许登谱"。[5] 子孙出继别姓或立异姓，固然是违反宗祧继承中不得以异姓为嗣、当然也不得出继异姓的原则的。不过历代也确实有以异姓为嗣子的现象。拘囿于"神不歆非类"的观念，仅仅因为是异姓或出继异姓就将他逐出谱牒，是很狭隘的，反映了宗族制度的排他性。(2) 剔除所立异姓嗣子，只列出本族出继

[1] [清] 光绪浙江《后仓冯氏族谱凡例》。
[2] [清] 光绪山西《晋阳唐氏族宗规》。
[3] [清] 光绪广西《桂平吴氏支谱旧例》。
[4] [明] 张宪主修嘉靖《张氏统宗世谱·编谱凡例》。
[5] [清] 道光江苏《润州杨氏重修族谱·禁约》。

他姓者。如谓“出继异姓，必收载于谱，虽代远地隔，不可异也。且恶知忘其所自出，不将同姓为婚乎?”[1] 更为直截了当的如：“异姓螟蛉不载，防乱宗也；其有出为人后者，仍志之，望归宗也。”[2] 就狭隘性来说，这种完全站在本宗族立场、纯粹从本宗族利益出发的做法丝毫也不比以前一种有所改观。(3) 对出继异姓者采取折中的办法，即虽加记载，却不书被继者之名：“本支出继他姓者，于本人父名下书明某子某出继某姓为后，不系其名。非斥也，明乎为人子者，为其后也。”[3]

族谱在修撰的过程中，体例逐渐完备，内容日益丰富，也出现了一些以替人修谱为职业的“谱师”“谱匠”，一些小户人家为节省费用，往往聘请粗识文字的乡学村塾捉刀，良莠不齐，其中不乏妄加攀附、乱认祖先以缘饰门第者；资料大多来源于口述、附会或抄录史书。另外，还有书善不书恶的特点。所有的家谱凡例，都有家谱写法的“不书”条目，大多是“不道、乱伦、乱宗、绝义、辱先”等。而善恶的标准并不统一，即使所谓善，也常常有所夸大。其结果是许多族谱世系虽长远，却很有些可疑的地方，或有片面、误导之嫌。

族谱修好后，要加以刻印，发到各户。有些宗族实行捐派办法，或自愿，或按户集资，付诸剞劂。湖南《桂阳泗洲寨陈氏续修宗谱》载有各家捐银数目，其凡例又云“外缺费尚多，赖孝子贤孙捐赀不名，始能成事”。关于族谱的保管与检验事宜，有的宗族规定：“各支领宗谱，谱上须用图记编定字号，填写姓名”，以免他人冒领。[4] 浙江《慈东方家堰方氏家规》具体规定了族谱收藏事宜：“家谱前有笔抄一册，同式六本，分藏各房。今子孙繁盛，捐资重修，采访调查，改印八本为一部，共计廿二部，分给宗长，东、南、西、北四房长，二柱首，各发起人，各慎藏一部。”“各房宗谱各有谱箱，宜悬于高洁处。不得慢藏，不得出借，并不得藏于迁居外姓之房长。如有遗失等情，各房长须立追失主，自备资斧，的限两月，照式备录。”有的规定：“收谱者须择族中小心谨慎之人，方许收藏。每年须展曝于夏日极热之中，展曝于秋阳燥烈之下。其展曝时，必时时看守，不可顷刻之或离值，至日晚收藏，而后必须严敬慎重，不可亵视，恐有风雷之变，以防意外之虞也。”[5]

每个宗族每年祭祖时，或另以时日，要举行隆重的祠堂读谱仪式，族长、宗子、房长以及族中其他人员都要出席，“举族人自胜衣以上咸盛服造祠下”。族长命人读谱，讲述家族辗转迁徙、进取奋斗史，向族众灌输亲亲尊尊的观念。族人要肃穆静听。读谱时，自然要对各户族谱保管情况进行检查，“每当春秋两次祭祖时，藏谱之家须将全谱汇集祖堂，俾族人检阅一次，以验有无损缺”。[6] 对于损坏、出卖族谱的子孙要加以责治。明万历江苏《海安崔氏族约》说，族谱“诚一家之文献也。同族子孙家授一帙以

[1] [明] 万历无锡《梁溪黄氏重修族谱凡例》。
[2] [民国] 浙江《迎恩李氏宗谱凡例》。
[3] [清] 光绪江苏锡山《续修陈氏君实公支宗谱》。
[4] [清] 同治福建敦睦堂刻《刘氏宗谱凡例》。
[5] [清] 光绪江苏《义门郑氏家乘》。
[6] [清] 光绪浙江《慈东方家堰方氏家规》。

为世守，其责至重，祠墓之外莫有重于此者。每年祠祭时，俱要各携所散印记族谱，一一稽查，其有无损坏以验，怠则罪以不敬祖考之罪，仍令纳罚重即示戒”。

族谱记载宗枝繁衍与分脉关系，以免搞乱昭穆辈分，不致因分化、流徙而使家族瓦解，也不致因异姓或同姓异族者迁入而使家族的血缘关系发生混乱。由此，“远溯分传之祖，即唐宋以来，源源本本，宗派印墓，昭然可稽”，“尊卑长幼秩序不紊”，[1] 所谓“千载之谱丝毫不紊”。如清光绪《遵义沙滩黎氏家谱》载，黎氏世传系出唐京兆尹干，干之孙徙居江西新喻蒙山，至宋初有得叙者，官昌州刺史，后家广安军渠江之金山里，传若干世而生元，元生永阳，传至朝邦，朝邦迁遵义，是为入黔之祖先，在明万历十年（1582）。清代嘉应州李姓家族中，有一个人已经迁居江西几十年，其孙子某甲回乡扫墓，某乙不同意，说某甲不是直系亲属，因而告到官府。双方各执一词。最后，双方各自拿出族谱核对查验。官府从其中某乙的族谱记载中发现纰漏，证明某乙提供的族谱是伪造的，从而了结了案子。[2]

修谱是家族中的大事，为了把家族中的婚娶、生育、收养、立嗣、出仕、丧葬、公产等的变化反映出来，族谱要定期续修，有十年一修、二十年一修，或三十年一修的。子孙长期不修族谱，将被认为不孝。苏洵曾说：“人家三世不修谱例，同小人矣。”清同治江苏《秦塘万氏族谱》：“谱系收世族、立宗子法，故必五年一修，十年再修，以继述先人之志。我万氏谱至今二十有九年未修，不为不久。”到近代，有些族谱已经续修过二十余次。社会上修谱的流行，导致族谱（家谱、宗谱）浩如烟海。目前存世的 1949 年前编印的全国家谱原件主要收藏在大陆，其中约 15 000 种收藏于上海（上海图书馆约 11 700 种）；其次为北京，约 8 000 余种（其中国家图书馆约 3 000 种），浙江、江苏、河北、吉林、安徽、湖南、广东等省收藏均超过千种。日本、美国也分别收藏了中国家谱 1 700 种和 2 000 种。以上都是公藏家谱，此外还有大量散落在民间的家谱，仅据江西省统计，其民间收藏的家谱就超过 40 000 种。

第四节　近代宗族观念与制度变革

一、西风东渐对宗族的影响

延续千年之久的传统宗族制度，到晚清发生了变化。

第一次鸦片战争到洋务运动期间，出现了介绍西方文化、引进西方科学技术的思潮；在戊戌变法前后，改良派提出了变专制集权为君主立宪，改革旧的婚姻家庭关系；在辛亥革命前的一些年中，革命派批判了传统宗族制度，进而提出推翻清朝、结束两千年来专制统治的纲领。

---

[1] ［清］同治江西《安远县志》卷十八《风俗》。
[2] ［清］胡文炳：《折狱龟鉴补》卷一《家谱》。

道光二十三年（1843），福建巡抚徐继畬在《瀛环志略》一书中，介绍世界各国。说到美国，其赞许华盛顿“不传子孙，而创为推举之法，几于天下为公，骎骎乎三代之遗意”。该书又说英国婚姻与继承制度：“男女婚配，皆自择定，然后告父母”“其俗男女皆分父母之产，男不得娶妾，犯者流之七年”。同年，魏源在《海国图志》中介绍西方婚姻家庭制度时，谈到了英国婚姻双方的自主与专一：“婚姻必男女自愿，然后告诸父母，不用媒妁，唯拜教主，祈上帝”“夫不能娶二妇，亦不许出妻”。他还称赞英国的财产制度：“父母产业，男女均分，不能男多女少。”

当时对西方国家政治与社会风俗的赞许，虽然不无偏颇，甚至把西方的民主选举与中国上古的禅让混为一谈，但已经隐含着对中国传统宗族制度为基础的政治与社会落后性的剖析，以及对西方君主立宪与共和制度、婚姻家庭与继承制度的憧憬。这在万马齐喑的清朝，算得上是振聋发聩之论，使饱受传统伦常熏陶而愚昧、麻木的中国人为之震动。

19 世纪后期至 20 世纪初期，维新派与革命派分别从各自的立场，对君主专制与宗族制度进行了抨击。

光绪间，郑观应在《盛世危言》中指出，过去世袭与科举下的用人制度弊端丛生，“适以束缚天下之君子，而便利天下之小人”，对这种制度“欲一扫而空之，诚非开设议院不可”。他主张在设立议院后，使“选举之权操于议院”。严复在天津《直报》发表《论世变之亟》一文，借助西方“天赋人权”论，抨击世袭专制制度，批判历代帝王不惜以“民智因之以日窳，民力因之以日衰”为代价，以夺民权、灭自由为能事，维护帝王的家天下。谭嗣同在《仁学》中，揭露了封建辩护士所谓帝王应该“广嗣续”的谬说：“向使伊古以来，人人皆有嗣续，地球上早无容人之地矣，而何以为存耶?”况且，天下应为天下人之天下，怎能“徒广独夫民贼之嗣续!”谭嗣同以混合了墨学、佛教与西方平等观的思想，猛烈抨击三纲五常，主张婚姻应该建立在男女感情基础上，“两厢情愿”，反对包办、买卖婚姻。

1902 年，康有为撰成《大同书》，其中说，“中国人数四五万万”，“皆由夫妇、父子族制来也”，宗族制度“自亲其亲，然于行仁狭矣”。他沉痛揭示了在宗族社会里，孀妇抚养遗孤、为男家传宗接代而带来的种种不幸。其中特别批判身份世袭制度，说历史上哪些乳臭未干的小儿，仅仅因为出生在宫中，居然做了皇帝；而“或投胎不幸为奴子者，则终其身为奴”，“子子孙孙，世袭为隶”。这是多么不合理的现象。《大同书》要求解放贱民，“无世爵、贵贱，尽为平民”，进而消灭私有制，解放妇女、同化人种、平等众生，达到人类共同的极乐境界。

从戊戌变法以后到辛亥革命期间，则出现了建立民主共和国的主张。

1903 年，邹容发表《革命军》，热情讴歌革命，并按照西方模式，提出了建立共和国、人人享有平等民主权利的主张：“扫除数千年种种之专制政体，脱去数千年种种之奴隶性质。”在这个新共和国中，“凡为国人，男女一律平等，无上下贵贱之分”；“不得侵人自由，如言论、思想、出版等事”。1908 年，章太炎在《民报》发表文章，抨击清朝颁布的《钦定宪法大纲》坚持专制独裁、规定“大清皇帝统治大清帝国，万世一系，永永尊戴”的反动本质是维护世袭统治，“使匕鬯永属一家，而以诱言固其世祚，令汉人永远服从”。

清末批判宗族制度的舆论，是在西方学说的影响和近代中国社会变革的背景下形成的。它们对传统宗族制度的批判，其出发点、侧重点、深度与广度各不相同；对新的政治制度和社会制度的设计，有的比较切合实际，有的流于空泛与理想化，所开出的治疗中国社会痼疾的药方，有的也并非具体有效。但是，晚清思想家提出的一些观点都是过去闻所未闻的。例如，比起历史上那些仅针对专制制度、不触及宗族问题的批判，晚清对传统的宗祧继承和身份世袭制度的否定与批判要深刻得多，为清末到民国时期的社会变革做了舆论准备。

二、民国时期宗族观念与立法

五四新文化运动，是一场高举“民主”“科学”的旗帜、批判封建意识与制度的声势浩大的运动，先进的思想家深刻地批判了传统宗族制度，且具有相当的深度与广度。

吴虞指出了宗族制度与两千年专制制度的关系：“吾国终颠顿于宗法社会而不能前进。推原其故、实家族制度为之梗也。”他进而从宗族制度追溯到维系宗族的根本观念——孝，特别是批判了“不但作出活埋其子、大悖人道的事，又有自割其身以奉父母”的愚孝，并且批判了早婚、纳妾的婚姻陋俗。

新文化时期，对传统宗族制度罪恶的认识，逐步从若干现象上，发展到认识宗族制度是“万恶之源”，是扼杀人性的枷锁，是“洪水猛兽”，[1] 是专制制度的社会基础。

作为中国最早接受共产主义思想的先进知识分子代表，陈独秀与李大钊站在批判传统宗族制度的前列。陈独秀从比较东西方民族的道德标准出发，指出东方民族的宗法社会，以家族为本位，而个人向无权利。如“累代同居，传为佳话”，实际上“虚文炫世，其害滋多”。他认为要改变中国社会“种种卑劣、不法、惨酷、衰微之像”，必须摧毁“家族本位主义”，实现“个人本位主义”。[2] 李大钊揭露了传统宗族制度的不合理性，指出“中国的一切风俗、礼教、政法、伦理，都以大家族制度为基础”，所谓道德、礼义，“哪一样不是损卑下以奉尊长？哪一样不是牺牲被统治者的个性以事治者？哪一样不是本着大家族制下子弟对于亲长的精神”？因此他号召“打破大家族制度”“打破父权（家长）专制”“打破夫权（家长）专制”“打破男子专制社会”“推翻孔子的孝父主义、顺夫主义、贱女主义”，以解决各种社会问题。[3]

封建时代，特别是清代，朝廷大肆表彰“节烈”，各地修建“忠孝祠”“节烈坊”，族谱里充斥着“烈女传”“节妇传”。批判宗族制度下的节烈观，是五四时期思想界最

---

[1] 《李大钊文集》下册，人民出版社 1984 年版，第 28 页；《吴虞集》，四川人民出版社 1985 年版，第 61—64 页。

[2] 《独秀文存》，安徽人民出版社 1987 年版，第 28—29 页。

[3] 《李大钊文集》下册，第 178—183 页。

尖锐的课题。

1918年7月，胡适在《新青年》第5卷第1号发表《贞操问题》一文，认为烈女论是不合人情、不合天理的罪恶，褒扬守节贞操是非人道的、野蛮的，等于故意杀人。“男子嫖妓，与女子偷汉，犯的是同等的罪恶；老爷纳妾，与太太偷人，犯的也是同等的罪恶。”贞操应是两性共守的信条。同年8月《新青年》第5卷第2号发表鲁迅所撰《我之节烈观》。鲁迅以他特有的辛辣笔触，揭露了封建道德的伪善：古代“大抵因为寡妇是鬼妻，亡魂跟着，所以无人敢娶，并非要他不事二夫”；“多妻主义的男子，没有表彰节烈的资格”。鲁迅质问道：“首先的疑问是：‘不节烈’的女子如何害了国家？”“其次的疑问是：何以救世的责任，全在女子？”他认为，节烈是“不利自他、无益社会国家，于人生将来又毫无意义的行为”。

五四时期对传统宗族制度与封建伦常的批判，主要是以西方近代思想文化为依据的，带有观念解放的意义和相当的深刻性，促进了新的婚姻家庭关系的建立与妇女社会地位的提高。但是，五四时期的批判全盘否定了宗族制度在历史上的必然性、合理性与某些社会作用，也没有提出全面铲除宗族制度的切实步骤。因此，这种思想带有某种偏激成分，从总体上说比较肤浅。在这一时期，宗族制度仍然普遍存在，并不因其落后的因素而丧失生命力。

从清末到民国时期先后颁布的一些民事法律法规，有的内容涉及宗族制度。这些立法，带有当时的社会历史特征，揭开了从法律层面改革宗族制度的帷幕。

在清末修律中，宣统二年（1910）十月，清朝颁布《大清现行刑律》，作为制定新刑律以前的过渡性法律。其中《户律・户役》部分完全继承传统，特别是规定了立嫡制度。同年底颁布的《大清新刑律》，是与旧时诸法合体不同的第一部单纯的刑法典，对宗族制度有所改革。与此同时，清末本着“注重世界最普通之法则”“原本后出最精之法理”“求最适于中国民情之法则”的原则，起草了《大清民律草案》，于宣统三年七月脱稿。这是中国民律的第一部草案。其中有不少守旧的规定，同时也吸收了西方近代法理，例如把身份继承与财产继承加以区分，身份问题规定于亲属编，财产问题规定于继承编，身份继承因而不再作为继承问题，继承限于财产继承。这样就为后来废除宗祧继承创造了前提。但是，随着清朝的覆灭，《大清民律草案》并未正式通过实施。

北京政府时期，主要在1926年前后修订了《中华民国民法草案》，同时适用历年来大理院判例与解释例。总体上说，北洋政府法律存在浓厚的宗族色彩。例如，首先确认家长在家族中的地位，规定家政统于家长，家长并拥有家庭祭祀权、决定立嗣权以及决定家庭成员婚姻权。其次，确认宗祧继承关系，规定设立祠堂；嫡长继承，由亲及疏，昭穆相应，承认兼祧。再次，确认旧式婚姻关系，规定婚姻由家长做主，并承认当时普遍存在的纳妾关系。第四，确认旧式财产继承关系，规定夫妻间财产权利不平等，女儿的继承权受到限制。应该指出，和旧律相比，北洋政府的民法也有一些顺应时代潮流的明显变化。例如，在维持宗祧制度的同时，打破血统壁垒，开始允许异姓入谱、异姓入继；打破严格的亲属等级，被继承人有了比过去更大范围择立嗣子的自由；对卑幼分家析产作了变通处理，如卑幼可以请求同居尊长平均分析财产等。此外，在一定程度上承认了女子的继承权。

国民政府时期，法制局曾于1928年10月相继完成民法亲属、继承二编草案。不久，国民政府决定重新起草民法，并先拟订立法原则。1930年12月，南京政府公布了《中华民国民法》的亲属、继承二编。由于孙中山思想和早期国民革命的影响，加上新文化运动的推动，南京政府的婚姻立法比过去有很大不同。在宗族制度上，规定废除宗祧继承。由于男女平等，宗祧继承者不限于男子，至于选立嗣子，则为当事人之自由，但不分男女，均得选立，宗祧继承因而被废除，继承纯属财产归属问题；实行婚姻自由，男女法律地位平等，实行一夫一妻制，禁止重婚。这样，在民国时期，中国的宗族观念开始发生变化，传统宗族制度逐步趋向瓦解，婚姻、继承制度进而从传统型逐步转变到与当时西方国家民法相接近的类型。

三、传统宗族在近代的变化

近代宗族制度，在继承前代的同时，由于特定的社会条件和法律规定的作用，本身也发生了一定的变化，具有一些明显的特点：

第一，由于自然经济受到严重冲击，商品经济逐渐发达，交通往来、信息传播日益便捷。新型学校的诞生不仅打破了宗族界限，使不同宗族的子弟得以坐在一间教室里接受同一位老师的教育，而且传播了近代科学文化知识，淡化了宗族观念。人们因为灾荒、战乱、务工、经商、就学、从军等因素而流徙，特别是向城市集中的现象日益频繁，分家析产更为普遍。人际关系更多地受到商品交换、科学文化以及民主平等意识的影响，加上阶级矛盾与革命运动发展的因素，一部分宗族的分化趋势突出，宗族与宗族间，或者同一宗族的族人间有时甚至形成壁垒森严、势同水火的阵营，传统的宗族格局受到严峻挑战。

第二，自主婚姻、家庭关系平等的观念，逐渐为更多的人所接受。特别是城市的工商、知识阶层和青年人，较多地接受了西方影响，追求个人自由与幸福，对婚姻、家庭、继承制度逐渐形成比较开通的意识。传统宗族制度下的包办、买卖和等级婚姻，以及家长专权制度有所动摇，祖宗不再像过去那样神秘莫测，受到顶礼膜拜，“无后”也不一定被认为是罪过，“嗣继祖妣”的宗祧继承制度不再是宗族利益的唯一出发点。

第三，有一些宗族本身采取了某些新潮的形式，如宗族组织使用理事会的模式，家法族规被称作契约、规章，并注入若干近代民主的因素，以及适应形势要求（如爱国爱家、禁止加入洋教、禁止吸食鸦片等）的色彩，呈现出与传统宗族某些不同的形式。原有的宗子、族长的角色在淡化。

第四，近代各个时期的政权，通过立法活动，对宗族制度逐步加以抑制。清末修订的民律草案，揭开了中国亲属、继承制度近代化的序幕。经过南京临时政府和北洋政府时期，到国民党统治时期制定并公布了《中华民国民法》亲属编与继承编，法律上标榜男女平等，剔除了宗祧继承等内容，基本完成了亲属、继承制度的近代化，标志着宗族制度全面走向衰落。但是，民国时期仍然残留了不少宗族现象。在新民主主义时期的根据地以及中华人民共和国成立以后，继续进行着铲除宗族根基及其落后影响的工作。

第五，在宗族衰微的趋势下，为了加强日趋流散的族人间的感情与相互联系、保护与合作，挽救宗族发展的不利态势，近代有些地区的民间对宗族发展的人为干预尤其明显。例如晚清和民国时期，不少地方大力倡导建祠堂、联族谊、办族学，修族谱的现象非常普遍。

中华人民共和国成立后的土地改革和历次政治运动，使宗族制度趋于瓦解。特别是改革开放以来，我国市场经济取得很大发展，教育文化和科学技术水平普遍提高，人口迁徙和流动十分频繁，对传统宗族制度形成了新一轮的巨大冲击。但是我们也要看到另外一些与宗族有关因素的存在。例如：第一，随着工作、生活节奏的加快，许多人感觉精神空虚、人际情感淡薄，很少有可以倾吐真情、寻求帮助的机会，宗族形式使族人包括身居异乡的族人乃至同乡间加强联络与交流，慰藉感情。第二，改革开放以来，港、澳、台同胞和海外华侨纷纷回祖国大陆探亲、寻根、祭祖，推动了大陆一些地区的宗族活动。第三，随着家庭联产承包责任制的推行，农村原有的经济组织瓦解，有些地方基层政权涣散无力，农民遇事很自然地转向同族中的长辈和有威望、有能力的族人。渐渐地，宗族形式填补了权力的空白。第四，有些地方把具有地方特色的祭祖、祠堂、牌坊等作为旅游资源吸引游客。第五，物质生活与文化水平的提高，客观上为宗族活动提供了条件。在这样的背景下，不少地区特别是农村，又出现了修祖坟、建祠堂、编族谱的现象，宗族制度又有重新抬头的趋势。

换言之，由于传统宗族关系，同一地方的居民（尤其是在农村）之间往往存在或近或远的亲属或者邻里、同乡关系，具有比较厚重的家庭、宗族与同乡的情感；扩大到社会上，宗族观念及从中衍生的人情意识根深蒂固，办事往往要靠熟人、托关系，化解纠纷有时也要凭借人情关系才能打动、说服当事人。这种现象古今相通，在今天看来，仍然具有特色，为有些时候借鉴传统的矛盾纠纷调处机制，发挥亲属、邻里的调解作用提供了可能。

阅读书目

1. 张小平：《徽州古祠堂》，辽宁人民出版社 2002 年版。
2. 常建华：《宗族志》，上海人民出版社 1998 年版。
3. 李文治：《中国宗法宗族制和族田义庄》，社会科学文献出版社 2000 年版。
4. 徐扬杰：《宋明家族制度史论》，中华书局 1995 年版。

思考题

1. 中国传统宗族的形态是怎样的？
2. 宗祧继承的主要内容有哪些？
3. 传统宗族与历代法律的关系如何？

4. 族谱、族规有些什么内容与意义?
5. 简述近代宗族制度变化的背景与经过。
6. 近代宗族制度发生了哪些变革?
7. 应当怎样看待当前社会上出现的一些宗族现象?

第十章　历代社会秩序的管控

历代王朝为了维护公共秩序，对于处理严重矛盾纠纷，建立了一定的预防纠纷与争斗的机制。同时，注意开辟渠道，沟通上下，及时了解民间动向，以期防微杜渐，尽可能及时地遏制矛盾纠纷于萌芽之中。认真梳理与记录历代社会秩序的管控手段，有助于我们了解传统法律文化的精髓，并对今天的社会关系调控具有一定的借鉴意义。

第一节　预防争斗强横

一、抑制嬉闹撒泼

在社会生活中，各种矛盾纠纷在所难免。为了防止纠纷的滋生蔓延，历代从各个方面规定禁止无端嬉闹争斗。

汉代，法律规定了一些不得聚众喧闹的条文，包括“三人以上无故群饮，罚金四两”。[1] 西晋张斐说：“两和相害谓之戏。”[2]

唐律有更多防止嬉闹争斗及其他破坏公共秩序等攻击性行为的具体规定，如“诸于城内街巷及人众中，无故走车马者，笞五十；以故杀伤人者，减斗杀伤一等”；“诸向城及官私宅若道径射者，杖六十，放弹及投瓦石者，笞四十，因而杀伤人者，各减斗杀伤一等”；“诸负债不告官司，而强牵财物，过本契者，坐赃论”；“诸在市及人众中，故相惊动，令扰乱者，杖八十；以故杀伤人者，减故杀伤一等，因失财物者，坐赃论。其误惊杀伤人者，从过失法”；[3] “宿宵行道，男女交杂，因此聚会，并宜禁断”。[4]

上述规定或其精神为后世所承袭。

宋代袁采为防止本族与邻族之间的纠纷，在族训中要求明定界线，不得越界与他族纠纷：“人有小儿须常戒约，莫令与邻里损折果木之属。养牛羊须常看守，莫令与邻里踏践山地六种之属。人养鸡鸭须常照管，莫令与邻里损啄菜茹六种之属。有产业之家，

---

[1] 《汉书》卷四《文帝纪》注。

[2] 《晋书》卷三〇《刑法志》。

[3] 《唐律》卷二七《杂律》。

[4] 敦煌出土神龙散颁刑部格残卷第99行，刘俊文：《敦煌吐鲁番唐代法制文书考释》，中华书局1989年版，第253页。

又须各自勤谨，坟茔山林，欲聚丛长茂荫映，须高围其墙令人不得逾越。园圃种植菜茹六种及有时果去处，严其篱围，不通人往来，则亦不至临时责怪他人也”；“人有田园山林，界至不可不分明。异居分析之初，置产、典买之际，尤不可不仔细。人之争讼多由此始”。[1]

朱熹在任地方官的榜文中，禁止赌博，赏赐举报赌博者：“访闻街市逐时有不逞之徒，与军兵欺压善良，毁打百姓，生事作闹”；“如有前项违反之人，诸色人告捉押赴使府出头，切待将犯人断罪，军人次第问当，各追上纠赏钱与告人充赏”。[2] 南宋安庆知府黄榦《禁约顽民诬赖榜文》禁止以性命诬赖陷害：“本府诸县公事多有顽民自缢自刎以诬赖人者”；“愚者又以为人命至重，不可不为根治，却不思彼自取死，于他人何预？便使真曾与之殴打，亦不过得殴打之罪，何至以为大辟、禁系、结解耶?”[3]

元代，为防止市场纠纷，规定“民间合用斛斗秤度，照依省部元降样制成造，委本路管民达鲁花赤长官较勘相同，印烙讫，发下各处，公私一体行用”。[4]

明代，地方官王宗沐撰《公移》指斥狗吠扰民：“今各邑之闾阎夜犬长吠而江湖之商旅昼舶犹惊其不敢赴官告理，而安受劫掠者，（官府）往往而是坐视不为料理，则民生何以自宁。况星火燎原，杯流减木，不早为计，滋蔓难图，然后烦刑禁之，亦不可得。此本司之所以深忧而不敢即安也。”[5] 慈溪知县薛应旂《晓谕齐民》禁止无赖聚集撒泼扰民：“民间但有不孝不悌不睦九族、欺虐乡里者，许里老人等指名具报，以凭惩治。有不务生理，专一三五成群，赌博散泼，夜聚小散，诱害良家子弟者，俱照律例问拟枷号，痛治不宥。”[6]

清代地方官告示包括正风化，“禁殴示”“禁小儿嬉游街市示”“禁妇女骂街示”“禁赌博”等。又严防民俗节日聚众“滋扰”：“愚民无知，喜事烦骚，亦何可概置不问。访得江邑旧俗，每于新岁灯节，有龙灯台戏等会，聚众醵金，杂沓纷扰”；“由此无知之徒，借端生事，小则开词讼之衅，大在为奸宄之招，乐极生悲，贻害匪细”。[7] 又谓：“照得靖盗源，必先除地方之游手；正风化，务须严夜唱之浇风。乃绍郡恶俗有等游手好闲之徒，无分昼夜，金鼓喧天；沿街达户歌唱谑浪，娇声艳曲，男女环聚，手舞目挑，煽惑妇女之淫心；鼠党狐群，引动盗贼之机彀。百工堕废，俗浇日甚，殊堪痛恨，合亟出示严禁。”[8] 清代还禁演地方戏：“照得本邑土瘠民贫，惟勤俭始可聊生，

---

[1] ［宋］袁采：《袁氏世范》卷三之《邻里贵和同》《田产界至宜分明》。

[2] ［宋］朱熹榜文，清雍正八年重刻朱子文集大全类编本，《约束榜》。

[3] ［宋］黄榦：《禁约顽民诬赖榜文》，元刊延祐二年重修勉斋先生黄文肃公文集本，黄榦（1152—1221），福建闽县人，字真卿，历任新淦知县、安庆知府。按，本章部分资料转引自杨一凡等编《中国古代地方法律文献》甲编（世界图书出版公司2006年版）、乙编（世界图书出版公司2009年版），《中国古代乡约及乡治法律文献十种》（黑龙江人民出版社2005年版），《古代榜文告示汇存》（社会科学文献出版社2006年版）各册，特此说明。

[4] 《元典章》海王邨古籍丛刊本，中国书店1990年版，第821页，卷五七《刑部·诸禁·杂禁》。

[5] ［明］王宗沐：《敬所王先生文集》，万历元年刘良弼刊敬所，卷二十九《公移》。

[6] ［明］慈溪知县薛应旂《方山薛先生全集》，嘉靖刊本，卷五三《晓谕齐民》。薛应旂（1500—?），常州武进人，字仲常，号方山，嘉靖进士，任浙江慈溪知县等。

[7] ［清］凌铭麟撰：《新编文武金镜律例指南》，康熙二十七年刊，卷一五《禁谕·禁龙灯示》。

[8] ［清］张我军告示，雍正四年刊覆瓮集本，卷一《禁止沿街夜唱等事》。

无端演戏，失事废时，男女溷杂，诲淫诲窃，为害甚多……以致盗贼乘机蜂起，胠箧探囊。"[1] 或以为："北人思想，多源于戏剧，北剧最重神权，每日必演一神剧"，故义和团"所奉梨山圣母、孙悟空等，皆剧中常见者"。[2] 因此加以严禁。

清代有个典型的"凡戏（指嬉闹）无益"的案例："有相约暗窥人夫妇居室者，苦牕高难及，迭立肩上而伺焉。其一人喉痒微嗽。室内人闻之大怒，持刀而出，下伏者忘却肩上有人，狂奔而逃，居上者不虞其骤去，失足跌阶上，脑裂而毙。持刀刃出至牕外，一见大骇，弃刀而逸，潜往邻省。其妇候至天明，不见夫归。而逻者见尸，已报官来验尸矣。拘妇穷治无迹，案延数年不能成谳。"[3]

道光三十年（1849）吴县《禁止沿庙聚赌滋扰碑》禁止赌博："前因庙基湫隘，屋宇坍塌，生等捐募建修殿宇房廊。工程敷竣，竟有闲人沿庙聚赌，以及逞酒滋事。（今后若有此等事情），即行指名禀县，以凭严究。"[4]

二、禁绝骄横逞凶

包括以下多方面：

禁止强取财物。宋代黄震任地方官，其榜文曰："访闻去夏曾入山担柴，不曾还钱，反因而拔笋。今如有此等再犯，定行追断。"[5]

禁止强买强卖。明地方官刘锡玄在告示中说："照得乡民挑米，有渐开场市，正宜抚恤以广其来。访得兵民人等辄敢用强抢买，合行严禁。为此示仰各门各营兵士并城内军民人等知悉，如遇乡民仲民挑米赴卖，俱要彼此情愿，时价交易，方许籴买。若有仍前用强抢买者，许地方诸人即禀，以凭擒拿，立刻枭示。"[6]

禁止强乞硬索。宋代安庆地方官黄幹榜文：当地乞丐骚扰者，"其数十人横行乡落，遇人家婚嫁丧葬，乞觅钱物，须索酒食，稍不满意，便行毁骂，甚至殴击。胜则鼓舞而去，不胜则择其徒衰病者自行殴杀，以图诬赖。乡人畏之如虎"，因此判决为首者黥刺，"自此安庆乡民始得安业"。[7] 福建晋江龙湖镇杨林村《严禁恶丐》碑，清光绪十一年（1885）立，其文载，缘有不法恶丐，贪婪无厌，"强乞图赖，索钱不已，继以索饭，稍拂意辄抛石投秽，百端横行"；虽经官府两次示禁，"延今故态复作，结党成群，恣意骚扰，视前尤暴"；"自示之后，该乡遇有凶吉之事，乞丐如敢图赖索诈，恃众滋闹，责成约保会同丐首驱逐出境，倘敢不遵，立即扭解赴县，以凭究办"。[8]

禁止偷鸡摸狗。清代刘兆麒撰《缉拿土棍》："照得省会人烟稠杂，奸宄丛生，有

[1] ［清］凌铭麟撰，康熙二十七年刊《新编文武金镜律例指南》卷一五《禁谕·禁演地方戏》。

[2] ［民国］罗惇曧：《罗瘿公笔记选》三〇《拳民迷信源于戏剧》。

[3] ［清］采蘅子：《虫鸣漫录》卷一《相约》。

[4] 苏州碑刻博物馆藏，见王国平等主编：《明清以来苏州社会史碑刻集》，苏州大学出版社 1998 年版，第 575—576 页。

[5] ［宋］黄震：《黄震榜文》，文渊阁四库全书黄氏日抄本《约束亭户妄拔他人柴笋》。

[6] ［明］刘锡玄：《黔南军政·禁抢米示》，明末刊黔牍偶存本。

[7] ［宋］《黄幹榜文》，元刊延祐二年重修《勉斋先生黄文肃公文集》本。

[8] 范清靖主编：《晋江碑刻选》，厦门大学出版社 2002 年版，第 73—74 页。

等游手好闲不事本业之徒，专一结交匪类，靡恶不为。诸如放赌拈头、火囤扎诈、包告包准、伙告伙证、捏造诽谣、匿名谤帖等事，是其平居之生意也。次而剪绺自闯、拐骗掏摸、偷鸡吊狗、放火打炮，白昼邀夺、黑夜穿窬等事，是其小试之端倪也。甚而涂面盘头，踰垣入室，明火执械，劫财伤人，则其心雄手猾，由小而大，由微而显，势有必至者矣。"[1]

禁止抢劫财物。明代地方官王琼告示："京城内外人烟凑集去处，盗贼强劫，皆由夜禁不严、巡捕不谨所致。合无今后但有强盗明火持杖、强劫人家财物，出入自由，火甲不行传报救护，巡捕官军不在地方，巡历追捕，将巡捕官军并该管兵马司官吏弓手火甲人等俱参送刑部问罪。"[2]

禁止放烟花爆竹。清代地方官吴碘告示："乃有无知之徒，（新春）昼夜肆放花爆取快须臾，不知博片刻之欢娱，即已费百千之钱钞，且比屋邻次保无有失手、延烧、干怒回禄乎？合行严禁"；"如果家计饶裕，对景成欢，樽酒客也，笙歌可也，箫鼓可也，何必冒烟突火，动众惊人过耳，不留转瞬销灭，及至延烧罹罪，作有干系之人，为无裨之费"。[3]

禁止好勇斗狠。吴碘告示："夫民间户婚田土诸事，彼此不能无争，但是非自有公评、曲直须凭官断，岂楚俗刁愚成风，不知法纪，每有些微嫌怒，辄致斗狠伤生，甚或呼朋引类，互逞雄锋，一唱百随，蜂争蚁斗，地方不能拦阻，亲友无从解纷，以致害命伤人，凶罹惨抵，无辜邻证，拖累无穷追悔，所由噬脐何及。"[4] 王凤生告示："暴横凶徒，拏砖握石，擦掌磨拳，气高声粗，无故开口骂人，动说打死偿命。或强买货物，或硬生事情，或撒泼图赖钱财。乡约有此等人，不分初犯再犯，事大事小，该乡集耆即同甲耆，四邻连名详开恶事，呈报地方官，尽法处置。"[5]

禁止私持凶器。清代张五纬说："腰刀即为军器，例禁民间不许私造擅用，倘以之伤人，虽不死，比别样刃伤还要加等拟军。私造之铺，亦得分别究治。"[6] 清代陆燿《禁用绳鞭铁尺示》："为严禁凶器伤人，以重民命事。照得例载凶徒因事忿争，执持刀枪弓箭、铜铁简剑、鞭斧爬头、流星骨朵、麦穗秤锤凶器，但伤人者俱发近边充军"；"乃近有绳鞭一项，用麻绳系铁穗卷带腰袖，所中必死，与凶器内所载流星无异。又有铁尺一项，长仅尺余，可藏袖袜，遭其攻击，每致骨折毙命，亦与凶器铜铁简剑无殊。东省好斗棍徒鼠窃匪类无不群相演习，携带防身、披阅各案，类多若此，殊堪痛恨"；"该州县等各须认真查禁，以除恶习"。[7]

禁止横行乡里。有"孤子少年承受先业，无耻棍徒三五成群，或诱帮嫖衍，或驾使

[1] ［清］刘兆麒《总制浙闽文檄下》，康熙十一年刊本，卷五《缉拿土棍》。
[2] ［明］王琼：《晋溪本兵敷奏》卷一《兵部原拟捕盗事》。
[3] 《吴碘告示》，乾隆三十四年太平赵熟典刊思诚堂集本，《严禁花爆示》。
[4] 同上。
[5] 《王凤生告示》，清道光六年刊宋州从政录本。
[6] 《张五纬告示》，清嘉庆十七年刊讲求共济录本，《禁止民间佩带顺刀兵铁匠制造示谕》。
[7] ［清］陆燿：《问斋集》，乾隆五十七年晖吉堂刊本，卷一四《禁用绳鞭铁尺示》。陆燿（1723—1785），苏州吴江人，字郎夫，乾隆举人，任济南知府等。

揭银，或唆调告状，将田宅事产荡然一空，此良民之大害。城市乡村但有此等奸民，许被害及乡约保甲人等绑缚到院以凭尽法重治”；“凶暴游民结党饮血，或假称欠债或捏骗赌博，祭棍操刀，或夜劫财物或昼抢平人，一人有仇则聚众同报，一人告状则彼此扛帮，又结交衙门皂快，扶同诈财，互相容隐”。[1] 刘兆麒撰《饬禁结社》：“闽省恶俗有等奸徒倡立社党，各色纠结百十余人，歃血盟誓。凡民人衙役流棍讼师劣矜人等靡不入伍逐膻，群相附和，其中推最黠者一人为首，称曰大哥，诸事俱听指挥，朔望聚集伊家，敛积银钱，以为公费。凡属武断乡曲、扎诈良善之事，生端寻衅，百足不僵。近而城市郊关，远而乡居村镇，无不勒令投拜门下”；“至于乡村人命盗情，悉由操纵”。[2]

禁止聚众滋事。明代刘时俊告示：“有等不良之人游手帮闲，成群曳党，生事惹祸，如蚕如蜂，或浊乱人闺门，或破坏人好事，或开场赌博，或助殴逞凶，或骂巷包娼，或凌弱暴寡，或送人束香粗扇而强索厚酬，或啜赚痴愚少年而诱使荡败”；“此后急宜各安职业，自为良民。若再不悛约，众连名首官，本县重责枷号，仍书恶棍二字悬于门左”。[3] 清代地方官李璋煜在告示中列举当地种种聚党不法之事：“向有一二狡黠之徒，盘踞隐匿，每乘该地方官征收钱粮，及完纳漕米之时，出头倡首，邀约各乡民前赴某处，共议完粮如何折扣，纳漕如何减色。为首者一言，无不相率俯允，名曰会茶，又曰会乡”；“遇有地方公事，动辄生风，甚至聚众滋事，藉口户书漕记勤折浮收，逞凶抢毁骚扰，无所不为。种种藐法妄行，实堪痛恨”。今后，“擅自聚众至四五十人者，照光棍例为首拟斩立决，为从拟绞监候”。又说：“北门外三元里等地，有一种匪类名虽乞丐，党聚多人，结成一会，名曰天花，每遇人家葬故，恃其团聚多人，任意需索，稍不如意，轻则拦棺阻葬，重则抛石伤人，甚至将丧家殴打，大肆鸱张，必期以其所索，方允葬棺。且各乡不肖子弟入此会者甚多，并有一二小村被迫勉从，隐忍不敢控告者”；“为此示谕各乡人民知悉：尔等务宜安分守法，入会者立即解散，未入会者且吾勾联”；“倘仍执迷不悟，定即按名严拏，从重究办”；“粤东不法之辈，妄立三合卧龙猛虎等项会名，及老母大哥红棍草鞋绰号，辗转煽诱，结拜勾脸。在起意为首及转纠党伙之人，或图欺压乡邻，敛财肥己；或图劫抢争狠，遇事相帮”。故令：“尔等凛遵法纪，毋得附和随从。其无知被诱，业经入会者，迅速解散。”[4] 道光二十三年（1843）《青浦县永禁流丐勒诈滋扰告示碑》：“嘉定、昆山、青浦三县连界之安亭镇，均离城窎远，向多不法棍徒，肆行诈扰。近有丐匪，或齐集乡村，或占居庙宇，肆行窃扰；或遇民间婚嫁丧葬等事，恃强勒索”；“为此仰示安亭镇一带居民人等知悉：嗣后如有丐匪勾结土棍，藉端勒诈，以及盘踞、抢窃、滋扰等项不法者，许即指名禀县，立拿严究详办。倘地保丐头得规徇庇，或经访闻，或被告发，以及提案究革，决不宽贷！”[5]

---

［1］［明］吕坤撰：《民录·查理乡甲》，明万历二十六年赵文炳刊实政录本。

［2］［清］刘兆麒：《总制浙闽文檄下》，康熙十一年刊本，卷三《饬禁结社》。

［3］［明］《刘时俊告示》，明万历刊居官水镜本。

［4］［清］《李璋煜告示》，清道光末刊视成事斋官书本，《集会茶会乡滋事示》《禁天花会示》《禁三合等会示》。

［5］张建华等：《嘉定碑刻集》上册，上海古籍出版社 2012 年版，第 60 页。

禁止划地逞凶，强索硬取。康熙二十五年（1686）嘉定县《奉宪禁革脚夫碑示》："照得无赖棍徒，倚恃膂力，横诈民财，法干重典，岂宜轻蹈。乃闻吴下脚夫一项，什百成群，投托势要，私画地界，设立盘头、脚头等名目，盘踞一方。凡遇商民货物及一切婚丧吉凶事件，动辄拦截阻挠，不许自行抬运，故索高价，每担三、四、五分，即贱如糠秕。近止数步，亦必索钱一二拾文不等。若遇婚丧大事，抬送花轿、棺木，不论贫富，群聚讲价，挟以必从。倘不遂其所欲，则货抛河下，不能移动，大礼急务，莫敢扛抬，稍与理论，一呼百集，□擒攒殴"；"若不严加禁戢，必至流害无已。除现在密访巨魁拿究外，合亟严饬。为此，仰府官吏照牌事理，即便大书告示，并转行所属，遍贴城乡，严加晓谕"。[1] 康熙间《忍字歌碑》说："江北好勇多轻生，江南号讼多速狱。好勇皆由不忍来，细嫌小隙构祸胎。或图财产争田屋，或因贪利谋钱财，或因狂戏竞口角，或因酣酗迷酒杯，或持刀棍或拳脚，一时厮打劝不开，强者既伤弱者死，惹成人命酿成灾"；"若教用得忍字来，境到逆时都是顺"；"不斗狠，不忿戾，太和宇宙皆元气。毋争讼，毋好事，各安耕凿享乐利。一忍不为少，百忍不为多"。[2]

三、防范争夺挑衅

秦代，法律就禁止互相间争斗。"为私斗者各以轻重被刑大小"；[3] "斗决人耳，耐"；"士伍甲斗，拔剑伐，斩人发结，何论？当完为城旦"；"斗以箴（针）、鉥、锥，若箴（针）、鉥、锥伤人，各可（何）论？斗，当赀二甲；贼，当黥为城旦"。[4]

北宋吕大钧《吕氏乡约》要求"能解斗争，能决是非"。而他所谓的"斗争"、"是非"，"一曰酗博斗讼（酗谓恃酒喧竞，博谓博赌财物，斗谓斗殴骂詈，讼谓告人罪匿意在害人者。若事干负累又为人侵损而诉之者，非）；二曰行止逾违（逾违多端，众恶皆是）；三曰行不恭孙（逊）（侮慢有德有齿者，持人短长及恃强凌犯众人者，知过不改、闻谏愈甚者）；四曰言不忠信（为人谋事，陷人于不善。与人要约，过即背之，及诬妄百端，皆是）；五曰造言诬毁（诬人过恶，以无为有，以小为大，面是背非，或作嘲咏匿名文书，及发扬人之私隐无状可求，及喜谈人之旧过者）；六曰营私太甚（与人交易伤于掊克者，专务进取不恤余事者，无故而好干求假贷者，受人寄托而有所欺者）"，[5] 均在防范之列。

明吕坤《宪纲十要》列举了需要纠正的民间"十二过"，包括"家庭父兄乡曲尊长有无薄情犯礼，淫邪妇女官私娼优有无奸通包占，邻里地房亲朋财物有无侵夺骗赖，乡党闲事衙门公事有无干预请托，逋负钱粮交结党与有无挟制官府，或骗货利或报仇嫌有无唆词健讼，或以贪财或缘醉酒有无詈众殴人，或包牙店或领秤尺有无把持行市；或交

---

[1] 张建华等：《嘉定碑刻集》上册，上海古籍出版社 2012 年版，第 19 页。
[2] 苏州碑刻博物馆藏，见王国平等主编：《明清以来苏州社会史碑刻集》，苏州大学出版社 1998 年版，第 553—554 页。
[3] 《史记》卷六八《商君列传》。
[4] 睡虎地秦简《法律答问》。
[5] 牛铭实：《中国历代乡约》，中国社会出版社 2005 年版，第 131 页。

结棍恶或扛帮愚少有无赌博领家，或搬弄是非或起编绰号有无浮薄败群”等。[1]

明代颜俊彦《盟水斋存牍》收有不少严惩争夺挑衅的判词。其一如周于壁强行索要、贪心不已案：“审得周于壁以随母改姓之子，忽而归宗，乃断令三兄弟各贴其银六十两为活计，已逾分矣。前本府断明追给在案，周三魁向以屋抵银，随已揭银赎讫，领状可凭。而于壁复有杀逐之告，岂昔之议贴反开其觊觎之渐乎！得陇望蜀，贪心所使，一杖犹不尽辜，仍请加责，以杀其贪。招详。海道批：周于壁以从嫁归宗之子，得分兄弟之赀，已厚倖矣。犹违断叠讼，何贪人之腹无厌也。一杖委未蔽辜，姑依拟仍加责二十板，余如照，库收缴。”其二如罗梦祯为填私欲、无端挑衅案：“审得罗梦祯之祖罗大伸有象湖等田二百十余亩，卖与生员苏进之父。事经易世，历年已多，乃梦祯身充里甲，思赎前田赡役，致相讦讼。今据已处明，具词求息，仍各拘到，逐一面质，各报无异。念其改悔息争，姑不深究。梦祯始衅，合予一杖。招详。按察司批：罗梦祯强赎父卖之业，殊为不情，既经处息，依拟杖赎发落。余如照，库收缴。”[2]

清代魏锡祚《条约示·禁斗殴》劝诫百姓以和为贵、避免争斗：“草野无知，辄为片言争竞，愚蒙罔觉，每因细事生非，愤气填胸，手足顿成敌国，怒容可掬亲邻，视若寇仇，止显自己威风，何惜置人死地，幸而不毙保辜，医药已倾血汗家赀。设致伤生，桎梏囹圄，安保发肤首领，那时摇尾乞怜求生不得，到此捶胸顿足，追悔何从”；“慎毋轻逞刚强，切勿妄争膂力，让人一着，落无限之便宜；能吃些亏，受何穷之利益”。[3] 田文镜《再行劝谕愚民惩忿戒斗保全身命事》称：“豫省民俗强悍，好勇斗狠，或因尺寸之土而即兴戎，或因升合之粮而即截杀，或一言不合而拳棍交加，或细事不和而刀枪并举，或邻居世好偶因童妇而成仇，或聚处集场多因一罪而舍命”；“是以不厌絮烦，再三劝诫，为地方官吏者当严其斗殴之禁，犯则必惩；为乡保长者当竭其巡防之力，遇则必劝；为父兄者当戒其子弟，毋使逞血气之刚，为妻室者当劝其夫男，毋得鼓一时之勇。父与人争，子当诡谏；兄与人殴，弟当力排”。[4]

家庭内部及宗族之间也应讲究和睦，避免互斗。清代田文镜撰《抚豫宣化录》：当地新妇婚后“撒泼逞凶，或与翁姑诟谇，或与本夫打骂，即奔归母家告诉”；甚或母家“男女成群执持器械，竟上婿门打公骂婆，势同抄毁”，因加严禁。“嗣后务必上和下睦，各安其分”，“不得时常吵闹，即偶然口角，不许奔归母家告诉，而母家亦不许纠约多人登门打骂”。[5] “孙振斋，讼棍也，刀笔所获，颇不资，晚年缀业。一日，忽与寡媳启衅，诉之县。孙以为女子易与，且分属尊长，必不失败。堂讯时，孙乃详述媳之过失，媳不辩，唯嘤嘤啜泣，官异而诘之，则曰：‘墙茨之丑，何能宣言于大庭广众乎？彼见我文君独处耳。’官大怒，责孙无耻，斥之退。孙指其媳骂曰：‘恶妇，我不料一世英名，

---

[1] ［明］吕坤：《风宪约》，明万历二十六年赵文炳刊实政录本，卷二《宪纲十要》。

[2] ［明］颜俊彦：《盟水斋存牍》，谳略四卷《争产周于壁杖》、五卷《息词罗梦祯杖》。

[3] ［清］魏锡祚：《盱江治牍》，雍正六年刊本，卷中《条约示·禁斗殴》。魏锡祚（1669—1734），山东莱芜人，号长麓，康熙进士，曾任江西建昌知府等。

[4] ［清］田文镜撰，雍正五年自刊本《抚豫宣化录》，卷四《再行劝谕愚民惩忿戒斗保全身命事》。

[5] ［清］田文镜：《抚豫宣化录》，卷四《严禁代女出气登门打骂之恶风以重人命事》。

乃败于尔。’媳笑曰：‘汝子已死，我传汝衣钵耳，何骂为！’孙愤愤而出。”[1]

互斗致人死伤的，应依律严惩。同治间，“丁士举先与陆继贤口角争骂，随遇陆继贤寻枪寻殴，辄用碎石掷伤，又与丁振共殴致毙。查陆继贤身受各伤，惟被丁士举刃伤左腆脉，深至骨损，即时倒地为重，应以拟抵。虽系自行投案，无因可免，应如该抚所题，丁士举合依共殴人致死，下手致命伤重者绞律，拟绞监候”。[2]

第二节　上下沟通疏达民意

一、上下沟通

我国古代实行君主专制制度。同时，与社会协调类似的如以上下沟通反映与疏解民意的形式在历史上也长期存在，某种程度上成为社会关系不可或缺的润滑剂。这是因为：

第一，原始氏族制度的影响。在原始民主时代，氏族成员平等，遇有重要事项，要征询全体氏族成员的意见，或者由各氏族或部落首领讨论协商，然后作出决定。上古黄帝部落联盟是这样，先后入主中原的各少数民族政权，原先也都经过部落民主阶段。这种制度，对封建政权的运作有时会有所影响。

第二，基层组织的作用。中国历史上，各个朝代为了巩固统治基础，都建立了比较完备的基层组织，设置乡老里正。如秦汉乡的三老、游徼、啬夫；唐代，县以下的乡正，里有里正，村有村正，并有严密的邻保组织。明代县以下，城中称坊，近城称厢，乡村称里。这种组织带有基层自治性质，里长等“土地”的职责包括向百姓宣讲朝廷旨意、官府政策并咨询当地士绅意见，及时向官府报告当地动态，以安定基层秩序。基层组织与百姓之间存在着相互沟通的条件。

第三，中国传统的“和”，包括“和而不同”的价值评判标准，即社会成员之间的和谐相处、和睦共存、和衷共济，各种观点的交流、融合与保留，体现了天地自然、人类社会等关系的基本准则和传统文化的核心价值观。与此同时，古代形成了初步的以民为本、问计于民、顺从民意的思想。如所谓“先民有言，询于刍荛”。

古代很早就形成了初步的以民为本、问计于民、顺从民意的思想。西周晚期毛公鼎铭文：“勿雍建（楗）庶□□。”（不要雍塞庶民之口，庶后一字不清，一字不识）”[3]即所谓“先民有言，询于刍荛”。春秋时的郑国，百姓常到乡校议论政事。执政子产表示要采纳民言：“其所善者，吾则行之；其所恶者，吾则改之”，“闻而药之”。[4] 唐代韩愈对子产的言论表示首肯：“或谓子产毁乡校，则止（议论）。曰：何患焉，可以成美。夫

---

[1] [民国]徐珂：《清稗类钞·狱讼类·孙振斋控媳案》。
[2] [清]祝庆祺等：《新增刑案汇览》卷一〇《因口角共殴殒命自行投案》。
[3] 《金文今译类检》（殷商西周卷），广西教育出版社2003年版，第466页。
[4] 《左传·襄公三十一年》。

岂多言，亦各其志。善也吾行，不善吾避"；"下塞上聋，邦其倾矣"。[1]

汉简载，"州郡奉行，或悉承章赋，更事横加僇辱。有罪不请比被方，却稽复谒移列，令小民怀怨远□愬，纷纷连年，非圣朝崇弘小捉，意悉惑不晓施行，谬错令上恩偏鬲"；[2] "谨以文理遇百姓，务称明诏，厚恩如诏书"。[3]

历代借助立肺石、挝登闻鼓、邀车驾等方式，并通过通政司或类似机构，专门负责下情上达；各朝中央政府通常派巡按御史等官员巡察各地，接受控告，平反冤案；基层什伍组织则负有及时向上报告当地动态、宣布谕旨的责任。

明洪武十年（1377）六月，"诏天下臣民言事，得实封直达御前"。弘治十五年（1502）正月，"大计天下吏。上召（吏部尚书）马文升至暖阁，谕之曰：'天下觐吏毕集，卿其用心采访，毋纵毋枉，以彰黜陟。'"[4] 明代有桃源县令告示：相关问题"除揭榜彰著外，倘有忌讳不便面陈者，每于投告之时，投诸柜中，或于讲约处所投入罈内，非同钩钜刻以求人，实磬钟铎之遗，敏于从事"；"其各直陈无讳"。又有江宁太守告示："特设木柜，置大门外，不问诸色人等，但是闻见本府过失，与民间利病，不论大小，悉听备细开写，投入柜中，听本府不时开览，庶几警省觉悟，勉图自效。"又有建昌县令告示："询于刍荛，凡民有年过六旬从未罹法者，果有真知灼见，地方何利当兴，何害当除，即于朔望日条陈，具告本县。察其有裨，即便举行。或系难缓之事，不论时日具呈。即于道途控告，本县亦当止马受言。但不得假公济私及以迂阔不近人情之语相渎。"[5] 但实际上，往往是官场黑暗，政治淤塞，上下不通。

清初，"鼓状即登闻院之状，通状即通政司之状。雍正初，登闻院改隶通政司，其后控诉者赴都察院及步军统领衙门，外藩赴理藩院，遂无所谓鼓状、通状矣"。[6]

二、疏达民意

清代曾任古田知县的陈瑸上任伊始，发布有《古田县咨访利弊示》，令县人陈情利弊："照得作宰偏隅，原有兴除之责。下车伊始，务悉利弊之源。然欲事事周知，必须人人咨访，大抵有利于民之为利，有害于民之为弊"；"若令当受事之初，殷勤致问，而邑人不肯一言，俟令次第察知，不免奉法以相惩究矣，尔邑人又将何辞，以自解约。十日内有以邑中利弊进者，各书写成册，直投转筒，传人勿轻付吏书，恐致沉搁"。其又有《台邑问民疾苦示》，征询地方兴废、社会风俗："本县莅任伊始，如入暗室，欲务周知相应亟行采询，为此示合邑士民人等知悉。凡民情政体，所关大自钱谷刑名，征收出纳，下至桥路津梁答应，有无偏轻偏重，有无妨碍失业，地方豪强盘踞，奸棍把持

[1] 《韩昌黎全集》卷一三《子产不毁乡校颂》。
[2] 甘肃甘谷汉简42，见李均明等：《散见简牍合辑》，文物出版社1990年版，第7页。
[3] 破城子探方五四，54·5），见甘肃省文物考古研究所等编：《居延新简·甲渠候官》上册，中华书局1994年版，第132页。
[4] ［清］谷应泰：《明史纪事本末》卷一四《开国规模》、卷四二《弘治君臣》。
[5] ［清］李渔：《新增资治新书全集》，康熙刊全集本，《设柜求言约》《闻过达情示》《谕父老开陈利弊》。
[6] ［民国］徐珂：《清稗类钞·狱讼类·鼓状通状》。

衙门，有无积蠹生事，诈骗出水给照，有无胥役措勒需索；各坊里之内，有无禁坊禁里藏奸匿歹，风尚有无奢侈，作何禁革，民生有无凋敝，作何拯救，告讦争讼轻生图赖之习诈何惩儆，不妨随其所见，畅所欲言，但须切实开陈，勿得扶同勦说。如果系尔民切身病痛，本县自当一体关切，闻知上台，力为请命。”[1]

清代县令刘衡也说：“知县为亲民之官，官与民亲则血脉贯通，官民联为一体而情无不通，即事无不治”；“计莫如本邑公正绅衿耆老即生长于是，即自见闻之较切，本邑何利当兴，果有真知灼见，即速公同确议剀切察陈，本县将嘉纳焉”；“又思之为治以去蠹为先，邑内谁为教唆词讼之人及有无拜结盟、容留啯匪窝贼，开赌横行乡里为民害者，毋论绅士耆民，准其承递密函，本县密延入署，询问明确，立即密拏讯办”；“本县为地方求治起见，是以虚衷博采，爱憎取舍，绝不徇一己之私。尚其鉴我苦衷，有言无隐”。[2]

近代，在西方思想影响下，立宪派主张“上下情通”，广纳民智。清末立宪运动中，光绪三十二年（1906）《宣示预备立宪谕》称：各项“经画政务，无不公之于黎庶”。各省成立了咨议局，“为各省采取舆论之地，以指陈通省利病，筹计地方治安为宗旨”，具有某种社会协商的职能。民国时期，与所谓地方自治相适应，提出了基层政府、自治组织向民众公开信息并征询意见的形式。例如民国《市组织法》：设立“区民代表会”“坊民大会”以及“闾邻居民会议”等，处理本地相关事宜。《乡镇自治施行法》：“乡镇区域不明或发生争议时，由区长召集有关之乡长镇长协商后呈请县政府决定之”；乡长、镇长、闾长应该召集民众大会报告经费收支情况。《修正各省民政厅长巡视章程》：民政厅长所到县市“应召集地方官吏及自治人员开会讨论并指导地方行政自治事宜”；“尽量收受当地人民意见书并须随地召集民众讲话”。《商会法》：商会之职务包括“关于工商业之征询及通报事项”。

第三节　基层预警防范

一、治安戒备与稽查

为防止社会矛盾的尖锐导致严重犯罪，历代建立了基层治安戒备防范制度。

秦律禁止“黔首不田生不孝”、“亭障不治”、“求资备不具”。[3]

汉代，乡间治安有亭长，“亭长以捕格不道者，除山乡丞”。[4] 尤其在边境要塞与都城，要严格戒备，盘查可疑人员。疏勒河流域汉简说，当时将吏分“屯要害处”，

---

[1] [清]陈瑸撰，乾隆三十年兼山堂刊本，《陈清端公文集》卷五《告示》之《古田县咨访利弊示》《台邑问民疾苦示》。

[2] [清]《刘衡告示》，清同治三年四川藩署刊庸吏庸言本，《博采良谟告示》。

[3] 朱汉民、陈松长主编：《岳麓书院秦简（壹）》，上海辞书出版社2010年版，第1539号、1560号、1561号。

[4] “三反”，连云港市博物馆等：《尹湾汉墓简牍》，中华书局1997年版，第92页。

“依阻险坚辟垒远候望”，“言律曰‘畜产相贼杀参分偿和’，令少仲出钱三千及死马骨肉付循请平”。[1] 马圈湾汉简：“寇车师杀略人民，未知审警，当备者如律令”；“兴客不审郡县、姓，名习，字子严，年卅，所为人短壮，黄色毋须，短面”；“显明隧戍卒河东郡□新里魏宜生，绥细胡一□□一长，四寸一长三寸”[2]。汉代京师实行宵禁。东汉殇帝曾下诏：“钟鸣漏尽洛阳城不得行者。”[3] 时“灵帝爱幸小黄门蹇硕叔父夜行，即杀之。京师敛迹，莫敢犯者”。[4]

唐律：“诸犯夜者，笞二十，有故者不坐。其值宿坊街，若应听行而不听及不应听行而听者，笞三十；即所直时，有贼盗经过而不觉者，笞五十。”疏议曰：“谓诸坊应闭之门，诸街守卫之所，有当直宿，应合听行而不听，及不应听行而听者，笞三十。”[5]

朱熹《约束榜》规定严格训练地方土军：“照对诸县弓手土军，系专一教阅以备弹压捕盗，本州已节次督责巡尉依时教阅，务要武艺精熟，仍月具所教人数姓名，陞加武帐状申州。”[6]

明代王琼强调夜禁：“京城内外人烟凑集去处，盗贼强劫，皆由夜禁不严、巡捕不谨所致。合无今后但有强盗明火持杖、强劫人家财物，出入自由，火甲不行传报救护，巡捕官军不在地方，巡历追捕，将巡捕官军并该管兵马司官吏弓手火甲人等俱参送刑部问罪。”[7]

清代于成龙撰《弭盗安民条约》，列举了地方上预防犯罪的要点：“务择有身家有才干者做一保长，立禁止夜行木牌时刻叮咛，各家、甲长、大家隄防，看明这一村的出路、去路，于要紧路口埋伏乡夫。如遇此村人黑夜行走，即行绑锁，次日禀官严审。如无谋劫实迹，治以夜行之罪。如此防闲日久，彼不得动手，或稍敛盗心亦不可定。稽查旅店，凡城市镇集居民开店接客，须定一簿，每晚投宿之客行同几人，务查问客众姓名，系何处人氏，今往何处，作何勾当，生理有无，弓箭什物或自备马骡，或雇长脚，将骡马毛色认明。如是乘船，则系某处写（卸）载，坐轿又系某处，雇夫几名，其孤客步履有无行李，尽数一一登记簿内，次早或去或住，报送甲长查阅。如有来历诡秘，语言慌张，踪迹可疑者，即密告甲长、保长窥伺方向，夜晚小心隄防，次日勿令蚤行，以备不虞。”[8] 清万维翰辑《禁止枪炮》：”民间制造枪炮，原以防御猛兽盗贼，岂容私藏为迎神赛会之具，况系军器尤宜查禁”；令各查明“如果虎狼出入必需存留者即送

---

[1] 林梅村、李均明：《疏勒河流域出土汉简》，文物出版社 1984 年版，242、480 号，第 47、63 页。

[2] 吴礽骧等：《敦煌汉简释文》，甘肃人民出版社 1991 年版，马圈湾汉简第 69 号、683、686 号，第 7、69、70 页。

[3] [汉] 崔寔：《政论》佚文，见《文选》鲍明远《放歌行》注。

[4] 《三国志》卷一《魏书·武帝纪》注引。

[5] 《唐律》卷二六《杂律》。

[6] 《朱熹榜文》，清雍正八年刻朱子文集大全类编本，《约束榜》。

[7] [明] 王琼：《晋溪本兵敷奏》卷一《兵部原拟捕盗事》。

[8] [清] 于成龙：《弭盗安民条约》，清乾隆刊于清端公政书本，《防积贼夜行》。

官验明注册，其余勒限半年改造农具别用，并禁铁店制造，如违重究”。[1]

二、街市栅栏与夜巡

为预防夜间盗贼，历代城市街道与水路治安紧要处，通常设置栅栏关卡，一到夜晚宵禁即予关闭，并有兵丁、更夫或哨船巡逻街巷、把守渡口，盘查可疑人等。地方官府经常就此类守备提出看法，实施监督检查。

明吕维祺撰《南枢巡军条约》：“都城内外地广人杂，奸宄易□来，法纪玩废，城巡官军漫不经心，互相偷安蒙蔽，铃铎灯火俱属子虚，军攒马把半成乌有，失事即互相推诿串同或隐匿不报。当今多事之时，岂得如此疏玩。除以往姑不究外，为此牌仰巡逻提督坐营把卫总等官即照后开规制严督队长、军余、火甲人等每夜加意巡缉，务使盗贼潜踪，奸宄消胆，一遇有警，便协力擒拿。各官仍每夜亲出查闸，如有偷安不到，及梆锣不鸣或混鸣者，以军法重治。地方果有失事，无论巨细，俱要当即擒救，仍报本部堂司上紧缉捕，务在必获。”[2]

明代王琼《晋溪本兵敷奏》：“京城内外人烟辏集去处，盗贼强劫夺，皆由夜禁不严，巡捕不谨所致。合无今后但有强盗明火持杖、强劫人家财物，出入自由，火甲不行传报救护，巡捕官军不在地方，以历追捕，将巡捕官并该管兵马司官吏弓手火甲人等俱参送刑部问罪”，“弘治元年百户王敏建言，要于京城内外小巷路口置立栅栏，夜间关闭。本部会官计议，题唯先于城内关厢试验，令巡城御史督同兵马司计算工程，先尽财主劝出银两如法成造，果为有益，城内另拟……但系小街巷口相应设门去处，各置立门栅，遇夜关闭，如遇追逐盗贼不得委曲隐藏”。[3] 方扬称水陆栅门“迩来损坏颇多”，令“各总小甲栅夫人等知悉，今后务宜谨守。分地昼夜巡逻人定戒行关锁门栅，差出巡兵哨船人等一体用心，互相讥察”；“若其怠玩因循，懈不加警，或知因故纵，或生事害人，查出及被人告发，一体从重究治，决不轻贳”。[4]

类似的又如清代浙江地方官李之芳告示：“浙省五方杂处，奸宄丛生，素所稔悉”，对此要求“即便恪遵禁约，设法密缉”，“如有各项奸徒指称何等各色，潜藏何方寓所，勾连禁处衙蠹，交接何官，关说何事，曾否索物受赃，有无被害证佐，但一一访确，立擒该犯人，火速研审”，并发布《示禁兵棍抢夺》《示禁渡夫勒诈》。又有《申严夜禁》，规定“嗣后定更炮响之后，守栅人役谨守扃钥，一概不许人行。倘有指称衙门人役紧急公干，必验印行牌票，实据方许放行”。[5] 赵吉士称：“择于本月二十日，会集合县绅士，在城隍庙将排门册，挨户推敲：某系壮丁，确可巡守；某系单寒，谕令相帮。复于二十二日汇齐全册，再加查核，除老幼外，共选城壮九百四十七名，其余应帮

---

[1] [清] 万维翰辑，乾隆三十九年芸晖堂重刊本，《成规拾遗》卷下《禁止枪炮》。

[2] [明] 吕维祺：清康熙二年吕兆璜等刊明德先生文集本《南枢巡军条约》。吕维祺（1586—1641），河南新安人，字介儒，万历进士，任兖州推官、南京兵部尚书等。

[3] [明] 王琼：《晋溪本兵敷奏》，卷一。

[4] [明]《方扬告示》，明万历四十年刊方初庵先生集本，《查水陆门栅示》。

[5] [清]《李之芳告示》，清康熙刊李文襄公别录本，《关防诈伪告示》。

者另注一册，名曰帮夫。”又称：“从前劳役不均，任尔雪夜霜天，不过轮着几个穷百姓值役，富户闭门，大家安枕以为分所当然”；“嗣后看守烟墩以及各村堡巡更夫役不论贫富强懦，挨门轮拨，从前不均者，尽可尔等均之”。[1] 田文镜《再行严饬保甲以杜盗源事》要求地方官“刻刻留心，时时查考，朔望之日必谆切劝谕，临民之时即随便叮咛。或因下乡相验，而经过之村庄即可稽查；或因出门踏勘而附近之烟户即可盘诘，或白日而单骑出其不意，巡及会集之场，或深更而携灯亲至街衢，以警更夫之惰”。[2]

第四节　德主刑辅伦理教化

一、处理案件兼顾情理

甲骨文“王德”：“今载王德土方□□”（反映武丁时期施德于土方国的政治活动）。[3] 春秋战国时期，儒家提出感化教育。汉代班固批判了秦的严刑峻法：“秦用商鞅，连相坐之法，造参夷之诛；增加肉刑、大辟，有凿颠、抽胁、镬亨之刑。至于秦始皇，兼吞战国，遂毁先王之法，灭礼谊之官，专任刑罚。躬操文墨”；“而奸邪并生，赭衣塞路，囹圄成市，天下愁怨，溃而叛之”。[4] 反对严刑峻法、主张情理与感化的思想影响深远。

传统社会中的理即伦理，又称天理，是社会对正义与否的评判标准；情即人情或民情，是人际交往中的道理、原则。古人认为，法律的制定要以人对物质利益的追求为基础，判案要考虑到作案时的环境和具体情节乃至罪犯的心理状态，要以情、理补充法律规定的不足，有时甚至“以情断狱”，灵活掌握。近人说：“圣贤非铁石心肠，只从人情上增减，便是最深的学问。”[5]

法家不仅强调依法判案，而且主张遵从情理。《管子》说，“上令于生利人则令行，禁于杀害人则禁止”。[6] 商鞅说，“人情好爵禄而恶刑罚，人君设二者以御民之志，而立所欲焉”；因此要求“令顺民心”，“当时而立法”。[7] 韩非说，“凡治天下，必因人情”，“法通乎人情，关乎治理”。[8]

西汉，缇萦上书，文帝怜悲其意，遂下令曰：“制诏御史：盖闻有虞氏之时，画衣冠异章服以为戮，而民弗犯，何治之至也！今法有肉刑三，而奸不止，其咎安在？非乃朕德之薄，而教不明欤？吾甚自愧。故夫训道不纯而愚民陷焉。诗曰：‘恺弟君子，民

[1] ［清］《赵吉士告示》，清康熙牧爱堂稿本，《守御》、《为挨门巡守以均劳役事》。
[2] ［清］田文镜：《抚豫宣化录》，雍正五年自刊本卷三下，《再行严饬保甲以杜盗源事》。
[3] 李圃选注：《甲骨文选注》，上海古籍出版社1989年版，第20片，第114页。
[4] 《汉书》卷二三《刑法志》。
[5] ［民国］铁人：《读史管见》二〇《圣人顺人情》。
[6] 《管子·形势解》。
[7] 《商君书》之《错法》《更法》。
[8] 《韩非子》之《八经》《制分》。

之父母。'今人有过，教未施而刑已加焉，或欲改行为善，而道亡繇至，朕甚怜之。"[1] 汉简："证财物不以实，律辨告。"（律辨告：《汉书·高帝纪》："吏以文法教训辨告，勿笞辱。"颜注："辨告者，分别以义理以晓谕之。"）[2] 近年，在成都发现东汉裴君碑文，谓墓主"运符四郡，所在流化"（教化）；"留心萧曹，理罪听恕。虽（惟）得其情，哀矜原宥，陨涕陷辜，轻疑必赦，民免有耻。囹圄虚旷，禁刑以礼，导俭以固"；"恢兴七艺，宗老恤幼，存心音律，广宣教诲"。[3]

西晋的刘颂、张斐等律学家第一次比较系统、准确地提出了各种法律概念和使用律条的原则。根据西晋律学家的观点，审判案件要依照律令正文；律令没有直接规定的，"依附名例断之"，在法定的范围内比附推断。除此以外，"皆勿论"。审判官应该"唯当奉用法令"，严格依法判决，"不得援求诸外，论随时之宜"。不过，在司法实践中，由于律令的漏洞较多，加上各种因素的局限，要做到严格、僵硬地判案是不可能的，似乎也是不必要的。因此，律学家又提出"以情断狱"作为补充，也就是判案要考虑到案发的环境和具体情节乃至当事人的心理状态，灵活掌握。张斐对此有精辟的论述："夫律者，当慎其变，审其理"；"夫刑者，司理之官；理者，求情之机；情者，心神之使。心感则情动于中，而形于言，畅于四支，发于事业。是故奸人心愧而面赤，内怖而色夺。论罪者务本其心，审其情，精其事，近取诸身，远取诸物，然后乃可以正刑"；"夫理者，精玄之妙，不可以一方行也；律者，幽理之奥，不可以一体守也"。[4] 因此，如何正确把握依法判决和以情断狱之间的关系，是摆在审判官面前的一个课题，是对其执法态度和能力的一次考验。在当时，审判官无论是为维护王朝的根本利益，还是为获取个人私利，都比较普遍地违法判案，依照律令断狱常常只是律学家的一厢情愿。曹魏黄门侍郎程晓曾上书，严厉批评了那种"官无局业，职无分限，随意任情，唯心所适。法造于笔端，不依科诏；狱成于门下，不顾覆讯"的现象，指出了当时审判的弊端。[5]

宋代有一案例："尚书张公咏知杭州，有沈章讼兄彦约割家财不平，求公治之。公曰：'汝异居三年矣，前政何故不言也？'章曰：'尝以告前太守，反受罪。'公曰：'若然，汝之过明矣。'复挞而遣之。后半载，公因行香，四顾左右曰：'向讼兄沈章，居于何处？'左右对：'只在此巷中，与其兄对门居。'公下马，召章家人并彦家人对立。谓彦曰：'汝弟讼汝，言汝治家掌财久矣，伊幼小，不知资之多少，汝又分之不等。过均平乎，不平乎？'彦曰：'均平。'询章，曰：'不均。'公谓彦曰：'终不能灭章之口。兄之族，入于弟室；弟之族，入于兄室。更不得入室，即时对换。'人莫不服公之明断焉。"[6]

---

[1] 《汉书》卷二三《刑法志》。

[2] 胡平生等：《敦煌悬泉汉简释粹》，上海古籍出版社2001年版，第26—27页。

[3] 赵超：《成都新出汉碑两种释读》，《文物》2012年第9期。

[4] 《晋书》卷三十《刑法志》。

[5] 《三国志》卷一四《魏书·程昱传附程晓传》。

[6] [宋] 刘斧：《青琐高义》前集卷一《明政》。

这个案子，使我们想起宋真宗时张齐贤巧判财产的案例。张齐贤为相，“戚里有争分财不均者，更相诉讼。又因入宫，自理于上前，更十余断，不能服。齐贤曰：‘是非台府所能决有，臣请自治之。’上许之。齐贤坐相府，召讼者曰：‘汝非以彼所分财多，汝所分财少乎？’皆曰：‘然。’即明各供状结实，乃召两吏趣徙其家，令甲家入乙舍，乙家入甲舍，货财皆安睹如故，分书则交易之，讼者乃止。明日奏状，上大悦：‘朕固知非君莫能定者。’”[1]

两个案例有异曲同工之妙，虽然并无法律依据，也不是真的实现了公平，却都反映出判决财产纷争有时必需的和稀泥式的睿智。

明代方扬《守令刍尧》中论述情与法的关系，认为既要“原情”，又要“法行”：“词讼赃罚，则有定则，情法俱当，必不可恕，然后行罚，人知惧矣。其情轻法重，则当原情；法轻情重，多方酌议，务俾法行而人不怨，斯为得平，不在纸赎之多寡也。”[2]

历史上规定判决必须依法进行。皇帝针对个案临时颁发的诏令未经整理定以为例的，不得援引以判决其他案件，否则导致出入人罪，以故失论。同时，实行有限制的比附类推。当然，也有以礼代律作为审判依据的情况。判决必须考虑“情”与“理”。尤其是“骨肉天亲，同枝连气。凡利害休戚，当死生相维持。若因财产致争，便相视如仇敌，及遭死伤患难，反面不相顾，甚于路人。祖宗有灵，岂忍于见此！良心灭绝，马牛而襟裾，人祸天刑，其应如响，愿子孙以此言殷鉴”。[3]

清初汤斌说：“儒者不患不信理，患在信之过。而用法过严者，亦是一病。天地间，法情理二（应为三）字，原并行不悖。如官司有弗称职者，若优容贻害固不可。必嫉之过而加以重罪，至殒命析产亦不忍。有仁术焉。轻其罪使之蚤去，则我亦不流于残，而民亦除其害矣。”康熙时两粤巡抚朱宏祚在一件关于立嗣纠纷案件的判语中云：“律文开载甚明，皆于情理至当”；“其民间有不公不法之事，官司斟酌情理判决。其有强梁不遵者，依法惩治”。嘉庆间大名知府张五纬在对一份诉状的批词中说：“负屈含冤者之呈诉，本府从不惮烦畏劳。或一事执法除暴，或一事委曲原情。或一事开导愚蒙一时之误，使两造永归于好，俾讼案永断葛藤；或一事讯系理不可宽，情不可容，法不可贷，立予照例究治，藉以示警愚顽”；“揆诸天理、人情、国法，实属罪无可逭”。道光年间江西鄱阳县沈衍庆的判语谓“盖闻父子夫妇，并重于大伦。国法人情，必衷诸天理”。[4] 情与理，存在于法律之外，在审判中具有灵活性，实际上就是礼的另一种表现形态。它使案件的判决有了一定的弹性。

在唐代，明确规定定罪判刑必须引用法律正文作为依据，也就是要求“准法处

---

[1] ［宋］郑克：《折狱龟鉴》卷八《张齐贤》。

[2] ［明］方扬：《方初菴先生集》，万历四十年方时化刊本，《守令刍蕘》。

[3] ［明］庞尚鹏：《庞氏家训·崇厚德》。

[4] 转引自［日］滋贺秀三：《清代诉讼制度之民事法源的概括性考察》，见滋贺秀三等：《明清时期的民事审判与民间契约》，法律出版社1998年版，第22—23、39页。

分”。[1]《白氏长庆集》：御史“非清明劲正不泥不挠者安可辨淑慝，振纪律”，要求“遏绝讹伪，振张纪纲”。[2]

正如本书第四章已经指出的，唐律在这一点上，并非绝对，表现在：第一，唐代统治者认为判案固然要根据律，也要参考“情”即情节和情理。特别是婚姻继承案件，须针对实际情况和需要以情断狱，灵活变通。第二，如果遇到律条没有规定的情况，允许在一定范围内采取类推比附的办法处理。审判官可以举出与该犯罪最相近的律条，作为判决该犯罪的根据。第三，在律、令、格、式内部，互相间有制约关系，其中突出的是适用律必须受到其他法律形式的制约。特别是格，是皇帝的敕的汇编，具有最高的法律效力。

敦煌出土文明判集残卷，列举了一些使用古人名的虚拟案例，带有诙谐色彩，明确表现出在判决中诉诸情理的思想。

> 奉判：郭泰、李膺，同船共济，但遭风浪，遂被覆舟，共得一桡，且浮且竞。膺为力弱，泰乃力强，推膺取桡，遂蒙至岸。膺失桡势，因而致殂。其妻阿宋，喧讼公庭，云其夫亡，乃由郭泰。泰共推膺取桡是实。郭泰、李膺，同为利涉，扬帆鼓枻，庶免倾危。岂谓巨浪惊天，奔涛浴日，遂乃遇斯舟覆，共被漂沦。同得一桡，俱望济己，且浮且竞，皆为性命之忧，一弱一强，俄致生死之隔。阿宋夫妻义重，伉俪情深，悴彼沈魂，随逝水而长往；痛兹沦魄，仰同穴而无期。遂乃喧讼公庭，心仇郭泰。披寻状迹，清浊自分。狱贵平反，无容滥罚。且膺死元由落水，本为覆舟，自是天灾，溺死岂伊人咎。各有竞桡之意，俱无相让之心。推膺苟在取桡，被溺不因推死。俱缘身命，咸是不轻，輙欲科辜，恐伤猛浪。宋无反坐，泰亦无辜，并各下知，勿令喧扰。

这是假设郭泰、李膺两人在共同落水的危急情况下，“各有竞桡之意，俱无相让之心”，以情理判定“推膺取桡，遂蒙至岸”的郭泰不承担法律责任。

> 奉判，秦鸾母患在床，家贫无以追福，人子情重，为计无从。遂乃行盗取资，以为斋像，实为孝子，准盗法合推绳。取舍二途，若为科结。秦鸾母患，久缠床枕，至诚惶灼，惧舍慈愿。遂乃托志二乘，希销八难，驰心四部，庶免三灾。但家道先贫，素无资产，有心不遂，追恨曾深。乃舍彼固穷，行斯滥窃，辄亏公宪，苟顺私心。取梁上之资，为膝下之福。今若偷财造佛，盗物设斋，即得着彼孝名，成斯果业。此即斋为盗本，佛是罪根，假贼成功，因赃致福。便恐人人规未来之果，家家求至孝之名。侧镜此途，深乖至理，据礼全非孝道，准法自有刑名。行盗理合

[1]《旧唐书》卷九一《桓彦范传》。
[2]《白氏长庆集》卷四九《太常博士王申伯可侍御史》、卷五〇《郑絪可吏部尚书制》。

计赃，定罪须知多少，既无匹数，不可悬科。更问盗赃，待至量断。

秦鸾母患在床，因家境贫穷无以祈福，其子因而盗窃。这种犯罪，是无法用“孝子”之名掩盖的，说明了情理并不能简单取代律条。

奉判，石崇殷富，原宪家贫，崇乃用钱百文，雇宪涛井，井崩压宪致死。崇乃不告官司，惶惧之间，遂弃宪尸于青门外。武侯巡检，捉得崇，送官司，请断。原宪家途窘迫，特异常伦，饮啄无数粒之资，栖息乏一枝之分。遂乃佣身取给、肆力求资。两自相贪，遂令涛井，面欣断当，心悦交关，入井求钱，明非抑遣。宪乃井崩被压，因而致殂。死状虽关崇言，命实堪伤痛。自可告诸邻里，请以官司，具彼雇由，申兹死状。岂得弃尸荒野，致犯汤罗，眷彼无情，理难逃责。遂使恂恂朽质，望坟垅而无依，眇眇孤魂，仰灵榇其何托。武侯职当巡察，志在奉公，执崇虽复送官，仍恐未穷由绪。直云压死，死状谁（虽）明，空道弃尸，尸仍未检。检尸必无他损，推压复有根由，状实方可科辜，事疑无容断罪。宜勘问得实，待实量科。

石崇雇用贫困的原宪为其掘井，原宪因井塌而北压死。石崇惊慌之下，将其尸抛于荒野而北官府发觉治罪。石崇既违法律，又背情理，故应查明真相，依法科刑。

明代判案说：“审得陈仕魁娶黄氏之女为妾，无出，凭媒改嫁冯应垣。事诚无不可，但黄氏以未及与闻，恐女不得其所，遂相激而讼。厅质之，则仕魁实谋之徐太容，酒之食之，而太容实为之主张也。然则太容瞒其婶而有所染指，仕魁乡愚不觉，坠其云雾中矣。仕魁遣妾何罪，应罪太容之阴阳闪烁，杖有余辜也。仕魁老，应垣少，去老就少，黄氏亦无遗憾。合令应垣出银一两为黄氏寿，以通姻好，而仕魁者从此萧郎陌路，亦不必为空中之斗，好姻缘翻作恶姻缘也。招详。布政司批：依拟徐太容赎杖发落，余如照，库收缴。”[1] 徐太容谋划，要陈仕魁将所纳黄氏之女改嫁冯氏，其中又多有不得见人之事。官府判定“应垣出银一两为黄氏寿，以通姻好”，以免使“好姻缘翻作恶姻缘”，徐太容则“赎杖发落”。判决结果充满着情理色彩。

晚清李祖年称赞雍正间名士徐士林所编《徐雨峰中丞勘雨》一书所载审判方式：“乃观是书，握一狱之关键，晰众口之异同，而折以是非之至当。揆之天理而安，推之人情而准，比之国家律法，而无毫厘之出入。吁，何其神也。”[2] 其要点仍然是情与法之重合。

前汉时，“颖川有富户，兄弟同居，其妇俱怀妊。长妇胎伤，匿之，弟妇生男，夺为己子。论争三年不决。郡守黄霸使人抱儿于庭中，乃令娣姒竞取之。既而长妇持之甚

[1] ［明］颜俊彦：《盟水斋存牍》署番禺县谳略一卷《讼婚徐太容杖》。

[2] 转引自［日］滋贺秀三：《清代诉讼制度之民事法源的概括性考察》，滋贺秀三等：《明清时期的民事审判与民间契约》，法律出版社1998年版，第23页。

猛，弟妇恐有所伤，情极凄怆。霸乃叱长妇曰：‘汝贪家财，固欲得儿，宁虑或有所伤乎！此事审矣。即还弟妇儿。’长妇乃服罪”。[1]

上述案件使我们想起清代的一个案例，两者十分相似：“某邑甲久客于外，十年无耗。妇及幼子贫窭实甚，乃招乙于家。乙故业成衣者，携货就妇居。新其屋宇，门设缝肆，俨然有妻有子。半载甲归，见门庭改易，不敢入。访知其故，鸣官。官传乙对簿，彼此争欲得妇，官不能决。密令隶卧妇于门板，覆以芦席，诡言某妇羞愤自尽，舁至堂上。谕曰：‘妇今已死，孰谓领尸棺敛?’乙云：‘我已豢养半年，所费不少，刻下本夫已归，不能再埋死妇。’甲云：‘久客无耗，其曲在我。妇改适，非得已。今死，愿敛殓。’官命启席，妇故无恙。乃断令甲领，则逐乙焉。”[2]

以上都反映了在审理案件过程中，审判官注意到了当事人所体现出来的情，并且依据情做出判决。是典型的见情于法、情在法中。关于法律与情、理之间的关系，以下两段论述更为充分地显示出要通过“情”查明事实真相、通过“理”判定当事人的动机与案件性质，从而把判决建立在对犯罪行为仔细观察与分析的基础上。

明代袁黄撰《示谕提牢监仓吏卒》，强调审讯中要“以原情为据”：“律设大法，礼顺人情，是执法而议者，齐之以刑也。原情而断者，齐之以礼也。今谳狱者不惟其情，惟其法，岂独民受枉屈抑亦非律意矣。”“夫仰手似乞，俯手以夺，捧手似谢，拟手似诉，拱臂似自首，攘臂似格斗，矜庄似威，恬悦似戏，喜怒忧惧，辨在声色；奸贞猛弱，候在视息。诸如此类，非精原其情，不能极其理也。故先辈谓律法皆拟周易，有变通之体焉。今不亮其千变之情，而惟执其一定之法，是宜怨气充塞而灾沴迭至也。”[3]

清陈士鑛说：“夫听讼辨谗贵于明恕。明者在验之以迹，恕者在求之以情，迹可责而情可矜，圣王惧疑，似之陷非辜，不之责也；情可责而迹可宥，圣王惧逆，诈之滥无罪，不之责也。惟情见迹，具词服理穷者，然后加刑罚，是以下无冤人，上无谬听，苛慝不作，教化以兴。”[4]

历代颇有一些见情于法外的案例。

“梁孝王使人刺杀故相袁盎，景帝召田叔案梁，具得其事，乃悉烧狱词，空手还报。上曰梁有之乎。对曰有之。事安在？叔曰焚之矣。上怒，叔从容进曰：‘上无以梁事为也。’上曰：‘何也。’曰：‘今梁王不伏诛，是汉法不行也。如其伏法，而太后食不甘味，卧不安席，此忧在陛下也。于是上大贤之，以为鲁相。”[5]

唐初杜如晦弟楚客，“少尚奇节，与叔父淹皆没于王世充。淹与如晦有隙，谮其兄杀之，并囚楚客濒死。世充平，淹当诛。楚客请于如晦，不许。楚客曰：‘叔残兄，今兄又弃叔，门内几尽，岂不痛哉！’如晦感悟，请之高祖，得释”。[6] 这是寄宗族情于法外。

---

[1] [宋] 郑克：《折狱龟鉴》卷六《谪奸》。
[2] [清] 采蘅子：《虫鸣漫录》卷一《某邑甲》。
[3] [明] 袁黄撰：《宝坻政书》，明万历刊本，卷六《示谕提牢监仓吏卒》。
[4] [清] 陈士鑛：《折狱卮言·听讼》。
[5] [清] 陈芳生：《疑狱笺》卷一《平大狱》。
[6] 《新唐书》卷九六《杜如晦传》。

宋代，“太祖不以法吏为狱官，畏其迁情而就法也”[1]。陆南金仕为太常奉礼郎。“开元初，少卿卢崇道抵罪徙岭南，逃还东都。南金居母丧，崇道伪称吊客，入而道其情，南金匿之。俄为仇人迹告，诏侍御史王旭捕按，南金当重法，弟赵璧诣旭自言：‘匿崇道者我也，请死。’南金固言弟自诬不情，旭怪之，赵璧曰：‘母未葬，妹未归，兄能办之，我生无益，不如死。’旭惊，上状，玄宗皆宥之。”[2] 庆历间，宁州童子年九岁殴杀人，当弃市。“帝以童孺争斗无杀心，止命罚金入死者家。开封民聚童子教之，有因夏楚（体罚）死者，为其父母所讼。府上具狱，当抵死。宰相以为可矜，帝曰：‘情虽可矜，法亦难屈。’命杖脊赦之。”[3] 可见判案是斟酌律条与情理的。

南宋熊邦、熊贤、熊资兄弟三人，熊资身故，唯有一女亦故。邦、贤为争夺财产而争立嗣子，而资妻阿甘已改嫁，亦欲参与分财。法官判：“立嗣之说，名虽为弟，志在得田。律之以法，尽合没官，纵是立嗣，不出生前，亦于绝家财产只应给四分之一。今官司不欲例行籍没，仰除见钱十贯足埋葬女外，余田均作三分，各给其一。此非法意，但官司从厚，听自抛拈。如有互争，却当照条施行。”[4] 所谓“此非法意，但官司从厚，听自抛拈”，自然是法外见情。

明初，山阳民有父得罪当杖而子请代者。“太祖谓刑官曰：‘父子之亲，天性也，染不亲不逊之徒，亲遭患难，有坐视而不顾者。今此人以身代父，出于至情，朕为孝子屈法，以劝励天下，其释之。’”[5] 宪宗时，“司礼监掌印黄太监赐五年大审，值大司寇陆公瑜、大廷评王公概。时重犯中，有兄与人斗殴，其弟帮因而致死，坐弟抵偿。黄太监欲从末减，二公持不可，黄大言曰：‘同室之人斗者，尚披发缨冠而往救之，况其兄乎？正该在矜疑之列。’二公无以应，卒饶死减戍。”[6] 这也是在判决中考虑到了情理。

案件判决后，通常要由主审官写出判词，给当事人看。判词要写明案情、判决结果和理由，并追求说理与文采，以显示出主审官的水平。如《名公书判清明集》《盟水斋存牍》等分别收录了南宋与明末的判词。清代王又槐说：“批发呈词（即判词），要能揣度人情物理，觉察奸刁诈伪，明大义，谙律例，笔简而该，文明而顺，方能语语中肯，事事适当，奸顽可以折服其心，讼师不敢尝试其伎。”[7]

清潘杓灿撰《刑名上·章程》论述了法律与情理之间的互补关系，强调“法立而情归”：“世之不古易有讼狱，讼狱者，以情有不平而欲求其平也。然民情无定而国法不可以无定。以有定之法平无定之情，则法立而情归焉。”[8] 朱休度任广灵知县，从地

---

[1]［宋］陈师道：《后山谈丛》卷五《太祖不以法吏为狱官》。

[2]《新唐书》卷一九五《孝友传·陆南金》。

[3]［宋］袁褧：《枫窗小牍》卷下《太平兴国五年》。

[4]《名公书判清明集》卷四《熊邦兄弟与阿甘互争财产》。

[5]［明］余纪登：《典故纪闻》卷三《山阳民》。

[6]［明］刘若愚《酌中志》卷六《大审平反纪略》。

[7]［清］王又槐：《办案要略·论批呈词》。

[8]［清］潘杓灿：《未信编》，康熙四十三年重刊本，卷三《刑名上·章程》。潘杓灿，杭州人，字象承，著述甚多。

域角度分析情法关系，尝曰："南方狱多法轻情重，北方狱多法重情轻。稍忽之，失其情矣"；"待人以诚，人亦不忍欺。周知民情，诉曲直者，数语处分，民皆悦服。数年囹圄一空，举卓异"。[1]

清代有以件争夺公山案："有族众控其绅葬父占公山者，已讼之府，府下某令，某令固称省中能吏者也，明知某绅理屈，然断令其父起迁，某绅必不遵；不断起迁，又无以执族众之口，乃密传某绅，谓曰：'汝欲安葬乃父乎，抑与族人争胜乎？'曰：'欲安葬父。''汝只欲安葬汝父，吾能成全。然必思有以平族众之气。'乃先示意某绅及集审，严诘族众多事，佯怒呼杖各千。每（某）众扣头引咎，自明非族众之罪，乞免杖责。令又佯怒，呼杖五百。某绅叩头请免如故。令又佯怒，曰然则杖二百。某绅又叩头固请情愿迁葬，族众方愤令之昏聩，不虞某绅之救已也，群哗然曰：'某公一家，应令安葬以外，不准占据。'"这是在审判案件时糅合法律与情理，兼顾各方体面，最后是"两造欢然而散，案遂结"。[2]

二、伦常道德晓谕说服

兄弟姐妹之间发生诉讼常因财产关系，官府多以手足之情加以晓谕。

唐代韩思彦"巡察剑南，益州高资兄弟相讼，累年不决。思彦敕厨宰饮以乳。二人寤，啮肩（臂）相泣曰：'吾乃夷獠，不识孝义，公将以兄弟共乳而生邪！'乃请辍讼"。[3]

宋代铜梁县民庞氏姊妹冒隐弟田案，经县令吕陶审理，三姊妹服罪。弟泣拜，愿以田半作佛事以报。陶晓之曰："三姊皆汝同气，方汝幼时，适为汝主之尔；不然，亦为他人所欺。与其捐半供佛，曷若遗姊，复为兄弟，顾不美乎？"弟又拜听命。[4] 朱熹《晓谕兄弟争财产事》："比阅词诉，有建昌县刘珫兄弟、都昌县陈由仁兄弟，并系母亲在堂，擅将家产私下指拨分并，互相推托，不纳赋税，争论到官，殊骇闻听。除已行下建昌县，及索到陈由仁等指拨关约，尽已毁抹，当厅说谕令刘珫、陈由仁与其兄弟依旧同居共财，上奉母亲，下率弟侄，协力家务，公共出纳，输送官物。"[5]

明代吴讷说："亲族相讼，宜徐而不宜亟，宜宽而不宜猛。徐则或悟其非，猛则益滋其恶。第下其里中开谕之，斯得体矣。"[6] 袁黄撰《刑书》提出："凡听讼须扶持教化为主，如五伦中有相犯，须反复晓谕"；"兄弟相讼，弟虽理直，犹必谕以兄之不可犯。于主之不义、兄之不恭，亦必晓告之，使知理曲。既重治其卑者，又须轻责其尊者，使分义明而两仇易解。大率听讼须晓之以理，责之以义，然后从而刑之，庶几有

[1]《清史稿》卷四七七《循吏一·朱休度传》。
[2][清]魏息园：《不用刑审判书》，商务印书馆光绪三十三年版，卷三《我省有族众》。
[3]《新唐书》卷一一二《韩思彦传》。
[4]《宋史》卷三四六《吕陶传》。
[5]《晓谕兄弟争财产事》，文渊阁四库全书晦庵集本，卷九九。
[6][明]吴讷等：《祥刑要览》卷上《招引告讦》。

益。近世往往有民情未达而官法已加者，有受责已毕而不知其罪者，若之何可化民也”。[1] 张瀚说：“余为郡守，预约州邑，凡事难断处者，听其申达。大名有兄弟拘讼财产，继而各讦阴私，争胜不已。县令不能决，申解至郡。余鞫之曰：‘人同父母生耶？’曰：‘然。’余曰：‘同气不相念，乃尔相攻，何异同乳之犬而争一骨之投也！’各重笞之，取一杻各械一手，置狱不问。久之，亲识数十人入，告曰：‘两人已悔罪矣，愿姑宽宥。’”[2]

清代邵大业为黄陂知县，“有兄弟争产讼，皆颁白，貌相类。令以镜镜面，问曰：‘类乎？’曰：‘类。’则进与为家人语曰：‘吾新丧弟，独不得如尔两人白首相保也。’二人感动罢去”。[3] 陆广霖为福建连城县知县，为治严明而平恕，“有余氏兄弟三人，孟与叔后皆鼎盛，合建宗祠，以仲后单寒，诬其已为人后，不得入主。仲之后鸿渐者，纵火焚祠，遂相劫杀。吏当之死。广霖至，召两造集广庭，以情谕之，声泪俱下，众感且悔，卒送主入祠”。[4] 翁运标知湖南武陵，“有兄弟争田，亲勘之，坐田野中，忽自掩泣。讼者惊问之，曰：‘吾兄弟日依，及来武陵，吾兄已不及见。今见汝兄弟，偶思吾兄，故悲耳。’语未终，讼者亦感泣，以其田互让，乃中分之。又有兄弟争产，父殁，弟以其兄为父养子，分以瘠壤，使别居。其兄控诉，状中有父嗜酒得疾语。运标怒其暴亲过，笞之；仍斥其弟割腴田以畀兄”。[5]

施愚山官湖西参议，日与诸生讲学。“偶值会期，两人具牒请质，公曰：‘此讲习地，听讼有官署。’令就末座，讲兄弟宜相爱，且曰：‘某也终鲜兄弟，见友恭者固欣然慕，即见阋墙者亦心动。以谓彼尚有同气，或可转乖为和也。’言下涕泣，两人忽相持痛哭，出袖中牒燔之。盖兄弟讼产，十年不决者，曰：‘吾侪小人，今遇大贤而不洗心者，尚得为人乎？’遂让所争产为祀田。”[6] 普宁县知县蓝鼎元在审理一起兄弟争产案时，用一条铁索把兄弟两人拴在一起，并派人暗中观察。只见兄弟俩起初互不理睬，后来渐有愧意，终于互相说起话来。蓝鼎元乘势以手足之情加以晓谕，并说：“汝父汗血辛勤，创兹产业，汝兄弟鹬蚌相持”，“汝父九泉之下能瞑目乎？”说得兄弟俩愧疚满面，撤诉而去，从此“相亲相爱，百倍曩时，民间遂有言礼让者矣”。[7] 又有何氏兄弟争产，指顺德知县徐勍逮其族众，讯鞫一庭，谓：“若所争，值百金耳。吾为汝父母，致汝兄弟争产，大伤风教，罪有攸归。吾积俸百金，俾汝兄弟，免于罪戾可乎？”遂出金置案。族人感激，“争唾骂其兄弟，而何氏兄弟亦感谢而去”。[8]

一桩桩、一件件晓谕教化的例子，充分显示了传统伦理道德的巨大力量。

---

[1] ［明］袁黄撰：《宝坻政书》，明万历刊本卷六《刑书》。
[2] ［明］张瀚：《松窗梦语》卷一《宦游记》。
[3] 《清史稿》卷四七七《循吏二·邵大业传》。
[4] 《清史列传》卷七五《循吏二·陆广霖传》。
[5] 《清史列传》卷七五《循吏二·翁运标传》。
[6] ［民国］易宗夔：《新世说》卷一《德行·施闰章劝兄弟止讼》。
[7] ［清］蓝鼎元：《鹿州公案·偶记上·兄弟讼田》。
[8] ［清］罗天尺：《五山志林·徐侯政绩》。

古代根据伦常观念，倡导夫妻关系和睦，要求亲子关系亲慈子孝。

秦简曾提及夫妻之和。天水放马滩秦简："九与八、七与六、五与四皆妻夫殴。日为夫晨为妻星为子欲夫妻之和而中数殴。"[1] 东汉仇览为蒲亭长，初到亭，"人有陈元者，独与母居，而母诣览告元不孝。览惊曰：'吾近日过舍，庐落整顿，耕耘以时，此非恶人，当是教化未及至耳。母守寡养孤，苦身投老，奈何肆忿于一朝，欲致子以不孝乎？'母闻感悔，涕泣而去。览乃亲到元家，与其母子饮，因为陈人伦孝行，譬以祸福之言。元卒成孝子。乡邑为之谚曰：'父母何在在我庭，化我鸤枭哺所生。'"[2]

邠州节度使张希崇"在邠州日，有民与郭氏为义子，自孩提以至成人，因乖戾不受训，遣之。郭氏夫妇相次俱死。郭氏有嫡子，已长，时郭氏诸亲与义子相约，云是亲子，欲分其财物，助而讼之，前后数政不能理，遂成疑狱。希崇览其诉，判云：'父在已离，母死不至。止称假子，孤二十年抚养之恩；傥曰亲儿，犯三千条悖逆之罪，颇为伤害名教，安敢理认田园！其生涯并付亲子，所讼人与朋奸者，委法官以律定刑。'闻者服其明。"[3] 羽林将军王畅薨，无嫡子，取侄男袭封。庶子告不合承。（判词）："绝蒸尝之嗣，弃其庶子，收彼侄男。意既不保其家，神必不歆其祀……侧男自须绍胤，犹子不合承宗。诈袭者处以徒刑，应续者宜从改正。"[4] 贵乡县令韦景骏审理母子互讼，"自责曰：'令少不天，常自痛。尔幸有亲，而忘孝耶？教之不孚，令之罪也。'因呜咽流涕，付授《孝经》，使习大义。于是母子感悟，请自新，遂为孝子"。[5] 这些都是在判决亲子案件时畸重伦理关系。

《名公书判清明集》列举"前任约束及今来合行事件"。其一为"崇风教"，包括"人道所先，莫如孝弟。编民中有能孝于父母，弟于兄长，性行尤异者，所属详加采访，以其实上于州，优加劝赏。或身居子职，有阙侍养，或父母在堂、则蓄私财，或犯分陵忽，不顾长幼之伦，或因利分争，遽兴骨肉之讼，凡若此者，皆有常刑"。其二为"当职昨在任日，遇亲戚骨肉之讼，多是面加开谕，往往幡然而改，各从和会而去。如卑幼诉分产不平，固当以法断，亦须先谕尊长，自行从公均分"；"今请知、佐每听讼，常以正名分，厚风俗为先，庶几可革媮薄"。[6]

朱潮远镇漳泉时，"一日有老人告其子，情殊迫切。询其父有妻乎？子乃其所生乎？曰：'非，妻则继母也。'又询其母与父年相当乎？曰：'少艾（年轻漂亮）。'朱曰：'此必父匿其妻，妻凌其子。'而中证其姑丈，叩首称善。于是命父立其上，用小板连衣轻扑之，与父叩头赔礼。示其父曰：'尔晚年靠子，何不念前妻之情？'戒其子曰：'亲年无几，家庭小隙，乃至此耶！'遂父子抱头大哭，军校亦无不堕泪也"。[7]

---

[1] 天水放马滩秦简，一号秦墓竹简乙种《日书》344，甘肃省文物考古研究所编《天水放马滩秦简》，中华书局2009年版，第104页。

[2] 《后汉书》卷七六《循吏列传》。

[3] 《旧五代史》卷八八《晋书·张希崇传》。

[4] [唐]张鷟：《龙筋凤髓判》卷一《主爵》。

[5] 《新唐书》卷一九七《循吏传·韦景骏》。

[6] 《名公书判清明集》卷一《劝谕事件于后》。

[7] [清]赵吉士：《寄园寄所寄》卷一《囊底寄·智术》。

罗仙坞任地方官，“有妇人以夫久出不归，求判改嫁。先生（指罗仙坞）云：‘焉有为汝父母官，而忍听汝改嫁焉？计汝母女二口，升米可活。’手写朱票，令此妇于每月朔执票支仓米三斗，并谕‘我在此一日，无虑一日失养。唯嘱汝守分，毋使我气短。’感谢而去。一日夫回，偕妇来叩谢，先生欲杖之，妇代乞免。先生曰：‘为善必终。’仍令支一月粮去，而收回朱票。此事可谓仁至义尽”。[1]

因此，历代认为对夫妻或亲子间纠纷应尽量避免直接判决：“至两造族姻互讦细故，既分曲直，便判输赢。一予责惩，转留衅隙，讼仇所结，轇轕成嫌。”[2] 而强调晓谕说服：“俗有伉俪反目，妇姑勃谿者，闻其风必赧然。”[3]

古代乡邻族党间纠纷，多房屋、土地、山林边界之争。

东汉鲁恭为中牟令，“专以德化为理，不任刑罚”。时有“讼人许伯等争田，累守令不能决，恭为平理曲直，而皆退自责，辍耕相让。亭长从人借牛而不肯还之，牛主讼于恭。恭招亭长，敕令归牛者再三，犹不从。恭叹曰：‘是教化不行也！’欲解印绶去，掾史泣涕共留之”。“亭长乃惭悔，还牛，诣狱受罪。恭贯不问。于是吏人信服。”[4]

宋代苏颂知江宁县。凡民有争讼，颂谕以“乡党宜相亲善，若以小忿而失欢心，一旦缓急，将何赖焉”。“民往往谢去，或半途思其言而止。”[5]

明代宣德间赵豫为松江知府。方豫始至，患民俗多讼，“讼者至，辄好言谕之曰：‘明日来。’众皆笑之。有‘松江太守明日来’之谣。及讼者逾宿忿渐平，或被劝阻，多止不讼”，[6] 从而成功减少了讼累。郑氏族规说：“睦族之次，即在睦邻。邻与我相比日久，最宜亲好。假令以意气相凌压，彼即一时隐忍，能无忿怒之心乎？而久之缓急无望其相助，且更有仇结而不可解者。”[7] “子孙当以和待乡曲，宁我容人，毋使人容我，切不可先操忽人之心。若屡相凌逼，进进不已者，当理直之。”[8]

翁运标任地方官，有“邓、康二姓争湖洲利，斗杀积数十年，久不服。运标亲往勘其地，会大雨，二姓人皆请少避。运标曰：‘尔辈为一块土，世世罹重法不顾，予何爱此身乎？’植立雨中，逾时坚不去，遂皆感动，划界息讼”。[9] 陈朝君撰《莅蒙平政录》告示说：“照得本县莅蒙甫及六月，即特设息讼印簿。凡一切户婚田土以及口角相争细事，令乡约从中苦劝，无非望尔百姓人等各按本分，忍人让人，化大事为小事，化小事为无事耳。”[10]

北宋范纯仁知庆州，要求罪犯悔过自新：“诸州院罪人皆满。公诘其所以坐屠贩盗

---

［1］［民国］葛存虚：《清代名人轶事》卷七《罗仙坞作令》。
［2］［清］汪辉祖：《学治臆说·姻族互讦毋相笞挞》。
［3］《陈继芳妻解氏妙福墓志铭》，常熟碑刻博物馆藏，见王国平等主编：《明清以来苏州社会史碑刻集》，苏州大学出版社 1998 年版，第 5 页。
［4］《后汉书》卷二五《鲁恭传》。
［5］《宋史》卷三四〇《苏颂传》。
［6］《明史》卷二八一《循吏传·赵豫》。
［7］［明］姚舜牧：《药言》。
［8］［明］郑太和：《郑氏规范》。
［9］《清史列传》卷七五《循吏二·翁运标传》。
［10］［清］陈朝君撰，康熙二十八年刊《莅蒙平政录》告示。

窃而督赏者三分之二。公曰：此何不责保在外使之输纳耶？通判州事起白公曰：‘非不知此。第以此辈凶暴不可释，释之不旋踵复紊官司矣。’公曰：‘终当何如？’曰：‘往往以其疾毙于狱中，是与民除害矣。’公蹙然曰：‘法不当死，而在位者以情杀之，岂理也耶？’遂尽呼出立于庭下，戒饬之曰：‘尔辈为恶不悛，在位者不欲释汝，惧为良民害，紊官司也。汝等自能悔过自新，我欲释汝。’皆叩头曰：‘敢不佩服教令。’遂释之，欢呼而出，转相告语公之仁恩浃于一境之内矣。是岁犯法者减旧岁之半。”[1]

清代邵大业擢江南苏州知府，“松江盗狱久不决，株连庾毙者众。奉檄鞫治，见群犯皆断胫折踝，蹙然曰：‘尔等亦人子，迫饥寒至此，犹茹刑颠倒首从，诬连非罪人，何益于尔？’有盗幡然曰：‘官以人类待我，我不忍欺。’狱辞立具”。[2]

陆陇其在灵寿，教育小偷以劳动维生：“凡获小偷到案，则曰：‘汝亦有人心者也，何至为此？’偷曰：‘小人为贫所迫耳。’公曰：‘是不难，为利之最厚者，莫如纺绩，且人人能为之。’随命仆市棉花斤余，使偷在堂右，教以纺花之法。曰：‘能即释汝，不能，即惰也，罪加倍。’偷愿速释，无不留心学习，数日间即能为矣。公曰：‘此赀本不过百余钱耳。今数日内，循环例换，已赢余若干，除汝饭食外，尚剩有数百钱。汝回去执业，倘得犯，不汝恕矣。’偷泣而去，改过迁善者多。间有再犯，则杖而后教之在堂上纺花一月。三犯，则曰：‘是不能改矣。’使二役挟之急行千步，以热醋灌之，饮至半，使一人突拍其背，则嗽终身不愈，不能作贼矣。仍纺花以没世。时尚未设养廉，若奉文有摊捐款，必具文申请，曰：‘职俸银四十五两，仅敷自食，所须捐款，动钱粮耶？抑杂税耶？’”陆陇其在地方施行教化，“春风化雨”，“历历开导”，“以善劝人”，[3] 深得百姓拥戴。

三、酌处代亲受刑为亲复仇案

周代确立了一些审判原则。如着眼于宗法制度下家族的延续，重视惩治不孝罪。“元恶大憝”，也就是“不孝不友”的人，应该“刑兹无赦”，“凡杀其亲者，焚之”。同时反对株连。针对商代“罪人以族”、滥肆牵连的现象，周公强调“父子兄弟，罪不相及”，[4] 只惩罚罪犯本人，不随便株连无辜者。

谈到孝，不可避免地要涉及到以下两个与礼义密切相关的问题。

一是罪犯子孙自愿受刑，以身代父祖之罪。这种行为，一般被认为孝行而得到批准。但有时也有依法行事的。梁代，十五岁少年吉翂请求代替父亲的死罪。梁武帝派廷尉对他进行审察，“高祖乃宥其父”。[5] 北魏，长孙虑，代人也。母因饮酒，其父真呵叱之，误以杖击，便即致死。真为县囚执，处以重坐。虑列辞尚书云：“父母忿争，本

---

[1] ［明］吴讷等：《祥刑要览》卷上、卷中《纯仁戒情杀》。
[2] 《清史稿》卷四七七《循吏二·邵大业传》。
[3] ［清］吴炽昌：《续客窗闲话》卷三《陆清献公遗事》。
[4] 《尚书·康诰》；《周礼·秋官·掌戮》。
[5] 《梁书》卷四七《孝行传·吉翂》。

无余恶。直以谬误，一朝横祸。今母丧未殡，父命旦夕。虑兄弟五人，并各幼稚。虑身居长，今年十五，有一女弟，始向四岁，更相鞠养，不能保全。父若就刑，交坠沟壑，乞以身代老父命，使婴弱众孤得蒙存立。"尚书奏云："虑于父为孝子，于弟为仁兄，寻究情状，特可矜感。"朝廷诏特恕其父死罪，以从远流。[1]

唐代兴平县民上官兴醉后杀人逃亡在外，官吏逮捕其父亲关进监狱，上官兴投案自首，想以此解救父亲。一些官员提出："杀人者死，百王共守。若许杀人不死，是教杀人。兴虽免父，不合减死。"诏令减为流刑。[2] 宋代会稽县人蔡定，因父被官府关押，"数诣府号诉，请代坐狱"或"效命于戎行"，不被批准。又"请隶五符为兵"，又不允许。为了唤起人们对其父的同情，自己投河自尽。官府听说后，惊呼为"真孝"，立刻释放其父，并厚葬蔡定。[3]

明初，民有父得罪当杖而子请代者，朱元璋对审判官说："父子之亲，天性也"，"今此人以身代父，出于至情。朕为孝子屈法，以劝励天下，其释之"。[4] 如果以身代亲死者都能得到赦免，法律秩序就无法维护了。司法实践中的处理方式往往因时、因人而异。

二是如果父母被人所害，子孙应如何对待的问题。倘若子孙与仇人私了，属于严重的不孝罪。但是按照法律规定，杀人为重罪，不允许私自复仇，而应该向官府控告或将仇人执送官府处理。

汉代吴祐任胶东侯相，"安丘男子毋丘长与母俱行市，道遇醉客辱其母，长杀之而亡，安丘追踪于胶东得之。祐呼长谓之：'子母见辱，人情所耻。然孝子忿必虑难，动不累亲。今若背亲逞怒，白日杀人，赦若非义，刑若不忍，将如之何？'以械自系，曰：'国家制法，囚身犯之。明府虽加哀矜，恩无所施。'祐问长：'有妻子乎？'对曰：'有妻未有子也。'即移安丘逮长妻，妻到，解其桎梏，使同宿狱中，妻遂怀孕。冬至尽行刑，长泣谓母曰：'负母应死，当何以报吴君乎？'乃啮指而吞之，含血言曰：'妻若生子，名曰吴生，言我临死吞指为誓，属儿以报吴君。'因投缳而死"。[5] 赵娥，"父为同县人所杀，而娥兄弟三人，时俱病物故，仇乃喜而自贺，以为莫己报也。娥阴怀感愤，乃潜备刀兵，常帷车以候仇家，十余年不能得，后遇于都亭，刺杀之。因诣县自首，曰：'父仇已报，请就刑戮。'禄福长尹嘉义之，解印绶欲与俱亡。娥不肯去，曰：'怨塞身死，妾之明分；结罪理狱，君之常理。何敢苟生，以枉公法！'后遇赦得免。州郡表其闾。太常张奂嘉叹，以束帛礼之"。[6]

这两个具有悲剧色彩的案例，说明在宗族社会背景下，宗族延续对于司法的深刻影响。而在社会舆论上，复仇，被认为是惊天动地的壮举，受到社会舆论的同情和赞许，

---

[1]《魏书》卷八六《孝感·长孙虑》。
[2]《旧唐书》卷一五七《王彦威传》。
[3]《宋史》卷四五六《孝义·蔡定传》。
[4]［明］余继登：《典故纪闻》卷三《山阳民》。
[5]《后汉书》卷六四《吴延史卢赵列传》。
[6]《后汉书》卷八四《列女传》。

也为统治者所表彰。官府对复仇的子孙大多予以减刑，但也有将复仇者绳之以法的。

唐太宗时，即墨人王君操杀死了害死自己父亲的仇人，然后向官府自首："父死凶手，历二十年不克报，乃今刷愤，愿归死有司。"州上报，结果免死。[1]"卫孝女，绛州夏人，字无忌。父为乡人卫长则所杀，无忌甫六岁，无兄弟，母改嫁。逮长，志报父仇。会从父大延客，长则在坐，无忌抵以甓，杀之。诣吏称父冤已报，请就刑。巡察使褚遂良以闻，太宗免其罪，给驿徙雍州，赐田宅，州县以礼嫁之。"[2] 宪宗元和六年（811），又发生了梁悦为报父仇之事。韩愈认为，若依据儒经，允许复仇；依据法律，则杀人者死。"盖以为不许复仇，则伤孝子之心，而乖先王之训；许复仇，则人将倚法专杀，无以禁止其端矣"，应该由尚书省讨论，酌情判决。[3] 后唐时，"襄邑县民闻威，父为人所杀，不雪父冤，有状和解，特敕处死"。[4] 宋代王公衮擅自杀死盗掘其母坟墓、已被官府判徒刑的无赖嵇泗德，到官府自首。审问该案的官员讨论认为这是复仇行为，"公衮复仇之义可嘉，公衮杀掘冢法应死之人为无罪"，而得到皇帝同意。[5]

明万历时，武义县王世名的父亲与同族兄弟之子王俊住在一起，因争夺房产，被王俊打死。王世名隐忍多年，谓妻、母曰："吾已有后，可以死矣。"遂杀王俊，并曰："身者，父之遗也。以父之遗为父死，虽离母，得从父矣，何憾！"又说："此非法也，非法无君，何以生为？"遂不食而死。诏旌其门曰"孝烈"。[6]

子孙无论是代父受刑，还是为尊长复仇，都是一种宗族观念下的行为，都是把宗族利益置于社会利益之上。虽然为封建伦常所赞许，毕竟"非法"，不符合法律的规定，因此也经常遭到封建官府与论者的批评。这种矛盾的现象，曾经引起历代为此的反复讨论。问题的关键在于，处理这类案件，是着重从宗族和宗祧继承的角度，还是从法律有罪必究的角度。例如，采取折中减死的办法，既惩罚擅自复仇者，又表彰其孝行，并且不使其断绝宗祧，以体现伦常，在当时比较能够为大多数人所接受。但"若许杀人不死，是教杀人"。要减刑，复仇者应该一律减刑，不可能只对个别人网开一面。而且，既惩罚又表彰，也无法律依据。至于统治者凭个人一时喜怒而骫法释罪，其后果就更严重了。

实际上，宗族观念与"杀人者死"的律条规定之间的关系，往往很难得到圆满的协调，上述矛盾也难以最终解决。清人陆以湉总结说："唐以前，复父仇不抵死者多，至唐始有抵死者。宪宗时，梁悦复父仇，职方员外郎韩愈议，复仇之名同而其事各异，有复父仇者事发，具其事下尚书省集议以闻，酌处之；有诏以悦申冤请罪诣公门，流循州。自后多得减死，然犹不免于戍，如明之何兢、张震皆然。至本朝蓬莱王孝子之复父

[1]《新唐书》卷一九五《孝友传·张琇传附王君操》。
[2]《新唐书》卷二〇五《列女传·卫孝女无忌》。
[3]《韩昌黎文集》卷三八《复仇状》。
[4]《旧五代史》卷三九《唐书·明宗纪五》。
[5]［宋］周密：《齐东野语》卷九《王公衮复仇》。
[6]《明通鉴》纪六七《神宗万历九年》。

仇，竟得开释，复功名，则以典狱者贤能，能体圣天子孝治天下之意也。”[1] 根据他的说法，前代对复仇者虽对免死，仍然改判他刑；到了清朝，则改成无罪开释，体现出统治者“孝治天下之意”。换言之，对复仇者只有判决无罪，才算最理想的结果。

四、判案体现诚信教化

“人而无信，不知其可。”[2] 在司法实践中，同样要贯彻诚信原则。这里包括两层意思。

第一层是当事人通过订立与遵守契约等形式反映诚信。

河南巩义市北窑湾汉墓出土东汉买地券载，光和元年（178）十一月，交易后，“钱毕，田中根生伏财，上至仓（苍）天，下到黄泉，悉行”；“即日自相可信，共为手书，饮酒各半”。该墓是已知河南境内仅有的经科学考古发掘所获的东汉买地券实物。[3]

第二层是官府与罪犯之间的互相信任。古代曾经多次出现官府放罪犯回家度假，罪犯遵约于节后自动返回监狱的事例，反映了诚信伦理对改造罪犯的深刻影响。

汉代钟离意，字子阿，会稽山阴人，“迁堂邑令。县人防广为父报仇，系狱，其母病死，广哭泣不食，意怜伤之，乃听广归家，使得殡敛。丞掾皆争，意曰：‘罪自我归，义不累下。’遂遣之。广敛母讫，果还入狱。意密以状闻，广竟得以减死论”。[4]

南朝梁傅岐，除始新令。“县民有因斗相殴而死者，死家诉郡，郡录其仇人，考掠备至，终不引咎，郡乃移狱于县，岐即命脱械，以和言问之，便即首服。法当偿死，会冬节至，岐乃放其还家，使过节一日复狱。曹掾固争曰：‘古者乃有此，于今不可行。’岐曰：‘其若负信，县令当坐，主者勿忧。’竟如期而反。太守深相叹异，遽以状闻。岐后去县，民无老小，皆出境拜送，啼号之声，闻于数十里。”[5] “梁席阐为东阳太守，在郡有能，悉放狱中囚，依期而至。后汉虞延为细阳令，每至岁时伏腊，辄休遣囚徒，各使归家，并感其恩德，因期而还。《南史》何胤在齐为建安太守，为政有恩，人不忍欺，每伏腊放囚还家，依期而还。呜呼！中孚之信及豚鱼，盖非一日之积也。”[6]

唐代武德初年，唐临出为县令，“县有轻囚十数人，会春暮时雨，临白令请出之，令不许。临曰：‘明公若有所疑，临请自当其罪。’令因请假，临召囚悉令归家耕种，与之约，令归系所。囚等皆感恩贷，至时毕集诣狱，临因是知名”。[7] 贞观六年（632），太宗“亲录囚徒，闵死罪者三百九十人，纵之还家，期以明年秋即刑；及期，

[1]［清］陆以湉：《冷庐杂识》卷二《复父仇》。
[2]《论语·为政》。
[3] 张雷：《河南巩义市北窑湾汉墓出土东汉买地券研究》，《考古》2014年第1期。
[4]《后汉书》卷四一《第五钟离宋寒列传》。
[5]《梁书》卷四二《傅岐传》。
[6]［宋］周密：《癸辛杂识》后集《纵囚》。
[7]《旧唐书》卷八五《唐临传》。

囚皆诣朝堂，无后者，太宗嘉其诚信，悉原之”。[1] 清代俞蛟记载：时当小除，（广东新会）狱囚念及家室，咸欷歔泣下。（狱吏长）阿丕恻然于中，大言曰：‘今夕释诸君归家，对妻孥而醉椒酒，乐乎？’诸囚唯唯，疑其戏言以博笑也。阿丕曰：‘予素无诳语，诸君能于明正二日如约归来，则两无所害；否则予立毙杖下矣。’众指天地，遂为之脱械纵去。其侪辈皆咎其妄，曰：‘君主之，无相累也。’至期，囚皆逡巡返狱，无一失时。”[2]

直到清代仍有此类事例：“蕲州刺史吕元膺，当录囚，囚白有父母在，元旦不得归省。吕释械放归，如期而至。又临淄令曹摅囚陷大辟，新岁问知其有父母，放令归家，至期归狱。正欧阳子所谓‘以君子之难能，责小人之尤以必能者也’。”[3]

无论是放囚还家还是赦罪，均无律条依据，却反映了先秦儒家所谓人性本善、应该唤醒善性的思想的影响，以及统治者重视诚信并在审判中加以贯彻以实现教化的精神，因此被作为典范。

清代汪辉祖论述了审案与诚信之间的关系：“官能予人以信，人自帖服。吾辈佐官，须先要之于信。凡批发呈状，示审词讼，其日期早晚，俱有定准，则人可依期伺候，无废时失业之虑”；“长民者不患民之不尊，而患民之不亲。尊由畏法，亲则感恩。欲民之服教，非亲不可。亲民之道，全在体恤民隐。惜民之力，节民之财，遇之以诚，示之以信，不觉官之可畏而觉官之可感，斯有官民一体之象矣”。

礼义教化的方式之一，是审判官的言传身教。所谓“教化为政之首务。然言教不如身教之易以感人”。[4]

北魏张长年出为宁远将军、汝南太守，“有郡民刘崇之兄弟分析，家贫唯有一牛，争着不决，讼于郡庭。长年见之，凄然曰：‘汝曹当以一牛，故致此竞，脱有二牛，各应得一，岂有讼理。’即以家牛一头赐之。于是郡境之中各有相诫约，咸敦敬让”。崔景伯为清河太守，“每有疑狱，常先请焉。贝丘民列子不孝，吏欲案之。景伯为之悲伤，入白其母。母曰：‘吾闻之闻不如见，山民未见礼教，何足责哉？但呼其母来，吾与之同居。其子置汝左右，令其见汝事吾，或应自改。’景伯遂召其母，崔氏处之于榻，与之共食。景伯之温凊，其子侍立堂下。未及旬日，悔过求还。崔氏曰：‘此颜虽惭，未知心愧，且可置之。’凡经二十余日，其子叩头流血，其母涕泣乞还，然后听之，终以孝闻”。[5]

陆陇其知嘉定县，“日坐堂上课子读书，夫人在后堂纺织。民有事控县者，即出票交原告唤被告，如抗出差。其听讼也，以理喻，以情恕，如家人父子调停家事。渐成无讼之风。有兄弟争讼不休，公谓之曰：‘弟兄不睦，伦常大变，予为斯民父母，皆予教

[1]《新唐书》卷五六《刑法志》。
[2]［清］俞蛟：《梦厂杂著》卷三《狱卒纵囚记》。
[3]［清］王士禛：《香祖笔记》卷五《纵囚》。
[4]［清］梁章钜：《退庵随笔》。
[5]《魏书》卷八八《良吏传·张恂传附张长年传》，卷九二《列女传》。

训无方之过也。’遂自跪烈日中。讼者感泣，自此式好无尤”；“公生辰，贫不能备寿筵。夫人笑之，公曰：‘汝且出堂视之，较寿筵何如？’但见堂上下香烛如林——斯民敬之若神明焉”。[1]

五、引导两造调解息讼

民事案件大多是亲属、邻里间的诉讼，历代强调要依据伦常道德对当事人双方进行调解。通过调解，得以避免诉讼的精力与财力之累，较快解决纠纷，也可以防止当事人之间关系因诉讼而走向恶化。调解是中国传统上化解矛盾纠纷的有特色的途径。

相传周代就有“调人”之职“掌司万民之难而谐和之”。[2] 长沙东牌楼出土东汉简牍中有督盗贼殷何向上司呈报的司法文书，其中说原告李建与被告精张、精昔因争夺田产而诉讼。经官吏调解，双方达成和解协议，其“自相和从书”称“张、昔今年所界田六石，当分税”。[3]

陆襄，梁大通中鄱阳内史。“有彭李二家先因忿争，遂相诬告。襄引入内室，不加责诮，但和言解喻之。二人感恩，深字悔咎。乃为设酒食，令其尽欢。酒罢同载而还，因相亲厚。人作歌曰：‘陆君政无怨家，斗既罢，仇共车。’”[4]

对于一般的财产纠纷案件，在原告向官府起诉后，官府往往把被告也拘来，要求双方对质辩驳，然后由官府加以调解，要求双方达成继承财产的协议。如果不能达成，则由官府加以裁决。必要时，官府还要“先论其事理之是非，次考其遗嘱之真伪”。[5]

清乾隆八年（1743）闰四月上谕：“即听讼一端，两造俱在，亲族邻佑，齐集公庭，正百姓耳目所属，推诚晓谕，最易提撕，不徒现犯者各自愧悔，并使旁观者亦因此传播，交相劝勉。若公事稍暇，或讲读编审，或劝课农桑，即可单车减从，亲历乡村，遇父老子弟，奖其善良，惩其不率，申之以劝诫，示之以荣辱，循谨者亦加鼓舞，即强悍者亦知戒惩。渐摩日久，性情和顺，贪利好胜之心不作，而一道同风之盛可几矣。”[6]

清人认为，“词讼之应审者，什无四五。其里邻口角，骨肉参商细故，不过一时竞气，冒昧启讼。否则有不肖之人，从中播弄。果能审理，平情明切，譬晓其人，类能悔悟，皆可随时消释。间有准理，后亲邻调处，吁请息销者，两造既归辑睦，官府当予矜全。可息便息，宁人之道。断不可执持成见，必使终讼，伤闾党之和，以饱差房之欲”。[7] 清潘杓灿撰《刑名上》章程：凡和息必于听审投递，其系口角逋欠、不必正法之事，两造愿和听从民，便若豪强压伏。迫以不得不和之势者，仍与审明成案，以抉懦

[1] ［清］钱泳：《履园丛话》卷一《陆清献公》。
[2] 《周礼·地官·调人》。
[3] 长沙市文物考古研究所等：《长沙东牌楼东汉简牍》，文物出版社2006年版，第73页。
[4] ［明］余懋学：《仁狱类编》，明万历三十六年直方堂刻本，卷一《德化》。
[5] 《名公书判清明集》卷六《争山》。
[6] 《大清律例通考》卷七《吏律·公式》。
[7] ［清］汪辉祖：《佐治药言·息讼》。

弱或关风化，人命盗逃，原告受贿改口者，必须审出真情与告认。[1] 清牛天宿《监琼条约》："劝民息讼以省功费"；"乡约听其公处，则两造之气既平，又省功免费，岂不为好"；"今之为约，凡审一事，必立一铁案，两造干证细心审讯，必求得情依律，毫无疑窦，虽得情勿喜。然经我承问官审定，不论何处总不出此理"。[2]

刘廷玑说："古田余祭酒（指余正健）家居，奉特旨督学江南，时先君以遗爱未泯，士民感颂不忘，请祀名宦，已由府申司，例必学院批允方可遵行。道路相传余公严厉，不独不可干之以私，即往来书函亦难轻投。予自念今皇上忠孝，而余公读书君子，未有不以忠孝宅心者。予修禀揭，直投上请，即使撄挞达诸九重，为亲受过自甘不辞。乃余公竟答一函，不但如我所请，而且词语谦逊，始知真清正者未有不和平者也"。[3] 这种"清正""和平"的品格，正是官府对当事人进行调解的必要条件。

对与外族的纠纷，一般也强调忍让。历代家训族规，多要求与邻族之间通过调解、协商的方式解决纠纷。陆游说："诉讼一事，最当谨始。使官司公明可恃，尚不当为，况官行关节，吏取货贿。或官司虽无心，而其人天资暗弱，为吏所使，亦何所不至，有是而后悔之，固无及矣！况邻里间所讼，不过侵占地界、逋欠钱物及凶悖陵犯耳，徐徐谕之，勿遽兴讼也，若能置而不较尤善。"[4]

清光绪年间，广西西林岑氏宗族确立与外姓争执的解决途径："若与他姓有争"，"倘止户婚田土，闲气小忿，无论屈在本族，屈在他姓，亦以延请族党委曲调停于和息"。[5]

历史上有许多拒绝官府调解、呈控不已的判例。如晚清时期童务本上控穆道儿案：光绪四年（1878）七月，穆道儿租童务本房（原房东雷大鸣）开设饭店，议明租价钱一百二十串。自此以后穆道儿照原数给付。至十六年（1890），童持帐请加租，双方互相争斗。穆道儿坚称并无加租之事，亦无质证之人。童屡控屡催，穆"构讼四年，生意歇业，是富室任情诬控，而贫民至死埋冤，论其案情，实堪发指"。最后官府判决判童务本"既得便宜，以后必欲将穆道儿拖累至毙，具控不已，又复上控"，将其驳回。[6]

历代调解的方式，首先是官府在审理过程中对当事人的调解。

宋真德秀撰《偷俗榜文》："当职昨在任日，遇亲戚骨肉忿，多是面加开谕，往往幡然而改，各从和合而去。"[7]

清代曾任蒙阴县令的陈朝君撰《为慎选乡老特设印簿以息讼源以省民财事告示》："为尔百姓打算，别无生财之术，止有省费之方。为此示仰各社乡约人等知悉：各造空

---

[1] [清] 潘杓灿：《未信编》，康熙四十三年重刊本，卷三《刑名上·章程》。
[2] [清] 牛天宿：《监琼条约》，清刊百僚金鉴本。牛天宿，字戴薇，山东章丘人。顺治进士，曾为广东琼州知府。
[3] [清] 刘廷玑：《在园杂志》卷一《居官》。
[4] [宋] 陆游：《放翁家训》。
[5] [清] 光绪广西《西林岑氏族谱》卷三《祖训》。
[6] [民国] 樊树才编：《樊山公牍》，上海大达图书供应社 1933 年版，第 100—102 页。
[7] [宋] 真德秀：《偷俗榜文》，清光绪元年印养正图解本。

白簿一本，送县用印钤。盖嗣后除真正人命强盗不时告理外，其余户婚田土一切细事，偶有相争，即凭媒妁中证，会同乡老齐赴约所，从公管劝务期两平，随将两家事理，按定月日各用花押，注明印簿，每月初一，送县查阅。”[1] 雍正时，“江苏王皋谟知晋江县事，前官以击断为治，而讼益繁。王下车，语民曰：‘此皆吾赤子也，忍以贼盗视乎！’解苛政，坐堂皇，呴呴作家人语。曲直既判，呼两造前，令释忿，相对揖，罢去。由是讼者遂日少”。[2]

其次是乡里亲属、里老、族长之属对当事人的调解。

明代有张玉父者，“好为人解纷”，“为乡里圆融讼事”，以“白金数两赂公吏，则事易平”。虽然不是守法的办法，亦属当时调解的一种方式。[3]

调解的重要途径就是和稀泥。中国历来就有和稀泥的文化。“陈树屏为江夏县知事，善以片语解纷。时值张香涛督鄂，与谭抚军意见相龃龉。一日，公宴黄鹤楼，俱有茗艼意，座客某谈及武汉江面之广狭，谭言五里三分，张言七里三分，互相争执。陈于末座徐徐举手曰：‘江面水涨，即广至七里三分；水落，即狭至五里三分。制军就水涨言之，中丞就水落言之，两贤皆无讹。’张、谭闻之，抚掌大笑。”[4]

清代罗天尺在《五山志林》中记载，顺德知县徐勍“一日晨起视事，有新会少年泥堂前，以妇翁赖婚求谳。侯（指徐勍）曰：‘越俎不能也。’少年首触柱，血被面。侯怜之，乃系于狱，若获盗者，牒新会取盗党。连妇翁至，则曰：‘吾婿也，恨不与若妇，故诬我。’侯曰：‘余故知若婿之无良也，能与五十金，吾为若绝之。’且曰：‘偕女来。’越日，金、女俱至。侯曰：‘五十金，中人产也，婿不贫也。’僦舍西邻，令完婚，趣具花烛鼓吹去。”[5]

北洋时期民事诉讼法第三编大理院判例要旨：“和解不论在审判上审判外，以有当事人合致之意思表示为成立条件，是故诉讼人于其诉讼或各争点仅有互相让步之意思，而其意思并非合致者，则审判衙门虽得令两造当事人试行和解，然不得谓为和解业经成立。”司法调解具有效力：“当事人就某项讼争关系，经人调息，约明互相让步，呈经该管审判衙门批准销案者，该当事人等即应受其拘束，以后更不许其一造无故翻异。”“审判上之和解，一经合法成立，该诉讼即完全了结，除有无效或应行撤销之事由外，审判衙门不得就其事件再为审理。”[6]

南京政府时期的民事诉讼法规，对民事调解有明确的规定，同时也颁布了一些单行的调解法规。如 1936 年 2 月行政院通过的《房租纠纷调解办法》规定，房租调解之当事人，应于接到地方主管官署七日内各自推定代表，如逾期未推定者仍应进行调解之规定，此外并无强制代表必须出席调解会之办法。“设或当事人有一方始终不推定代表出

[1] ［清］陈朝君撰，康熙二十八年刊《莅蒙平政录·为慎选乡老特设印簿以息讼源以省民财事告示》。
[2] ［民国］徐珂：《清稗类钞·狱讼类·王皋谟听讼》。
[3] ［明］都穆：《都公谈纂》卷上《木渎士民》。
[4] ［民国］易宗夔：《新世说》二九《陈树屏片语解纷》。
[5] ［清］罗天尺：《五山志林·徐侯政绩》。
[6] 《大理院判例要旨汇览》第 1 卷，大理院编辑处编，1919 年印行，民国四年抗第 170、408、696 号。

席调解会，是否缺席调解，抑或作为调解不成立论，颇滋疑问，亦须于该施行细则内为之定一妥当办法，俾可实行调解工作。”[1]

阅读书目

1. 瞿同祖:《中国法律与中国社会》，中华书局2003年版。
2. [日] 滋贺秀三:《明清时期的民事审判与民间契约》，法律出版社1998年。
3. 谢晖:《民间法》，济南出版社2010年版。

思考题

1. 中国古代从哪几个方面预防犯罪?
2. 中国古代官府审理民间案件依据什么原则?
3. 古代审判活动中如何体现封建伦理道德?
4. 怎样看待古代的“非讼”思想?
5. 试述古代诉讼中的调解制度。

[1]《钱业月报》，第16卷第3号（1936）。

第十一章　近代秘密社会

有组织犯罪、秘密社会犯罪、帮会犯罪、黑社会犯罪，是密切联系又有层次之别的概念。本文所称秘密社会，实际上就是帮会的概念。近代中国的秘密社会，相传起源于明末清初。上海是在第一次鸦片战争以后，根据中英《南京条约》的规定开埠并建立租界，才逐步出现帮会并迅速成为近代帮会活动中心的。研究近代以来秘密社会现象，对于了解今天刑法中规定的黑社会性质组织犯罪，具有一定的启发意义。

第一节　近代秘密社会的形成

一、洪门的起源与发展

清代秘密社会，包括天地会（三合会、三点会等）、哥老会与青帮。晚清以后，青帮、红帮往往并称，一说天地会即红帮，也有认为红帮专指哥老会。

天地会又称洪门（亦称汉留），源于明末至清代的反清复明组织。明末，政治腐败，社会黑暗，李自成领导了农民大起义，崇祯十七年（1644），农民军推翻明朝，建立“大顺”政权。然而，关外满族建立的后金政权在明朝边将吴三桂的引导下，很快入关，击败李自成政权，定都北京，建立清朝，随后分兵南下，镇压各地反清势力。特别是在扬州、江阴、嘉定等地，清军实施了血腥屠杀，激起曾经效忠于明朝廷的汉族士大夫与人民的强烈仇恨。在此过程中，各地出现了一些反抗清朝的秘密组织。反清义士洪英、郑成功、史可法等人，成为反抗清朝的旗帜，也是洪门承认的先祖。

相传洪英为山西太平人，崇祯进士，为人慷慨好义，与顾炎武、黄宗羲、王夫之等都有交往。洪英所收门徒中的蔡德英等五人被洪门尊为前五祖。后来洪英南下投奔驻守扬州的史可法，并受史可法派遣，秘密前往北京劝说吴三桂倒戈，不料吴三桂拒绝听从。洪英只好退出，离京南下，与门生一起在安徽芜湖起兵抗清，兵败战死。洪英死后，蔡德英等五个门生听说郑成功在台湾抗清，前往投奔。当时郑成功为坚持反清复明，在台湾的金台山明远堂举行开山立堂仪式，创建洪门。蔡德英等 5 人加入了洪门，以后又受命返回大陆，从事抗清，暂栖福建莆田南少林寺习武。不料有奸人向官府告密，说少林寺僧正在筹划反清复明。清朝立刻派兵前往征剿，蔡德英等血战脱身，重新聚集反清义士。最后在湖北襄阳万云寺旁的红花亭聚义，以明太祖洪武之洪为结盟之姓，称洪门，对外则多称天地会。

也有较多学者认为上述传说并无根据，认为洪门实际上起源于乾隆二十六年（1761）“想造反当皇帝”的提喜和尚（俗名郑开，即洪二和尚）在福建云霄高溪（今属漳州市云霄县东厦乡）观音亭创建的天地会。由于创始人为洪二和尚，所以天地会又称洪门。天地会创立后，迅速向广东、广西、江西、湖南、台湾等各地蔓延。在康熙、雍正、乾隆年间人多地少、人口流动频繁、社会矛盾尖锐、宗族械斗频发的环境下，广泛存在异姓结拜兄弟并秘密结社的现象发展为较为成熟的会党天地会的形式。天地会具有明显的反清色彩，成立后早期领导的一次大规模武装反抗清朝的活动，便是乾隆五十一年至五十三年（1786—1788）在台湾发生的林爽文起义，一度占领大半个台湾岛，建立政权，还建了年号，坚持一年两个月。以后又爆发了天地会领导的一系列武装反抗清朝的起义。1853 年在上海县城爆发了天地会分支小刀会起义。

唐才常（1867—1900），号拂尘，湖南浏阳人，曾与谭嗣同等一起参加戊戌变法，失败后流往日本，组织自立会，“拟于长江沿岸利用会党举义”，保护光绪帝，建立君主立宪。光绪二十五年（1899）唐才常自立军在汉口领导起义“勤王”，起义分别是由天地会、哥老会或者其分支发动或冲锋陷阵的，最后失败。

洪门团体又称红帮，有山、堂、水、香名称。19 世纪 50 年代小刀会起义即洪门天地会来沪发动。光绪十二年（1886），洪门龙头江彭山创设飞龙山，闯入上海。此后，各自独立的洪门山头相继至沪。随着时间推移，上海红帮的帮派传统有所淡化，不少山主从事教育、工商活动，尤其在盐枭、码头地盘上，红帮势力很大。

20 世纪 30 年代上海洪门团体包括分支机构 30 个左右，其间各自独立。在动员洪门兄弟参加抗日救亡活动方面起了一定的作用。其中主要有：（1）五圣山。1923（一说1934）年前后在上海成立，分为仁、义、礼、智、信五个堂口，每一堂口都有堂主、副堂主。堂主有朱卓文等，各堂主中有广东帮、和尚、湖北帮等。中华人民共和国成立前五圣山在上海有兄弟千余人。（2）五行山。前身是四川帮洪门组织，1935 年在上海扩大为五行山，其出山檄文声讨日寇暴行称：“呜呼，九一八、一二八，我大好河山竟被日寇侵略，东北沦陷，沪江喋血，倭奴小鬼，俨同野兽，鲸吞我土地，劫掠我财富，杀害我同胞，奸淫我妇女。我无辜人民，白骨如山，血流成河”，“我洪门哥弟皆炎黄子孙，不能坐以待毙，爰创立五行山，高举义旗，联合中原之豪杰，聚合天下英雄，誓扫东夷，还我河山……”。五行山采用“双龙头制”，山主汪禹丞，在青帮中也是“大”字辈。另一山主白玉山，后投靠日伪。20 世纪 30 年代有社员 200 多人，其中颇多知识分子。（3）侠义社。上海的广东帮中最大的洪门团体，1946 年在逸园（今文化广场）开会时，到会成员达 5 000 多人，负责人郑子良。其成员复杂，组织庞大，除总社外，各区还有分社。（4）峪云山。山主徐朗西，在青帮中亦为“大”字辈，曾追随孙中山参加辛亥革命，由于革命需要而参加帮会，同时也加入青帮，北伐后在上海创办新华艺术专门学校，任副校长。该山成员多知识分子。（5）洪顺互助会。广东帮，负责人杨文道，曾因爱国活动被判刑 10 年，出狱后继续负责该会，并创办有洪顺小学，从事教育。

(6) 兴中会，负责人杨虎、程壮，参加者多海员。除此以外，洪门在上海还有正诚社、终南山、中华山、十龙山、大洪山、天寿山、鑫华山、天龙山等团体。[1]

民国时期，许多人认为洪门已经丧失“固有的民族革命精神”，正在堕落成危害社会的恶势力。洪门人物因此提出“发扬固有革命精神”，通过联合，“改进组织，以图复兴”。1936 年成立了上海洪门团体的联合组织——洪兴协会。通过市政府社会局发给登记证，公开成立筹备委员会召开成立大会，每一团体派出代表 5 人，按照当局规定的社团组织法，选举产生理事、监事 30 多人，推汪禹丞、向松坡为理事长，会址在浦东大楼（在今延安中路成都路口）。会员 100 多人。但成立后只有一些各洪门团体互相联系的作用，无其他具体活动，抗战期间停止活动。1943 年 12 月，在上海曾经成立有与日寇勾结的汉奸组织“中华洪门联合会”，并出版有特辑。抗战胜利，该会亦瓦解。

随着华人远赴海外，秘密社会也向海外流传。海外洪门主要指海外天地会组织。到 1850 年，仅新加坡，洪门人数就达 2 万，占当地华侨总数的 80%，美洲洪门也有相当势力。随着铁路的修建，洪门发展到美国东部。致公堂是华人移民在美洲受排挤的情况下建立的互助组织。19 世纪中期，在美国华侨中已有开山立堂，设在旧金山的洪门组织属三点会，后改称致公堂。

辛亥革命前孙中山在美国的活动，得到致公堂的帮助。爱国华侨司徒美堂（1868—1955），原名羡意，字基赞，广东开平人，出生贫苦农民家庭，1880 年赴美国旧金山，加入洪门致公堂，曾追随孙中山革命。1925 年 10 月，在司徒美堂等人推动下，美洲致公堂部分人士和在香港、澳门的代表，在旧金山举行恳亲大会，决定以洪门致公堂为基础，正式成立中国致公党。大会通过了党纲。抗战爆发后，司徒美堂发动美洲华侨捐款支援祖国抗战。1945 年其当选为美洲致公堂主席。1946 年 7 月，司徒美堂等回国，在上海发起成立全球洪门恳亲会，由于交通不便，各地代表未能到齐，只举行了预备会议和联欢大会，决议建立洪门先烈祠，创办洪门中学，编印全球洪门通讯录等。由于受国民党当局压制，会议决定成立“中国洪门民治党”。内战爆发后，司徒美堂宣布脱离民治党，返回美国。中国致公党则在中国共产党的帮助与领导下，逐渐摆脱以往帮会的性质，在反内战、反独裁的民主运动中得到新生。1947 年 5 月，中国致公党第三次代表大会于香港召开，大会讨论修改了致公党的《政纲》和《党章》，决议加入中国共产党领导的人民民主统一战线，使致公党真正成为一个新型的现代意义上的政党。1949 年司徒美堂回国后，历任中央人民政府委员、全国人大常委与全国政协委员。

哥老会兴起于长江上游四川一带，多数学者认为它是以乾隆初年四川出现的民间秘密团体啯噜会为胚胎，在嘉庆、道光年间融合了天地会白莲教的某些特点，逐渐演化而成。[2] 四川方言称弟为“老”，故又曰哥弟会。其组织结构比较严密。首领称“老大哥”或“大爷”，会员互称“袍哥”。初以反清复明为宗旨，近代曾借助湘军的招募而

[1] 姜豪:《漫谈旧上海的帮会》，见《20 世纪上海文史资料文库》第 10 辑，上海书店出版社 1999 年版。
[2] 欧阳恩良等:《中国秘密社会》第四卷《清代会党》，福建人民出版社 2002 年版，第 151 页。

得以迅速蔓延，晚清参加农民起义与反洋教斗争。由于哥老会的发展速度快，到晚清，在洪门中所占比例越来越大。20 世纪 40 年代，上海地区的洪门，一致把四川地区哥老会分支袍哥的各种制度作为洪门正宗，真正的洪门正宗三合会的制度反而无人问津。

二、青帮的兴起与演变

青帮，在历史传说中是一个融佛教、白莲教、罗祖教神话于一炉的大杂烩。青帮认祖一直可以追溯到达摩祖师，而被青帮奉为祖师的则是禅宗临济派明代金祖禅师清源、金祖徒弟罗清，以及罗清徒弟陆逵为前三祖。相传金祖祖籍应天府（今南京），生活于元末明初永乐年间，曾任文渊阁大学士，最后辞官，遁入空门修炼，隐居于五台山紫霞洞。罗清，甘肃兰州府人，赐进士出身，曾任监察御史、户部侍郎，嘉靖间在率兵征讨吐鲁番回师时路过五台山，拜金祖禅师。以后亦隐居于师父修炼过的五台山紫云洞。陆逵，江苏丹徒人，明亡后隐居，往五台山拜罗清。以后云游四海，在新疆、甘肃看到回汉之争，即向朝廷提出感化之策，得到康熙褒奖。

传说中曾拜罗清、陆逵的翁岩、钱坚、潘清三人（康熙至乾隆时期）为后三祖，是青帮真正的祖先。翁岩，字福亭，江苏常熟人，迁居河南南阳，到少林寺学艺，曾加入天地会。钱坚，字福斋，江苏武进人，迁居开封，习拳术，入天地会，与翁岩同为天地会首领张岳部下。潘清，字清宇，浙江杭州人，迁居开封，文武双全。因翁岩、钱坚两人受张岳之命来拜访，三人一见如故，结为异姓兄弟。

青帮名称来源有不同说法，一称安清帮，是在清朝前期为承运漕粮而形成的码头水手组织。清代漕运水手曾达 10 万户，以苏北籍为多，水手生活艰难，饱受运输风险与官府压榨、水手头领的欺凌盘剥，以及水手行帮之间的械斗之苦，因此往往互相帮助求生存，常依托庵堂而结社，青帮逐渐在水手中扎根并向外发展。

近代，随着太平天国运动席卷江南，漕运衰落，海运兴起，加上漕运中官吏的腐败，运河漕运中断，水手大批破产，无以为生，不得不另寻出路。苏北青帮因靠近海盐产地，多参与贩卖私盐的活动，融入当地盐枭集团，形成苏北帮。

上海青帮源于两大系统。一是湖州帮（江南帮），早期由李徽武率领；另一为苏北帮，首领为徐宝山。徐宝山（1866—1913），名怀礼，丹徒南门人，1866 年生，绰号徐老虎，早年即在镇江、扬州一带帮会、盐枭中以豪侠闻名，常四处躲避官府追捕，得到盐枭庇护，为青帮“大”字辈。1899 年，徐宝山在泰州与洪门首领任春山结交，互相加入对方帮会，开“春宝山”，两人共为首领。徐宝山还以“青洪联合”的名义，制定一些规矩，吸引了张仁奎、曹幼珊等不少门徒。于是大肆招兵买马，扩充实力，排挤原来红帮的势力。后受清朝招抚，在江淮地区追剿帮会。许多青帮大小头目被迫逃往上海。这是青帮第一次向上海集中。辛亥革命时期，徐宝山投机革命，利用帮会控制军队，以后转而投靠袁世凯，1913 年 5 月被陈其美手下刺杀。1927 年北伐军进入苏浙，徐宝山余部溃散，张仁奎等移居上海。这是青帮再次向上海集中。青帮曾组建共进会，遭袁世凯忌恨，下令解散，仅少数人由国民党接受。

1912年至1916年，上海青帮麕集于陈其美麾下。陈其美（1878—1916），原名陈英士，浙江吴兴人。早年到上海谋生，接触新思想。在日本加入同盟会。辛亥革命爆发后，他奉孙中山之命，奔走于苏、浙、沪，参与策划上海起义。上海光复后任沪军都督。陈其美厌恶徐宝山这样的投机分子，设计将其处死。但遭到袁世凯的嫉恨，被其派人杀害。死后，青帮一度群龙无首，直到黄金荣等“三大亨”崛起。

1900年唐才常回国，编成自立军，并与徐宝山联络，希望其参与起事。徐宝山先是虚与委蛇，窥伺时机，后来反受清政府招抚，抓捕自立军，为清朝镇压自立军立下一功。

青帮团体盛行字辈。民国初年，青帮在上海迅速扩大，各路首领大肆开香堂收徒。其主要帮系、人物有：（1）江淮泗帮。主要人物有“大”字辈的李徵五、曹幼珊、高士奎。李的徒弟有张宗昌、应桂馨，曹的徒弟有季云卿，高的徒弟有韩复榘、石友三、褚玉璞等。（2）兴武六帮。在传统帮会中是江淮泗下的分帮，但在上海很发达，“大”字辈头目较多，包括张仁奎，其收徒达3万人，建立有仁社。其徒弟包括陈光甫、朱筱竹、蒋鼎文、朱绍良、韩复榘，以及黄金荣、陈世昌、吴醒亚、杨虎、袁克文、金廷荪、汪禹丞等。（3）兴武泗帮。比较小，但仍有势力。出名的人物有阮慕白、洪友兰等。（4）嘉兴卫。有顾竹轩。此外还有嘉海卫、嘉北粮（有徐朗西）、镇前帮等。据说从1919年至1949年的30年间，上海共有48个有名的青帮头目，“他们相互之间既谨慎合作，又直接冲突，动摇不定。这些青帮头目大多属于‘通’字辈（34%或70%），而10%（或20%）属于颇有威望的‘大’字辈”。[1] 民国初年上海青帮人数不多，至20年代发展到20万人以上。黑社会巨魁大多出自青帮。

20世纪20年代，华北地区已经有帮会活动。1927年，袁克文以青帮“大”字辈由上海北归，在天津招收门徒，帮会势力扩展到京津地区。在西北，30年代甘肃社会各界尤其是商界有不少人为了外出安全方便，纷纷加入帮会。由于建造兰新铁路和开发玉门油矿，帮会势力一直往西蔓延。抗战期间，帮会势力进入大后方。

帮会在20世纪初的演变有两个趋势，一个是青红合流，一个是流氓化。

洪门与青帮早年政治立场不同，洪门痛恨青帮甘做朝廷奴才，为虎作伥。随着清朝政权的巩固，洪门反清复明宗旨逐渐淡化。19世纪，哥老会向长江中下游蔓延，远至两淮贩卖私盐。由于漕运衰落，青帮转而在长江中下游开辟码头，这样，青帮就与红帮开始接触，双方常有械斗。太平天国起义后，红青两帮同受清政府镇压。张之洞在奏折中称：“沿江口岸，匪党布满”；“上起荆岳、下至武汉以下，皆已联为一气，一处蠢动，处处响应”。[2] 所谓“青、红二帮，会、票各匪连成一气”。[3] 特别是辛亥革命期间青帮也曾参加起义，于是两家开始妥协，宣扬“清洪不分家”，互相间有不少人投入对方门下。青帮与红帮的合流主要有两种形式，一是各自加入对方的组织，另一是青

[1] 蔡少卿：《中国秘密社会概观》，江苏人民出版社1998年版，第51页。
[2] 《张文襄公全集》卷三十一。
[3] 《论江浙枭匪》，《东方杂志》1906年第1期。

帮模仿红帮，自开山堂。到民国时期，青帮与红帮基本合而为一。

清末以来，一些地方的城市游民结成流氓集团，通常由头领率领，划地称霸，为非作歹，欺压百姓。帮会原来与流氓是不同的组织。红帮、青帮特别是青帮进入上海后，需要借助当地流氓团伙站稳脚跟，发展势力，因此与当地流氓一拍即合，大部分很快转化为流氓，人称“青帮流氓化”，正所谓“帮中兄弟多不明帮规，又漠视道义，致帮规日弛，道义沦丧，品行恶劣，变成流氓”。流氓团伙则发现帮会组织严密，对于增强流氓团伙内部的凝聚力很有启发，于是与青帮互相依托，或者拜师入帮，呈现“流氓青帮化”。而红帮在城市生活中也自甘堕落。

这样，到民国初年，上海地区的青帮、红帮与流氓集团同流合污，已经变成流氓色彩浓厚、专事犯罪活动的黑社会组织。黄金荣、张啸林、杜月笙等既是帮会头子，也是新型城市中黑社会流氓集团巨魁。

三、近代帮会与城市

清朝中期，上海只是黄浦江边的一个县城。从近代以来上海社会背景变化中，可以看到旧上海黑社会势力形成与蔓延的主要原因。

第一，近代以来多次蒙罹战乱。清朝晚期，内忧外患连绵不断，专制统治日益衰落。上海地处沿海，北扼长江口，地理位置重要。19 世纪 40 年代第一次鸦片战争期间，发生了抵抗英军入侵的吴淞口之战。50 年代广东人刘丽川联络旅沪洪门力量举行小刀会起义，一度占领上海县城。60 年代，太平天国起义军与清军、西方殖民主义者之间在上海郊外进行了数次激战。进入 20 世纪，辛亥革命时期爆发了上海之役。20 年代北洋军阀曾经在上海一带混战，上海工人三次举行了武装起义。30 年代的“一·二八”和“八一三”两次抗战，给日本灭亡中国的狂妄企图以沉重打击。40 年代解放战争的进程，对上海社会产生了深刻影响。在历次战乱中，上海市民有人大做投机生意，更多市民在战乱中破产逃难，沦为无业游民，成为帮会组织产生的社会基础。

第二，城市经济的发展。第一次鸦片战争以后，西方列强在租界内建立了近代码头、工厂，上海开始出现早期的产业工人队伍。19 世纪 60 年代至 70 年代，清朝洋务派投资于军事工业与机器工业，在上海建立了早期的官僚资本企业，接着又出现官商合办、官督商办，以及纯粹商办的工商企业，开始形成民族资产阶级，工人阶级与城市游民队伍进一步扩大。工商、金融、铁路、航运以及人文辐辏之利，使上海成为近代中国的经济文化中心。城市经济的发展，促进了游民阶层的扩大，推动了城市文化的畸形繁荣，茶楼、酒馆、影院、旅社、澡堂、公园，乃至赌场、烟馆、妓院等大量出现，为帮会活动提供了空间。1911 年前后，上海有中式客栈 200 余家，其中 49 家设于华界，160 余家分布于租界里弄内。1932 年至 1936 年，公共租界公园的游客逐年猛增，从 210 万人次增加到 479 万人次。[1]

---

[1] 罗苏文:《近代上海都市社会与生活》，中华书局 2006 年版，第 16、118 页。

第三，各地民众的大量迁入。近代以来，由于经济发展的诱惑和战乱的逼迫，各地人民大批迁徙进入上海。近代上海人口增长迅速，从咸丰二年（1852）的54.44万人，增加到宣统二年（1910）的128.93万人。1933年，上海人口为340.44万人，1947年已经达到449.43万人。在大量增长的人口中，尤以苏南、苏北、浙北、浙东、安徽、山东、广东等籍市民居多。这些移民来到上海，一开始往往处于弱势，孤立无援，渴望得到同乡的帮助，很自然地在上海引进了外地原有帮会，或者另行投靠或重新聚成团伙，形成了以同乡关系为主要纽带的秘密社会组织，如广东籍海员组成"联益社""群义社""关帝会"，宁波籍海员组成"焱盈社""保安水手工会"等。以后的一些行业中，结帮入会的风气一直存在，还有一些人认为现有帮会宗旨、组织等不够理想，而在上海另创帮会式组织。五方杂处的上海逐渐形成了各类黑社会团体。

第四，社会下层人数庞大。黑社会成员主要来自社会下层，居住地基本上是棚户或简陋房屋区，生活环境恶劣。相当多的成员缺少基本教育，与黑社会团体同时生长。他们往往形成了各自的居住区域，主要从事理发、澡堂（服务员与扦脚师）、点心店与面食摊、拉车、捡垃圾、倒粪桶等职业，有些则没有固定职业。1930年至1936年，失业、无业人口达60万至70万，占上海总人口的1/5，棚户区的失业率则达到80%。这些破产农民、破产手工业者、失业漕夫、水手，破落的地主、富农和商人、流浪少年以及一些被裁撤的士兵、失意的政客军阀等，组成了上海的游民阶层。为了站稳脚跟，往往结成团伙，歃血结盟，结成黑社会组织。

第五，租界与帮会的互相利用。19世纪40年代《南京条约》签订后，上海成了清朝最早向西方国家开放的五个通商口岸之一。列强先后在上海划定英租界、美租界（19世纪60年代，这两个租界又合并成公共租界）与法租界，并各自不断扩展。各租界内中外居民杂居。以光绪二十六年（1900）为例，公共租界和法租界有外侨七八千人，而租界内华人总数达到三四十万。[1] 各租界分别具有其管理机构与审判机构，实行各自的政治、经济与社会制度，俨然成了独立王国，清朝更管不着。这种特殊的地域形态，便于黑社会势力乘隙而入。随着租界人口的增加，治安管理成为突出问题。租界中来自印度、安南、白俄等外国的巡捕与中国居民语言不通，于是公共租界、法租界分别开始公开招考华捕，尤其热衷于招收谙熟社会黑幕的地痞流氓、青帮红帮分子充当包打听，这些人一下子成了警方人员。黑社会犯罪分子还利用租界与华界互不统辖、租界又未建立户籍制度的状况，将租界作为罪恶活动的避风港。

四、近代帮会的主要首领

张仁奎，号镜湖，山东滕县人。早年贩盐，跟随徐宝山。徐被刺杀，张仁奎接管了徐的人马。二次革命（1913）时，被冯国璋提拔为旅长兼通海镇守使，驻防南通。其拜张謇为师，并能带兵。在青帮内，他是很少见的"大"字辈，据说曾收徒3万。其徒

[1] 蔡少卿：《中国秘密社会概观》，江苏人民出版社1998年版，第57页。

弟多为政治、经济名流，包括韩复榘、蒋鼎文、朱绍良、钱新之等。1927 年后寓居上海，颇受帮内尊重。上海沦陷后，张仁奎拒绝了日方威逼利诱，1944 年去世。

黄金荣，字锦镛，同治七年（1868）出生于苏州，幼年随父迁居上海，入城隍庙裱画店为学徒，因不堪店规约束而离去，与瘪三、流氓为伍结拜，结识了上海青帮头目之一陈世昌，当了上海县衙门的一名捕快。后来觉得捕快差使太辛苦，就想着另谋出路。光绪十八年（1892）法租界招募华捕，黄金荣前去报名，被录取。在当包打听期间，使用内外勾结、敲诈勒索等手段，侦破一些案件，追回赃物，抓获盗贼，名声渐大。为了进一步扩大势力，黄金荣拜当时青帮辈分最高的大字辈的张仁奎为老头子，成了青帮的通字辈，并且大量收徒。其青帮势力渗透到了捕房和警局。此外还渗入工商、新闻、戏剧、医药卫生界等三教九流。由于为租界当局效劳业绩突出，他升任法租界督察长，一次就收二三百个徒弟。黄金荣又攀附权贵，结交淞沪军政要人，并从事贩烟勾当。除了鸦片走私，还开设共舞台（男女合演的戏院）、赌场、浴池、妓院，并且贩卖人口、走私货物。

黄金荣名声大噪，还由于他与蒋介石的关系。20 年代初，上海证券交易所成立，蒋介石在交易所当小职员，负债累累，处境困难。经虞洽卿介绍，蒋拜了黄金荣为老头子，得到黄资助了结债务并去广州投奔孙中山。1927 年蒋介石率北伐军到达上海，曾由虞洽卿陪同去黄金荣家探望。“四一二”政变时，在蒋介石授意下，三大亨重建中华共进会，又建立了流氓打手的武装巡逻队，向工人纠察队发动突然袭击，杀害了上海总工会委员长、共产党员汪寿华，血腥镇压共产党人和革命群众。

同年，黄金荣从法租界督察长位置退下，但仍然控制着法租界的巡捕房，直到抗战后租界被取消。1947 年 12 月，黄金荣在黄家花园庆祝八十大寿，蒋介石亲自莅临祝贺。上海解放前夕，因年事已高，黄金荣决定留在上海。上海解放后，人民政府召见了黄金荣，向他说明了党的政策，责令他写悔过书公开登报，老实认罪。黄金荣让人代笔，写了自白书，发表在《文汇报》上，并根据政府安排，到大世界门口扫马路，不久去世。

张啸林原名小林，光绪三年（1877）出生于浙江慈溪。幼年家贫，全家随父至杭州。父亡后，张啸林学过工匠活，在社会上敲诈勒索。后至上海，结识了英租界流氓头目季云卿，跟着季干勾引嫖客、串赌、贩卖人口和逼良为娼的勾当，又拜青帮“大”字辈樊瑾承为老头子，成为青帮通字辈。从此，他利用青帮势力，与人合伙贩卖烟土，同时广收门徒，扩展势力。由于他身材魁梧，臂粗力大，打架异常凶狠，颇受门徒敬畏。以后他又结识了日本特务头子土肥原贤二和日本军官永野修身，经常在一起秘密活动，并且开设赌场，贩卖木材。张啸林又经人介绍，认识浙江督军卢永祥，并与黄金荣、杜月笙合伙组建三鑫公司贩卖鸦片。1927 年四一二政变时，张啸林与黄、杜组建中华共进会，充当国民党的打手，镇压工人纠察队，得到蒋介石的赏识。1932 年经杜月笙介绍，当了上海华商纱布交易所监事，也算跻身工商界。抗战爆发，张啸林认为这是自己投靠日本人、独霸上海滩的机会，与日本人暗中勾结，企图投日充当汉奸，1941

年夏被国民党军统在寓中刺杀。

杜月笙，又名杜镛，光绪十四年（1888）出生于浦东高桥，早年在十六铺码头水果行当学徒，后拜青帮“通”字辈陈世昌为老头子，被排为“悟”字辈。30 岁时，在上海郑家木桥（今福建南路）一带以善于出主意而名声大噪，被黄金荣招至门下。1927 年以后，杜月笙认为黑社会旧的活动方式已经画上句号，因此将自己的“事业”转到工商业方面，通过施展黑道人物伎俩，先后染指多家大企业、银行。

杜通过流氓手段，取得上海华商纱布交易所理事长职位。他派徒众混在交易所内叫买叫卖，进行搅乱，使其秩序混乱不堪。1929 年，华商交易所成为上海唯一的证券交易所，不得不请出杜月笙为理事。对杜来说，是个人投机活动；对交易所来说，除了大局方面的考虑，也是想借助杜在地方上的势力，杜绝宵小歹徒的骚扰。单就证券交易而言，每月履行交割有一定时期，并且事先宣布。逢到这个日期，几十万、几百万的有价证券在马路上搬来搬去，在当时社会治安的社会环境下，也很少发生意外事故，应该说杜担负着证券保镖的作用。1928 年，杜月笙开始筹办中汇银行，1929 年正式开张，杜任董事长，这是其事业转向上层社会的开端。面粉业为上海十大行业之一，1930 年至 1931 年之际杜月笙压价买进了小沙渡路的华丰面粉厂。此后杜又企图控制面粉交易所，觊觎面粉交易所理事长宝座。他通过所掌握的黑社会势力，玩弄工商界矛盾的权术，孤立了掌握实权的交易所常务理事荣宗敬及其弟荣德生，通过呈请政府减税，笼络苏浙皖三省面粉商人。在上海面粉交易所股东大会上，选举杜为理事长。1931 年，杜月笙打进大达轮船公司，成了轮船业资本家。在航运业激烈竞争中，杜利用青帮势力，疏通皖北、苏北一带帮会盗匪，击败了不少对手。杜还插手水果地货行业同业公会任理事长、水鲜鱼行业公会主任委员、江浙渔业改进会主任委员，1936 年任渔业公司设立的上海鱼市场理事长。1932 年，杜成为傅筱庵通商银行的董事。1935 年上海发生白银风潮，在宋子文、孔祥熙授意下，由杜出面维持，风潮平息。1937 年通商银行改为官商合办，实权由杜掌握。在上海滩，几乎没有杜不插足的企业。1934 年 7 月成为法租界公董局华人董事，1936 年当选为上海市商会执委会常务委员。30 年代又任上海市地方维持会副会长、上海地方协会会长。抗战后，他担任企业、工厂、机构的董事长、理事长名义有 56 个。其余常务理事、董事、理事等，更不计其数，连他自己也说不清。1931 年 6 月杜氏祠堂落成典礼、1947 年杜月笙 60 大寿庆典，分别把全国京剧界的名伶几乎全部请来捧场，可见其声势之大。杜月笙因而被称为“三百年帮会第一人”。

抗战爆发，杜月笙在上海曾经参加抗日活动。上海沦陷前夕，离开上海滞留香港。抗战胜利，杜月笙回到上海时，国民党正压抑帮会，青帮势力已经衰落。特别是 1948 年蒋经国至上海打虎，一度把杜月笙的儿子杜维屏也抓了起来，给杜月笙一个沉重打击。他的结拜兄弟戴笠摔死，使其势力进一步削弱。上海解放前夕，杜月笙又到香港，1951 年 8 月病逝。

旧上海先后出现了一批帮会新式团体，以青帮的仁社、荣社和恒社最有号召力。成员多工商军警政界人士，实际上仍是帮会变体，入社者须向“老头子”行拜师礼，须绝对服从其个人意志。青帮头目张仁奎1935年5月所组建仁社形式上是个俱乐部，设在福熙路383号（今延安西路重庆路）附近的一幢西式建筑内，社员约200人，其中多旧军政人员、工商巨子和知识分子，1935年在上海海格路（华山路）举行盛大收徒仪式。包括陈铭枢、韩复渠、范绍曾、杨虎等，与军统也有关系。张仁奎曾亲自到山东，劝说韩复榘放弃反蒋之谋。“八一三”爆发后，有的仁社成员曾参加抗日活动。

杜月笙的恒社成立于1933年11月，大多为拜杜的金融工商及政界人物，同时保留着秘密帮会色彩。恒社成立时第一届理事为陆京士、朱学范等19人，其后有所变动。社长杜月笙。恒社成立的目的是加强杜门人士的联系，供给经常聚会的地方，以便于集中号召指挥。组织上采用理事制，由社员大会选举理事19人、候补理事11人组成。杜是名誉理事长。下设若干科、组。凡加入恒社者都要举行隆重的拜师仪式，举行仪式与过去的香堂仪式有很大不同，是青帮开香堂仪式的简化与革新。出版有《恒社月刊》。抗战胜利后，杜月笙回到上海，“荣归故里”，并召开第四次会员大会，成员从战前的520人增加到1947年的近千人，其中不乏国民党的党政军警要员、工商各界名流。恒社还倚仗国民党势力，频繁举行社会活动，一时声势大振。

黄金荣的荣社成立于1946年6月，将原有的忠信社改为荣社，以与杜月笙的恒社相抗衡。社址设在嵩山路振声里前法租界公董局买办赵振声的家里。成立大会上选举黄金荣为社长，荣社成立后，发展势头很快，一年之内，参加人数已达数千，但仍然难以与恒社抗衡。

在上海黑社会中，又有所谓“大八股党”和“小八股党”的说法。“大八股党”有黄金荣、王柏龄、杨虎、张啸林、杜月笙、孙祥夫、陈希曾、陈群等8人。他们结拜为弟兄，依年龄排列以上顺序。“小八股党”为黄金荣、杜月笙的心腹徒弟，有高鑫宝、马祥生等8人。他们广收门徒，也对社会产生了广泛影响。20世纪20年代，较小的黑社会组织名目还有“九条龙”“四十二股党”“薄刀党”“一百零八股”“十姐妹”“抛尸党”“青龙党”“斧头党”等。

第二节　近代秘密社会的犯罪与外部关系

一、近代帮会的犯罪

作为旧上海黑社会的主体，帮会立足近代大都市，其犯罪种类繁多，严重败坏社会风气，危害社会秩序和居民安全，呈现出与其他时期与地区犯罪的不同特点。

第一，以攫取财富为主要目标。旧上海是冒险家的乐园，上海黑社会在影戏院、游乐场、浴室、理发店、茶馆等的经营方面捷足先登，其上层人物至20世纪20年代至30年代，又广泛跻身于金融、工商、房地产业。旧上海蛰居着一大批富商、豪门人物。黑社会以他们为目标，使用各种非法手段，攻讦滋事，煽动风潮，趁火打劫，黑社会头目往往因而成为暴发户。如20世纪30年代的企业家黄楚久创建了大世界游乐场，生意红火，召来帮会头目黄金荣的垂涎。黄金荣遂采取流氓手段，指使手下造谣攻讦，蛊惑人心，硬是把大世界攫为己有，自任大世界董事长，黄楚九则因此人财两空，一病不起。

第二，以绑架暗杀为重要手段。黑社会为了达到勒索财富与除去敌对力量的目的，往往实行绑票甚至不惜撕票，手段残忍，其对象多为富商大贾、下野军阀、隐居的豪门或其子女等。公共租界工部局记载，从 1909 年至 1928 年（其中缺 1922 年、1923 年和 1927 年三年记载），被破获而遭逮捕的绑匪有 1 598 人。抢劫单身行人叫作“剥猪猡”；巡捕房捉住赌徒后将其串在一起游街，叫作“提大闸蟹”。1929 年 7 月，在上海法租界发生了绑票中法银行公司经理魏廷荣勒赎的大案。此事与当时魏不肯与杜月笙同流合污、引起杜的嫉恨有关。在帮会内部因为分赃不均的互相火并中，黄金荣、顾竹轩等通过离间与绑票、暗杀手段，先后刺杀曾经为帮会立下汗马功劳的陈荣生、唐嘉鹏，除掉了心腹大患。

第三，贩卖毒品明火执仗。鸦片战争后，清政府被迫与英法美等签订海关税则，承认鸦片是一种“洋药”，可以合法贸易。于是黑道人物与中国烟商、洋商勾结，建立起鸦片运输线。租界建立后，公开贩卖鸦片，甚至发给营业牌照，征收各种名目的捐税。1923 年，杜月笙要求法国领事甘格林准予烟土公卖、征收烟税，还成立了烟枪捐公司，收取烟枪执照费，凡上海经销的烟土，均由他支配。1924 年，黄金荣、张啸林、杜月笙“三大亨”的鸦片贩卖购销机构——三鑫公司成立后，控制法租界鸦片贸易，每年盈利 5 600 万银元。整个法租界设有大烟土行 12 家，小烟土店 40 家，烟馆 90 多家。法租界允许烟馆以半公开形式设立，按照范围大小，分别交纳捐税。[1] 30 年代烟害仍烈。上海烟店主要有大同行、小同行、挑膏店、烟馆、售吸所、花烟间。流行的毒品有鸦片烟、吗啡、海洛因（白面）、红丸。鸦片毒品广告大张于市。1932 年 11 月，杜月笙访问汉口，寻求官方批准他经营上海的鸦片公开销售。作为回报，他每月向财政部部长宋子文上缴 300 万元。随后，杜解散了三鑫公司，将其业务归并到杨虎担任司令的上海市保安队的一个“特别服务队”。不久，当局给予了杜在上海华界经营鸦片的合法地位，杜与当局统一管理鸦片市场，即垄断鸦片的税收，杜代表官方以每盎司 0.15 元的比例向上海的鸦片商征税。杜月笙的徒弟也控制了江苏省鸦片市场。1933 年 9 月，杜重开上海的三鑫公司，成为上海鸦片的主要销售处和供应所。

第四，操纵赌博花样百出。上海开埠后，迎合市民投机取巧、一夜暴富的心理，各种形式的赌博日益兴盛，毒害甚广，其形式主要有麻将、扑克、牌九等。而各种主要赌博场所即所谓“总会”“俱乐部”，大多由帮会控制。20 世纪初，“花会”传入上海，帮会大力宣传。花会最猖獗的时期为 1927 年至 1929 年，其为首者均为帮会党徒。后来由于帮会党徒内部矛盾，互相火并，导致花会衰落。上海流氓地痞勾结外国人摆设的赌台，均为半公开，而有地域的划分和帮口的不同。在法租界大世界对面，黄金荣开设有荣生公

[1] 上海沿革编写组：《旧上海的烟赌娼》，见《上海文史资料存稿汇编》第 12 辑，上海古籍出版社 2001 年版。

司，全由其徒弟把守，常人进出赌场必须经门卫搜身，一不顺从就遭殴打或禁闭，甚至移送捕房处罚。沿旧跑马厅西藏路旁的东方饭店501号房间，也是个抽头聚赌的有名据点，由黄金荣徒弟开设。另一有名赌场法租界的生吉里赌台，以张啸林为后台。[1]

第五，垄断妓业有恃无恐。近代以来，随着移民涌入，上海出现了大量妓女。1918年调查，上海领取执照的“公娼”总数约8 000多人，占人口总数的比例是当时世界八大城市中最高的。1935年调查结果，上海的“公娼”、“私娼”共有6至10万人，约20名上海妇女中就有1名娼妓。[2] 娼妓等级有书寓、长三（均为最上等，能说书）、二三与幺二（次等，以上大多公娼）、野鸡、宁波堂子、咸水妹、跑堂口、花烟间、咸肉庄。帮会直接控制着娼妓的来源，几乎所有的妓院与黑社会都有关系，有不少妓院本身就是帮会所开。上海妓女中的大部分由帮会人物从江浙两省拐卖来，然后分等级，或卖给福州路会乐里，稍次者卖给福州路状元楼后面的几十家宁波妓院，再次卖给福州路靠浙江路、广西路的一些野鸡妓院。妓院必须熟悉人贩子，有妓女来源；还必须有靠山，所以与帮会建立联盟，途径是拜老头子为师，或每月交保护费。

第六，骗、偷集团与恶霸横行不法。旧上海的骗、偷集团与恶霸形形色色，名目繁多。骗子集团主要有拆白党、翻戏党、赫诈党。骗术有放白鸽、仙人跳、拼双档、倒脱靴、相士骗术、制卖假药等。偷窃集团，有各地帮派，又分黑线、白线和锦线。领港，指攞窃者头目，他给小偷分配地段，在公共车辆或大商店内进行攞窃，偷到的东西必须交给领港分配。[3] 瘪三集团，主要从事乞讨、近乎敲诈的强索硬要、诈骗、偷窃等活动，是黑社会势力的外层与预备组织。恶霸种类很多。如码头霸，即管理码头小工的包工头。上海当时沿黄浦江建立了许多为外轮卸货的码头，雇用搬运工人。外国人为便利管理，指派一些人做工头。这些人都是流氓出身，大多为红帮。码头霸盘剥工人十分残酷，工人每搬运一件物品，码头霸要剥削搬运费60%，还雇佣小工头欺压工人，为非作歹。上海“潮州大亨”郑子良拜了“老头子”以后，勾搭青红两帮，扩充势力，争夺财路，把手伸进十六铺码头，公和祥码头、大达码头的搬运工人全被他统治在手。[4] 粪霸，租界清洁卫生工作由捕房委托流氓头子办理，向租界承包的粪霸头通过向居民索取清洁费，以及在清洁工人身上剥削而发财。除此以外，旧上海还有人贩霸、渔市霸、菜场霸、走私霸、人力车霸，等等。[5]

二、近代帮会的外部关系

第一是晚清至民初上海帮会与革命的关系。

晚清帮会进入上海以后，势力渐盛，各军营除了与他们私下通融，并无其他应付办

---

[1] 陈鼎新：《旧上海的赌风》，见《上海文史资料存稿汇编》第12辑，上海古籍出版社2001年版。

[2] 胡训珉、贺建：《上海帮会简史》，上海人民出版社1991年版，第153页。

[3] 以上见谈松泉：《法捕房黑幕的一斑》，《上海文史资料存稿汇编》第11辑，上海古籍出版社版2001年版。

[4] 凌雷：《“潮州大亨”郑子良》，政协卢湾区委员会文史资料委员会《卢湾史话》第6辑，1991年。

[5] 薛耕莘：《近代上海的流氓》，《20世纪上海文史资料文库》第10辑，上海书店出版社1999年版。

法。有的统领奉命率军镇压，不料统领也是帮会人物，而帮会中人物也有过去曾在军中者。结果是双方妥协，官府与帮会互相串通。

1900 年，唐才常等加入洪门，自任正副龙头，开立“自立会”“富有山堂”，联络帮会群众 20 余万人，编为自立军准备起义，因事泄失败。

孙中山早年在广州学医的同时，物色革命人才，第一个结识的陆士良，是当时秘密组织洪门的龙头大爷。他接受了孙中山的影响，转向革命。他曾对孙中山说：“我虽是三合会头目，但我近来想，非有新思想的人不能成大事，所以我想找一个这样的人，我觉得你是这样的人，便跟着你来了。”他在光绪二十一年（1895）加入了兴中会，参加数次反清武装起义，最后牺牲。1904 年，秋瑾在日本加入洪门，被封为“白扇”。1905 年又加入同盟会。1907 年准备发动反清起义，被捕牺牲。

洪门反清复明的宗旨，与革命党人推翻清朝的目标相契合。孙中山为了“纠合海外华侨，以收臂助”，曾三次赴美，向华侨宣传革命，争取华侨在经济上对革命的资助。孙中山的活动，都与洪门有密切关系，海外洪门给了孙中山以同情和帮助，有的甚至回国参加武装起义。为了便于联络洪门，孙中山还于光绪二十九年（1903）在檀香山亲自加入洪门，被封为“洪棍”（即元帅）。孙中山并且帮助致公堂修订章程，写进“本堂以驱逐鞑虏，恢复中华，创立民国，平均地权为宗旨”等内容。为筹款支援国内革命，加拿大的致公堂将自己的房产抵押筹款，旧金山的致公堂总部还为孙中山设立了洪门筹饷局，该局成立后的三个月内，便筹到 14.3 万多美元。1911 年 5 月，孙中山与美洲致公堂协商，决定美洲致公堂与同盟会合并，致公堂成员全部加入同盟会，扩大了革命阵营。

与此同时，革命党人也吸收了一批洪门首领。辛亥革命前，浙江革命党人陶成章、徐锡麟、秋瑾等积极联络帮会参加起义。同盟会中部总会决定由陈其美在上海起兵响应。陈早在 1903 年就在上海参加了青帮，是青帮大字辈，曾为上海青帮大头目之一。随后，陈积极参加了辛亥革命，率革命军进攻江南制造局。1912 年以后，陈其美参加反袁，1914 年加入中华革命党。袁拉拢不成，派人刺杀了陈。民国初年，黄金荣结识孙中山，以后常以与孙有交往为荣。蒋介石早年与张静江、戴季陶、陈果夫等在上海从事证券交易买卖，黄金荣为扩大自己的社会影响，重视结交社会各地帮派人物，并重视结交各界上层人物。他在当法租界巡捕房督察长时，对于在内地犯案潜逃来沪的巨盗惯匪，往往网开一面，以拉关系留后步。1923 年在山东临城发生劫匪案，通过黄金荣的面子，大盗孙美瑶才释放了来自数国的“洋肉票”。

辛亥革命以后，帮会势力凭借自己曾经为革命出力立功，开始在一些省份的军政机关公开活动，并且在社会上显示出一定的破坏性，造成了社会不安定局面。为此，各省军政当局对帮会进行了镇压。袁世凯为了维持其独裁统治，曾发布《严禁哥老会令》，对帮会进行镇压与分化。

第二是上海帮会与租界当局的关系。

租界是上海帮会得以滋生蔓延的土壤，是黑社会犯罪的渊薮。租界当局深知黑社会团伙与犯罪之间的关系，有意使用“黑吃黑”的办法，与黑社会勾结，利用黑社会头面人物做华人巡捕或“包打听”头目，侦查犯罪，摆平纠纷。英租界很重视流氓组织。如季云卿在船帮之徒众很多，租界就派人拉拢季云卿；蔡鸿生专收巡捕房包探做徒弟，租界就拉拢蔡。顾竹轩在江淮帮很有势力，租界就拉拢顾。张咸生、许荣福、陆少卿等能在赌这一方面报效极巨，遂任其所为，不加干预。只要有利可图。法租界更是只知收入，不顾利害。黄金荣即由法租界巡捕出身。华人任巡捕要升迁，不但要交差上缴罚款，而且要向西人上司送礼，还必须与流氓勾结。如案犯从华界逃入租界、妓院无照，巡房包探必须与流氓勾结，才能探知。所以包探巡捕中稍有面子的都拜英租界的蔡鸿声、法租界的曹幼珊为老头子。法租界捕房中著名的帮会头目除了黄金荣，还有任督察长的金九龄、程子卿、任文桢，任探长的有陈三桂、丁永昌、鲁锦臣、曾九如等。外国巡捕知道不与流氓勾结，是没有这么大进益的。捉到犯人，只要流氓头目出来保释或行贿，就能安然无事。[1]

第三是上海帮会与工人运动的关系。

帮会在上海的工人中很有势力。李立三回忆 1924 年到上海从事工人运动的经历时说，上海工人工作中最大的问题是帮会问题。第一次搞工人工作时不理青帮，结果资本家利用青帮使浦东日华纱厂的斗争失败。第二次过于相信青帮，结果被青帮头子出卖，也失败了。李立三研究了上海工运的历史情况，就运用他在安源对付洪帮的办法来对付青帮，结果“五卅”运动时，保护他的都是青帮的徒弟。

中华人民共和国成立前上海的在业工人最多、失业工人最多、入帮会的工人也最多。除了各帮口争权夺利、扩张势力的原因以外，职工们职业无保障，为了寻求靠山保障自己的利益与安全而入帮会，是一个重要原因。上海职工大众入帮会的人数，在邮局方面约占职工总数的 20%，全市职工入帮会的比例更大些。邮电职工朱学范拜杜月笙为“先生”以后，参加发起组织恒社，利用杜月笙的关系开展邮务工会工作。30 年代，上海屡屡发生工潮。当时有一些对社会影响较大的企业、规模较大的工厂的劳资纠纷和罢工的适当解决，都与杜月笙的出面调解有关。如 1932 年 1 月招商局船员罢工案，1932 年 6 月《申报》《新闻报》和《时报》工人同盟罢工案，1933 年 9 月英商会德丰公司工人罢工案，1934 年 1 月至 3 月银楼业全体外作器皿工人怠工案，同年 9 月至 11 月美商上海电力公司工人罢工案，均由杜月笙出面参加调解，促使纠纷解决。由于杜在上海市政府、市党部等机关都有“学生”，大家都要给他面子。杜月笙自己也为报纸上登出请他调解工潮的启事感到有面子。有时杜甚至越俎代庖代表资方答应工人要求。[2]

在领导中国革命的实践中，中国共产党的一些领导人还曾经从理论上对帮会问题进行过科学分析。瞿秋白认为，“游民、会党，都是新旧经济力量交替消长之间所生出来的新现象”，包括会党在内的游民无产阶级“因为破产失业最受痛苦，他们那种暴动的

[1] 胡治中：《旧上海流氓的分类》，见《上海文史资料存稿汇编》第 12 辑，上海古籍出版社 2001 年版。

[2] 朱学范：《上海工人运动与帮会二三事》，见《20 世纪上海文史资料文库》第 10 辑，上海书店出版社 1999 年版。

反抗性是很厉害的”，但是其内部“绝不会有无产阶级的集体主义，而只会有宗法社会式的‘头目制度’”。[1] 毛泽东说，处置“闽粤的‘三合会’，湘鄂黔蜀的‘哥老会’”及“上海等处的‘青帮’”“这一批人，是中国的困难的问题之一。这一批人很能勇敢奋斗，但有破坏性，如引导得法，可以变成一种革命力量”。[2] 这种分析，有助于党在斗争中正确处理帮会问题。

第四是上海帮会投靠国民党当局及双方关系。

“五卅”时期，上海青帮首领为革命形势所震惊，主动和共产党人联系。中国共产党在发动“三罢”斗争时期，青帮一度成为助力。但大资本家收买青帮头目与工人运动对立，利用青帮攻击上海总工会。三大亨以“多个朋友多条路”为信条，游弋于各种政治力量之间，善于政治投机。1926 年下半年至 1927 年春，青帮见国民革命方兴未艾，从原先与北洋政府关系密切，转而与国民党拉关系，既捐款支援罢工，又去迎合蒋介石的要求。蒋介石则要利用青帮在反对北洋军阀中的特殊作用，于 1926 年 9 月派纽永建为驻沪特派员，建立机关，同黄金荣联络。纽永建通过黄组建了一支数千人的帮会武装。但在第一次工人武装起义时，一上阵即溃不成军。1927 年蒋到达上海后，密谋实行“清党”，发动反革命政变，苦于兵力不足，于是采纳青帮人物杨虎建议，令“三大亨”筹组“中华共进会”，以对抗上海总工会。蒋介石在龙华与黄金荣、杜月笙等见面，即利用他们的关系，企图控制和瓦解上海工人团体。“三大亨”联络各股青帮、红帮及其他黑社会参与“四一二”政变。

“四一二”反革命政变后，帮会在政治舞台上的表演越来越频繁，在上海市政府各机构、国民党市党部以及政府的基层组织中，都安插了大批黑帮人物。国民政府委任的历任上海市市长，都与杜月笙建立了良好关系，而杜对历任市长每月必“私敬”5 万元。市政当局和杜的友谊往往以赌台、烟馆以及妓院经营为媒介。帮会头目过生日时，国民党要人纷纷前往拜贺。[3] 国民党上海市党部的一些委员、干事和各区党部的委员有许多都去拜了杜月笙，而市党部书记长姜怀素、市党部监察委员姜豪也分别拜了“老头子”。上海青帮首领曾大力支持蒋介石政府解决财政困难。南京政府建立初期，为解决军费与行政开支，曾强迫江浙财团捐款，以致对大资本家实行绑架勒索，上海青帮积极配合了国民政府的这些手段。南京政府对鸦片实行“寓禁于征”，江苏禁烟局设于上海，不少从事贩运鸦片的青帮首领都变成了禁烟机构官员。南京政府曾多次试行鸦片垄断，与青帮经营的鸦片发生冲突，因而遭青帮抵制，政府最终未能全面控制鸦片贸易。杜月笙与地方实力派取得了默契。青帮与国民党众多派系都有联系，其中多与鸦片贸易有关。

杜月笙还通过与戴笠拜为盟兄弟，与军统特务建立了密切关系。同时与中统也有密

---

[1] 《瞿秋白选集》，人民出版社 1985 年版，第 131 页。《瞿秋白文集 · 政治理论编》，人民出版社 1987 年版，第 78 页。

[2] 《毛泽东选集》第一卷，人民出版社 1991 年版，第 8—9 页。

[3] 《恒社月刊》，1948 年 8 月（上海档案馆藏 Q130—53—2）。

切关系。30年代，杜大约有12名徒弟是国民党CC派成员。1932年至1937年，杜在上海权力网中的关键人物有陆京士和杨虎。陆于1931年5月加入青帮，又于1932年加入CC派。作为杜月笙得意门生，对杜言听计从，1935年末为淞沪警备司令部军事法庭首席法官，又是上海市临时参议会成员。杨虎与三大亨等有结盟兄弟关系。1927年杨任上海警备司令，1936年4月任淞沪警备司令，1932年后任上海保安队司令，是跨青红两帮人物。

1932年“一·二八”战役中，日方声称愿意通过和谈解决问题。杜月笙愿意作中介人。在杜的坚持下，日方代表与杜在法国领事馆见面。事后杜又将会晤情况告知上海市政府代表。但是杜的穿针引线并未取得成果。“七七事变”后，杜月笙曾经参加救亡运动。1937年9月，戴笠、杜月笙等成立苏浙行动委员会别动队，设于法租界，牵制日军，共设5个支队和1个特务大队。共产党也加入，总人数1万余。杜为主任委员，实际由戴总揽。淞沪抗战后期，苏浙别动队几乎全部投入战斗，损失大部。上海沦陷后，别动队跟随中国军队撤退或转战浦东，太平洋战争后基本停止活动。但该队没有改变欺诈百姓本性。另一方面，又在军事委员会内成立一个“动员委员会”，网罗帮会分子，分别给予“常务委员”“行动委员”“设计委员”“指导委员”等头衔，并命一些特务头子如郑介民等投入张仁奎门下。国民党中统看到军统尽量利用帮会，也转而向帮会吸收一些人。[1] 抗战结束，租界取消，市政统一，黑社会失去庇护。对国民党来说，杜月笙已经不具有价值。其后，戴笠因飞机失事身亡，杜月笙在国民党内失去靠山，再经蒋经国来沪打虎，牵涉到杜月笙的儿子，杜氏势力大衰，以后出走香港。

第五是上海黑社会与日本黑社会之间的关系。

日本是我国的近邻。近代以来，中日两国关系密切。尤其是上海，作为中国的沿海城市，是日本侨民聚集地之一，上海的黑社会组织因而也与日本黑社会组织发生了联系。

1881年，头山满、平冈浩太郎和箱田六辅等人在日本福冈成立玄洋社。自此，各种秘密社团在日本迅速涌现。1897年，宫崎滔天受犬养毅首相协助，以探察“支那秘密结社”的实际情况为名，受外务省派遣，与可儿长一、平山周等前往中国。在翌年中国的戊戌变法期间，宫崎认为秘密结社是“民间起义军的重要一翼”。[2] 1901年成立于东京的黑龙会，主张对俄开战并经营中国的黑龙江两岸、蒙古与西伯利亚。玄洋社曾派浪人到中国调查帮会活动。其中平山周到中国后，为弄清帮会仪式和黑话暗号，经常在茶馆、饭店观察帮会成员桌面茶壶、茶杯的排列与变化，并画成草图，写下他所推测的每一种摆放的含义。平山利用这些资料写成《中国秘密社会史》，为当时来华经商或工作的日本人随身携带的资料。1921年前后，土肥原贤二、富永启堂（中国名王永良）均在北平加入青帮。富永研究青帮历史，曾将青帮秘籍《通漕》（即《海底》）一书译

---

[1] 曹志功：《C. C. 同军统在吸收帮会分子问题上的矛盾》，见《上海文史资料存稿汇编》第12辑，上海古籍出版社2001年版。

[2] 蔡少卿：《中国秘密社会概观》，江苏人民出版社1998年版，第91—92页。

成日文，在日本连续再版。

据 1928 年统计，上海共有日本居留民 2.6 万余人，当时的日侨按职业分大体有三个阶层：一是“会社派”，即银行和公司经理人员、文教单位的主管人员；二是在商社、银行中的职员或有技术专长的自由职业者；三是土著派，其中包括无职业者，如有自由游民、有犯罪前科者，失意武士、黑道帮会人物等共同构成的“浪人”，极易受狭隘民族主义情绪的驱动。美国作家埃德加·斯诺说：“在虹口的各条马路上都可以见到浪人闯入中国人的家，并时有毁坏民宅者。不论大人或小孩、男人或女人，都被他们从屋里拉出来，塞进汽车带走”；“此后数日，不断有浪人作歹抢劫、诱拐、杀人、伤害事件的案报”。[1]

第三节　近代秘密社会的内部规则

一、帮会秘籍

近代上海黑社会自清朝帮会演变而来，各主要帮会团体均有一个发展过程。而帮会组织对其成员的控制方式，包括等级制度、入会手续、帮规、家法等十分严密，是近代上海黑社会组织形成与发展不可缺少的环节。

旧帮会为了防止其成员背叛，实行各种控制手段，主要表现在内部严密的等级制度、严格的入会手续、繁琐的帮规和残酷的惩罚制度等方面。

帮会内部规则主要体现在帮会秘籍中。这些秘籍是在帮会建立初期与以后的长期活动过程中陆续制定的，作为帮会的宗旨、主要典制、运作规范与成员行为准则，并经过整理汇编成书或者代代口传的。洪门主要秘籍称《海底》。书名意思为“如海洋之底，渊奥浩瀚，能载于万物，潜藏万象，而为百川之总汇”。[2] 包括沿革、组织、会场、规律、一般应用诗句、附录等 6 编，21 章，约 20 万字。相传郑成功亲辑《金台山实录》，成为洪门第一部“海底”。相传清廷收复台湾时，郑成功次子郑克爽见大势已去，将秘籍及一切文件、名册等装入铁匣，沉入厦门沿海海底。过了 160 年，有渔民在捕鱼时捞上来一只铁匣，撬开一看，见里面有少量金银珠宝，剩下的就是书和文册。他失望之余，将珠宝变卖，而将书册弃掷于屋内破桌上。道光年间，有洪门中人的药贩在陈家看到并买下《金台山实录》。该实录稍经修改，成为洪门行为规范、组织依据的典籍，因作者、年代、地域的不同，也形成不同版本的《海底》，在社会上十分罕见，许多洪门要人也只是听说而未见过。洪门与青帮的秘籍还有《洪门志》《洪门史》《汉留考源》《清门考源》《金不换》等，大多成书于民国时期，在秘密社会内部流传。辛亥革命以后，帮会礼仪制度有所简化。

---

[1] 唐应光：《虹口历史上的日本人》，政协虹口区委员会编《虹口史苑》，2001 年。

[2] 李子峰编著：《海底》，见濮文起等：《中国会党史料集成》第三册，北京图书馆出版社 1999 年版，第 2169 页。

天地会最初有简单的盟书誓词，后来发展为“传会花帖”，是嘉庆年间天地会内传徒结会的凭证。一般结会时，首领会令入会者出钱。若出钱较少，只传给手诀及会内暗号，作为同会之人相互识别之用。若出钱较多，可以给予一件“传会花帖”，持有者便可以自行纠人结会，并借以敛财。“传花会帖”最后发展成比较完备的《会簿》。其内容也经历了一个由简单到复杂的演变过程，一般包括一件关于该会缘起的传说，并有诗句、对联、问答、手式、茶阵等。

切口，是帮会人交往的秘密语言，被社会上称为“江湖黑话”。对洪门来说，切口是保护自己和发展自己的重要手段，可以用来区别组织内外的人，起到统一意志、团结成员的作用。洪门成员视切口为护身法宝、身份证明与通行证。例如，洪门中称暗语为“条子”。一个洪门中人，为了畅通无阻，必须牢记大量条子，如遇到码头、山头，就必须“对条子”。洪门切口大多利用字文转音，以谐音代本意，据专家估计，洪门切口不下三四千个。例如，把会所叫做公所、红花亭，入会叫做入圈、拜正，集会叫做放马、开香堂，会员互称香、洪英，会员自称光棍，参加集会叫做看戏、赶香堂，发誓叫做抖海式，作证叫做指红。

青帮两个帮口的人初次见面，要互相声称“参教”，意思是“请教”，就是按照《海底》《通草》进行对话，运用一定的语言切口查问对方的三帮九代，并做出一定的示意动作。对方必须给予准确的回应。双方语言、动作都必须符合规矩。一旦联络无误，确认对方是帮中人，然后才可以开始正常交往。如果发现对方是冒充青帮，斗胆“参教”的，只要他退出，不会给予惩罚。这在帮规里叫做“准充不准赖”。

二、帮会内部等级与入会

帮会团体构成可以分为首领、骨干、一般成员和胁从成员。首领往往是自然形成而非推举。组织结构模拟传统家族制度，将旧式忠义孝悌伦理道德观念、宗法等级观念等融入其中。

红帮内部效法桃园结义，实行歃血结盟、异姓结拜兄弟、互相交换金兰谱。其位次，有正副龙头大爷，其下有内八堂执事，主持内政，包括香长（或称军师）、盟证、坐堂、陪堂、管堂、执堂、理堂、刑堂等；外八堂执事，对外主持军事，包括心腹、圣贤、当家、管事、巡风、贤牌、江口、幺满等，各职位分别由龙头大爷赐封，承担相应职责，不得僭越。

青帮则以模拟父子相传的纵向收徒形式维系其内部关系。各码头官开香堂、收徒弟，到年老时就关山门，传位给某个徒弟，从此不再收徒。这个传授衣钵的徒弟就继任码头官，自己开始收徒，成为新一代“老头子”。其他徒弟则往往至外地开辟码头、收徒弟。青帮明确等级关系的主要方式是字辈，徒弟对师父承担绝对服从的义务。

青帮的字辈，原定有 20 字：“清净道德，文成佛法，能仁智慧，本来自性，元明光礼。”到清末，这 20 字已用完，又续了大通悟觉四个字。但是到民国，特别是 20 世纪 30 年代后，这种字辈意识已经日趋淡薄，以至于难以理清。

欲入洪门者，须有会员介绍。介绍新入会的手续很严格，只有内八堂成员及外八堂中的心腹才有资格征收新会员。介绍人称“盟兄”，包括恩兄（主持摆香堂接受新人者）、成兄（负责考核新人三代履历，并传授会规者）、保兄（担保新人身家清白，并举放步位者）、荐兄（介绍人）“四大盟兄”。洪门相关程序主要有：(1) 进会，由介绍人引进“记名”，以备考察。介绍人须先查明入会者身家是否清白。“如不查明妄行介绍，可由保举令之退会”，通常贱民不许入会。(2)“进步”，即填写“红单”（志愿书）后，举行接收新会员仪式。到咸丰、同治年间，洪门开山（结拜）式变得十分复杂：“必设深山古庙中、人迹不到之所，择黄道吉日行之”；“厂中正面坛上，设五祖关圣等神。别备红纸所书之进山柬、出山柬，有昭告天地之誓文，多用四六体，内附许多会员之等级及种种条例”。先由成兄及拜兄行礼。礼毕，令新入会者跪于神前，由管事者依式盘问，入会者对神立誓曰：“我既归洪，若有三心两意，或勾通马子（官吏），或私卖梁山，日后甘死于枪炮刀剑之下！”管事者斩白鸡曰“有如此鸡”！(3)“送宝”，指对新入会者发给证书。由管事者将入会者之姓名，填记于“宝”并转交导引来之头目，头目双手接宝，高诵“大哥命我解宝来”。诵毕，入会者双手接宝，口诵“多谢某哥来解宝”。受宝后，纳入会费一百零八元，照大小等级，拜见诸兄弟及送宝者，必须互相道喜。(4)“训练”，为新入会者训练洪门行动、语言、文字、法规、礼节等。(5)“提升”，对于有功于洪门者提升步位。此外还有“转山”（会员离开本地至他山）、“还宝”（会员行为不端或身家不洁，一经查觉，将“宝”追回）。

香堂也是青帮活动的中心，其作用在于巩固帮派，扩展组织，联络会员。香堂在帮内被称为“老窝子”。青帮收徒称“开香堂”。“凡有面子而字辈较大之帮匪，每次开堂收徒少亦一二百人。各该徒弟，例须纳拜师金十元，开堂费六元。如有小开入帮，则师金堂费尤必格外丰重，且另有酒席费用无定数。”[1]

入青帮必须有引进师担保引见，介绍于某师名下“孝祖”（类似于“服务”“侍奉”），蒙本门师应允认可后，方能叩记名头，称为“进家门”，亦称“开香堂”。初入青帮，可随时随地举行，用一副蜡烛，上供三家祖师牌位，叫做上“小香”。上过小香，等于小香，等于进入青帮外围。经过相当日期考察后，布置庄严，才上“大香”。

香堂一般在朝南厅堂。堂内上首正中摆设供天地的供桌，牌位上写“天地国师亲”五个大字。距天地供桌以南 1 米处，正中又设 1 供桌，设翁、钱、潘三祖师。开香堂收徒有三个师父，主要是本门师，即要正式投拜的师父。另外两个是引进师和传道师。引进师是介绍人，传道师负责仪式的进行，并传授帮规。仪式为：堂正中供翁钱潘三祖灵位，两旁供历代祖师灵位，用三副蜡烛，一炉五枝抱头香，引进师、传道师、本命师分列香案两旁。三个师父必须属于不同的帮口，仪式中要分别交代本人的帮口和三代的姓名、籍贯，称为“三帮九代”。入帮的人只要记住师父的三帮九代，才可闯荡江湖。仪

---

[1]《青红帮之黑幕（上）》，见濮文起等：《中国会党史料集成》第二册，北京图书馆出版社 1999 年版，第 1629 页。

式中，本门师要向新弟子进行教诲和盘问，由传道师交代帮规，发给《海底》等秘籍。开香堂行礼，帮内称为“孝祖”。仪式结束后，一般都安排筵席，费用自然由新入门的弟子承担。

开香堂是庄严的仪式，入帮之人必须知道：第一，须严守秘密，事前不得向外界泄露开香堂的日期与地址。第二，须绝对服从主香者的指导，不得稍有违背。第三，谨守本帮一切规则，遵从礼制。第四，须服长衣，尤要清洁整齐。第五，开香堂时依法肃立，不得东张西望、扶肩搭背，交头接耳。

辛亥革命以后，欲入青帮者不必再经过若干年的调查考核，只须请帮内人引领，填写一份志愿书，交给引见师，由引见师调查核实后，再具正式帖子面呈“老头子”（本命师），帖子上面写明“投拜某某某老头子大人门下”，下写“心甘情愿”并具名，另封上贽金 10 元或 20 元，由传道师转交老头子，经老头子批准后即可拜师。待到要求入帮的门徒达到一定数量，便可开香堂。香堂仍设于寺庙中，不过不再避人耳目，一切布置与程序也简单得多。

帮会中人，从投师孝祖、结交朋友、闯荡江湖，逐渐有了名气，才有资格收徒弟。所收第一个徒弟，称为“开山门”的徒弟，以后陆续收的徒弟称这个开山的大师兄为“小老大”。一个人开山收徒若干年后，徒弟多了，徒弟也有资格收徒孙了，这个人就应该停止收徒，叫“关山门”。这时，经常选一个有条件的人作为“关山门”的弟子。这个徒弟被门内称作“老巴子”，会受同门兄弟关照。师父过世后，特殊情况下也可收徒，一般由过世师父的同辈前人同意，由过世师父的徒弟做主。开香堂时，设师父牌位。行礼时，由资格较高的同山弟兄代表师父传授本门师的帮口三代。这种方式叫做“灵前孝祖”。[1]

三、帮规的主要内容

到晚清光绪间，主要来自哥老会，洪门已经形成了比较系统的帮规，有“三十六誓”“二十一则”。

洪门为了保守秘密，联络同党，识别伪装分子，编制了许多暗号秘语。哥老会有各种隐语切口。如把探路称为“打眼”，使眼色为“划玲子”。会中人相见问答，必须以切口、暗语应答，称为“统条子”。另一类是动作举止，例如会员相见使用洪门特有的礼节，在茶馆桌上将茶壶、茶杯摆放成特别的茶碗阵，表示联络暗号。以上都具有神秘性。

三十六誓规定：“自入洪门之后，尔父母即是我父母，尔兄弟姊妹即是我兄弟姊妹，尔妻是我嫂，尔子侄即是我子侄。如有不遵此例，不念此情，即为背誓，五雷诛灭”；“各省外洋洪家兄弟，不论士农工商，江湖之客到来，必要支留一宿两餐。如有不思亲情，诈作不知，以外人相看者，死在万刀之下”；“倘被官兵捉获，此乃天降横祸，不

---

[1] 赵宏：《青帮》，团结出版社 2006 年版，第 18—19 页。

得供出洪门兄弟，亦不得记念旧仇，乱供兄弟。如有乱供兄弟，不念洪门结义之情者，五雷诛灭”；“若有兄弟被人打骂，必要向前，有理相帮，无理相劝。若系屡次被人欺他者，即传知众兄弟商议，若其家贫，必要帮助钱财，代他争气。如无钱者出力，不得诈作不知。如有犯此例者，五雷诛灭”。

二十一则规定：“犯罪而波及他会员者，捕之处以死刑，轻者刵其两耳”；“奸淫兄弟之妻室，或与兄弟之子女私通者，处以死刑，绝不宽假”；“因图悬赏以捕缚兄弟者，处以死刑”；“诈称香主，为一切事件之指导者，处以死刑”；“恃强欺弱者，或恃大侮小者，皆刵其两耳”；“可救兄弟之时不相助，或诈作不知者，刵其两耳，并加以笞刑百八十”。近代洪门修改后的誓词规定“大哥命令，互信互助，精诚团结，复兴民族，振兴中华。如有越礼反教，愿受严惩，并敬砍红香为证”。洪门又有“十禁”，规定：“兄弟之妻室必须端正。兄弟本身亦不宜贪色。凡妻室不务正者，刵其两耳”；“兄弟诉说穷乏而有借贷者，不能拒绝。有侮辱之，或严拒之者，刵其两耳”；“兄弟与外人争斗而来告知，必当赴援。诈推有病有事而不赴援者，则处以百八十下之笞刑”等。又有“十刑”，规定“凡不孝敬父母者”“漏泄紧要事件者”“无事诈为有事者”“愚弄兄弟者”“结识外人侮辱兄弟者”“经理兄弟钱财而滥费之者”，均“笞一百八”；“昏醉争斗而起葛藤（即肇事）者”、“隐匿兄弟寄托之财”、“违反兄弟之情，与其亲戚争斗者”、“为欺人之赌博者”，均“笞七十二”。此外，还有“十八律书”“十条”“十款”“议戒十条”等。

洪门家法有“五刑”：黜刑（革去帮内位次并“永不复用”）、降刑（降级，有时挂铁牌）、轻刑（所谓“三刀六眼”，或“四十红棍”）、重刑（挖坑活埋，或沉水溺毙）、极刑（刀杀或凌迟）。

青帮有十大帮规，具体内容说法不同，据生可重编《青红帮之黑幕（上）·青帮之黑幕》，十大帮规是：不准欺师灭祖、扰乱帮规、藐视前人、江湖乱道、扒灰盗笼（即将别人徒弟拉入自己门下，或在帮外诽谤青帮）、“引水代线”（指出首告密或充作线人）、奸盗邪淫，须有福同享、须有难同当、须仁义礼智信。并有“十禁”，主要是拜师收徒方面的规定，包括一徒不准拜二师、父子不准同一师、师死不准再拜师、关山门不准重开、徒不收不准师收、兄弟字派有高低、本帮与本帮引道、师过方代师收徒、在道不准诽谤道、香头低不准爬高。又有“十戒”，即戒万恶淫乱、截路行凶、偷盗财物、邪言咒语、讼棍害人、毒药害生、假正欺人、聚众欺寡、倚大欺小、烟酒骂人。

青帮家法制度，主要有“家法十条”：第一，初次犯家法，轻则斥责，重则家法处治，再犯则用香在臂上烧“犯规”二字。如犯叛逆罪，将被捆在铁锚上烧死。第二，屡犯忤逆双亲者，将用定香在胸前烧“不孝”二字，如犯逆伦罪，捆在铁锚上烧死。第三，犯不遵师训，妄言妄行者，处在臂上刺“玩民”二字，斥革之。第四，不敬上长者，在臂上刺“不敬”二字。第五，以上长资格侵占帮中老少所有财产物件者，在臂上刺“强夺”二字。第六，殴打帮中老少者，在臂上刺“强暴”二字。第七，做国法所禁之不道德事者，在臂上烧刺“莠民”二字。第八，训谤仙、佛、菩萨以及一切宗教者，在臂上烧刺“妄为”二字。第九，不务正业，专事敲诈、逞凶斗殴，不受规劝者，在臂上烧“无义”二字。第十，犯奸盗邪淫、伪造、虚构、诬载，殃及帮中老少者，在臂上烧刺“无耻”二字。

使用家法时，要正式开香堂，举行仪式，施行“香板”与“盘龙棍”。盘龙棍相传为乾隆南巡时查访青帮家庙，认为管理有方而钦赐，上书“违犯家规，打死无罪”，青帮以为家中之宝。施行家法要正式开香堂，举行仪式。先由本师会同犯规者的传道师、引进师等帮中前辈，并召集本门弟子开设香堂，供置家法于香案，上香、参祖仪式后，传犯规者到堂前参祖，命其跪香案前，询问事由，或令相关者对质。等情节大白，本师即请护法师、执法师或犯规者的传道师、引进师等商议应得罪名，然后请家法（用刑），由执法师依式责打几十板或棍。亦有使用秘密手段，将其活埋或沉河（称“种荷花”），以免“贻羞人世”者。

民国时期无论洪门、青帮，等级分明、戒律森严的帮会内部关系已有一定变化，入会仪式简化，帮规约束力削弱，决定会员地位的不是字辈而是实力。

第四节　中华人民共和国成立后与黑社会犯罪的斗争

一、中华人民共和国成立初期打击黑社会势力

中华人民共和国成立前夕，国民党特务机关将上海作为重点地区进行多层多线的应变潜伏布置，大多安插兼有帮会身份的特务分子潜伏下来，利用帮会作为其外围组织，煽乱暴动、打家劫舍。中华人民共和国成立初期，仅 1949 年 6 月至年底，全市共发生盗匪抢劫案件 737 件，平均每月 115 件，最多一天发生 16 件。盗匪成员中包括名目繁多的流氓帮会成员。盗匪不仅有手枪、步枪，有的还有机关枪、冲锋枪、手榴弹。[1] 上层帮会头目也趁机跳出来兴风作浪，组织各种“中央军”，冒用中央名义，到处接管、抢劫仓库、商店甚至枪支弹药。此外还有一些规模较小、结构松散、聚离不定，以抢劫为职业的帮会流氓、散兵游勇、土匪特务等组成的小型犯罪团伙，它们的数量更多。这些犯罪活动，严重危害着上海社会秩序的稳定。

上海解放后，根据帮会中反动分子的破坏活动现状，根据中央指示精神，上海市人民政府依靠广大群众、依靠专政机关的力量，根据帮会各个阶层的不同情况，分阶段、有步骤地对帮会开展了斗争和改造工作。其中第一阶段从上海解放到 1950 年底，主要任务是严厉打击有现行破坏活动的帮会组织和帮会头目；其中仅在 1950 年 4 月至 9 月，全市法院就受理反革命案件 1 075 件，其中恶霸案件 118 件，土匪案件 252 件。[2] 第二

---

[1] 易庆瑶等：《上海公安志》，上海社会科学院出版社 1997 年版，第 127 页。
[2] 滕一龙等：《上海审判志》，上海社会科学院出版社 2003 年版，第 178 页。

阶段从 1951 年初《惩治反革命条例》的颁布到镇压反革命运动结束，主要是打击镇压一小撮罪大恶极、民愤极大而又不思悔改的帮首霸头，教育争取广大帮会群众，从而铲除了被称为封建毒瘤的帮会恶势力。

其中的主要工作有：第一，结合反特、反盗开展打击活动，其中黑社会中那些与特务、盗匪有勾结及具有匪徒身份者受到惩办，如“四川帮”强盗团伙、“水河帮”枪匪团伙等。团伙为首分子均受到了严厉处罚。第二，通过反霸斗争打击黑社会势力，公安机关组织力量、发动群众在帮会组织较为集中的码头及各行各业开展了反霸斗争，并召开公审大会，先后处决了一批罪大恶极分子。对于那些非恶性违法犯罪的团伙主要立足于教育挽救、采取较宽大的政策。对于其中少数民愤很大的帮首和团伙头子则移送法院处理。如“阿飞党”骨干 13 人被判处徒刑。当时采取这种办法处理了沪西流氓组织“廿一股党”“十姐妹”“十六铺”“薄刀党”，流氓“小绍兴”“小白脸”，新闸路、胶州路恶霸陆松涛，广东路、福州路一带流氓头子“小无锡”蒋长元，北站地区“黄牛党”“二十三股”等流氓团伙和恶霸。

在斗争中，尤其注意政策。上海黑社会除少数靠吃帮会饭混日子的人之外，绝大多数成员系被迫加入，他们中有的人为了谋生或保住“饭碗”找靠山加入帮会，有的为免受迫害而拜“老头子”加入帮会，还有的被强行拉入帮会。这些人非但得不到帮会的“好处”，反而受帮会头子的敲诈勒索，对其恶行敢怒不敢言。他们中的大部分并不参与帮会的非法活动，容易接受党和政府的教育。事实证明对他们采取宽大政策，争取团结他们，不仅孤立了一小撮，而且通过检举揭发，对彻底肃清帮会势力十分有利。同时，给了帮会中罪行不大的胁从者一个弃旧图新、洗心革面、重新做人的机会。

大张旗鼓、轰轰烈烈的镇压反革命运动使帮会土崩瓦解。1951 年 2 月，中央人民政府颁布《惩治反革命条例》，明确镇压反革命运动中打击对象首先是土匪、恶霸、特务、反动党团骨干和反动会道门头子五种反革命分子。中共上海市委根据中央指示精神，同全国步调一致，开展了大规模的群众镇压反革命运动，帮会势力受到严厉打击。1951 年 4 月，全市集中行动逮捕反革命分子，帮会中的大小恶霸几乎全部落网。全市各级组织广泛发动群众进行控诉，一批血债累累的帮会恶霸被依法处以死刑。据不完全统计，自 1951 年 4 月至年终，全市共宣判帮会中反革命罪犯 1.12 万人，其中被判处死刑立即执行的 1 813 人，占宣判总数的 16.2%；判处死缓的 305 人，判处无期徒刑、有期徒刑的 7 372 人。帮会中的其他大小头目惶惶不可终日，纷纷向人民政府坦白交代。镇反运动严厉打击了帮会中的首恶分子和反动分子，清除了帮会反动骨干，使群众从帮会反动头目的束缚控制中解放出来，肃清了帮会在群众中的恶劣影响，铲除了帮会恶势力所依托的反动社会基础。

上海号称“沪西半片天”的流氓头子柏文龙，曾组织“斧头党”“薄刀党”“挂尸党”，按月向群众勒索钱款，随便杀害人命。柏文龙曾经混迹于余姚路棚户区，作恶多端，群众敢怒不敢言。1948 年下半年，在中共地下党组织的领导下，当地群众展开了对柏文龙的斗争，到当局控告柏横行乡里的罪行，又找到苏北帮流氓头子顾竹轩，要他管束柏。经过坚决斗争，当局被迫扣押柏并处以两年徒刑。中华人民共和国成立后柏文龙继续为非作歹。上海市人民法院对柏文龙处以死刑，深得民心。

新中国成立后仅用三年，就将盘踞上海一个世纪的黑社会势力基本肃清。

二、中华人民共和国成立初期取缔社会丑恶现象

在打击黑社会势力的同时，政府大力进行社会改造，消除社会丑恶现象，号召难民回乡，并对街头游民进行强制收容。仅 1949 年 12 月 12 日起的半个月，就收容了 6 192 人。

上海解放初期，烟毒继续泛滥。1950 年 2 月，政务院发出《关于严禁鸦片烟毒的通令》；9 月，内务部发出《关于贯彻严禁烟毒工作的指示》，上海市人民政府迅速部署严禁种植、制造、贩卖、吸食毒品，收缴散存民间的鸦片烟土和毒品。1950 年 5 月至 1951 年底，全市查获毒品案件 6 873 起，捕获贩毒犯 1.22 万人，缴获鸦片 37 万两。1952 年 7 月，上海市人民政府成立了肃清毒品委员会，广泛发动群众，开展了声势浩大的肃清毒品运动，采取“严厉惩办与教育改造相结合”的方针，实行打击惩办少数、教育改造多数的政策，很快查清了一批制造、贩卖、运送毒品案的事实。从 8 月中旬到 11 月底，运动基本结束，全市查处制、贩、运毒贩 1.36 万人，其中逮捕 2 483 人（判死刑 60 人，死缓 5 人），集训和传讯教育 1.12 万人，缴获毒品 1.3 万余两及制毒、吸毒工具 6 329 件。市人民法院和各区法院分别召开公判大会，依法判处重大烟毒犯，当场释放投案自首、检举立功的毒犯。同时本着“严厉惩办与教养改造相结合”的方针，惩处毒贩，肃清烟毒，区别对待。三年中逮捕烟毒犯 3 548 人，群众揭发 2.1 万人，对近 10 万吸毒者限其一年内自动戒绝。对于烟瘾大、年老体弱者则提供免费住院戒毒的帮助。市政府还多次发出通告，严禁赌博，封闭赌场。到 1953 年，由于搜缴了残存毒品、毒具，切断了境外毒品来源，吸毒者戒除了毒瘾，上海已经成为无毒可吸和无人吸毒的城市。上海公安机关在以后 20 多年刑案统计表上，有 15 年烟毒罪一栏都是空白。

上海历史上的娼妓业，一直受黑恶势力控制。上海解放前夕，上海市警察局正式登记领照的妓院有 800 多家，妓女 4 000 多人，此外还有暗娼 3 万多人。人民政府首先有计划有步骤地通过严格治安行政管理，逐步实行全面禁娼。步骤包括严格管理和限制，促使一批妓院自行停业；收容改造私娼，净化社会风气；封闭妓院，收容娼妓。1949 年 6 月起，上海市公安局登记并取缔妓院。1951 年全市封闭妓院 627 家，收容妓院主、老鸨、龟头 920 名，其中十恶不赦者予以处决，先后收容私娼数千人。1953 年 9 月后，基本消灭了娼妓与娼妓制度。在此过程中，结合镇压反革命运动，逮捕虐待妓女的一批妓院恶霸。此外，还收容了一批院主、老鸨、龟头，经审查后，移送人民法院分别判刑或至外地农场劳动生产。至 1951 年底，上海的妓院已经全部关闭，以后又继续收容私娼。至 1958 年，共收容送往上海妇女教养所的娼妓 7 513 人，经过教育，逐步改变了她们不良的生活习惯，治愈了性病和各种疾病，使她们全部成为新型的劳动者。

中华人民共和国成立初期，通过整顿治安和镇压反革命运动，把聚赌抽头的流氓恶

霸和以赌为常业的赌头赌棍，分别逮捕判刑或劳动教养，原来的赌博场所改建为生产或文娱场所。同时，加强日常治安管理，打击露头活动的赌头赌棍，严禁赌博活动。1953年5至7月，全市取缔设摊聚赌400多处。1954年，市公安局发出禁赌通告，对经过多次教育不改的赌头、赌棍收容教养。1958年11月，查获流氓赌博团伙20个，逮捕流氓团伙骨干407人，赌头赌棍322人，收容劳动教养流氓赌徒4 764人。对一般参与赌博的人则耐心教育，动员其家属规劝停止赌博，基本制止了赌博歪风。[1]

1950年，根据中央人民政府《废除各地搬运事业中封建把持制度的决定》，上海港部分码头船工，在镇反运动中，在中共领导下开展反霸斗争。霸占十六铺码头的国民党特务、“三十六股党”头子秦树明、称霸太古码头的“十三太保”头子许士廉等一批血债累累、恶迹昭彰的恶霸一一被网罗，受到严惩，极大地鼓舞了广大码头工人的积极性。此后，经过开展民船民主改革，发动船工检举揭发，使水上镇反运动进一步深入。

1953年6至7月，中共上海市委发出《关于继续贯彻民主改革的指示》，指出上海尚有30人以下私营工厂、私营商店、建筑、手工业领域和失业工人等约60万人尚未进行民主改革。这些场所是中华人民共和国成立前后逃亡地主、土匪、恶霸、散兵游勇等混杂隐匿之所，情况复杂，要求通过民主改革与镇反，发动群众，提高觉悟，清理残余反革命分子和封建把头势力。至年底，运动基本结束，清查出一批反革命分子和帮会恶霸分子。[2] 1954年7月和11月，《人民日报》先后发表《严厉制裁扰乱社会治安的刑事罪犯》和《坚决肃清流氓、盗匪的活动》两篇社论，反复阐明了严惩严重流氓罪犯的重要性和必要性，重申了惩办与宽大相结合的政策。1955年上半年，上海市人民法院依法判处了虞正钦、方振等13名流氓犯罪分子。他们都是长期作案、严重破坏社会秩序的罪犯，或侮辱妇女，或寻衅滋事，或聚众斗殴，或扰乱治安。根据罪行大小和悔改表现，他们分别被判处死刑、有期徒刑或免于刑事处分。[3]

上海解放后，经过镇压反革命等政治运动和经常侦破打击，沉重打击了旧社会遗留下来的惯盗惯匪、封建帮会和流氓头子，禁绝了烟毒、赌博和娼妓，刑事案件数量大幅度减少，自从20世纪50年代初期黑社会被基本肃清，但尚未完全根除。[4] 在大约30年的时间里，经过历次政治运动、思想改造，黑社会在中国没有大的市场，只在局部地区和部分层面上产生着影响。70年代以后，赌风又开始回潮，虽经不断打击，但时起时伏，反复性大。“文革”期间，流氓案件发案率较高，全市每年判处的数字一般都排在刑事犯罪案件的第一、二位。判处最多的是1972年和1973年。1971年至1976年，判处流氓犯5 292名，名列普通刑事案件的首位。[5]

20世纪50年代一份《关于上海解放后同流氓盗匪分子斗争的情况》的材料（作

---

[1] 《上海公安志》，第156页、第159—160页、第168页。
[2] 《上海公安志》，第107—108页。
[3] 《上海审判志》，第210页。
[4] 上海档案馆藏有上海市第一商业局印制的《审干中发现各种组织社团帮会登记表》（B123—3—1326）。
[5] 《上海审判志》，第211页。

者、年份不详）中写道，中华人民共和国成立后几年来，在党与上级的领导下，通过各项社会改革改造运动，贯彻执行了中央正确的方针政策，采取各种具体措施，经过几年来的工作，给予流氓盗匪分子以严重打击。但仍存在以下问题：(1) 由于本市流氓、盗匪的社会基础极为深厚，流氓、盗匪并未彻底铲除，反而越来越狡猾诡秘，我们还没有能够针对其犯罪活动特点，积极采取有效的侦破措施，打击不狠不力。(2) 对资产阶级享乐腐化思想和流氓意识的严重影响估计不足，导致部分群众对流氓、盗匪的危害性和对流氓盗匪作斗争的长期性缺乏充分认识，失去警惕。(3) 结合城市改造工作，密切配合民政、劳动等有关部门，对分散在社会上的刑满释放分子以及历史上有轻微罪行已免予处分者等，给予统筹安排和争取教育改造进一步缩小犯罪基础的工作做得较差。文件提出了进一步做好分化瓦解和争取改造流氓盗匪分子工作的措施。

三、改革开放以来对黑社会犯罪的刑事政策

进入改革开放时期，尤其是从 20 世纪 80 年代开始，我国社会发生了急剧的变化。黑社会观念沉渣泛起。全市刑事犯罪案件迅速增长，形成了一批新的职业惯犯和犯罪团伙。

传统黑社会对 50 年代以后直至改革开放时期我国社会的影响，主要表现在：(1) 黑社会观念的影响。由于大量农村人口流入城市，西部地区人口流向沿海，各地移民人数迅速增长。在同一城市中，移民为了互相依托，取得庇护，很容易按照行业或原籍形成帮派。由于传统文化的复兴，江湖义气等大量旧思想与旧意识卷土重来；由于社会财富分配不公，以及法制建设、法律意识等方面存在的问题，犯罪现象比较突出，有些团伙犯罪结成帮派，促进了黑社会的滋生。(2) 黑社会组织形式的影响。在不少地区重新出现了黑社会性质的犯罪团伙，一些劳改释放、解除劳教人员乘机兴风作浪，在犯罪团伙中起了组织、教唆作用。有的地方黑恶势力甚至与政府部门、司法部门暗中勾结，从事犯罪活动。有的团伙内部不乏歃血结盟、异姓结拜兄弟、讲究“哥们义气”的现象。(3) 黑社会犯罪的影响。80 年代后，国外境外贩毒集团与国内不法分子相勾结，以贸易、旅游为掩护，从境外走私鸦片、海洛因、大麻等毒品入境，把上海作为跨国贩毒新通道和中转站，转道运往其他国家。上海破获的运毒、贩毒案件逐渐增多。80 年代以后，由于拜金主义、享乐主义和国外“性自由”“性解放”观念的影响，加上流动人口大量增加，一部分人迫于生计，上海再次出现各种形式的赌博、地下钱庄。而卖淫嫖娼活动，也有不少在娱乐场所、发廊、浴室等处进行，多由黑恶势力所控制。

80 年代以来出现的种种黑恶势力现象，给我国打击有组织犯罪包括黑社会犯罪活动提出了现实的课题。

鉴于社会治安的持续恶化，1983 年第一次“严打”的主要目标是“打击强奸、盗窃、流氓等犯罪团伙”。这种犯罪团伙只是一般犯罪中的特殊形态、是黑社会性质组织的雏形，但犯罪活动多有简单的计划和分工，部分犯罪团伙向更高层次的有组织犯罪转变。从 1983 年 8 月起的严打第一个战役中，共摧毁流氓团伙和其他犯罪团伙 10 万多

个。在严打的第二个战役中，全国共摧毁犯罪团伙 3.1 万个，查获团伙成员 13 万多名。在严打第三个战役中，共查处犯罪团伙成员 87.6 万人。[1] 针对这些问题，1996 年开始的第二次严打活动，明确严打的主要任务是“坚决打击带有黑社会性质的犯罪团伙和流氓恶势力”。

1989 年至 1990 年，我国黑社会性质犯罪进入了一个新的阶段。1990 年，中央政法委员会指出：“各类刑事犯罪活动日趋严重的一个突出特点是，犯罪团伙急剧增多，并且愈益向黑社会组织演化。”从 1990 年至 2000 年的 10 年中，黑社会性质的犯罪组织加速了自身的成熟化和向黑社会犯罪组织的转化，有的地方出现了黑社会组织，境外与境内的黑社会势力的勾结与合作不断加强，甚至形成新的黑社会犯罪组织，进行跨地区、跨境犯罪。第二次严打之后，国家在立法上明文规定了“黑社会性质组织犯罪”，并且改变“严打”形式，开始进行以“打黑除恶”专项斗争的方式有针对性地集中打击和惩治有组织犯罪行为。从 2001 年至 2002 年，在全国范围内连续开展两次大规模的全国性专项斗争，全国各级人民法院依法受理黑社会性质组织犯罪案件 330 件。至 2011 年，全国公安机关共打掉涉黑组织 2 174 个，一审判决涉黑案件 329 起，狠狠打击了黑恶势力的嚣张气焰，遏制了黑恶犯罪的发展蔓延势头。与此同时，各省、自治区、直辖市也在不同时期根据自身的实际情况组织开展了“打黑除恶”专项行动。[2]

早在 1982 年，深圳市人民政府就发布《关于取缔黑社会势力的通告》，这是我国内地首次在政府文件中使用“黑社会”概念。80 年代后期，我国的团伙犯罪已经开始向黑社会性质组织的犯罪转变。1989 年 12 月深圳市人民政府又公布《关于取缔、打击黑社会和带黑社会性质帮派组织的通告》，第一次对“黑社会”和“黑社会性质组织”下了定义。90 年代前期各地破获的一批严重的黑社会性质组织犯罪案件中，有代表性的包括山西运城的“狼帮”，湖南邵阳的“枭雄会”，辽宁营口段氏集团等。

1997 年，全国人大常委会副委员长王汉斌在关于刑法修订草案的说明中指出，在我国，明显的、典型的黑社会犯罪还没有出现，但带有黑社会性质的犯罪集团已经出现。当年修订的刑法，在第 294 条对黑社会性质组织下定义为“以暴力、威胁或者其他手段，有组织地进行违法犯罪活动，称霸一方，为非作恶，欺压、残害群众，严重破坏经济、社会生活秩序”的犯罪组织，并新设了三个有关黑社会的罪名：组织、领导和积极参加黑社会性质组织罪，境外黑社会组织人员入境发展黑社会性质组织罪，以及国家机关工作人员包庇、纵容黑社会性质组织罪。这些规定，表明我国对黑社会性质组织犯罪有了更加明确的认识，并以立法加以规定。1998 年，全国打掉各类犯罪团伙 10 万余个，抓获其成员 36 万余人，破获的团伙案件占破获的全部刑事案件的 26.8%。[3] 这些犯罪团伙内部组织越来越严密，其往往利用公开职业作掩护，拉拢、腐蚀党政干部和公

---

[1] 何秉松主编：《黑社会犯罪解读》，中国检察出版社 2003 年版，第 4 页。

[2] 蔡军：《中国反有组织犯罪的刑事政策研究》，中国大百科全书出版社 2013 年版，第 2—7 页。

[3] 何秉松：《中国有组织犯罪研究》第一卷，群众出版社 2009 年版，第 142—224 页。

安司法人员，编织关系网，寻求保护伞，有组织地进行犯罪活动。其中境内外黑社会勾结犯罪的案件更加严重。如跨境贩毒案件，通常由具有国际贩毒集团背景的毒枭坐镇境外指挥，组织贩毒分子入境或者雇用马仔贩运，向内地销售，有的甚至在内地开设地下工厂加工毒品，形成贩运、加工、销售的“一条龙”。偷渡与走私犯罪，往往也形成由境外黑社会头目指挥，境内外犯罪分子互相勾结、牟取暴利的局面。90 年代后期以张君为首的湘渝鄂特大杀人、抢劫犯罪团伙案，刘涌组织领导沈阳黑社会性质组织案，以及赖昌星厦门远华特大走私集团案，先后震惊一时。

80 年代至 90 年代以来黑恶势力的各种犯罪活动及其发展演变，给我国打击有组织犯罪的斗争提出了理论和现实的新课题。

1995 年 7 月，在资阳市西郊某处成立“黑豹”的黑社会组织。成员要填写标有姓名、性别、年龄、家庭住址、职务、简历的登记表，组织中有老大、老二、老三等，并拟定“十条纪律”，规定：“绝对服从老大、老二的安排”，“不准离开组织”，“临阵逃脱者自己斩一只手”，“背叛组织者全家斩尽杀绝”等。该组织进行了多起严重犯罪活动，最后被公安机关摧毁。

1998 年初，长春市打掉的梁笑溟为首的犯罪组织，涉案人员 59 人。该组织罪行累累，并且竭力向党政司法机关渗透。曾经建立金字塔状的严密组织体系，内部登记分工明确。塔尖为“老大”，“分舵”居中间，再下是“领班”，一般成员为座底。还制定了严厉的“帮规”：下级有事必须请示报告，对组织要“绝对忠诚，不许中途退出”，如违“帮规”，轻则剁掉手指，重则打折腿。

1998 年下半年广东省公安机关在公安部直接领导下，破获了以张子强为首、香港与内地人纠合在一起、在内地和香港跨地区进行走私爆炸物品、持枪杀人、抢劫、绑架勒索等严重暴力犯罪团伙。张子强等曾多次密谋绑架勒索香港人李某（富商李嘉诚之子），勒索赎金港币 10.38 亿元。又在香港海滩道公路桥底绑架香港人郭某，向郭家勒索赎金港币 6 亿元。该团伙还多次持自动步枪、微型冲锋枪绑架、抢劫。

2000 年前后，黑社会性质组织的犯罪，不但犯罪形式日益多样，有的黑社会性质组织拥有枪支等犯罪工具，而且在组织上更加成熟，加速向黑社会转化。如河南汝州摧毁的唐利峰黑社会组织召开专门的成立大会，发展到近百人。组织内宣布由三个头目指挥一切，将其他人员分为三个中队，分别有中队长，各中队由中队长挑选人员，配备有现代化作案工具。一旦有事，城区内必须 5 分钟赶到现场。违规者轻者开除，重则断肢。广西百色地区周寿南黑社会组织机构严密，成员等级分明、分工明确。周自封“公司经理”，全权决定组织内外事务，其下有“主任”、股东、打手等。四川宜宾的狄绍伟集团制定有《员工手册》，规定对出卖、背叛、损害组织利益，不服命令的处以割舌、挖眼、切指、断双手、断双腿等处罚，直至处死。

2000 年 12 月，公安部负责人指出：“当前我国黑恶势力犯罪，与过去相比，发展蔓延加快，活动更加猖獗；在一些城市和乡村，恶势力称霸一方，作恶多端，欺压群众，严重危害社会治安，人民群众深恶痛绝。有的地方恶势力不断发展壮大，逐渐演变成为黑社会性质组织。"[1] 当时至2001年3月，公安部在全国范围展开了"打黑除恶"专项斗争。从2001年4月，又开展了"严打整治"斗争。2001年1月至11月，共查获黑社会性质组织379个，恶势力团伙5 476个。2002年4月，全国人大常委会颁布了《关于刑法第二百九十四条第一款的解释》，其中指出：刑法第二百九十四条第一款规定的"黑社会性质的组织"应当同时具备以下特征：(1) 形成较稳定的犯罪组织，人数较多，有明确的组织者、领导者，骨干成员基本固定；(2) 有组织地通过违法犯罪活动或者其他手段获取经济利益，具有一定的经济实力，以支持该组织的活动；(3) 以暴力、威胁或者其他手段，有组织地多次进行违法犯罪活动，为非作恶，欺压、残害群众；(4) 通过实施违法犯罪活动，或者利用国家工作人员的包庇或者纵容，称霸一方，在一定区域或者行业内，形成非法控制或者重大影响，严重破坏经济、社会生活秩序。这四个特征分别被称为组织形式特征、经济实力特征、犯罪行为特征和非法对抗社会特征。

2006年中央又部署了打黑除恶专项斗争。2011年2月，全国人大常委会通过《刑法修正案（八）》，对其中有关黑社会性质组织犯罪的规定作了修改。十九大以后，2018年1月中央纪委二次全会公报中透露出中央"扫黑除恶"的决心，"把惩治基层腐败同扫黑除恶结合起来，坚决查处涉黑'保护伞'。"同时，中共中央、国务院发布了《关于开展扫黑除恶专项斗争的通知》，其中指出，在全国开展扫黑除恶专项斗争，是以习近平同志为核心的党中央作出的重大决策，事关社会大局稳定和国家长治久安，事关人心向背和基层政权巩固，事关进行伟大斗争、建设伟大工程、推进伟大事业、实现伟大梦想。同时，规定了在全国开展扫黑除恶专项斗争的目的、意义、指导思想和基本原则，总体要求和目标任务，综合治理方针与刑事政策要求等。[2] 目前，这场扫黑除恶的斗争正在深入持久地进行下去。

阅读书目

1. 平山周：《中国秘密社会史》，商务印书馆2011年版。
2. 周育民、邵雍：《中国帮会史》，上海人民出版社1993年版。
3. 何秉松：《黑社会犯罪解读》，中国检察出版社2003年版。
4 李林：《黑社会性质组织犯罪司法认定研究》，法律出版社2013年版。
5. 徐伟红：《办理黑社会性质组织犯罪等案件法律规范理解与典型案例》，中国法制出版社2019年版。

思考题

1. 中国帮会是在怎样的社会背景下产生的？
2. 近代上海为什么会成为帮会活动的中心？

---

[1] 详见2000年12月4日公安部领导在全国公安机关"打黑除恶"专项斗争动员部署电视电话会议上的讲话。

[2] 王顺安等：《黑社会性质组织犯罪案件法律适用》，法律出版社2018年版，第1—3页。

3. 近代秘密社会犯罪有些什么特征?
4. 洪门与青帮的组织有什么不同之处?
5. 1949 年以后，我国打击黑社会性质组织犯罪有什么经验?
6. 在今天，黑社会性质组织犯罪有什么危害，应该怎样防范和打击?

后　记

本书是上海社会科学院研究生系列教材的一种。

本书的写作吸收了中国传统法律文化学科的最新研究成果，在探索本学科概念、体系的同时，全面介绍中国传统法律文化的各个领域，力求充分体现全书内容的知识性、科学性与可读性。

本书绪论与各章的撰稿人为：

绪　论　程维荣

第一章　程维荣

第二章　程维荣、马瑜浠

第三章　程维荣、曲永海

第四章　程维荣、袁奇钧

第五章　程维荣、徐建国

第六章　程维荣、李淑雅

第七章　胡译之、袁　慧

第八章　胡译之

第九章　胡译之

第十章　程维荣、郭晓娜

第十一章　程维荣

初稿完成后，由主编进行了修改并统稿。

在此，谨对给予本书编写出版以支持和指导的上海社会科学院研究生院及王晓丰老师、上海社会科学院出版社及应韶荃老师、本书责任编辑袁钰超老师，致以衷心感谢。

本书的不当与错误之处，欢迎读者批评指正。

本书编委会

2020. 7

图书在版编目(CIP)数据

中国传统法律文化概论 / 程维荣等编著 .— 上海 ：
上海社会科学院出版社，2020
ISBN 978-7-5520-3323-6

Ⅰ.①中… Ⅱ.①程… Ⅲ.①法律—传统文化—概论
—中国 Ⅳ.①D909.2

中国版本图书馆 CIP 数据核字(2020)第 192546 号

中国传统法律文化概论

编 著 者：程维荣 胡译之等
责任编辑：袁钰超
封面设计：周清华
出版发行：上海社会科学院出版社
上海顺昌路 622 号 邮编 200025
电话总机 021-63315947 销售热线 021-53063735
http://www.sassp.cn E-mail:sassp@sassp.cn
排 版：南京展望文化发展有限公司
印 刷：上海龙腾印务有限公司
开 本：787 毫米×1092 毫米 1/16
印 张：20.5
字 数：448 千字
版 次：2020 年 11 月第 1 版 2020 年 11 月第 1 次印刷

ISBN 978-7-5520-3323-6/D·596 定价：98.00 元